安徽大学校级规划教材

安徽省级慕课《市场营销兵法计策》配套教材

国家级一流本科专业建设项目成果

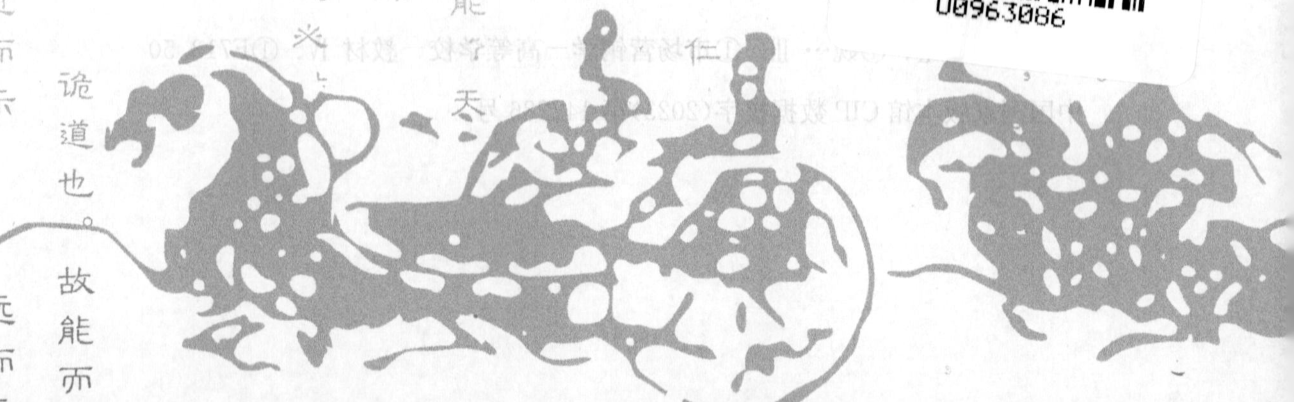

市场营销学

MARKETING

主　编◎魏华飞

编　委（按姓氏笔画排序）

尹世民　陈　俊

陆　燕　薛豪娜

北京师范大学出版集团

BEIJING NORMAL UNIVERSITY PUBLISHING GROUP

安徽大学出版社

图书在版编目(CIP)数据

市场营销学/魏华飞主编. —合肥:安徽大学出版社,2025.3

ISBN 978-7-5664-2668-0

Ⅰ. ①市… Ⅱ. ①魏… Ⅲ. ①市场营销学—高等学校—教材 Ⅳ. ①F713.50

中国国家版本馆 CIP 数据核字(2023)第 142286 号

市场营销学

shichang yingxiaoxue

魏华飞 主编

出版发行: 北京师范大学出版集团
安 徽 大 学 出 版 社
(安徽省合肥市肥西路 3 号 邮编 230039)
www.bnupg.com
www.ahupress.com.cn

印 刷: 江苏凤凰数码印务有限公司
经 销: 全国新华书店
开 本: 880 mm×1230 mm 1/16
印 张: 20.75
字 数: 703 千字
版 次: 2025 年 3 月第 1 版
印 次: 2025 年 3 月第 1 次印刷
定 价: 64.00 元

ISBN 978-7-5664-2668-0

策划编辑: 方 青
责任编辑: 邱 昱
责任校对: 姚 宁
装帧设计: 李 军 孟献辉
美术编辑: 李 军
责任校对: 陈 如 孟献辉

前言 PREFACE

回眸过去发现，随着我国经济社会的迅猛发展，企业经营和市场营销活动得以丰富多彩，市场营销理论在实践中不断运用和创新。特别是党的十八大以来，市场营销环境发生了巨大变化，移动互联网、大数据、电子商务、人工智能、手机支付、物联网、元宇宙、ChatGPT 等一大批新生事物的出现及其发展，给市场营销理论带来新的课题，由西方引进的市场营销理论如何与中国市场营销实践相结合再一次面临新的挑战；同时，我国经营管理人才特别是新文科市场营销人才培养也获得新的机遇。

习近平总书记在全国教育大会上强调，坚持中国特色社会主义教育发展道路，培养德智体美劳全面发展的社会主义事业建设者和接班人。习近平总书记也多次强调，中华优秀传统文化是中华民族的精神命脉，是涵养社会主义核心价值观的重要源泉，也是我们在世界文化激荡中站稳脚跟的坚实根基。人才培养需要与中国文化紧密结合起来，市场营销理论需要与中国优秀传统文化紧密结合，为培养中国社会主义事业建设者和接班人作出努力。为此，本教材以课程思政为引领，将市场营销理论与《孙子兵法》和《三十六计》紧密结合起来，主要运用中国特色社会主义市场经济下的企业营销与经营案例进行诠释，以形成自身特色，培养新文科背景下的市场营销实战型专门人才。

本教材试图突出以下内容：

一是以课程思政为引领，融合商业道德、营销伦理、企业社会责任等价值观，立德树人，培养社会主义事业接班人。正如习近平总书记所强调的“才者，德之资也；德者，才之帅也”。培养人才的前提是德育，市场营销是为人们美好生活提供产品和服务的，市场营销人员在经营中应该遵循商业道德、营销伦理，承担社会责任，因此，思想道德建设异常重要。本教材以课程思政为引领，在每章开篇内容中，通过清晰的理论或案例来体现思政教育，为培养德才兼备的高质量营销和管理人才提供服务。

二是将《孙子兵法》核心思想融入《市场营销学》课程中，使得中国优秀传统文化与现代商业结合，树立文化自信，培养儒商人才。《孙子兵法》云：“故经之以五事，校之以计，而索其情：一曰道，二曰天，三曰地，四曰将，五曰法。”市场营销活动同样需要营销管理者在合适的营销环境和目标市场中，正确运用市场营销策略并进行管控，以产生良好的营销效果。因此，将《孙子兵法》核心思想融入《市场营销学》教材中，不仅能够使传统文化精髓得以继承，更重要的是通过实践运用得以发扬光大，使学生树立文化自信，并能够培养出具有更高文化素养的商业精英。

三是将《三十六计》运用到《市场营销学》案例中，使得课程更加具有实战性，从而更好地培养新文科市场营销实战型人才。《三十六计》是中国传统的军事著作，以军事实战为主要特征，从瞒天过海、围魏救赵到连环计、走为上，强调的就是计谋运用，因此，将《三十六计》运用到市场营销案例解析中，具有更强的实战性，为培养真正理论实践结合的实战型市场营销和经营管理人才提供支持。

四是本教材与编者省级 MOOC 示范课程《市场营销兵法计策》相结合，能够多维联动提升教学效果，培养高级市场营销专门人才。省级 MOOC 示范课程《市场营销兵法计策》就是将《孙子兵法》和《三十六计》融入市场营销课程教学中，并运用大量案例来解析市场营销理论与实战，从而能够更好地激发学生对《市场营销学》的学习热情。本教材出版将为省级 MOOC 示范课程《市场营销兵法计策》提供纸质版教程支持，形成线上与线下、电子资源与纸质资源的多维联动，更好地提升课程教学效果，有效培养市场营销高级专门人才。

五是本教材在“双碳”目标、绿色营销、大数据营销、全渠道等方面也辅以适当内容，更好地与社会现实发展相结合，有助于课程内容的拓展和学生视野的开阔。随着我国“双碳”战略实施，市场营销责任也更大，本教材将“双碳”目标与绿色营销、大数据营销等结合起来，既服务于社会和公众现实需求，也拓展了课程内容，从而为新型市场营销人才培养作出努力，同时，也为消费者美好生活实现所需要的企业营销实践提供理论支持。

需要说明的是，本教材将《孙子兵法》和《三十六计》的核心思想引入市场营销理论中，但整个内容体系依然按照市场营销理论体系进行编写，同时，在《孙子兵法》和《三十六计》的运用中，本书提炼出相应思想和核心内容，具体在营销实践方面还需要学习者通过学习思考并加以运用，会有更深刻的领悟。

本教材由安徽大学商学院魏华飞领衔主编，由安徽大学商学院陈俊、陆燕、薛豪娜、尹世民全力参与编写，其中，魏华飞编写第一章和第十一章，并进行统稿和完善；陈俊编写第三章、第六章和第七章；陆燕编写第四章、第五章和第八章；薛豪娜编写第二章、第九章和第十章；尹世民编写第十二章、第十三章和第十四章。同时，本教材在出版过程中得到安徽大学出版社、安徽省内高校多位领导、老师和朋友们的大力支持与帮助，本书还引用和参考了当今众多营销学者的理论成果，在此一并表示感谢。由于时间仓促，文献众多，不免有所挂一漏十，对于没有注明出处的引用表示深深的歉意，敬请谅解。受编者学识水平的限制，本书还存在着许多不足之处，敬请各位有识之士批评指正。

魏华飞

2024 年 9 月

目录

CONTENTS

第一章 导 论

兵者，国之大事，死生之地，存亡之道，不可不察也。故经之以五事，校之以计，而索其情：一曰道，二曰天，三曰地，四曰将，五曰法。

——《孙子兵法·始计篇》

教学目标

1.了解市场营销和营销哲学在人类经济生活中的重要作用；
2.掌握市场营销学的性质、基本概念和理论；
3.了解市场营销发展过程及营销观念演变；
4.理解市场营销让渡价值理论并运用；
5.把握市场营销框架结构，并能够运用《孙子兵法》解读市场营销理论框架的内在逻辑；
6.理解三十六计之“瞒天过海”“围魏救赵”“借刀杀人”的核心思想，并能够在市场营销中合理运用。

导入案例

从“三鹿奶粉”到“麦趣尔纯奶”

2022年6月30日，“新疆麦趣尔纯牛奶不合格”的词条一度冲上微博热搜第一。据中国质量新闻网报道，浙江省庆元县市场监督管理局公示的2022年第4期食品抽检情况报告称，麦趣尔集团股份有限公司(下称“麦趣尔”)生产的两批次纯牛奶不合格，不合格项目为丙二醇。经初步调查分析，麦趣尔纯牛奶中检出的丙二醇为企业在生产过程中超范围使用食品添加剂香精所致。e公司讯，麦趣尔7月5日晚间回复称，经核查，该公司生产的两批次纯牛奶不合格，不合格项目为丙二醇的相关报道内容属实。因“丙二醇”指标并不在GB 25190-2010《食品安全国家标准灭菌乳》的必要检测指标范围内，所以，就上述两批次纯牛奶产品，公司并未进行相关指标检测。市场监管部门已对麦趣尔公司超范围使用食品添加剂违法行为立案调查。

随着人们生活水平的提高，牛奶已经成为餐桌上的重要饮品，其安全与否牵动着每一位消费者的心弦。“麦趣尔纯奶”事件再一次让广大消费者回溯起“三鹿奶粉”事件。

2009年1月22日，“三鹿奶粉”系列刑事案件中的原三鹿集团董事长田文华以生产、销售伪劣产品罪，被石家庄市中级人民法院一审判处无期徒刑。原三鹿集团高管王玉良、杭志奇、吴聚生分别被判处有期徒刑15年、8年和5年。奶贩子张玉军、奶源基地负责人耿金平被判处死刑，奶制品生产者高俊杰被判处死刑，缓期两年执行；薛建忠、张彦军、肖玉分别被判处无期徒刑和有期徒刑等。2009 年 2 月 12 日，石家庄市中级人民法院发出民事裁定书，正式宣布石家庄市三鹿集团股份有限公司破产。随后，“三鹿”品牌拍卖并被浙江三鹿实业有限公司总经理江新华以 730 万元竞得。

原石家庄三鹿集团股份有限公司是集奶牛饲养、乳品加工、科研开发为一体的大型企业集团，是中国食品工业百强、中国企业 500 强、农业产业化国家重点龙头企业，也是河北省、石家庄市重点支持的企业集团。企业先后荣获全国“五一劳动奖状”、全国先进基层党组织、全国轻工业十佳企业、全国质量管理先进企业、科技创新型星火龙头企业、中国食品工业优秀企业等省以上荣誉称号 200 余项。2006 年，集团实现销售收入同比增长 16.5%，利税同比增长 9.6%。

原三鹿集团前身是 1956 年 2 月 16 日成立的“幸福乳业生产合作社”，经过几代人半个世纪的奋斗，在同行业创造了多项奇迹和“五个率先”：1983 年，率先研制、生产母乳化奶粉（婴儿配方奶粉）；1986 年，率先创造并推广“奶牛下乡、牛奶进城”城乡联合模式；1993 年，率先实施品牌运营及集团化战略运作；1995 年，率先在中央电视台一频道黄金时段播放广告；1996 年，率先在同行业导入 CIS（企业形象识别系统）。三鹿奶粉产销量连续 14 年实现全国第一，酸牛奶销量进入全国第二名，液体奶销量进入全国前四名。三鹿奶粉、液态奶被确定为国家免检产品，并双双再次荣获“中国名牌产品”荣誉称号。2005 年 8 月，“三鹿”品牌被世界品牌实验室评为中国 500 个最具价值品牌之一，2007 年被商务部评为最具市场竞争力品牌。“三鹿”商标被认定为“中国驰名商标”，产品畅销全国 31 个省、自治区、直辖市。2006 年，其位居国际知名杂志《福布斯》评选的“中国顶尖企业百强”乳品行业第一位。经中国品牌资产评价中心评定，三鹿品牌价值达 149.07 亿元。三鹿集团企业通过了 ISO 9001、ISO 14001 认证、GMP 审核和 HACCP 认证，获国家实验室认可证书、国家认定企业技术中心称号，为三鹿产品走向世界奠定了坚实的基础。集团坚持走“科、教、企”联姻之路，与全国 16 家科研院所合作，聘请国内外食品、营养、畜牧、金融、企管等 28 名专家为顾问，进行科技创新，不断提升产品质量，形成三鹿产品风味独特、营养合理的风格，深受广大消费者青睐。三鹿产品有九大系列 245 个品种，满足了人生不同年龄段以及特殊人群的营养保健需求……

但是，曾经如此辉煌的乳制品行业佼佼者“三鹿奶粉”企业，却在 2008 年几乎瞬间崩塌。

2008 年 5 月份开始，我国陕西、江苏、安徽、湖北等省份各大医院纷纷出现结石婴儿，经查明全是长期服食奶粉导致，三鹿集团生产的一批婴幼儿奶粉中，含有化工原料三聚氰胺，导致食用该奶粉的婴儿患上肾结石。其后，此事件涉及扩大，愈来愈多制造商的奶制品被揭发也含有三聚氰胺。根据官方公布数字，到 2008 年 9 月 21 日，因使用婴幼儿奶粉而接受门诊治疗咨询且已康复的婴幼儿累计 39965 人，正在住院的有 12892 人，此前已治愈出院 1579 人，死亡 4 人，到 9 月 25 日，香港有 5 人、澳门有 1 人确诊。该事件引起各国高度关注和对乳制品安全的担忧。中华人民共和国国家质量监督检验检疫总局公布对国内乳制品厂家生产的婴幼儿奶粉三聚氰胺检验报告后，事件迅速恶化，包括伊利、蒙牛、光明、圣元及雅士利在内的 22 个厂家 69 批次产品中都检出三聚氰胺。该事件亦重创中国大陆制造商品牌信誉，多个国家禁止了中国乳制品进口。国家司法介入调查，并产生一系列连锁反应，最终三鹿集团破产。

曾经的中国奶粉行业老大，为何在短短时间内破产？微量的三聚氰胺既惩罚了三鹿奶粉集团，也挫伤了中国奶业的信誉，更打击了消费者信心。三鹿集团正是在追逐企业利润最大化的过程中，漠视和超越了企业道德底线与法律准则，以野蛮的逐利行为严重侵害了消费者生命财产安全,以严重的违法行为危害社会,也毁灭了自己。

从昔日的三鹿奶粉事件负面影响之巨,到如今的"麦趣尔纯奶品不合格"上热搜,时间、市场等都在变化,但市场营销规律和伦理等并没有改变。如果企业不按照客观的市场经济规律办事,不尊重社会,不尊重市场,不尊重消费者,不懂管理,不懂市场营销,它们的兴旺只能是短暂的,最终一定逃脱不了市场和消费者对它们的惩罚。因此,企业需要树立正确的市场营销观念,按照客观经济规律来开展市场营销活动,做正确的事和正确地做事,才能避免犯错误走弯路,健康发展,同时也更好地满足消费者需求,服务于人们美好生活。

资料来源于网络,作者有删改。

孙子曰:兵者,国之大事,死生之地,存亡之道,不可不察也。故经之以五事,校之以计,而索其情:一曰道,二曰天,三曰地,四曰将,五曰法。道者,令民与上同意也,故可以与之死,可以与之生,而不畏危;天者,阴阳、寒暑、时制也;地者,远近、险易、广狭、死生也;将者,智、信、仁、勇、严也;法者,曲制、官道、主用也。

《孙子兵法》是我国春秋时期吴国将军孙武所撰写的著名兵书,被誉为兵学圣典。商场如战场,《孙子兵法》中伟大军事思想对于市场营销活动具有重要的指导意义。简单地说,市场营销活动也是企业的大事和存亡之道,如果企业从事营销活动而不了解市场和消费者,最终将被市场所淘汰。因此,企业开展市场营销活动需要认清市场形势,了解自己、消费者、竞争者等不同市场主体,做到员工上下一心,把握天时、地利、人和,在营销领导者带领下,配合科学合理的管理制度和营销策略才能够赢得市场,获得成功。

2017 年 10 月,党的十九大报告指出,中国特色社会主义进入新时代,我国社会主要矛盾已经转化为人民日益增长的美好生活需要和不平衡不充分的发展之间的矛盾。矛盾的双方是人民日益增长的美好生活需要和不平衡不充分的发展,矛盾的内容是当前阶段不平衡不充分的发展不能满足人民日益增长的美好生活需要。因此,我国企业决策者需要在把握这种社会和市场环境特征基础上,充分运用道、天、地、将、法进行正确的市场营销活动,更好地保障人们对美好生活需要的追求,才能顺利发展和最终取得成功。

第一节 市场与市场营销

一、市场的含义

(一)多角度理解市场

市场是商品经济的范畴,哪里有商品生产和商品交换,哪里就有市场。同时,市场又是一个历史的范畴,市场的概念随着市场活动的发展和市场范围的扩大而变化。到目前为止,市场的概念主要有以下三种。

(1)交易场所。在商品交换产生以后相当长的时期内,人们认为,市场是指买方和卖方聚集在一起进行商品交换的场所。目前,有些人在有些情况下仍使用这一概念,如农贸市场等。

(2)交换关系。随着商品经济的发展,商品交换已不仅在某一固定的时间和地点进行,涉及的人员已不仅仅是买方、卖方和商业中介人。这时,经济学家从揭示事物的本质出发,把市场概念表述为:市场是买方和卖方交换关系的总和。这一概念由于从生产关系的角度说明问题,难以指导市场实践,因而很少使用,主要用在市场研究中。

(3)需求总和。买方市场出现以后,商品销售面临挑战,为了便于指导实践,应从卖方的角度看问题,从而形成了新的市场概念:市场就是具有特定需要和欲望,并且愿意和可能通过交换来满足的全部潜在顾客。有人把这一市场概念简化为公式:市场=消费者人口+购买力+购买欲望。这一概念的范围和内容虽然狭窄,但实践性强,本书即采用此概念。

随着市场经济发展,企业生产进一步专业化,企业对市场的理解更加细化。按营销活动对象,市场可以划分为消费品市场、生产资料市场、服务市场、资金市场、技术市场、劳动力市场、房地产市场和信息市场等;按购买者购买特点,市场可以划分为消费者市场、生产者市场、转卖者市场和社会集团市场等;按市场营销方式,市场可以划分为现货市场和期货市场等;按照所在地理位置,市场可以划分为区域市场、国内市场和国际市场等。每一类市场还可以进一步划分,如消费者市场可按年龄分为少年儿童市场、青年市场、中年市场和老年市场等。

(二)市场的构成要素

市场是潜在或现实顾客的需求总和,由人口、购买愿望和购买力三大要素构成。因此,一个市场的大小,取决于该市场所拥有人口的多少、人们购买愿望的强弱以及购买力的高低,当然,购买愿望与购买力又会受到诸如收入水平、个人爱好等诸多因素的影响。这也是很多跨国公司将中国市场作为重要市场的根本原因。

二、市场营销的含义

(一)市场营销概念

随着市场经济的发展,人们对市场营销的认识不断深化,但由于考虑问题角度不同,便产生了对市场营销的不同理解,从而形成不同概念。“市场营销”译自英文 marketing,它是由 market(市场)派生而成的并具有一定动词性的名词,基本含义是,在市场中进行交换的活动,作为一门科学,市场营销学是研究如何提高这些交换有效性的学问。

美国学者梅纳德和贝克曼 1952 年在其所著《市场营销》一书中,给市场营销所下定义是“影响商品交换或所有权转移以及为商品实体分配服务的一切必要的企业活动”。1960 年,美国市场营销协会(American Marketing Association, AMA)定义委员会将市场营销定义为,“把产品和劳务从生产者引导到消费者或用户所进行的企业活动”。这些定义把市场营销活动仅仅局限在流通领域,从而容易让人们产生市场营销与推销的混淆。

美国学者里查德、彼得·吉利特和约翰·瑞恩斯在其所著的《市场营销原理与决策》一书中,把市场营销定义为“确定市场需求,并使提供的商品和服务能满足这些需求”。这一定义把市场营销研究拓展出流通领域,从而把营销与推销区别开来;但却局限于企业的视界,认识不到市场营销对整个国民经济发展的重要意义。

1985 年，美国市场营销协会定义委员会给市场营销重新定义："市场营销是（个人和组织）对思想、产品和服务的构思、定价、促销和分销的计划和执行过程，以创造达到个人和组织目标的交换。"相比于其他定义，该定义内涵丰富，也更符合社会实际情况。其发展主要体现在五个方面：①把市场营销主体从企业扩展到整个社会；②把市场营销客体从产品扩展到思想、服务领域；③强调了市场营销的核心功能是交换；④指明市场营销的指导思想是顾客导向；⑤说明市场营销活动是一个过程，而不是某一个阶段。

美国市场营销学大师菲利普·科特勒给市场营销下的定义是："市场营销是个人和集体通过创造，提供出售，并同别人交换产品和价值，以获得其所需所欲之一种社会管理过程。"该定义表明，市场营销是一种涉及多主体、多活动的复杂社会管理过程，是一种价值创造、传递和实现过程，该定义得到广泛认可。

（二）市场营销与推销

市场营销是研究如何运作市场的学问。只要存在市场经济，无论哪一个单位和部门，谁都离不开市场，谁也就离不开市场营销。而推销或销售是在计划经济条件下就存在的。市场营销与推销（销售）虽然都研究销售策略和技巧，但存在着根本区别。

拓展阅读1-1

（1）出发点不同。推销的出发点是企业，企业有什么就卖什么。因此，工厂的生产是起点，市场销售是终点，研究的范围是有始有终的一条线。营销的出发点是顾客，顾客需要什么，就生产什么，就卖什么；需要多少就卖多少。因此，市场是工作的起点，但市场又是终点，生产只是中间环节，研究的范围是循环往复的一个圆。

（2）目标不同。推销和营销都要取得利益。但推销的目的是获得目前利益，在工作上是短期行为，在销售上是一锤子买卖。营销的目的是获得长远利益，在工作上是长远设计，要与顾客建立长期的互利关系，不强调一次的得失，而追求长期的利益最大化。

（3）手段不同。推销和营销都运用多种手段。但推销为了达到目的，可以灵活运用各种手段。营销则强调多种手段的组合运用，并以有利于消费者为条件。因此，不能单凭是否运用广告手段来区分推销和营销。

（4）理论内容不同。推销和营销都研究策略与技巧，但推销只是市场营销研究内容的组成部分之一。市场营销是一个完整的理论体系，包含着丰富的内容。从运作对象的角度，其包括资本运营（货币营销）、资产运营（资产营销）和产品营销三个层次。资本运营以企业的整体为对象，以价值形态经营为特征，以资本结构的动态调整为手段而进行运作；资产运营以企业的各个部分为对象，以实物形态经营为特征进行运作；产品营销以经营成果为对象，以多种形态进行运作。从理论上说，资本运营、资产运营和产品营销是企业营销活动不可分割的整体，其中，资本运营是企业营销的前提和起点，资产运营是关键环节，产品营销是基础和结果。因为只有产品营销搞得好的企业才有资本进行资本运营和资产运营；资本运营和资产运营的效益最终通过提高产品营销的能力来体现。因此，三者关系必须处理恰当，否则，即使资本运营搞得很好，也不一定取得好的效益。

从管理的角度，市场营销管理包括三个层次：一是策划，其工作主要是制定市场战略，规划未来。这是高层管理者的职责。二是管理，其工作主要是进行市场调研与预测，并搞好市场、人员等管理工作。这是单位中层管理者的工作。三是推销，其工作主要是进行市场调查，搜集信息，销售商品，回收货款。这是单位推销人员的工作。从三个层次看，如果高层管理者工作做不好，再能干的推销员也很难把产品销售出去。正是由于这一原因，美国市场营销学专家彼得·德鲁克指出：“某些推销工作总是需要的。然而，营销的目的就是使推销成为多余。”

(5)过程不同。市场营销是一个完整的循环过程，而推销仅仅是市场营销的一个环节。

市场营销与推销的不同比较见表1-1。

表1-1　市场营销与推销的不同比较

序号	比较点	市场营销	推销
1	出发点不同	顾客需求	企业产品
2	目标不同	长远利益	短期利益
3	手段不同	多种手段和策略组合	多种手段
4	理论内容不同	系统的营销理论	推销理论和技巧
5	过程不同	完整的循环过程	营销的一个环节

三、市场营销的重要概念

拓展阅读1-2

(一)需要、欲望和需求

需要是指人们因某种缺乏而希望获得满足的心理倾向。美国著名心理学家马斯洛将人的需要分为生理需要、安全需要、社交需要、尊重和爱的需要、自我价值实现等五个层次。人们为了生存必然对食品、衣服、住房、安全、归属、受人尊重等有需要。

欲望是指想得到上述基本需要的具体满足品的愿望，是个人受不同文化及社会环境影响所表现出来的对基本需要的特定追求。

需求是指人们有能力购买并愿意购买某个具体产品的欲望。需求实际上也就是对某特定产品及服务的市场需求。

(二)产品

产品是能够满足人的需要和欲望的任何东西。产品不仅是有形的物质产品，还包括无形的服务、技术、创意和思想等。

(三)效用、费用和满足

效用是消费者对产品满足其需要的整体能力的评价。

消费者通常根据这种对产品价值的主观评价和要支付的费用来作出购买决定。

(四)交换、交易和关系营销

交换是指从他人处取得所需之物，而将其某种东西作为回报的行为。它是市场营销的核心。人们对满足需求或欲望之物，可以通过自产自用、强取豪夺、乞讨和交换等方式取得，但只有交换方式才存在市场营销。交换的发生必须具备的五个条件如下。

(1)至少有交换双方；

(2)每一方都有对方需要的有价值的东西；

(3)每一方都有沟通和运送货品的能力；

(4)每一方都可以自由地接受或拒绝；

(5)每一方都认为与对方交易是合适或称心的。

交易是交换的基本组成单位,是交换双方之间的价值交换。交换是一种过程,在这个过程中,如果双方达成协议,我们就称之为发生了交易。交易通常有货币交易和非货币交易。

当人们决定通过交换来满足自己的需要和欲望时,市场营销就开始了。交换是一个过程而不是一个事件,当一个具体的交换事件发生时,就发生了交易行为。交易就是买卖双方的价值交换行为。构成交易的基本条件是:至少有两件有价值的事物,有双方都接受的条件、时间和地点。交易不同于赠予,因为赠予者不接受任何实物作为回报。但是,赠予者在进行赠予活动时,总存在着某种期望,如期望得到对方良好行为反应。这又与交易存在某些共同之处。因此,市场营销学不仅要考虑交易行为,也要对赠予行为进行研究。

关系营销是市场营销者与顾客、分销商、供应商等建立、保持并加强合作关系,通过互利交换及共同履行诺言,使各方实现各自目的的营销方式。与顾客建立长期合作关系是关系营销的核心内容。

关系营销是指营销主体与服务对象之间创造更亲密的工作关系和相互依赖的伙伴关系,发展双方的连续性交往,以建立广泛的、稳定的营销网络的活动过程。关系营销的实质是在买卖关系的基础上建立非交易关系,以保证交易关系持续不断地确立和发生。

(五)市场营销者

在双方的交换活动中,如果一方比另一方更积极、更主动地寻求交换,则称前者为市场营销者,后者为潜在顾客。所谓市场营销者,是指积极主动地向他人寻求资源并愿意用某种有价之物做交换的个人或组织。由此可见,市场营销者可以是卖方,也可以是买方。一般说来,在卖方市场情况下,市场营销者是买方;在买方市场情况下,市场营销者是卖方。有时买卖双方都积极主动地寻求交换,这时双方都是市场营销者,这种情况称为互惠的市场营销。

(六)消费者

国际标准化组织(ISO)认为,消费者是以个人消费为目的而购买使用商品和服务的个体社会成员。消费者与生产者及销售者不同,他(或她)必须是产品和服务的最终使用者而不是生产者、经营者。也就是说,他(或她)购买商品的目的主要是用于个人或家庭需要而不是经营或销售,这是消费者最本质的一个特点。

市场营销活动中,营销者所寻求交易的对象往往并非仅仅是个体消费者,还包括群体或组织消费者。因此,市场营销活动所面对的市场包括个体消费者市场、生产者市场、中间商市场、政府市场、非营利组织市场等。

四、市场营销的功能与作用

(一)市场营销的功能

(1)商流功能。这是市场营销最基本也是最主要的功能。在交换过程中,产品的所有权发生转移,买主需要对购买什么、向谁购买、购买数量、购买时间等进行选择;而卖主需要确定目标市场,努力促销并实施售后服务等。

(2)信息流功能。这是市场营销最主要功能之一。在市场营销过程中,批发商和零售商比制造商更为接近购买者，因此，他们更了解市场情况，更具有提供信息的职能：一方面向制造商提供用户需要哪些产品的信息和建议；另一方面向零售商提供新产品的说明，提出竞争价格的建议。

(3)物流功能。物流包括货物的运输和存储等活动，以实现商品在时间和空间上的转移，顺利地由生产者手中送达消费者手中。它是实现商品交换的前提和必要条件。

(4)资金流功能。这也是批发商和某些代理商的主要职能。零售商从独立供货商进货，通常不必立即付清货款，有一定的信用赊销期限。独立批发商通过这种商业信用方式，向广大中小零售商提供财务援助。生产者要通过市场营销实现商品的价值与使用价值，完成 P—W—P′，这是组织扩大再生产的前提。

(5)风险流功能。在市场营销活动过程中，商品可能被损坏，也可能不被市场需要或成为非时尚产品而卖不出去，不得不对产品进行削价出售。如果用户对产品质量不满意，还要实行包退包换。这就是产品的制造商和批发商所要承担的市场风险。

市场营销功能通过商流、信息流、物流、资金流和风险流等来实现产品与价值的转移，以满足消费者和企业需要，从而促进生产和消费的平衡，最终实现人们对美好生活的追求。

(二)市场营销的社会作用

市场营销是涉及千家万户的经济活动。企业通过市场营销活动在实现产品效用的同时，又实现一系列的社会作用：

第一，产品的地点效用。市场营销沟通产销两地，使消费者能在适当的地方买到合适的商品。

第二，产品的时间效用。市场营销沟通生产者与消费者时间上的差异，使新产品能尽快被消费者认知，使消费者及时买到适当的产品。

第三，产品的占有效用。市场营销使商品从所有者手中过渡到消费者手中，通过消费者占有实现产品的使用价值，同时也实现了产品的社会价值。

第四，产品的形式效用。制造商通过销售商提供的“地点效用”“时间效用”和“占有效用”的市场信息，了解消费者对产品功能及外形等的需求，按照需求生产适销对路的产品，从而更好地满足消费者需求。

市场营销的社会作用说明，市场营销是联结社会需要与企业反应的中间环节，是企业把消费者需要的市场机会变成企业赢利机会的基本方法，同时也是提升消费者生活质量和水平的重要手段。但是，企业发挥市场营销的作用如何，与企业自主权和经济责任大小密切相关，也同生产与营销体制的紧密程度密切相关。如烟草行业实行产供销一体化的专卖专营体制以来，加强了产销衔接，市场营销的效率不断提高，成为全行业大幅度增加经济效益的重要原因之一。当然，如何让烟草行业发展有益于人们健康则是营销伦理应该探讨的问题。

(三)市场营销在企业管理中的作用

在现代企业管理中，营销职能是处于核心位置的管理职能，正如管理大师彼得·德鲁克所言：企业的基本职能是营销和创新。这是因为：

第一，企业经营的主要任务是吸引、保持和增加顾客。如果不能赢得更多的顾客，企业就失去存在的价值和意义。市场营销的基本任务就是在动态的管理过程中(市场调查—市场定位—

生产—销售—目标顾客)，以优质的产品、合理的价格、全方位的服务，实现令顾客满意的利益和需求。

第二，企业管理是一个复杂的系统工程。实现顾客对需求满足过程的高度满意，必须有职能部门的通力合作和协调配合，然而这种配合协作应以营销管理为中心，脱离营销宗旨和任务的生产管理、财务管理和人力资源管理，即使其管理效率高，也没有实际意义。

第三，企业经营管理的基本任务是认识和研究目标市场的顾客需求，在此基础上将企业各种资源优化组合，提供能充分满足顾客欲望和需求的产品或服务。市场营销正是实现市场需求与企业经营有效连接的基本手段。与其相比，生产管理、人力资源管理均属于辅助功能，必须围绕着提高市场管理能力提供辅助功能。

第四，市场营销管理实质上是顾客需求管理，是企业由内至外、内外结合的管理。企业能否赢得顾客，是衡量企业绩效和竞争地位的首要标准，失去了顾客便失去了企业的生命力。与营销管理相对而言，生产管理、财务管理、人事管理均属于企业内部各种要素的职能管理，它们必须服务于营销管理这个中心，否则，便失去其存在的意义。

第二节 市场营销学的性质与形成

一、市场营销学的性质与研究对象

(一)市场营销学的性质

市场营销学是一门以经济科学、行为科学和现代管理理论为基础，研究以满足消费者需求为中心的企业市场营销活动及其规律的综合性应用科学。

(二)市场营销学的研究对象

市场营销学的研究对象是以满足消费者需求为中心的企业市场营销活动过程及其规律，即研究企业如何识别、分析评价、选择和利用市场机会，从满足目标市场顾客需求出发，有计划地组织企业的整体活动，通过交换，将产品从生产者手中转向消费者手中，以实现企业营销目标。

二、市场营销学的形成

市场营销活动由来已久，我国市场营销活动可以追溯到古代商业和民国时期的民族工商业，扎根于悠久的古代商业历史和深厚的中国传统文化。典型如春秋战国时期涌现的范蠡、子贡等一批秉承“君子爱财取之有道”的儒商，也有如吕不韦、白圭等靠奇货可居、贱进贵出的商贾；到了近代如红顶商人胡雪岩、出海通番的沈万三等都是中国式市场营销的杰出代表。中国古代商人以儒学为指导思想，讲究“义利并重”“以义取利”“致富为仁”等商业伦理，从而形成了富有商业伦理的经商之道，但缺乏系统科学的市场营销学科。

现代市场营销学是由西方主要是美国传入中国的。从市场营销学的发展历程来看，其主要包括如下几个阶段。

(1)创立阶段。从20世纪初到20世纪20年代是市场营销学的创立阶段。随着市场问题的尖锐化，在20世纪初有些经济专家开始研究市场销售问题。市场营销理论产生于19世纪末20世纪初。1902—1903年，美国的密歇根州、加利福尼亚州、伊利诺伊州等地的大学正式开设市场营销方面的课程。当时虽然还没有使用"市场营销"这个名称，研究的内容也仅仅是广告、分销等，但它已作为一门新学科的雏形出现在大学的课堂上。1905年，克罗西在宾夕法尼亚大学开设"产品市场营销"课程。1910年，拉尔夫·巴特勒在威斯康星大学开设了"市场营销方法"课程。1912年，赫杰特齐编著了第一本"marketing"教材，标志着市场营销学的问世。当然，这时的市场营销研究面很窄，主要是对广告和商业网点设置方面的研究，因而尚未引起社会的广泛重视。

(2)发展阶段。20世纪20年代到50年代，是市场营销学的发展阶段。在这一阶段，已有许多本市场营销学教科书问世，并初步创立了理论体系。在组织上，形成了若干个市场营销学研究中心，1926年由"全美广告协会"改组成立的"全美市场营销学和广告学教员协会"，为市场营销学的研究提供了交流的平台。

1929年爆发的震撼资本主义世界的经济危机，迫使资本家更加注意市场问题，因而推动了市场营销学的研究进程。1931年，成立了专门讲授和研究市场营销学的"美国市场营销学会"，进一步扩大了研究力量。1937年，上述两组织合并成立"美国市场营销协会"，一开始就广泛吸收学术界、企业界的人士参加，成为研究市场营销学理论和实践以及培养市场营销人员的专门机构。这样，市场营销学开始从大学讲台走向社会，许多企业开始把市场营销学的原理应用到争夺市场的活动中去。同时，市场营销学的研究也传到了国外，许多资本主义国家继美国之后开始了对市场营销学的研究。在这个阶段，企业重视的仍是大规模推销已经生产出来的产品，所以，对市场营销学的研究仍然局限于商品的广告和推销方法，还没有超越商品流通的范围。

(3)成熟阶段。20世纪50年代到90年代，是市场营销学的成熟时期。在这一阶段，随着科学技术和世界经济的快速发展，越来越多的科学技术被应用于市场营销学的理论研究，越来越多的行业市场、国内市场和国际市场的新营销问题需要广大的营销理论工作者去研究。因此，该阶段市场营销理论越来越多，理论体系越来越完整，理论研究的范围越来越广泛，市场营销技术也越来越先进，形成了"市场营销理论丛林"的现象。1952年，范利、格雷斯和考克斯合作出版了《美国经济中的市场营销》一书，全面地阐述了市场营销如何分配资源，市场营销如何影响个人分配，而个人收入又如何制约营销。同年，梅纳德和贝克曼在出版的《市场营销学原理》一书中归纳了研究市场营销学的五种方法，即商品研究法、机构研究法、历史研究法、成本研究法及功能研究法。奥尔德逊在1957年出版的《市场营销活动和经济行动》一书中，提出了"功能主义"。霍华德在出版的《市场营销管理:分析和决策》一书中，率先提出从营销管理角度论述市场营销理论和应用，从企业环境与营销策略二者关系来研究营销管理问题，强调企业必须适应外部环境。麦卡锡在1960年出版的《基础市场营销学》一书中，对市场营销管理提出了新的见解。他把消费者视为一个特定的群体，即目标市场，企业制定市场营销组合策略，适应外部环境，满足目标顾客的需求，实现企业经营目标，即著名的4Ps理论。1967年，菲利普·科特勒出版了《市场营销管理:分析、计划与控制》一书，更全面、系统地发展了现代市场营销理论。1984年，菲利普·科特勒根据国际市场及国内市场贸易保护主义抬头、出现封闭市场的状况，提出了大市场营销理论，即著名的11Ps理论。1981年，莱维·辛格和菲利普·科特勒对"市场营销战"这一概念以及军事理论在

"市场营销战"中的应用进行了研究。1981 年，瑞典经济学院的克里斯琴·格罗路斯发表了论述"内部市场营销"的论文，提出要在企业内部创造一种市场营销文化，即使企业市场营销化的观点。1983 年，西奥多·莱维特对"全球市场营销"问题进行了研究。1985 年，巴巴拉·本德·杰克逊提出了"关系营销""协商推销"等新观点。之后，又陆续出现绿色营销、整合营销、差异化营销等各种营销理论。

(4)发展新阶段。20 世纪 90 年代以来，世界进入互联网时代，推动着市场营销进入新的发展阶段。网络和通信技术的发展与普及彻底改变了人们的生活方式，购物、沟通、娱乐、学习、医疗等进入互联互通时代，手机支付和物流发展等进一步促进了企业市场营销活动的变革和发展，人类进入数字化和大数据时代，网络营销、新媒体营销、移动营销、病毒式营销、大数据营销、智能化营销等新兴营销方式和理论迅速发展，推动着市场营销理论与实践的繁荣，为市场营销学发展注入新的活力。

拓展阅读1-3

三、市场营销学的理论结构

市场营销是一个以满足消费者需求为核心的复杂的社会活动管理过程，市场营销学是研究市场营销活动过程及其规律的综合性应用学科。因此，市场营销学围绕着市场营销活动和规律构建自己的理论框架体系，从而为学习、研究和实践市场营销奠定了良好的理论基础。

市场营销学的理论结构包括营销基础理论、营销战略理论、营销策略理论和营销管理理论四个有机组成部分。营销基础理论部分主要阐述市场营销的核心概念和营销观念。营销战略理论主要围绕营销对象的需求展开，包括需求分析、市场细分、目标市场和市场定位。营销策略理论包括产品策略、价格策略、分销策略和促销策略，是企业运用怎样的手段和策略来满足消费者需求的相关理论。营销管理理论包括营销计划、营销组织、营销控制和营销审计四个部分，是对市场营销活动进行管理以更好地满足市场需求和企业绩效需求的管理理论。具体的市场营销学理论结构如图 1-1 所示。

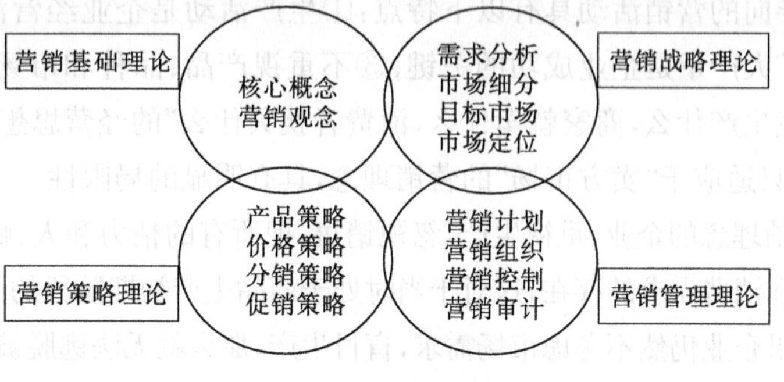

图 1-1 市场营销学理论结构

市场营销学理论结构是一个系统的有机构成，同时，也会随着市场环境的变化而逐步完善，在运用的过程中更是需要紧密结合市场环境和企业实际状况实施，只有如此才能使市场营销理论得到正确和恰当地运用，实现企业市场营销目标。

第三节　市场营销观念

市场营销学是一门经营哲学，在一定的历史背景下人们受客观条件的影响，就会形成与背景条件相适应的营销理念，以指导其开展市场营销活动。随着环境的变化，人的观念也在不断地变化并作用于营销实践。不变的营销观念不能适应环境的变化，会对营销实践起反作用。由于市场营销理念是在企业的外部市场环境和内部条件共同作用下形成的，因此，有什么样的市场环境，就会形成什么样的市场营销理念。市场营销理念的演变大致经过四个阶段：传统观念阶段、市场营销观念阶段、社会市场营销观念阶段和全面市场营销观念阶段，可以将这些理念概括为传统营销理念和现代营销理念两大类。

一、传统营销理念

传统营销理念包括三种观念，即生产观念、产品观念和推销观念。

(一)生产观念

生产观念产生于19世纪末到20世纪初。当时，由于经济和技术比较落后，消费者并不富裕，而且国内市场和国际市场都在扩大，生产的发展不能适应消费需求的增长，消费者的需求量大，多数商品处于供不应求的“卖方市场”。销售与消费只是被动地适应市场，企业生产什么，市场就销售什么，生产多少就销售多少，没有多大的选择余地。只要有商品，质量尚可，价格便宜，就不愁在市场上找不到销路，有许多产品是顾客上门求购。所以，当时支配企业的是生产观念。在生产观念的指导下，企业普遍认为，只要能向顾客提供买得起、买得到的产品，就会实现产品销售。生产的关键在于降低成本，扩大产量，提供价廉产品。因此，企业只注重生产，无须关心市场。

以生产观念为导向的营销活动具有以下特点：①生产活动是企业经营活动的中心和基本出发点；②降低成本、扩大产量是企业成功的关键；③不重视产品、品种和市场需求；④目标是追求短期利益；⑤坚持“我生产什么，商家就卖什么，消费者就买什么”的经营思想。

由此可见，这种只适应于“卖方市场”的营销理念，具有明显的局限性。

第一，持这种营销理念的企业，重视生产，忽视销售，把所有的精力和人、财、物等资源都集中在生产环节，忽视市场和消费需求的存在，这对于当时处于商品生产初期阶段的企业尚可有效。但是，随着市场的发展，如果企业仍然不考虑市场需求，盲目生产，那么就无法逃脱被市场淘汰的命运。所以，以生产为导向的观念只适合于消费者购买力低、需求缺口大、生产力水平低的卖方市场。

第二，营销手段单一，不适合市场经济发展的需要。加强生产管理，进行规模化生产，降低产品成本，对企业来讲固然重要，但仅有这些还是远远不够的。忽视市场销售和消费者需求，销售手段仅仅停留在生产制造过程中，就无法适应现代消费需求的多样化。

第三，这种观念所代表的急功近利倾向也是现代企业所忌讳的，以生产为导向的理念对企业进行评价的指标体系主要是短期利润，片面追求短期的销售额，忽视企业的长期利益，如果现代企业仍然持有这种指导思想，那迟早会被市场所淘汰。

（二）产品观念

产品观念和生产观念有许多相同之处，都产生在供不应求的“卖方市场”形势下，都是以生产为中心，都忽视市场的存在和多样化的需求。正因为如此，许多人将二者合而为一，但二者有较为明显的差别。产品观念认为，消费者欢迎那些质量好、多功能和具有某种特色的产品，因此，企业应致力于提高产品质量，只要物美价廉，顾客自然会找上门，无须大力推销。由此可见，以“产品观念”为营销理念的企业，往往迷恋于自己的产品，表现出面向“标准”而不是面向需求的产品导向意识。

以产品观念为导向的营销活动具有以下特点：①生产质量是企业经营活动的中心，“质量第一”而不是“顾客第一”；②加强生产管理、提高产品质量是企业成功的关键；③忽视消费者的需求和推销活动；④追求的目标仍是短期利润；⑤坚持认为“拥有质量就拥有购买者”的经营思想。

拓展阅读1-4

由此可见，虽然产品观念比生产观念前进了一步，但这种指导思想同样只适应于卖方市场，并日益显示出其固有的缺陷。

第一，这种营销理念所强调的“质量观”与现代企业所强调的“质量是企业的生命”有根本的不同。它们的质量观是面向标准，即政府、行业管理机构、企业所提出的质量标准，而不是面向消费者、符合市场消费者要求的质量标准。

第二，持此营销理念的企业过分强调质量在营销中的地位，从而淡化了消费者其他需要，导致“市场营销近视”，即不适当地把注意力放在产品上，而不是放在市场需求上，缺乏远见，只看到自己的产品质量好，看不到市场需求在变化，致使企业经营陷入困境。

（三）推销观念

推销观念亦称销售观念，认为消费者一般不会自觉地购买足够用的产品，因此，企业应加强产后推销和大力促销，以刺激和诱导消费者大量购买本企业的产品，从而扩大销售量，提高市场占有率，取得更多利润。其具体表现是“企业卖什么，人们就买什么”。

推销观念产生于“卖方市场”向“买方市场”转变的过程中。从20世纪20年代末开始，随着资本主义国家生产力的发展，社会产品日益丰富，品种不断增加，市场上许多产品开始供过于求，企业竞争激烈。特别是1929年资本主义世界爆发了空前严重的经济危机，堆积如山的货物卖不出去，市场萧条。面对如此严重的危机，许多企业认识到，即使是高质量的产品也未必能卖得出去，要在激烈的市场竞争中求得生存并不断发展，企业的中心工作必须由生产转移到促进销售上，由此形成以推销观念为核心的营销理念。与过去相比，这一阶段企业开始把注意力转向市场，但仅停留在产品生产出来以后如何尽力推销上。

以“推销观念”为营销理念的企业营销活动具有以下特点：①现有产品是企业经营活动的中心和出发点；②强力推销是企业成功的关键，坚持“好孬都得靠吆喝”的经营思想；③忽视消费者的需求，注重产后推销工作；④追求的目标是短期利润；⑤这种观念只适应于未成熟的“买方市场”。

拓展阅读1-5

推销观念尽管走出了只顾生产、眼光向内的狭隘与偏见之路，开始把眼光转向市场，但认识还是肤浅的，还存在严重的缺陷。

第一，营销工具的滞后性。不进行市场调查与预测，只有产品卖不出去造成产品积压后才想方设法搞推销。这种滞后性的推销工作往往带有非常盲目的性质，搞不清楚产品积压的真正原因，不能防患于未然，必然导致企业生产经营活动的恶性循环，被市场牵着鼻子走。

第二，企业工作重心的错位和企业形象的损坏。企业过分强调推销的作用，急于推销积压的产品，使企业将工作重心放在产品推销上面，影响企业其他经营活动的开展；另外，企业在想方设法推销产品的过程中，很容易产生硬性推销、强买强卖、滥用广告的现象，这样既损害了消费者的利益，又损害了企业自身的声誉，最终影响企业的长远利益。

二、现代营销理念

（一）市场营销观念

第二次世界大战以后，随着第三次科学技术革命的深入，市场可供选择的产品数量激增，品种日新月异，同时，由于大量的军工企业转为生产民用产品，商品市场的供应量急剧扩大，供给大于需求的现象日益突出，买方市场出现。在买方市场条件下，消费者有了充分选择商品的余地，可以在充裕的商品中通过比较选择自己喜爱的商品。另外，随着社会的发展，消费者的收入水平和文化生活水平不断提高，消费者的需求日益向着求便利、追时尚、求愉悦、多变化的方向发展。时代的变革和市场环境的变化向企业的生存与发展提出了严峻的挑战，过去那种"酒香不怕巷子深"的优越感已不复存在。面对日益激烈的市场竞争，谁拥有顾客，谁就能够得以生存和发展，从而使市场营销理念进入第二个阶段——市场营销观念阶段。

市场营销观念是对传统观念挑战而出现的一种新型企业经营哲学。市场营销观念认为，实现企业各项目标的关键，在于正确确定目标市场的需要和欲望，并且比竞争者更有效地传送目标市场所期望的产品或服务，进而比竞争者更有效地满足目标市场的需要和欲望。由此可见，市场营销观念是一种以顾客需要和欲望为导向的经营哲学，是消费者主权论在企业市场营销管理中的体现。

在这种观念指导下，企业一切活动都以顾客需求为中心，在满足消费者需求基础上实现企业利润。因此，人们把这一观念也称为"市场导向观念"。

在市场营销观念指导下的营销活动具有如下特征。

（1）消费者需求是企业经营活动的出发点。长期以来，企业将经营活动的重点和出发点一直放在企业内部的生产环节上，按照企业自身的生产条件安排组织生产，当产品生产出来之后，再采取一些促销手段，在产品生产之前从不考虑市场，其产销活动过程是"生产—销售—消费"；而以顾客为核心的市场营销理念则视顾客需求为企业经营活动的出发点，成立专门的市场调研部门，培养专业的市场分析研究人员，花费大量的人力、物力、财力，了解消费者需求的特点和变动趋势，根据市场消费需求组织生产，企业的经营过程已变成了"需求—生产—销售—消费"。这种变化使顾客需求由过去的被动地位转化为主动地位，成为企业经营活动的出发点。

（2）发现目标市场和消费者的潜在需求，并集中企业的一切资源占领目标市场是企业成功的关键。既然企业将消费者需求作为其经营活动的出发点，那么，企业首先要发现消费者潜在需求，重视对消费者潜在需求的挖掘，然后根据需求确定目标市场；一旦目标明确，企业就集中其一切可控资源进占目标市场。这样就改变了过去仅仅注重推销手段的某一方面而使营销活动顾此失彼的被动局面。

(3)营销活动贯穿于企业经营活动的全过程。要满足顾客的需要并实现企业的营销目标,就必须综合运用各种营销手段,使企业的营销活动形成一个有机整体。如市场调查与预测、产品设计与开发、生产组织与财务分析、分销渠道与仓储运输、销售与公关、包装商标、广告宣传等,这一切都要贯穿于企业经营活动的全过程,形成完整的体系,以便发挥营销的整体效果。

(4)追求长远利益和公司的长久发展。过去企业仅仅追求眼前利益,有时甚至为了眼前的蝇头小利而不惜牺牲长远利益,使企业发展缺乏后劲。随着以顾客为中心的营销理念的确立,企业追求利润的目标尽管没有发生根本改变,但开始注重企业的长远利益。营销人员已经意识到,企业追求利润的手段应该建立在满足消费者需求的基础上。消费者需求满足的程度越大,说明企业在消费者心目中的地位越高,企业赢利的可能性越大。因此,企业营销过程中首先注重商品或服务对消费者需求的满足程度。

市场营销观念虽然抓住了"顾客"这个市场核心,是企业指导思想的根本变革,但仍存在不足之处:片面注重顾客的短期需求和眼前利益,忽视社会其他利益的存在,如政府的需求与利益、企业股东的需求与利益、企业职工的需求与利益、社会与自然环境保护等。有的企业在贯彻市场营销观念的过程中,甚至对其他利益造成了伤害。为了解决上述问题,企业营销理念发展到第三阶段——社会营销观念阶段。

(二)社会营销观念

20 世纪 70 年代,美国的一些营销学专家对以顾客为核心的营销理念产生了怀疑,提出了一系列问题。彼得·德鲁克曾明确指出:"市场营销的漂亮话讲了 20 年之后,消费者主义居然变成一个强大的流行行动,这就证明没有多少公司真正奉行市场营销观念。"为此,许多学者提出了一系列新的观念,以修正和替代简单的市场营销观念,如"人性观念""明智的消费观念""生态强制的观念"等。这些新的观念所关注的都是同一社会问题的不同方面,因此被统称为"社会营销观念"。

社会营销观念作为一种新的市场营销理念,其核心观点是:企业提供产品和服务,不仅要满足消费者的市场需求或短期欲望,而且要符合消费者的长远利益和社会的长远发展,改善社会福利。企业决策者在确定经营目标时,应当根据自己企业的优势,既要考虑市场需求,又要注意消费者的长远利益和社会利益,综合运用各种营销手段,引导消费者合理消费,实现企业利益和社会效益的统一。

拓展阅读1-6

现代市场营销观念的本质如图 1-2 所示。

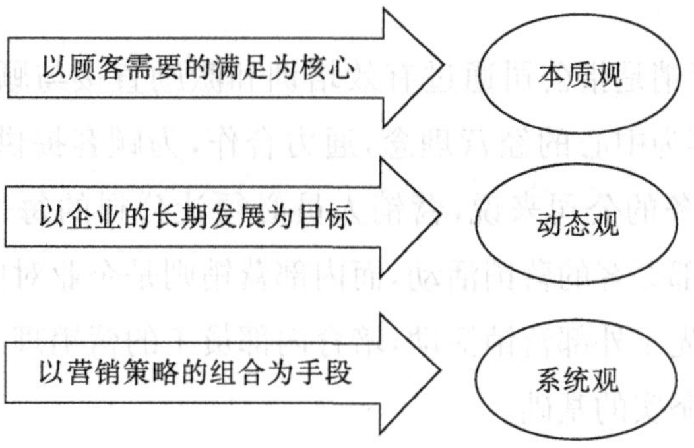

图 1-2 现代市场营销观念的本质

新、旧市场营销观念对照如表 1-2 所示。

表 1-2　新、旧市场营销观念对照

营销观念		市场特征	出发点	手段	策略	目标
旧观念	生产观念	供不应求	生产	提高产量，降低成本	以产定销	增加生产，取得利润
	产品观念	供不应求	产品	提高质量，增加功能	以高质取胜	提高质量，获得利润
	推销观念	生产能力过剩	销售	推销与促销	以多销取胜	扩大销售量，获得利润
新观念	市场营销观念	买方市场	顾客需求	整体市场营销	以比竞争者更有效满足顾客需要取胜	满足需要，获取利益
	社会营销观念	买方市场	顾客需要、社会利益	整体市场营销	以满足顾客需要和增进社会利益取胜	满足顾客需要，增进社会利益，获得经济效益

（三）全面营销观念

随着营销环境和经营实践的发展变化，出现了各种不同的营销理念，但不可能有一种营销理念能够涵盖所有营销理念和适应所有环境，并能够指导营销实践，正因为此，菲利普·科特勒提出全面营销观念，同时认为，全面营销观念包括关系营销、整合营销、内部营销和社会营销等四个方面。

（1）关系营销。关系营销概念最早由美国学者贝里于 1983 年提出，并界定为"吸引、保持以及加强客户关系"，从而促使企业纷纷从简单的交易性营销转向关系营销，即企业与客户和其他利益相关者之间如何建立、保持并巩固一种长远的关系，进而实现信息及其他价值的相互交换。1996 年，贝里进一步把关系营销定义为"通过满足客户的想法和需求进而赢得客户的偏爱和忠诚"。营销实践证明，获得新客户的成本远高于留住老客户的成本。因此，关系营销有助于企业留住客户，培育客户忠诚，增加经营绩效。

（2）整合营销。整合营销理论是由美国西北大学市场营销学教授唐·舒尔茨提出的，产生和流行于 20 世纪 90 年代。整合营销就是"根据企业的目标设计战略，并支配企业各种资源以达到战略目标"，是一种对各种营销工具和手段的系统化结合，根据环境进行即时性的动态修正，以使交换双方在交互中实现价值增值的营销理念与方法。整合就是把各个独立的营销综合成一个整体，以产生协同效应。这些独立的营销工作包括做广告、直接营销、销售促进、人员推销、包装、事件赞助和客户服务等。战略性地审视整合营销体系、行业、产品及客户，从而制定符合企业实际情况的整合营销策略。

（3）内部营销。内部营销是指公司通过有效培训和激励直接与顾客接触的职员和所有辅助服务人员，使其树立以顾客为中心的经营理念，通力合作，为顾客提供满意的产品和服务。对于一贯提供高质量产品和服务的公司来说，营销人员必须让公司的每一个人执行顾客导向战略。外部营销是企业对组织外部顾客的营销活动，而内部营销则是企业对内部职员的营销活动。内部营销活动要先于外部营销活动，培育内部员工的营销理念，只有如此，才能为外部营销活动奠定坚实的基础。

拓展阅读1-7

（4）社会营销。如上所述，社会营销不仅要满足消费者的市场需求或短期欲望，而且要符合消费者的长远利益和社会的长远发展，改善社会福利。

全面营销观念所包含的关系营销、整合营销、内部营销和社会营销等四个方面各自的对象不同，职能各异，但都是服务于企业的系统营销，只有将这些不同方面进行适当的营销规划和实施，才能有助于企业市场营销效果和绩效的提升。其主要结构体系如图 1-3 所示。

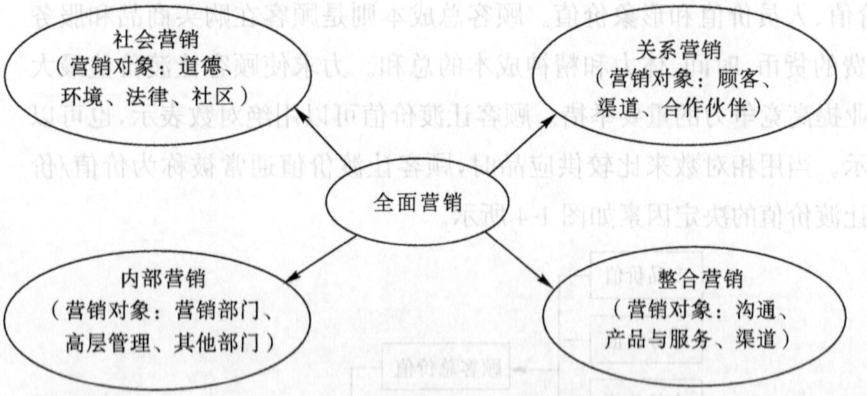

图 1-3 全面营销观念的主要结构体系

第四节 顾客让渡价值

在激烈的市场竞争中，企业生存、发展主要靠内部的管理与创新，一方面向顾客提供领先的产品，提高产品竞争力；另一方面为顾客提供优质服务，提高顾客满意度。这就要求企业能使自己的产品在顾客需要的多个方面领先于对手，而且要为顾客提供超越竞争对手的让渡价值。因此，研究并重视顾客让渡价值就显得非常重要。

一、顾客让渡价值的含义

在 20 世纪 80 年代，美国企业界发现仅为消费者提供周到良好的服务并不能确定为企业带来更多效益，要提高企业效益必须让消费者对自己的企业或品牌保持购买行为的忠诚。美国著名的市场营销专家菲利普·科特勒认为，消费者是按“有限理性者”行事的，买方将从企业购买他们认为能提供最高顾客让渡价值的商品或服务。而最大的让渡价值并不是企业提供的产品或服务的实际价值，而是顾客在购买过程中以及购买后对所能感知到的收益与其所付出的成本进行权衡后而得到的总体评价，是顾客对产品或服务的感知总价值与感知总成本之差。

由于社会不断发展，企业的商品生产能力极大提高，从而使如今的消费者面临着纷繁复杂的商品和品牌选择，这就使企业必须关注顾客是如何作出选择的。由此可知，顾客购买的不仅是产品更是一种价值，即顾客在购买中期望获得最大的实际利益而付出最小的成本，也就是期望能够得到最大的让渡价值。这是顾客作为一个有限理性购买者的必然选择。显然，从经济学的观点看，消费者既然是社会经济的参与者和商品价值的实现者，他必然按“有限理性者”行事，亦即顾客是按企业所提供的最大价值进行估价的。因此，现代营销理论的内涵之一是买方将从企业购买他们认为能提供最高顾客让渡价值的商品或服务，而所谓顾客让渡价值是指顾客总价值与顾客总成本之间的差额部分。

顾客总价值是指顾客从企业给定产品和服务全部实际利益的总和，包括产品价值、服务价值、人员价值和形象价值。顾客总成本则是顾客在购买商品和服务过程中所耗费的货币、时间、体力和精神成本的总和。力求使顾客让渡价值最大化应该是企业提高竞争力的重要举措。顾客让渡价值可以用绝对数表示，也可以用相对数表示。当用相对数来比较供应品时，顾客让渡价值通常被称为价值/价格比。顾客让渡价值的决定因素如图 1-4 所示。

拓展阅读1-8

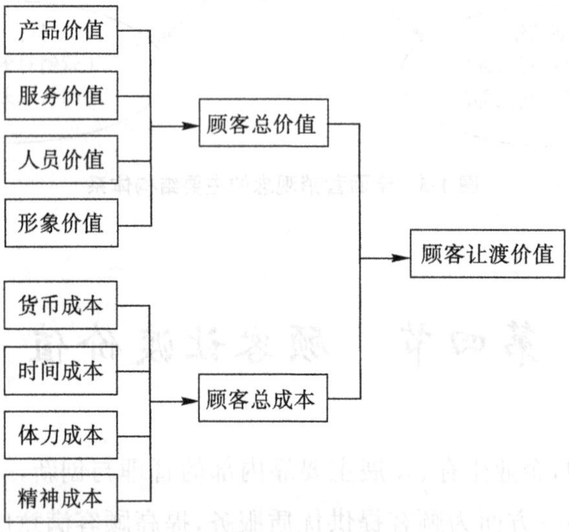

图 1-4　顾客让渡价值的决定因素

产品价值指企业为顾客提供的产品质量、性能、功能、内外包装等给顾客带来的价值，产品价值越高顾客让渡价值越大，因此，产品价值是顾客决定购买的最为关键的影响因素之一。

服务价值是指企业向顾客提供的售前、售中和售后服务及其给顾客带来的满意程度所产生的价值总和。服务价值是决定实体产品交换的前提和基础，而实体产品流通所追求的利润最大化必须服从顾客的满意程度，这就是服务价值的本质。

人员价值是指企业员工的经营理念、知识水平、业务能力、工作效率、经营作风、应变能力、情感等在与顾客交易、交往过程中所产生的价值。它决定着企业为顾客提供的产品和服务价值，决定着企业与顾客的关系，从而决定着顾客的购买总值大小。

形象价值是指企业和产品在公众中形成的总体形象所产生的价值，它是产品价值、服务价值和人员价值综合作用的反映和结果。形象价值是企业和品牌知名度所创造的价值，属于附加值，对产品价值和人员价值的形成有着积极的不可磨灭的贡献。

货币成本是指顾客在产品购买过程及消费过程中所有货币性支出的总和，它是构成顾客总成本大小的主要因素和基本因素。

时间成本是顾客购买产品和消费产品所耗费时间的机会成本。时间成本是顾客让渡价值的减函数,在顾客总价值和其他成本固定的情况下,时间成本越小,顾客让渡价值就越大。因此,努力提高工作效率,在渠道与促销等方面作出更周密的安排,在保证产品与服务质量的前提下,尽可能减少顾客耗费的时间,降低顾客的时间成本,是为顾客创造更大的顾客让渡价值、确保顾客满意和提升企业竞争力的重要途径。

精神成本和体力成本是指顾客购买和消费商品时,耗费的精神、体力的总和。在顾客总价值与其他成本固定的情况下,精神成本与体力成本越小,顾客总成本就越小,顾客让渡价值就越大。因此,如何采取有力的营销措施,在消费者购买的各个环节为消费者提供便利,使消费者以最小的精神成本与体力成本,取得最大的价值是每个企业需要考虑的问题。

影响顾客让渡价值的因素有很多,如企业的营销组合策略、企业所处的市场环境、科技水平的进步,乃至顾客的行为、意识等,它们之间的关系以及作用机制也非常复杂。企业为了战胜竞争对手,吸引更多顾客,就必须向顾客提供比竞争对手具有更多让渡价值的产品。给顾客创造价值就是为企业创造价值,要站在顾客的立场上考虑和解决问题,要把顾客的需要和满足放到一切因素之首,才能真正将顾客的需求纳入新产品的开发和服务中去,一种新型的企业与顾客的关系才能建立起来,才能获取核心竞争地位,吸引更多的潜在顾客,留住老顾客,赢得市场,在竞争中战胜对手。

顾客让渡价值概念的提出为企业经营方向提供了一种全面的分析思路。首先,企业要让自己的商品能为顾客接受,必须全方位、全过程、全纵深地改善生产管理和经营,企业经营绩效的提高不是行为的结果,而是多种行为的函数,以往强调营销只是侧重于产品、价格、分销、促销等一些具体的经营性要素,而让渡价值却认为顾客价值的实现不仅包含物质因素,还包含非物质因素;不仅需要有经营的改善,而且必须使管理适应市场的变化。其次,企业在生产经营中创造理想的整体顾客价值只是企业取得竞争优势、成功经营的前提,一个企业不仅要着力创造价值,还必须关注消费者在购买商品和服务中所倾注的全部成本。由于顾客在购买商品和服务时,总希望把有关成本,包括货币、时间、体力和精神降到最低限度,而同时又希望从中获得更多实际利益,因此,企业还必须通过降低生产与销售成本,减少顾客购买商品的时间、体力与精神耗费,从而降低货币和非货币成本。显然,充分认识顾客让渡价值的含义,对于指导工商企业如何在市场经营中全面设计与评价自身产品的价值,使顾客获得最大程度的满意,进而提高企业竞争力具有重要意义。

二、顾客让渡价值与顾客忠诚度

企业在经营中很难找到一个可操作的标准来衡量顾客让渡价值的大小,一般企业可以用顾客忠诚度来反映顾客对产品或服务的让渡价值的感知与认可。

(一)让渡价值对顾客忠诚的影响

企业让渡给顾客的价值对其忠诚的产生有着重要作用,顾客让渡价值的大小在很大程度上决定了顾客满意度的高低,而顾客满意度的高低在一定程度上又决定了顾客忠诚度的建立。布莱克威尔等学者提出的价值(让渡价值)—忠诚度模型也证实了顾客让渡价值的大小直接影响到顾客忠诚度的建立。而顾客对产品或服务的感知总价值、感知总成本与顾客的忠诚度之间的关系可以用图 1-5 来表示。

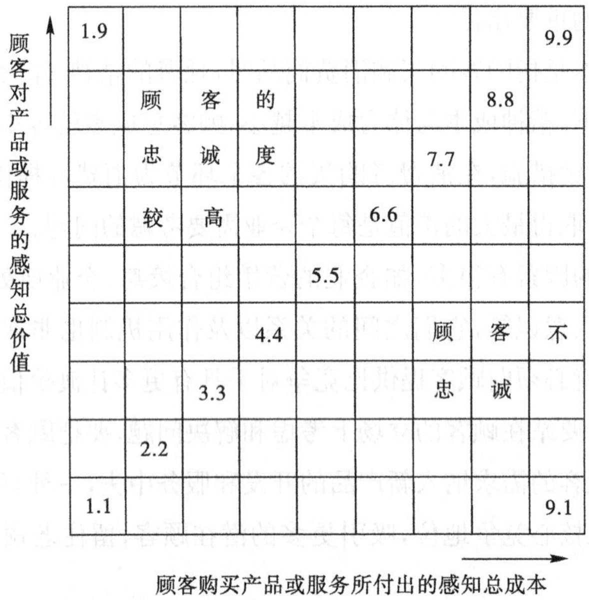

图 1-5　顾客让渡价值与忠诚度之间的关系

越往图 1-5 的左上方向(箭头方向),顾客对产品或服务的感知总价值越大于感知总成本,让渡价值越大,顾客得到了较高的期望价值,因此,顾客的忠诚度也就越高。而越向图 1-5 的右下方,顾客对产品或服务的感知总价值越小,感知总成本越大,顾客的让渡价值越小,即顾客得到的期望价值为负数。在这种情况下,顾客不会购买该产品或服务,更谈不上顾客的忠诚。

在图 1-5 的对角线上,顾客的感知总价值与感知总成本相等,让渡价值等于零。在这种情况下,顾客付出的最大可接受感知总成本等于感知总价值,只要竞争者有可能提高其感知总价值或减少感知总成本,顾客就会转向其他的产品或服务,所以顾客不忠诚。由此可见,要想形成顾客忠诚,企业提供的让渡价值必须大于零,也就是其提供的产品或服务的感知总价值与感知总成本应位于图 1-5 的左上方区域。

(二)让渡价值理论下顾客忠诚度的特点

顾客的个性差异导致忠诚度的差异。忠诚度是指消费者对特定消费行为保持同一性的稳定特征,比如对特定品牌保持连续的购买行为、对特定营业环境保持稳定的选择性等。由于人的个性特征不同、受教育背景不同,以及生活的环境和收入等方面存在差异,不同人对同一产品或服务的内在感知存在差异。这意味着同一产品或服务给不同顾客带来的感知价值是不同的,形成不同的忠诚度。一般情况下,产品给顾客带来的感知总价值越大,顾客对产品的忠诚度就越大;反之,就越小。顾客的忠诚度随着顾客对让渡价值的感知变化而变化。

顾客对产品或服务所感知到的价值随着时间的变化而变化。顾客在一次非常满意的消费中感知到了最大的让渡价值,但在后来的重复购买中,这种非常满意的感觉会有所减退,消费者总是希望在重复购买中能不断地享受到更大的价值。顾客总是有一种消费心理:他们一方面认可这种商品或服务；一方面又希望付出的成本比较少，希望在多次重复购买的基础上进一步得到更大的让渡价值。当这种希望一直得不到满足时，而竞争对手提供了更具吸引力的产品与服务时，顾客会转向其品牌，期望在那里获得最大的让渡价值。当顾客在那里得到了长久以来未得到的最大满足时，那么他就成了竞争对手在一定时期内的忠诚顾客。同样，当他在竞争对手那里得不到应有的满足时，他又会转向其他的品牌或又回归到原来的消费品牌。因此，要想让一个消费者长久地成为企业忠诚的顾客，企业就需要不断提升顾客价值。对企业来说，不断满足忠诚顾客的需求，也就是不断强化顾客的忠诚。

顾客忠诚度具有相对稳定性。外界环境的变化，如竞争、收入、购买心理等因素的变化，会影响顾客对产品或服务总价值的感知，对价值感知的变化相应地引起顾客对产品或服务忠诚度的变化。但是，消费者对周围事物的感知与认知需要一个过程，所以，其对产品或服务总价值的感知变化不是瞬间完成的，具有一定的过程性和演变性。因此，顾客在一定时期内对同一产品或服务的感知总价值又具有相对稳定性，即顾客忠诚具有一定的稳定性。这个稳定期的长短取决于企业、市场竞争环境和消费观念等因素的综合变化。

三、顾客让渡价值理论的实践意义

拓展阅读1-9

顾客让渡价值并不是顾客身上的量化指标，它反映的是顾客对产品或服务的一种感觉和体验。这种感觉和体验在采取购买决策之前表现为顾客的一种期望，企业的营销行为则是一种试图匹配这种期望的过程，企业的营销结果如果满足这种期望甚至超越这种期望，客户就会产生满意感，这种满意感越强烈，企业获得顾客的可能性就越大，企业的营销就越成功。

顾客让渡价值理论为企业提供了一种全面的经营分析思路。从长远发展角度，顾客是否喜爱直至选择企业的产品，实际上是对企业提高自身生产、经营、管理水平提出了要求。企业在市场营销工作中，往往比较注重产品、价格、分销、促销等具体经营要素，然而顾客让渡价值理论揭示了顾客所体验的价值实际上不仅包含物质因素（产品的使用价值、产品的价格），同时还包含许多精神因素（人员价值、服务价值、形象价值、时间成本、精神成本、体力成本），很显然，对于企业来说，要对生产经营环节的改善予以高度重视，更重要的是，企业必须根据市场的变化而不断调整和改善管理工作，企业应该认识到，企业市场优势的获得是综合因素作用的结果。因此，企业要做好如下工作提升顾客让渡价值和满意度。

(1)企业需要加强行业价值链管理，建立紧密和共赢的行业价值链合作关系。哈佛大学商学院教授迈克尔·波特于 1985 年提出了"价值链"这一概念并认为，"每一个企业都是在设计、生产、销售、发送和辅助其产品的过程中进行种种活动的集合体。所有这些活动可以用一个价值链来表明"。价值链在企业经营活动的每一个环节都存在，上下游关联的企业与企业之间存在行业价值链，企业内部各业务单元的联系构成了企业价值链，企业内部各业务单元之间也存在价值链联结。从行业价值链角度看，企业在整个经营过程中与其供应商及渠道商必须建立起密切合作的价值链关系，利用价值链的高效配合来提高整体顾客价值，降低顾客成本，实现顾客让渡价值最大化。

(2)企业要加强内部价值链管理，建立高效的顾客价值提供流程。企业应该秉持"顾客至上"

理念，提升顾客让渡价值。首先要提高发现、研究以及成功制造新产品的活动效率，企业要以快速、高质量以及严格成本目标控制为原则制定相应标准；其次，企业要加强完善存货管理环节，用科学的方法实现原材料、半成品和成品的准时及充分供给，严格控制库存过大或库存不足而造成的成本上升。

(3)加强物流过程管理，以最快的速度完成接受订货、核准销售、按时送货以及收取货款等工作。企业应根据顾客需求制定严格标准，高度重视顾客服务工作，包括顾客在公司内很顺利地找到适当的当事人，能得到迅速、满意的服务，从而提高顾客服务的质量和敏捷性。

(4)企业要重视内部市场营销工作。内部市场营销要求企业必须有效地培训和激励直接与顾客接触的职员和所有辅助服务人员，使他们通力合作，为顾客提供满意的服务。企业应该将所有员工作为“内部顾客”来看待，为员工提供有竞争性的薪资和福利、良好的工作环境，构建积极向上的和谐的企业文化，努力实现员工对企业满意，员工只有对工作充满热情、对企业满意，才能创造出最大的顾客让渡价值。企业只有先做好内部市场营销工作，外部市场营销工作才有坚实的基础。

孙子曰：(道、天、地、将、法)凡此五者，将莫不闻。知之者胜，不知者不胜。故校之以计，而索其情，曰：主孰有道？将孰有能？天地孰得？法令孰行？兵众孰强？士卒孰练？赏罚孰明？吾以此知胜负矣。

简单地说，企业市场营销活动中，道、天、地、将、法非常重要，营销决策者不能不充分了解。营销决策者能够充分了解和运用的，就能决胜于市场；相反，不能充分了解和运用的，在市场营销活动中将不可能成功。因此，营销决策者要能够充分理解顾客需求、市场环境和营销规律，并准确掌握和运用政策、天时、地利、人和以及制度等，做到适应市场、行动有力、激励有效，这样，企业的市场营销活动才能够获得成功。

拓展阅读1-10

本章知识点

市场就是具有特定需要和欲望，并且愿意和可能通过交换来满足的全部潜在顾客。

市场是潜在的或现实的顾客需求总和，由人口、购买愿望和购买力三大要素构成。

市场营销是个人和集体通过创造，提供出售，并同别人交换产品和价值，以获得其所需所欲之物的一种社会管理过程。

市场营销学是一门以经济科学、行为科学和现代管理理论为基础，研究以满足消费者需求为中心的企业市场营销活动及其规律的综合性应用科学。

市场营销在不同的背景条件下，形成了生产观念、产品观念、销售观念、市场营销观念、社会营销观念和全面营销观念等，不同观念的指导会产生不同的营销行为。

顾客让渡价值是指顾客总价值与顾客总成本之间的差额部分。

顾客让渡价值的大小在很大程度上决定了顾客满意度的高低，而顾客满意度的高低在一定程度上又决定了顾客忠诚度的建立。

营销思考题

1.什么是市场营销？它与销售及推销有什么区别？

2.市场营销观念的演进及其含义是什么？

3.怎样理解市场营销对企业和社会的重要意义？

4.当代企业应该树立什么样的营销观念？

5.怎样理解顾客让渡价值？

6.顾客忠诚有何意义？企业如何提高顾客忠诚度？

营销计策

〔三十六计〕之一：瞒天过海。

〔原文〕备周则意怠，常见则不疑。阴在阳之内，不在阳之对。太阳，太阴。

〔翻译〕防守周密则容易懈怠，经常见到则不易怀疑，阴在阳之内，并非与阳对立。至阴之术，可以为至阳目的服务。

〔三十六计〕之二：围魏救赵。

〔原文〕共敌不如分敌，敌阳不如敌阴。

〔翻译〕树敌不可过多，对敌要各个击破，对现在还不忙于消灭的敌人，要隐藏我们的意图。

〔三十六计〕之三：借刀杀人。

〔原文〕敌已明，友未定，引友杀敌，不自出力，以《损》推演。

〔翻译〕作战的对象已经确定，而朋友的态度还不稳定，要诱导朋友去消灭敌人，避免消耗自己的力量。这是按照《损卦》推演出来的。

结尾案例

2012年7月10日，北京小桔科技有限公司成立，经过3个月的准备与司机端的推广，9月9日在北京上线。2014年3月，用户数超过1亿，司机数超过100万，日均单达到521.83万单，成为移动互联网最大日均订单交易平台。5月，产品正式更名为“滴滴打车”，寓意“滴水之恩，涌泉相报”。9月9日，“滴滴打车”更名为“滴滴出行”并启用新LOGO——一个扭转的橘色大写字母D。伴随此次滴滴品牌升级、更换新LOGO，滴滴发布全新版本的“滴滴出行”APP。滴滴新LOGO的颜色延续了滴滴原有品牌色——橘色，设计上采用了滴滴拼音首字母D的抽象化设计，一方面象征着微笑，表达了“滴滴一下，美好出行”的企业理念；另一方面，也抽象描绘了道路形象，代表了滴滴所处的行业。

滴滴出行是涵盖出租车、专车、快车、顺风车、代驾及大巴、货运等多项业务的一站式出行平台，为了更好地为3亿出行用户提供服务，将APP(应用程序)、微信公众号、QQ、网页版的在线客服后台统一接入ImCC系统，高效帮助滴滴出行完成了跨渠道、跨平台的在线客服管理。

“滴滴出行”APP改变了传统打车方式，建立培养出大移动互联网时代下的用户现代化出行方式。相较于传统电话召车与路边招车来说，滴滴打车的诞生更是改变了传统打车市场格局，颠覆了路边拦车概念，利用移动互联网特点，将线上与线下相融合，从打车初始阶段到下车线上支付车费，画出一个乘客与司机紧密相连的O2O(线上到线下)闭环，最大限度优化乘客打车体验，改变传统出租车司机等客方式，让司机师傅根据乘客目的地按意愿“接单”，节约司机与乘客沟通成本，降低空驶率，最大化节省司乘双方资源与时间。

2020年2月27日，为了满足用户新冠感染疫情后复工出行用车需求，小桔车服旗下的小桔租车陆续在全国几大城市推出了“全国万台车免费用7天”的租车服务。用户可通过小桔租车APP或滴滴APP进行免费预订。

2021年6月，滴滴出行入选艾媒金榜(iiMedia Ranking)发布的《2021年中国产业供给端数字化服务平台排行榜TOP 10》，排名第3。2022年5月，滴滴出行入选《福布斯》2022全球企业2000强榜单，排名第1321。

2022年7月21日，国家互联网信息办公室依据《中华人民共和国网络安全法》《中华人民共和国数据安全法》《中华人民共和国个人信息保护法》《中华人民共和国行政处罚法》等法律法规，对滴滴全球股份有限公司处以人民币80.26亿元罚款，对该公司董事长兼CEO(首席执行官)程维、总裁柳青各处人民币100万元罚款。

资料来源于网络，作者有删改。

案例思考题

1.滴滴出行是如何根据市场需求来整合资源，并满足顾客需求的？查找更多信息，试用三十六计之瞒天过海进行说明。

2.试用《孙子兵法·始计篇》、企业经营理念、商业伦理等相关理论知识，分析讨论滴滴公司违法行为及其可能的后果，并深入探究如何才能保证企业合法经营，以及企业应该怎样恪守商业伦理和遵纪守法进行市场营销活动。

第二章 营销管理

夫将者，国之辅也，辅周则国必强，辅隙则国必弱。

——《孙子兵法·谋攻篇》

教学目标

1.了解营销管理的内涵；

2.理解营销管理实质及不同需求下营销管理的任务；

3.掌握营销组合管理的基本理论；

4.掌握市场营销管理的基本过程；

5.能够运用《孙子兵法》解读营销管理的基本原理；

6.理解三十六计之"以逸待劳""趁火打劫""声东击西"的核心思想，并能够在市场营销中合理运用。

导入案例

元气森林的品牌营销之路

一、元气森林简介

元气森林(北京)食品科技集团有限公司(以下简称"元气森林")是一家致力于为美好生活创造健康好产品的中国食品饮料企业。公司成立于2016年，以"整合全球资源为全球用户创造有爱的好产品"为企业愿景，先后荣获"国家高新技术企业"等称号。目前，旗下拥有元气森林气泡水、燃茶、纤茶、满分果汁微气泡、外星人电解质水等系列产品，现已覆盖全国超30个省、自治区、直辖市，并出口美国、日本、新加坡等40多个国家和地区。

二、消费者的需求:健康＋口感

近年来，人们对健康的消费意识越来越强，更加关注健康、养生、身材等，甚至有不少年轻人调侃说:人到三十不得已，保温杯里泡枸杞。肥胖、糖尿病、衰老加速等疾病产生的一个重要原因是摄入糖分过度，人们渴望饮用低糖、无糖的健康饮料。一项权威报告显示，大部分年轻人购买饮料时，都会关注无添加、无糖等相关健康信息。与此同时，低糖、无糖的一些饮料，口感往往不是特别好，消费者希望饮料既能满足自己健康的需求，同时有一个令人愉悦的口感，以满足味蕾的需求。

三、元气森林深度洞察消费者需求，精准定位

深度洞察消费者需求。2016年，唐彬森创立元气森林，正式进军健康饮品市场。其推出了

两款饮料:一款是以瘦身为主题的“元气森林の明明不胖”,另一款是以美容为主题的“元气森林の石分美丽”,结果,市场并没有太大反应。企业经过深入调研,发现味觉的体验不好,甜度太低的饮品影响到消费者的口感体验。因此,仅仅是一个低甜度的健康饮品并不能满足消费者的需求,而且不能给企业带来市场和利润。企业意识到要关注饮料的口感,必须研发一款能够同时满足消费者健康和口感要求的饮料。

满足消费者需求,精准定位。企业管理者很快意识到,发展无糖茶饮的首要任务,就是消除无糖茶饮在口味方面深植国人心里的刻板印象。在以往的茶饮中,比如农夫山泉的“东方树叶”,曾被认为是国内最难喝的饮品之一。这些饮品很难打开中国无糖茶饮市场,根本原因在于口感较差,消费者很难快速接受完全无糖的饮品。由于没有味道,没有甜味,消费者就拒绝购买。大多数消费者是基于口感而购买商品的,打开无糖茶饮市场,并不是由于大众喜欢“无糖”饮品,也不是不要甜味的茶饮。在消费者心目中,无糖饮料既要无糖健康,还要具有碳酸饮料等饮品的好喝特征与刺激味蕾的甜味。针对这一问题,元气森林采用“赤藓糖醇”代替蔗糖,在不产生热量的同时又能够满足消费者对口感的需求。其他一些饮品,使用了代糖的阿斯巴甜,并不是彻底地代糖,被认为影响健康,人们会慎重使用阿斯巴甜。截至目前,赤藓糖醇是最为合适的取代口味中糖类的代糖。基于互联网传播速度快、传播范围广的特点,借助于互联网工具,元气森林迅速打开了“Z世代”人群,打造了企业自身“无糖专门家”的名号,给其贴上了健康饮品的标签。这一措施解决了口感体验不好的问题,满足消费者对口感的需求。元气森林产品上标注0糖0脂0卡的内容,使消费者感受到轻松无负担。

元气森林认为,自身的目标市场是年轻群体,Z世代是其核心的消费群体。他们一方面希望饮料清爽愉悦无负担,另一方面希望健康时尚,这和元气森林产品的定位是匹配的。

四、品牌营销

以消费者为核心。基于消费者群体的主要活动平台,对他们进行深入了解,加强沟通。元气森林一直秉持与消费者群体保持深入沟通的价值主张。采用自媒体的运营,微博、小红书平台话题的投入,其话题互动量远超各大饮料巨头。企业充分使用私域流量的优势,紧紧抓住消费者的思想,改变自己的劣势,找到迎合消费者的方向。利用互联网的加持,企业能够通过平台数据获取用户画像,分析数据得出相应的改进方案,借助于数据平台,从数据端将信息传递到生产端,使得产品生产更贴近消费者需求,给予用户独特口感和健康饮食的理念。

多渠道并行。线下:专注于便利店和超市,“我们喜欢用户在需要我们产品的时候能有一个合适的场景出现在他身边,让他可以品尝我们的产品”,并在写字楼和居民小区等电梯媒体上大规模投放广告,这种方式具有高频次、低干扰、强制收看等优势,能够在潜移默化中将品牌植入顾客的脑海里,从而使企业较精准获客。线上:与相关人物合作推广,同时在天猫、京东等平台首页推送广告,以完成品牌的第一步“登台”。紧接着,先从受到年轻女性喜欢的种草APP小红书入手,利用中部KOL(关键意见领袖)进行有效推广,联动广受年轻人喜爱的B站、抖音,全面展开品牌传播。

营销创新,成功出圈。一是充分利用综艺节目,展开营销。比如除了独家冠名外,元气森林借助热门的综艺节目《元气满满的哥哥》,通过游戏环节、场景布置、内容主题,把产品及其理念融入节目中,实现高曝光。节目外在社交平台发起花式互动,趣味话题、元气福利社、哥哥元气榜等,提高粉丝活跃度,构建了品牌与粉丝交流的有效通路。二是采用跨界联名方式。比如,联名热门手游《和平精英》,推出元气森林×和平精英的夏日限定版苏打气泡水,撬动了跨圈层的流量。

资料来源于网络,作者有删改。

孙子曰:夫将者,国之辅也,辅周则国必强,辅隙则国必弱。

意思是说,将帅是国君的臂膀,如果将帅辅佐国君缜密周详,那么国家必然走向强大。如果将帅辅佐国君有疏漏,不尽职,那么国家必然衰败。同样,企业经营者也需要缜密思考,正确决策,努力服务好消费者,发现和满足消费者需求。如果不能及时发现和满足消费者的需求,企业就不能做好品牌,最终走向失败。习近平总书记在中共二十大报告中指出,“物质富足、精神富有是社会主义现代化的根本要求。物质贫困不是社会主义,精神贫乏也不是社会主义”,“推动绿色发展,促进人与自然和谐共生”。因此,企业需要洞悉社会发展趋势和消费者消费心理,不断发现消费者需求,以需求为出发点,以需求满足为归宿,从而在满足消费者需求和人与自然和谐共生的同时,实现企业营销目标。

第一节　营销管理内涵

一、营销管理的含义

2004年,美国营销协会将营销定义为一项有组织的活动,它包括为顾客创造、沟通和递送价值,以及维系和管理顾客关系,从而使得公司及其利益相关者受益的一系列过程。这一定义强调的是“价值”。然而,市场、营销和营销管理的内涵既有联系又有区别,所以,营销管理的定义不应完全与营销的定义一致。早期的营销管理被狭窄地界定在销售和分销上。正如菲利普·科特勒在其《营销管理》一书第10版(2000年)前言中所说的那样:“在1967年本书第一版问世时,营销还是一门非常简单的学科……当时,大部分的观念都集中在如何实现销售上。”2004年,菲利普·科特勒又说:“我的《营销管理》最早出版于1967年,当时的内容主要以交易为中心,目标是帮企业考虑如何进行销售。”按照菲利普·科特勒《营销管理》一书第12版(2006年),营销管理的定义是:营销管理是选择目标市场,通过创造、传递和沟通更高的顾客价值而获得、维系和发展顾客的艺术和科学。这一定义明确了以下三个要点:①营销管理的目标是维系和发展顾客;②赢得顾客靠的是顾客价值,营销管理的主要流程是战略选择,创造、传递和沟通顾客价值;③营销管理的性质既是科学又是艺术。其中,营销管理的目标决定了顾客导向及以顾客价值为中心,并导致后来发展出有关顾客资产和品牌资产的重要理论。顾客价值成为制高点和行动方向,理性和激情是不可偏废的两个驱动力和自身准则。

二、营销管理范畴演变

营销管理的范畴在过去半个世纪有了很大的延伸。其变化主要体现在两个方面:营销管理对象的延伸或泛化;营销管理子领域和二级概念的不断丰富。

菲利普·科特勒是扩大营销管理应用范围的主要推动者。早在1969年,菲利普·科特勒就发表了《扩展营销概念》一文,后来他一直致力于宣扬营销概念的宽泛性。2016年,在第15版《营销管理》中,菲利普·科特勒将营销管理涵盖的对象正式界定为以下10类:产品、服务、体验、事件、人物、地点、财产、组织、信息和理念。这是一种大范围的覆盖,几乎无所不包。

营销管理的子领域和二级概念也在不断拓展,其中比较重要的有:20世纪70年代把营销活动和人类社会看成一个整体系统的宏观营销和20世纪80年代将全球视为一个整体市场的全球营销。另一个典型的表征是营销元素"P字游戏"不断扩大,从"4P"发展到"8P"再到"11P"。

三、营销管理的阶段性和焦点变化

(一)转型营销

营销管理是动态的,随着环境和对象而变化成长。菲利普·科特勒的第11版《营销管理》曾针对新经济和互联网的新环境,提出过"适应营销"的概念。在一般的意义上,我们进一步用"转型营销"这一新概念来说明动态的营销管理。总体上,营销管理的演进集中体现在三次范型的升级和六个焦点的转变上。以下分述之。

普拉哈拉德和拉马斯瓦米(2004)曾从演变的角度,将营销管理分为三个主要的进化阶段,即20世纪50年代的交易营销阶段、20世纪80年代的关系营销阶段和2000年后的合作营销阶段。其分野主要在于价值观点、市场观点、顾客角色、企业角色等方面的基本差异(表2-1)。

表2-1 转型营销的四种范型

范型	营销类别	利润来源
销售驱动	交易营销	新顾客
关系驱动	关系营销	顾客满意
价值驱动	价值营销	基于顾客的价值界定、创造和传递
价值网驱动	价值网营销	互联网、网络效应、合作共赢

营销管理逐步升级的主要标志在于市场驱动力的不同。表2-1从这一角度归纳了转型营销演进中的四个不同范型。范型对应营销哲学、主流的营销类别和获利的焦点,从而体现出营销管理的先进性和竞争力的不同。在本质上,企业的营销管理水准和效能决定其所处的不同范型及其演进。在此,特别追溯正在成为21世纪新趋势的价值网范型的发展。1966年,艾德勒在其发表在《哈佛商业评论》上的《共生营销》一文中提出了共生营销的概念。所谓共生营销即由两个或两个以上的企业联合开发某个营销机会。这是合作营销理论的雏形。合作营销的进一步泛化构成了新的价值网营销,其中三个最活跃的分支是:互联网营销、体验营销和移动营销。

(二)营销管理的焦点

近百年来,营销管理的焦点随环境和顾客的变化而发生了重大变化,构成了营销管理前进的"路标"。公司营销管理的焦点落在何处,以及能否与时俱进,可从另一角度衡量其发展的相对历史性。以下扼要说明营销管理发展中六个核心焦点的转变。

(1)从以公司或产品为中心转向以顾客为中心。以公司或产品为中心是早期营销管理的自然状态,从以自我为中心转向以顾客为中心是历史性的飞跃。

(2)从销售转向顾客价值。区分推销和营销是营销管理进步的第一个分水岭。为此，菲利普·科特勒发表了不少观点，最典型的有："营销绝不等于推销"，"营销并不是以精明的方式兜售自己的产品或服务，而是一门真正创造顾客价值的艺术"，"有两种错误的营销观点：营销就是推销，营销只是一个部门而已"。清除误区之后，转变的关键点首先落在创造"顾客价值"上，并将顾客价值作为整个营销管理的主线和制高点。无论是细分市场、定位、竞争和建立品牌，还是提供、传递和沟通的营销流程，都是如此。关于这一重要转变，我们将在后面进行深入讨论。

(3)从交易转向关系和服务。营销观念已经从以商品为主导转变为以服务为主导，这种新观念以无形的交易过程和关系为中心。服务营销和关系营销的崛起，极大地改变了营销管理的核心和面貌。顾客关系日益成为主旋律，进而使营销管理走向与顾客共同创造价值的共赢网络时代。

(4)从单一要素走向组合乃至整合。营销管理从单一要素走向整合，再上升为全方位的系统管理。自20世纪40年代后期詹姆斯·布里顿把营销管理者描述为"要素组合(mix)者"之后，博登开始在教学中使用"营销组合"这个术语；后来，麦卡锡把相关要素归纳为四组，即我们今天称之为营销组合的4P(4P's mix)。20世纪90年代初，4P组合转换为顾客导向的4C组合(4C's mix)。在营销传播中则先有四种工具，后有六种工具(广告、促销、公共关系和宣传、事件和体验、销售队伍、直销)的传播组合(communication-mix)。"整合"(integrated)比组合更突出内在的协调一致性。20世纪90年代出现了整合的策略思想，先有整合营销传播(integrated marketing communication, IMC)、整合营销渠道(integrated marketing channel, IMC)，然后有出现在更大范围内以整合营销(产品服务、价格、通路和传播的整合)替代过去营销组合的情况。2006年，菲利普·科特勒提出了全方位营销(holistic marketing)，将内部营销、整合营销、关系营销和社会责任营销整合起来。很明显，整合的范围越来越大，并从有边界走向无边界，即从内部走向外部、从有形走向无形。这意味着营销管理向系统解决、资源共享和价值网络的方向演进。

(5)营销部门组织建制的演变。营销部门组织建制的变化是明显的，目标是将公司转变为市场驱动型组织。营销部门在公司组织架构中的地位，最初是营销部门与企业其他基本职能部门"平分秋色"，然后从"更重要"部门变成"主导"部门，最后演变成公司实现以顾客为中心的"主导平台"。

(6)从强调投入转向关注营销业绩。长期以来，基于提高营销管理地位的观念注重的是强化营销的重要性和投入。这一趋势正在逆转，从强调投入转向关注营销业绩。绩效营销作为重要的新概念出现，这标志着营销管理出现一个新的努力方向，强调营销与财务的更紧密结合。

四、互联网时代的营销管理

(一)数字化营销

数字技术正在彻底改变我们的生活方式。数字化营销是借助于互联网、通信技术和数字交互式媒体来实现营销目标的营销方式。网络营销和移动营销等均为数字化营销的体现形式。一是企业会选择网站、视频、电子书等网络媒体来做广告，广告策略更加数字化和多元化；二是电子商务改变了传统的分销渠道，虚拟的网上直销代替了中间商，物流更迅速、更经济；三是互联网将企业营销变为无国界的国际市场营销。基于智能手机的移动营销是增长最快的数字化营销。

近年来，我国数字化营销市场的规模呈现出了不断扩大的趋势(图 2-1)。根据华经产业研究院的相关数据统计，2021 年中国数字化营销市场的总规模达到了 1008 亿元，同比 2020 年的市场规模上升了 23.20％ 。

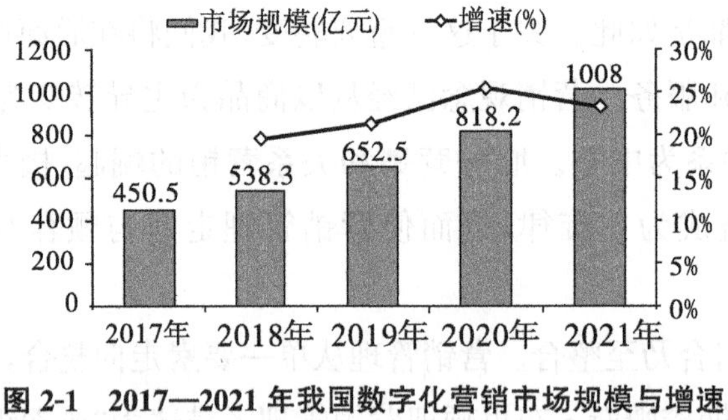

图 2-1　2017—2021 年我国数字化营销市场规模与增速

数字化营销的发展带来了传统营销活动的变革，其以大数据、社交关系、粉丝为基础，由用户与品牌共同创造价值。在数字化营销的支持下，品牌、用户能够在加强互动的基础上共同获得数据，实现对企业销售活动的反向推动。营销活动的变革主要体现在以下四个方面。第一，信息的交换呈现数字化。用户可以利用搜索最基础的信息工具、企业官网、电子商务平台等多种不同的方式，获取自己想要的各种信息，实现定制化的搜索。第二，移动支付由于其方便、安全等特点，为数字化营销活动的开展提供了支持。比如国内市场上的支付宝、微信等不同平台的数字化移动支付服务，改变了消费者的交易方式。第三，网络口碑产生的影响力强大。数字化营销是基于互联网开展的交易活动，互联网为产品、服务在口碑上的发酵提供了沃土。消费者可以及时在公开的网络环境中分享正面、负面的消费体验，直接影响到企业经营活动的开展。第四，数字化营销加强了企业与用户之间的沟通交流，实现了客户互动的数字化，能够打破传统客户关系的局限，构建一个相互沟通、相互理解、相互信任的社交关系，提高了企业、品牌的亲和力。企业可以在各种社交平台发布营销相关内容，实现传播裂变。

(二)社交媒体营销

社交媒体营销指利用社交媒体与消费者交流，并使消费者参与的营销手段。美国学者安东尼・梅菲尔德最早提出“社交媒体”一词，他认为社交媒体是一种给予用户极大参与空间的新型在线媒体，具有参与、公开、交流、对话、社区化、连通性等特点，最大特征就是赋予每个人创造并传播内容的能力。因此，社交媒体也被称为“自媒体”“新媒体”，其基本形态被分为七类：社交网络、博客、维基、播客、论坛、内容社区和微博。2012 年 4 月 9 日，尼尔森在线研究(微博)发布了中国社会化媒体类型(图 2-2)，统计了百余家国内社会化媒体网站，细分为 20 种类型。基于社交媒体营销，衍生出微信营销、病毒营销、微博营销、场景营销、内容营销、视频营销等多种新的营销策略。

拓展阅读2-1

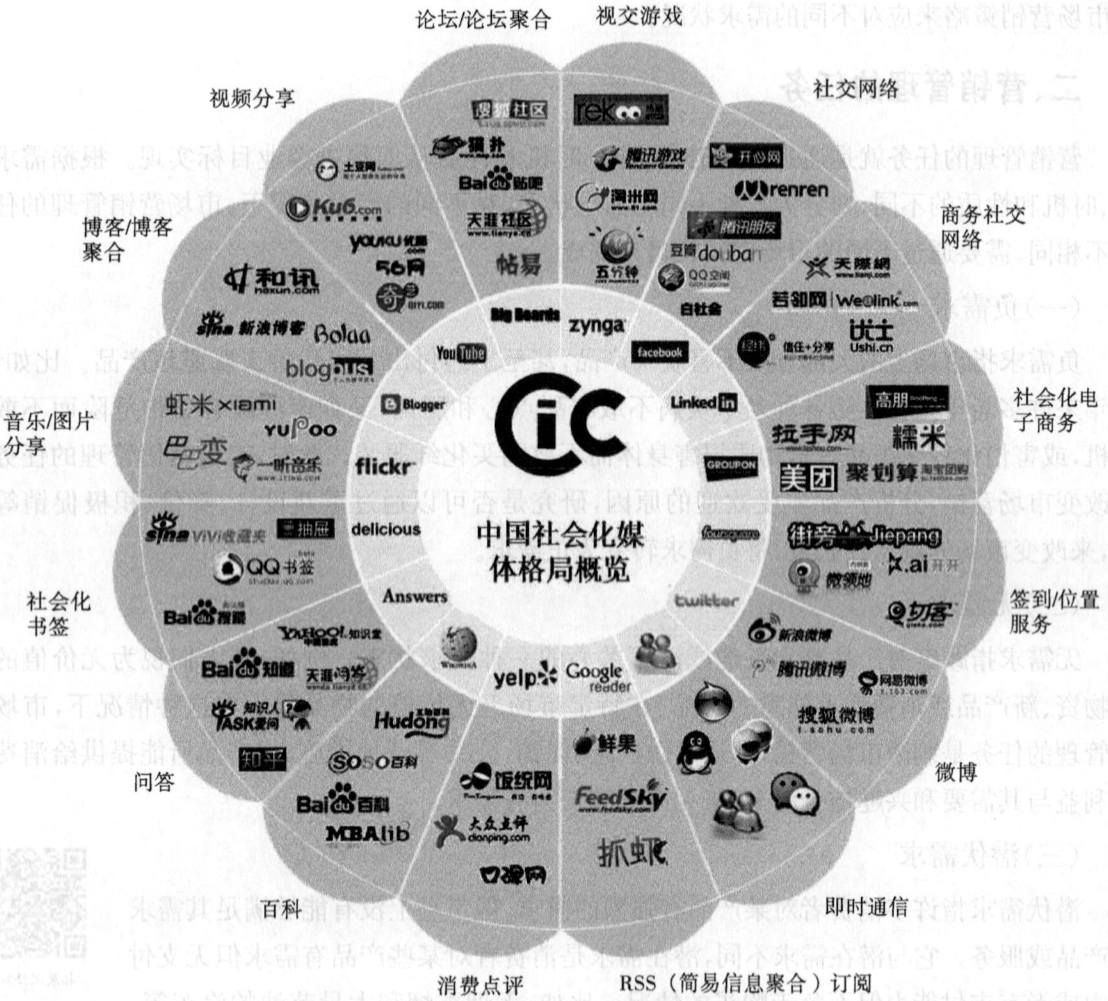

图 2-2　中国社会化媒体类型

第二节　营销管理的实质和任务

为实现战略计划规定的各项任务、目标，企业必须重视营销管理，根据市场需求的状况制定计划、配置资源，从而有效满足市场需求，求得生存和发展。

一、营销管理的内涵和实质

市场营销管理是指企业为实现其目标，创造、建立和保持与目标市场间的互利交换关系，对营销设计方案进行的分析、规划、执行和控制，其管理对象包含理念、产品和服务。市场营销管理的基础是交换，目的是通过交换来满足各方的特定需要。从这个意义上说，市场营销管理的本质是需求管理。企业在开展市场营销活动的过程中，一般会事先设定一个在目标市场上要实现的预期交易水平，但是，与实际的需求水平相比，预期的需求水平可能低于、高于或等于实际需求水平，也就是说，目标市场可能需求超量、需求很小或没有需求。因此，市场营销管理就是通过不同的市场营销策略来应对不同的需求状况。

二、营销管理的任务

营销管理的任务就是通过调节需求水平、时机和性质从而促进企业目标实现。根据需求水平、时机和性质的不同，划分为八种不同的需求状况，在不同的需求状况下，市场营销管理的任务并不相同，需要通过不同的市场营销策略来完成。

（一）负需求

负需求指市场上的大部分人不喜欢某产品，甚至宁愿付出一定代价来躲避该产品。比如说，近年来许多老年人为预防各种老年疾病不敢吃甜点心和肥肉，又如有些顾客害怕危险而不敢乘飞机，或害怕化纤纺织品有毒物质损害身体而不敢购买化纤服装。此时，市场营销管理的任务就是改变市场营销，分析产品不受欢迎的原因，研究是否可以通过重新设计、降价、积极促销等方案，来改变市场的观念和态度，将负需求转变为正需求。

（二）无需求

无需求指顾客对产品毫无兴趣或漠不关心的一种需求状态。例如，被人们视为无价值的废旧物资、新产品或消费者不熟悉的产品、在特定市场上无价值的物品等。在这种情况下，市场营销管理的任务是刺激市场营销，即通过做广告、促销、公关等营销措施，将产品所能提供给消费者的利益与其需要和兴趣结合起来，将无需求转变为有需求。

（三）潜伏需求

拓展阅读2-2

潜伏需求指许多消费者对某产品有强烈的需求，但市场上没有能够满足其需求的产品或服务。它与潜在需求不同，潜在需求是消费者对某些产品有需求但无支付能力或者有支付能力但不急于购买的情况。比如，无烟香烟和大量节油的汽车等。此时，市场营销管理的任务是开发市场营销，开发产品和服务以有效地满足潜伏需求，即将潜伏需求变为现实需求。

（四）下降需求

下降需求指市场对某些产品的需求处于下降趋势。任何一个企业迟早都会面对它的一种或几种产品需求下降的情况。市场营销者必须分析下降需求的成因，并判断通过改变产品特性、寻找新的目标市场或加强有效沟通等手段能否重新刺激需求。此时，市场营销管理的任务是改变、重振市场营销，通过创造性地再营销，扭转需求下降的局面，进而力求开拓新的目标市场。

（五）不规则需求

不规则需求指消费者对某些产品或服务的需求在时间上呈现不规则性的一种需求状态。不同季节、平时与周末、一天当中不同的时间等，消费者对一些产品的需求会呈现不规则的状态。比如，娱乐场所和购物中心平日门可罗雀，而周末又人满为患；医院手术室周初登记人数过多，周末却很少。在旅游旺季时旅馆紧张和短缺，在旅游淡季时，旅馆空闲。此时，市场营销管理的任务是协调市场营销，即通过灵活的定价、促销和其他激励办法来改变需求时间，使产品或服务的市场供求在时间上尽量保持一致。

（六）充分需求

充分需求是最理想的一种需求状态，这时，某种产品或服务的需求水平与预期需求水平相符。市场营销管理的任务是维持市场营销，面对消费者偏好的改变和竞争的加剧，企业必须不断提高自己的产品质量和服务质量，加大宣传力度，密切关注消费者的满意程度，以确保良好的营销效果，努力维持现有的需求水平。

（七）过量需求

过量需求指市场对某种产品或服务的需求超出了企业能够或者愿意提供的水平，供不应求。比如，由于人口过多或物资短缺，交通、能源及住房等产品供不应求。因此，企业市场营销管理的任务是减少营销，寻找暂时或永久地减少需求的办法，如通过提价、减少促销或服务、合理分销等来减少需求。需要说明的是，减少营销的目的是降低市场需求水平，而不是杜绝需求。

（八）有害需求

有害需求指市场对某些有害物品或服务的需求。有害的产品会引起组织作出反对其消费的努力。烟、酒、毒品、色情电影的禁售活动此起彼伏。此时，市场营销管理的任务是反市场营销，使嗜好有害产品的公众戒掉它们，可用的方法有宣传其危害、提价、减少购买机会等，消灭有害需求。

拓展阅读2-3

第三节　营销组合管理

一、营销组合的含义

在20世纪40年代后期，哈佛商学院尼尔·博登教授首先提出“营销组合”的概念。营销组合表示营销人员为影响顾客的购买决定而采用的一套营销工具。他给出的营销组合包含12项元素：产品计划、价格、品牌、通路、人员销售、广告、促销、包装、陈列、服务、卖场控制、找出问题与分析。菲利普·科特勒将营销组合定义为，公司用来从目标市场寻求其营销目标的一套营销工具。也就是说，营销组合是企业为满足目标市场的需要，对自己可控制的各种营销变量进行优化组合和综合运用，以更好地实现营销目标而制定的综合营销方案。营销组合的概念或许能够更容易向学生和客户们解释营销思想。然而从字面上看，这个组合中存在着成千上万种营销工具，这就容易让学生和企业的执行官们陷入细节中，反而限制了营销思想的传播。因而，专家们需要一种把所有细节概括成简单词组的方法，最好是把所有开头字母相同的词组合在一起。半个多世纪以来，营销组合的表现形式得到不断地创新与发展，我们必须深刻懂得，每种表现形式都有非常客观的时代背景、主观的假设前提和目标导向，对企业而言，每种营销组合都具有一定的适用性和借鉴性，不能对立起来。

二、营销组合的表现形式

(一)4P 组合

1960 年,美国密歇根大学教授杰罗姆·麦卡锡提出了一个明显简单而且易于记忆的解决办法。他认为每个企业的营销本质上由 4 个 P 组成,即产品(production)、价格(price)、渠道(place)、促销(promotion),如图 2-3 所示。麦卡锡认为,一次成功和完整的市场营销活动,意味着将适当的产品和服务以适当的价格、适当的渠道和适当的促销手段投放到特定的市场。

$$4P\begin{cases}\text{production} & \text{产品}\\ \text{price} & \text{价格}\\ \text{place} & \text{渠道}\\ \text{promotion} & \text{促销}\end{cases}$$

图 2-3　4P 组合

需要强调的是,每个 P 所代表的是一组特定的营销行为:产品,指公司提供给市场的有形物体。它包括产品、品牌、产品线、设计、性能、质量保证、安装、说明书、包装、产品种类、退货、服务、规格、保修等。价格,指顾客要得到某个产品所必须付出的金钱。它包括目录价格、折扣、折让、付款期限、信用条件等。渠道,指公司为使目标顾客能接近和得到其产品而进行的各种活动。它包括市场划分、覆盖区域、分销渠道(零售商、批发商、代表处)、存货、选址、物流配送等。促销,指公司将其产品告知目标顾客并说服其购买而进行的各种活动。它包括销售促进、做广告、广告印刷品大量散发、直接营销、人员推销、公共关系、培训等。

从 4P 组合来看,营销组合的特点如下。

(1) 可控性。企业根据目标市场的需要,可以决定自己产品的结构,制定产品的价格,选择分销渠道和促销方法等。对这些市场营销手段的运用和搭配,企业有自主权,但这种自主权是相对的。因为企业市场营销过程不但受自身资源和目标制约,而且受各种微观和宏观环境因素的制约,这些是企业不可控制变量,即"不可控因素"。因此,市场营销管理人员的任务就是适当安排市场营销组合,使之与不可控因素相适应,这是企业市场营销成功的关键。

(2) 复合性。4 个"P"又各自包含若干个小因素,形成各个"P"的亚组合,因此,市场营销组合是至少包括两个层次的复合结构。企业在确定市场营销组合时,不但要求 4 个"P"实现最佳搭配,而且要注意安排好每个"P"内部搭配,使所有这些因素灵活运用和有效组合。

(3) 动态性。每个组合因素都是不断变化的,是一个变量;同时又是互相影响的,每个因素都是潜在因素的替代者。4 个大的变量,又各自包含若干小的变量,每个变量的变动都会引起整个市场营销组合的变化,形成一个新的组合。

$$\text{市场营销组合效果}=f(P1,P2,P3,P4)$$

上式中每一个 P 表示"4P"中的每一个项目。

例如，下面是一家电冰箱厂的市场营销组合。

产品——质量上等的名牌电冰箱，提供维修服务；

价格——基本价格，只是付款时间给予优惠；

分销——直接卖给零售商，由他们出售；

促销——利用报刊等媒体大做广告。

以上是一个完整的组合。现在，如果企业要改变其中的某一个因素，比如把分销方式由"直接卖给零售商"改为"由批发商销售产品"，就会引起其他因素也发生变化：产品——生产企业只提供产品配件，不负责维修；价格——实行价格折扣优惠；促销——不必大做广告。这样，企业选择的市场营销组合就完全不同了。

(4)制约性。市场营销组合受企业市场定位战略的制约，即根据市场定位战略设计、安排相应的市场营销组合。

(二)6P 组合

随着经济的发展和市场条件的变化，营销专家不断地对以 4P 为核心的营销组合因素进行改动与扩充。1986 年，菲利普·科特勒提出 6P 组合，以适应国际营销发展的需要，他指出企业进入被保护的市场时，为冲破政治壁垒和公众舆论的障碍，需要增加两个 P，即政治权力(political power)和公共关系(public relations)，如图 2-4 所示。

$$6P=4P+2P\begin{cases}\text{political power} & \text{政治权力}\\ \text{public relations} & \text{公共关系}\end{cases}$$

图 2-4　6P 组合

政治权力是指为了进入目标市场和在目标市场上经营，向产业官员、立法人员和政府官僚们提出自己的主张，为了获得其他利益集团的预期反应和关注，企业希望通过游说政府官员和利用政治活动来满足营销市场需求。

公共关系则在于影响公众的观点，在公众心目中树立良好的产品和企业形象，这主要通过大众性的沟通技术来实现。因为公众经常受新倾向、新态度左右。这些新倾向和新态度可能会影响他们对某些产品或服务的兴趣，因此，企业希望通过出资举办各种商业活动或公益活动，来影响人们的观念。

科特勒进一步将加入此两个要素的营销称之为"大营销"(megamarketing)，意思是说，营销是建立在市场特征之上的，即不仅仅要考虑市场环境因素，还要考虑政治和社会因素。大营销具有如下特点：①大营销的目的是打开市场之门进入市场；②大营销的设计面比较广，在一般营销活动中，企业营销主要与顾客、经销商、广告公司、供应商、营销调研机构发生联系，而大营销还涉及更为广泛的社会集团和个人，如立法机构、政府部门、政党、社会团体、工会组织等，企业必须争取各方面的支持与合作；③大营销的手段较为复杂，在一般营销活动中，企业营销的基本手段是 4P 及其组合，在大营销条件下企业的营销组合是 6P 的组合；④大营销既采用积极的诱导方式，也涉及消极的诱导方式；⑤大营销投入的资本、人力、时间较多。因此，营销者必须依靠政府人脉，打通各方面的关系，获得或发展目标市场；利用新闻宣传的力量，树立对企业有利的形象，消除或减少对企业不利的形象报道，以便在全球市场上有效地开展工作。

(三)7P组合

1981年，布姆斯和比特纳在原来4P的基础上增加有形展示(physical evidence)、标准化流程(process)、人员(people)，从而形成专门针对服务业营销的7P组合，如图2-5所示。新增的三个元素是服务性企业必须认真掌控的元素，因为这些元素直接关乎顾客的行为与态度。

$$7P=4P+3P\begin{cases}\text{physical evidence} & \text{有形展示}\\ \text{process} & \text{标准化流程}\\ \text{people} & \text{人员}\end{cases}$$

图2-5 服务营销7P组合

有形展示指服务供给得以顺利传送的组织环境(如外观、装潢、摆设、配置等)以及所有用于服务生产过程及与顾客沟通过程的有形物质的展示，包括有形商品承载和表达服务的能力，当前消费者的无形消费体验，以及向潜在顾客传递消费满足感的能力。有形展示会影响消费者和顾客对于企业及其服务能力的评价。

标准化流程指服务通过一定的程序、机制以及活动得以实现的过程，包括构成服务生产的程序、机制、活动流程和与顾客之间的相互作用与接触沟通。营销管理人员需特别关注整个系统的运作政策和程序方法的采用、服务供应中机械化程度、员工决断权的适用范围、顾客参与服务操作过程的程度、咨询与服务的流动等。

人员指扮演传递与接受服务的角色，包括服务提供者的员工和参与服务过程的顾客。营销管理者必须重视服务人员的挑选、培训、激励和控制，同时，也应高度重视顾客与顾客间的关系。

(四)10P组合

1986年，科特勒提出在大营销的6P之外，还要加上战略4P，即探查(probing)、划分(partitioning)、优先(prioritizing)、定位(positioning)，这就构成10P组合理论，如图2-6所示。该理论为企业市场营销分析奠定了较为完整的理论基础。

$$10P=6P+4P\begin{cases}\text{probing} & \text{探查}\\ \text{partitioning} & \text{划分}\\ \text{prioritizing} & \text{优先}\\ \text{positioning} & \text{定位}\end{cases}$$

图2-6 10P组合

探查，实际上就是市场营销调研(marketing research)，其含义是在市场营销观念的指导下，以满足消费者需求为中心，用科学的方法，系统地收集、记录、整理与分析有关市场营销的情报资料。划分，实际上就是市场细分(market segmentation)，其含义就是根据消费者需要的差异性，运用系统的方法，把整体市场划分为若干个消费者群的过程。每一个细分市场都是具有类似需求倾向的消费者构成的群体。优先，就是对目标市场的选择，即在市场细分的基础上，企业要进入的那部分市场，或要优先最大限度地满足其需求的那部分消费者。定位，即市场定位，其含义是根据竞争者在市场上所处的位置，针对消费者对产品的重视程度，强有力地塑造出本企业产品与众不同的、给人鲜明印象的个性或形象，从而使产品在市场上、企业在行业中确定适当的位置。科特勒认为，为了更好地满足消费者的需要，并取得最佳的营销效益，营销人员必须精通四种营销战术（产品、价格、渠道和促销）；为了做到这一点，营销人员必须事先做好四种营销战略（探查、划分、优先和定位）；同时还要求营销人员必须具备灵活运用两种营销技巧的能力（公共关系和政治权力）。

在 10P 的基础上，科特勒又提出 1P，即人员（People），人员不单单指员工，也指顾客。第 11 个“P”贯穿于企业营销活动的全过程，也是成功实施前面 10 个“P”的保证。

（五）4C 组合

拓展阅读2-4

4P 代表了营销者的观点，即卖方影响买方的有效的营销工具。但是，从买方的角度看，任何营销工具都应该是为顾客提供利益和创造价值的。因此，当产品的同质化日益增强，消费者需求的个性化、多样化日益发展时，顾客对卖方以 4P 组合施加影响的做法产生了不满，要求真正以顾客需求为中心的呼声不断增强，从而引起了人们对 4P 营销组合理论的反思。1990 年，美国学者罗伯特·劳特朋提出营销 4C 组合，即顾客（customer）、成本（cost）、便利（convenience）和沟通（communication），如图 2-7 所示。

4C
- customer　顾客
- cost　成本
- convenience　便利
- communication　沟通

图 2-7　4C 组合

在 4C 组合中，顾客是企业一切经营活动的核心，企业重视顾客甚于重视产品。企业强调创造顾客比开发产品更重要，满足消费者的需求和欲望比产品功能更重要。

成本是指消费者需要获得满足的成本，或是消费者满足自己的需要和欲望所肯付出的成本价格。4C 组合将价格因素延伸为生产经营全过程的成本（包括企业的生产成本和消费者的购物成本），把消费者接受的价格列为决定因素，认为新的定价模式为消费者接受的价格－适当的利润＝成本上限。因此，企业要在消费者接受的价格限度内增加利润，就必须努力降低成本。

便利就是购买的方便性，是为顾客提供全方位的服务。与传统的营销渠道策略相比，4C 组合更重视服务环节，强调企业既出售产品，也出售服务；消费者既购买到商品，也购买到便利。

沟通是指与顾客的沟通。4C 组合强调企业应重视与顾客的双向沟通，以积极的方式适应顾客的情感和欲求，建立基于共同利益的新型的企业、顾客关系。企业营销不仅仅是对顾客提出承诺、单向劝导顾客，更重要的是沟通信息、融合感情，培养忠诚的顾客。

由于 4C 组合理论是针对 4P 组合理论提出的营销理念与方法，它适应了“顾客需求中心论”时代的企业营销实践的要求，因此，4C 组合理论从其出现的那一刻起就受到营销理论界与企业界的普遍关注，并成为顾客满意管理的理论基础。

（六）4R 组合

随着时代的发展，以顾客战略为核心的 4C 组合也显现了其局限性：当顾客需求与社会原则相冲突时，顾客战略是不适应的，因为企业营销和社会道德取向应保持一致，长期的营销效果才有保证。于是，2001年美国的唐·E.舒尔茨，根据市场不断成熟和竞争日趋激烈的形势，着眼于企业与客户互动和双赢，阐述了一个全新的营销四要素4R：关联（relevancy）、反应（respond）、关系（relation）、回报（return）。同时，《4R行销》的作者艾略特·艾登伯格阐述4R组合要素为关系（relationship）、节省（retrenchment）、关联（relevancy）、报酬（reward）。两者英文词汇选择略有不同，如图2-8所示。

4R	relevancy/relevancy	关联
	respond/retrenchment	反应/节省
	relation/relationship	关系
	return/reward	回报/报酬

图2-8　4R组合

舒尔茨的4R营销组合理论包括以下几个方面的内容：①企业和顾客是一个利益共同体，建立、保持并发展与顾客间的关系是企业经营中的核心理念和最重要的内容之一，要通过有效的方式在业务、需求等方面与顾客建立关联，形成一种互助、互求、互需的关系，提高顾客的忠诚度，从而赢得长期而稳定的市场。②在今天竞争激烈的市场中，企业不仅要做好营销计划的制定、实施和控制，更重要的是能够从顾客的角度认真倾听顾客的希望、梦想和需求，并及时答复和迅速作出反应，建立高度回应需求的商业模式和快速反应机制，不断提高对市场变化和顾客需求的反应速度与回应力，实现企业与顾客的双赢。③企业与客户的关系已发生了本质的变化，赢得市场的关键在于赢得顾客的心，并与顾客建立长期、稳定、互惠互利的关系。企业的经营从交易变成责任，从管理营销组合变为管理同顾客互动，从营销关系转向建立友好合作的关系，从满足顾客需求转向为顾客创造价值，从抓服务质量转向对客户的高度承诺。④对企业来说，市场营销的真正价值在于能为企业带来回报，追求回报是营销发展的动力。企业与顾客关联互动、对顾客要求作出快速反应、与顾客建立良好关系的目的，最终归结于期望顾客给企业以货币、信任、支持、赞誉、合作、忠诚等物质和精神的回报，为企业赢得利益。

艾登伯格的4R营销组合理论认为，美国经济在经历了新经济时代后，于2006年进入后经济时代并持续到2020年。在后经济时代，企业将以欲望细分和五区间营销为主要工具，以最佳顾客为中心，通过了解最佳顾客来提升品牌价值，并与他们建立一种更有意义的关系——这种关系能够在每个顾客接触点愉悦他们。而要做到这一点，最好的方法就是运用4R及其八种核心能力。①关系。要在企业和目标市场之间构筑一种独特的关系，实现这一目标的核心能力是服务和经历。它要求企业为顾客提供全方位的、人性化的、具有人情味的优质服务，努力使顾客在交易时或使用产品与服务时的经历更独特、更愉悦。②节省。节省是指节省时间，因为在后经济时代，人们将不再把购物当作一种休闲和乐趣。节省策略要求企业主动去接近消费者，而不是诱使他们来接近企业，完成这一任务的核心能力是技术和便利。这要求企业通过使用技术如电子商务、网上购物等把商品、品牌、服务带到顾客的家中或办公室里，为顾客提供最便利的满足需要的条件。③关联。关联就是将企业的品牌资产直接与主要的购买动机相联系，并通过专业和商品两种核心能力来做到这一点。专业就是使企业成为所在行业最重要的思想和信息的来源，并用“专业”能力把自己与竞争对手区分开来。“商品”能力就是通过使用独特的商品组合来反映和满足最佳顾客的欲望。④报酬。报酬就是酬谢顾客，包括品味和时间两种核心能力。品味策略就是要尽力寻找一切机会将企业的品牌与顾客追求的理想、生活方式、个性连在一起。时间策略意味着使用企业品牌所需的时间是值得的、有价值的、快乐的和有效的。

总之，4R组合认为企业应弄清“消费者为何购买”或“如何愉悦消费者”，而不是“如何实现产品与服务的价值”，处理好顾客与企业的双赢关系。但值得注意的是，4P、4C、4R之间不是取代与被取代的关系，而是相互完善、不断发展的关系。由于目前我国市场上的企业层次不同，情况也千差万别，市场与企业的营销都处在不断发展变化之中，所以至少在一个时期之内，4P还是营销的基础框架，因为它的操作指导性最强；4C营销理论是从顾客的角度来思考问题的，但是没有侧重从企业整体运作的角度出发，更没有侧重从营销的核心目的去分析问题。4P营销理论和4C营销理论都是对企业营销过程中重点元素的静态描述。4R则是二者综合提炼的结果，是在二者基础上的发展和创新。因此，不可以把4P、4C、4R三者割裂开来甚至对立起来，而是要根据企业的生产经营和所面对的目标市场的实际，把三者有机结合起来，以取得更好的效果。

（七）4V组合

进入20世纪80年代后，高科技产业迅速崛起，高科技企业需要新的营销组合理论来指导培养和构建企业的核心竞争力。2001年6月，中南大学吴金明在《中国工业经济》上发表了《新经济时代的4V营销组合》一文，从而使4V组合得到了广泛的认可与传播。4V营销组合是指差异化（variation）、功能化（versatility）、附加价值（value）、共鸣（vibration），如图2-9所示。

4V	variation	差异化
	versatility	功能化
	value	附加价值
	vibration	共鸣

图2-9　4V组合

“差异化”是指在消费者需求多样化和个性化的时代，顾客需求的差异更加显著，企业必须开展有效的差异化营销，通过产品差异化、市场差异化、形象差异化满足差异化的顾客需求。因此，从某种意义上说，创造顾客就是创造差异，有差异才能有市场。

“功能化”亦称“功能弹性化”，是指根据消费者需求的不同，提供具有不同功能或不同功能组合的系列化产品，从而方便消费者根据自己的实际需求和承受能力进行选择。功能弹性化增加了消费者对产品进行选择的空间，因而也增加了企业的市场机会。

“附加价值”是指企业在关注产品由物化劳动转化以及劳动创造的基本价值的同时，要更加重视产品由技术创新、营销和服务创新、文化与品牌创造的附加价值。从现代营销发展的趋势和人们对产品价值的理解来看，基本价值在产品价值构成中的比重将逐步下降，而附加价值在产品价值构成中的比重则显著上升。

“共鸣”是指企业持续占领市场并保持竞争优势的价值创新给顾客带来的“价值最大化”，以及由此所带来的企业“利润最大化”，坚持把企业创新能力与顾客的价值追求统一起来，通过为顾客创造价值使其获得最大程度的满足，不断提高顾客的满意度和忠诚度，实现企业与顾客在价值提供与价值追求之间的互动与共鸣，形成基于双方利益最大化的“战略联盟”。

（八）4I组合

随着网络时代的兴盛，传统的营销经典理论面临着一系列挑战，消费者成为网络传播时代的主体。在传统媒体时代，信息传播是“教堂式”的，信息自上而下，单向线状流动，消费者只能被动接受。而在网络媒体时代，信息传播是“集市式”的，信息多向互动式流动，声音多元、嘈杂、互不相同，网络媒体带来了多种“自媒体”的爆炸性增长，微信、微博、博客、论坛、SNS（社交网络）……网络时代的营销如何进行组合管理，美国西北大学市场营销学教授唐·E.舒尔茨提出4I组合策略。4I组合是指趣味（interesting）、利益（interests）、互动（interaction）和个性（individuality），如图2-10所示。

4I
- Interesting 趣味原则
- Interests 利益原则
- Interaction 互动原则
- Individuality 个性原则

图 2-10 4I组合

网络整合营销4I组合理论是新时代的营销理论，它更加侧重于与消费者之间的互动，突破点在于人与人之间的交流，通过这种互动交流来引导消费者对企业和产品产生认同，从而在认同基础上进行购买和消费。

通过以上系列营销组合策略可以发现，营销组合是随着市场环境变化和营销关注内容的变化而变化的，没有哪一种营销组合能够适应所有的营销环境并解决所有的营销问题，营销管理者需要深谙各个营销组合的精髓来灵活运用，才能正确应对复杂的营销环境和变化的顾客需求。

拓展阅读2-5

第四节 营销管理过程

所谓市场营销管理过程是指企业为实现目标、完成任务而发现、分析、选择和利用市场机会的管理过程，具体包括分析市场机会、选择目标市场、设计营销组合以及营销执行与控制，如图2-11所示。

图 2-11 营销管理过程

一、分析市场机会

市场机会就是未满足的需要。为了发现市场机会，营销人员必须广泛收集市场信息，进行专门的调查研究，充分了解当前情况，还应该按照经济发展的规律，预测未来发展的趋势。

市场营销学认为，寻找和分析、评价市场机会，是市场营销管理人员的主要任务，是市场营销管理过程的首要步骤。在现代市场经济条件下，由于市场在不断地变化，任何产品都有其生命周期，因此，任何企业都不能永远依靠其现有产品过日子。正因为这样，每一个企业都必须经常寻找、发现新的市场机会。

(一)市场机会的类型

1.环境机会与公司机会

在环境变化中顾客需求也随着发生变化，客观上存在着许多未完全满足的需要，也就是存在许多市场机会，这些市场机会是环境变化客观形成的，因此，就称之为环境机会。但环境机会对不同的企业来说，并不一定都是最佳机会，因为这些环境机会不一定都符合企业的目标和能力，不一定能取得最大竞争优势。只有环境机会中那些符合企业目标与能力，有利于发挥企业优势的市场机会，才是公司机会。

2.潜在市场机会和表面市场机会

在市场机会中，有的是明显没有被满足的市场需求，这种未被满足的需求我们就称之为表面市场机会；而另一种则是隐藏在现有某种需求后面的未被满足的市场需求，我们称之为潜在市场机会。

3.行业市场机会与边缘市场机会

一般来说，各个企业由于其拥有的技术、资源和经营条件不同，以及在整个市场营销系统中所承担的职能不同，通常都有其特定的经营领域。因此，对于出现在本企业经营领域内的市场机会，我们称之为行业市场机会；对于在不同行业的交叉与结合部分出现的市场机会，我们则称之为边缘市场机会。

4.目前市场机会与未来市场机会

我们通常所讲的市场机会都是指目前市场上存在的未被完全满足的需求，而这些在目前环境变化中出现的市场机会，都称为目前市场机会。但是，从环境变化的动态性来分析，还需要树立一种面对未来的思想，用这种观点去看待市场机会，就还有一种未来市场机会存在。这种市场机会，在目前的市场上并未表现为大量需求，而仅仅表现为一部分人的消费意向或极少量的需求，但通过市场研究和预测分析，它将在未来某一时期内表现为大量的需求或大多数人的消费倾向，成为在未来某一时期内现实的市场机会。所以，就可以称之为未来市场机会。

5.全面市场机会与局部市场机会

市场从其范围来说，有全面的、大范围的市场和局部的、小范围的市场之分，因而，市场上出现的机会也就有全面市场机会和局部市场机会之分。全面市场机会是在大范围市场(如国际市场、全国市场)中出现的未满足的需求，而局部市场机会则是在一个局部的市场(如某个省或某个特定地区)中出现的未满足的需求。

(二)发现市场机会的方法

1.从市场信息中寻找机会

市场营销管理人员可通过经常阅读报纸、参加展销会、研究竞争对手的产品、召开献计献策会议、调查研究消费者的需求来寻找、发现或识别未满足的需要和新市场机会。例如，上海曹杨新村街道办通过阅读报纸了解到不少在本市高校留学的外国学生对中国家庭文化颇感兴趣，又考虑到许多下岗职工也有强烈的再就业愿望，于是，就推出了“家庭旅游”业务，取得了良好的效果。

2.通过分析产品-市场矩阵寻找机会

市场营销管理人员也可以利用产品-市场矩阵（图 2-12）来寻找、发现市场机会。例如，某化妆品公司的市场营销管理人员可以考虑采取以下措施。在现有市场上扩大香波产品的销售（市场渗透）；或者考虑采取一些措施，在国外市场上扩大香波的销售（市场开发）；还可以考虑是否可以向现有市场提供发胶，或者改进香波的包装、成分等，以满足市场需要，扩大销售（产品开发）；甚至可以考虑是否投入别的产业（多元化经营）。经验证明，这是企业寻找、发现市场机会一种很有用的方法。

	现有产品	新产品
现有市场	市场渗透	产品开发
新市场	市场开发	多元化经营

图 2-12　产品-市场矩阵

营销人员不但要善于发现和识别市场机会，还要善于分析、评价哪些才是适合本企业的营销机会（就是对企业的营销具有吸引力的，能享受竞争优势的市场机会），市场上一切未满足的需要都是市场机会，但其能否成为企业的营销机会，不仅要看利用这种市场机会是否与该企业的任务和目标相一致，还要看它是否适合于企业的资源，是否能使企业扬长避短，发挥优势，比竞争者或可能竞争者获得更大的超额利润。

总之，市场营销管理人员要善于对所发现的某种机会加以评价，尽可能选择那些与本企业的任务、目标、资源条件相一致的机会，选择那些比竞争者有更大的优势、能享有更大的差别利益的市场机会作为本企业的市场机会。

二、选择目标市场

企业选定符合自身目标和资源的营销机会以后，还要对市场容量和市场结构进行进一步分析，确定市场范围，无论是从事消费者市场营销还是从事产业市场营销的任何企业，都不可能为具有某种需求的全体顾客服务，而只能满足部分顾客的需求。这是由顾客需求的多样变动性及企业拥有资源的有限性决定的。因此，企业必须明确在能力可及的范围内满足哪些顾客的要求，选择目标市场，最后进行市场定位。本书将在第八章对目标市场选择与市场定位进行进一步的分析。

三、设计营销组合

企业在确定目标市场和进行市场定位之后，市场营销管理过程就进入第三阶段——设计营销组合。

营销组合是指企业用于追求目标市场预期销售量水平的可控营销变量的组合。营销组合中包含的可控变量很多，一般而言，其可以概括为四个基本变量，即产品、价格、地点和促销。“产品”代表企业提供给目标市场的货物和劳务，包括产品质量、外观、式样、性能、品牌、型号、服务、保证等。“价格”是顾客购买产品时的价格，其包括价目表所列的价格、折扣、折让、支付期限、信用条件等。“地点”是企业使其产品进入和抵达目标市场所进行的种种活动，其中包括渠道选择、仓储、运输等。“促销”是企业宣传介绍其产品的特点，说服目标顾客来购买其产品所进行的种种活动，包括广告、人员推销、营业推广、公共关系等。

市场营销组合因素对企业来说都是可控因素，即企业根据目标市场的需求，可以自主决定产品结构、产品价格，选择分销渠道和促销方式，但这种自主权是相对的，受到自身资源和目标的制约及各种微观因素和宏观因素的影响。

四、营销执行与控制

企业市场营销管理的第四步是执行和控制市场营销计划，只有有效地执行计划，才能完成企业的战略任务，因此，这是营销过程中极其重要的步骤。

(一)营销执行

营销执行过程包括五个方面。

(1)制定详细的行动方案。为了有效地实施营销战略，应明确营销战略实施的关键性决策和任务，并将执行这些决策和任务的责任落实到个人或小组。

(2)建立组织结构。不同的企业其任务不同，需要建立不同的组织结构。组织结构必须与企业自身特点和环境相适应，规定明确的职权界限和信息沟通渠道，协调各部门和人员的行动。

(3)设计决策和报酬制度。科学的决策体系是企业成功的关键，而合理的奖罚制度能充分调动人的积极性，充分发挥组织效应。

(4)开发并合理调配人力资源。企业的任何活动都是由人来开展的，人员的考核、选拔、安置、培训和激励问题对企业至关重要。

(5)建立适当的企业文化和管理风格。企业文化是指企业内部人员共同遵循的价值标准和行为准则，对企业员工起着凝聚和导向作用。企业文化与管理风格相联系，一旦形成，对企业发展会产生持续、稳定的影响。

(二)营销控制

在营销计划的执行过程中，可能会出现一些意想不到的问题，需要一个控制系统来保证营销目标的实现。营销控制主要有年度计划控制、盈利能力控制、效率控制和战略控制。

(1)年度计划控制。企业在本年度内采取制定标准、绩效测量、因果分析、改正行动的控制步骤，检查实际绩效与计划之间是否有偏差，并采取改进措施，以确保营销计划的完成。

(2)盈利能力控制。运用盈利能力控制来测定不同产品、不同销售区域、不同顾客群体、不同渠道以及不同订货规模的盈利能力。帮助管理人员决定各种顾客群体活动是否扩展、减少或取消。控制指标有销售利润率、资产收益率、存货周转率等。

(3)效率控制。效率控制包括销售人员效率控制、广告效率控制、促销效率控制和分销效率控制，通过对这些环节的控制以保证营销组合因素功能执行的有效性。

(4)战略控制。战略控制是企业采取一系列行动，使实际市场营销工作与原规划尽可能一致。在控制中通过不断评审和信息反馈，对营销战略进行不断的修正。战略控制必须根据最新的情况重新评估计划和进展，对企业来说，这是难度最大的控制。

孙子曰：夫未战而庙算胜者，得算多也；未战而庙算不胜者，得算少也；多算胜，少算不胜，而况于无算乎！

其意思是说，开战前预计能够取胜的，是因为筹划周密，胜利条件多；开战前预计不能取胜的，是因为胜利条件少。筹划周密、条件具备就能取胜，筹划不周、条件缺乏就不能取胜，更何况根本不筹划、没有取胜条件的呢？因此，市场营销活动中，如果希望能够获得成功，则必须进行合理的计划和恰当的管理。只有有效的营销管理才能够让市场营销策略真正发挥作用，最终赢得市场。

拓展阅读2-6

本章知识点

营销管理的实质是需求的管理。

针对不同的需求，营销管理的任务各不相同。

市场营销组合(4P组合)主要有以下几个方面的内容：产品决策、价格决策、渠道决策和促销决策。

在新的全球贸易背景下，政治权力和公共关系被当作新的营销组合要素，同“4P”一起构成“6P”。

从顾客的角度出发，顾客的需求和需要、成本、便利、沟通被称为新的“4C”组合。

4R理论以关系营销为核心，重在建立顾客忠诚。

市场营销管理过程是指企业为实现目标、完成任务而发现、分析、选择和利用市场机会的管理过程。其具体包括分析市场机会、选择目标市场、设计营销组合以及营销执行与控制。

营销思考题

1.为什么说市场营销管理的实质是需求管理？

2.针对不同的需求状况，营销管理任务有何不同？

3.什么是市场营销组合？如何进行营销管理？

4.什么是4P组合、4C组合、4R组合？

5.营销管理的过程有哪些步骤？

营销计策

〔三十六计〕之四：以逸待劳。

〔原文〕困敌之势，不以战，损刚益柔。

〔翻译〕控制敌方力量发展的命脉来扼杀他，而不采取进攻的形势，这就是“损刚益柔”原理的运用。

〔三十六计〕之五：趁火打劫。

〔原文〕敌之害大，就势取利，刚决柔也。

〔翻译〕敌方的危机很大，就乘机取利，用优势力量攻击其软弱的方面。

〔三十六计〕之六：声东击西。

〔原文〕敌志乱萃，不虞，坤下兑上之象，利其不自主而取之。

〔翻译〕敌人乱撞瞎碰，摸不清情况，这是《易经》"萃"卦上所说的"坤下兑上"的混乱情状。必须利用敌方失去控制力的时机加以消灭。

结尾案例

"大白兔"之跨界联名

2023年9月4日，瑞幸咖啡与贵州茅台联合推出"酱香拿铁"一炮而红，使得跨界营销又一次成为热门话题。事实上，"大白兔"在跨界营销方面做出过很多成功探索。

一、"大白兔"品牌简介

1959年，中国上海大白兔品牌诞生，该品牌主要经营奶类糖果产品，采用一只跳跃白兔作为商标，且冠以"中国驰名商标"标签。随着进出口贸易规模不断扩大，中国糖果市场被打开，涌现诸多竞争者，大白兔从产品到工艺到营销都采取了一定措施，其中，最引人注意的一个营销策略就是跨界联名。

二、"大白兔"的跨界联名

(1)大白兔联名美加净。2018年，大白兔与美加净合作，推出联名款——美加净牌大白兔奶糖味润唇膏，童年记忆大白兔与日化品牌美加净结合，这款润唇膏采用大白兔奶糖的红蓝包装，辨认度很高，一款拥有大白兔奶糖味道的唇膏成功出现在大众眼前。从外表看，唇膏像一颗放大版的大白兔奶糖，擦在嘴上，有和奶糖一样浓郁的香气。920支唇膏限量发售，预售的半秒钟，美加净天猫旗舰店就全部卖出。11月，大白兔与上海政府官方平台"上海发布"联名推出"兔小布-大白兔"奶糖礼盒，作为官方的礼品，庆祝"上海发布"成立7周年，大白兔变成了代表上海的礼物。

(2)大白兔联名气味图书馆。年轻人具有"爱卖萌"的特点，大白兔以"来点孩子气"为主题，与气味图书馆合作，推出了一系列香氛产品，比如香水、护手霜、身体乳等。除此之外，气味图书馆还推出610份名为"一包大白兔"的香氛礼包，拥有它就可以变成"一颗行走的大白兔"，很快销售一空。

(3)大白兔联名中国国家博物馆。2016年，大白兔与中国国家博物馆跨界联合，开发出国宝级文物"四羊方尊"的文创糖果礼盒，以此来传播中华优秀传统文化，使年轻消费者不仅可以享受美味，而且可以了解中国历史。

(4)大白兔联名光明乳业。大白兔奶糖的经典广告词是"七颗大白兔等于一杯牛奶"，大白兔奶糖与光明乳业的跨界合作，把这句广告词变成现实，为了迎合消费者的口感与"情怀"需求，研发人员不断改进大白兔奶糖风味牛奶，同时，根据消费者的口味需求，添加了很少的糖分，让人们尝出了童年的味道。

(5)大白兔联名快乐柠檬。奶茶已经成为部分年轻人生活中不可或缺的东西，2019 年 5 月，大白兔与快乐柠檬将童年记忆与奶茶结合起来，开了大白兔奶茶快闪店，大白兔奶茶倡导“快乐加倍”的理念，3 个月推出 6 款饮品，包括大白兔爱柠檬、大白兔晶球奶茶、大白兔奶茶、大白兔提拉米苏奶茶等相关产品，售价大概在 20 元。上线当日，大白兔奶茶快闪店“人山人海”，甚至有消费者不惜排几小时的队，就是为了一杯“童年味道”，也有很多外地消费者前来购买，日均销售量约 2000 杯。紧接着，关于“买到大白兔奶茶”的信息刷屏，在微信朋友圈、微博、小红书、抖音等社交媒体上迅速传播，从而促使更多人到现场打卡，本次跨界营销为大白兔和快乐柠檬带来了巨大流量，做得很成功。

(6)大白兔与太平洋咖啡联名。2017 年，大白兔与太平洋咖啡跨界联合，开展了主题为“致敬经典，回味童年”的活动，推出大白兔拿铁、大白兔牛奶其乐冰、大白兔咖啡其乐冰三款饮品，庆祝太平洋咖啡成立 25 周年。

同时，大白兔与一些服装品牌联名，不断开展跨界合作的同时，也使得老字号品牌得以持续创新。

资料来源于网络，作者有删改。

案例思考题

1.你是如何看待大白兔品牌跨界联名的营销决策的？搜集资料，试用三十六计之“声东击西”策略进行说明。

2.试用《孙子兵法·谋攻篇》、企业营销管理理论相关知识，分析大白兔跨界联名存在哪些问题。结合本章所学理论，谈谈你有何建议。

第三章　市场营销环境探查

故明君贤将，所以动而胜人，成功出于众者，先知也。先知者，不可取于鬼神，不可象于事，不可验于度，必取于人，知敌之情者也。

——《孙子兵法·用间篇》

教学目标

1.了解市场营销环境对市场营销活动的重要影响；

2.掌握微观环境和宏观环境的主要构成；

3.掌握分析、评价市场机会与环境威胁的基本方法；

4.灵活运用市场营销环境分析方法；

5.能够运用《孙子兵法》的《军形篇》和《地形篇》解读市场营销环境要素；

6.理解三十六计之"无中生有""暗度陈仓""隔岸观火"的核心思想，并能够在市场营销中合理运用。

导入案例

武夷山大红袍市场环境分析

武夷山大红袍是武夷岩茶的典型品种之一，因其香气浓厚、滋味醇和、岩韵明显而闻名于世，被誉为"岩茶之王"。1959年，大红袍被评为全国十大名茶之一。自武夷山茶叶研究所于1985年推出第一盒商品大红袍以来，大红袍一直是消费者心目中的茶叶珍品，也一直是品位和身份的象征。1999年，武夷山荣膺世界自然与文化双遗产后，其旅游业蓬勃发展，大红袍产品的知名度也随之大幅提高。2001年，武夷山大红袍通过国家工商行政管理总局商标局的地理标志证明商标认证，进一步促进了大红袍产业的繁荣发展。2007年，当地政府以"品味大红袍，感悟武夷山"为主题，举办"武夷山国际禅茶(大红袍)文化节"。自此，武夷岩茶产业发展迅速，大红袍品牌随之风靡全国。但是，武夷山大红袍在市场营销方面还存在文化营销落后、加工水平良莠不齐、产品包装和价格混乱、品牌被稀释等问题。2016年，国家正式提出供给侧结构性改革，市场营销环境随之改变，大红袍需要充分利用所拥有的资源禀赋并结合营销现状，制定符合区域农产品公用品牌兼顾经济效益和社会效益的特征，促进大红袍产业的健康可持续发展。

1999年12月，随着武夷山成功申请世界文化与自然双重遗产，旅游产业迅速发展，并带动武夷山茶产业开始快速发展。2010年，武夷山市委、武夷山市政府颁布了《中共武夷山市委、武夷山市人民政府关于规范武夷山市茶产业发展若干意见》，及时遏制了违法开垦茶园的乱象，为了促进地方特色经济发展和增加农民收入，武夷山市茶叶局2018年发布《关于举办传承者·武夷岩茶（大红袍)传统技艺制茶大会的通知》，一系列相关政策的发布，保障了大红袍市场营销的顺利开展,促进大红袍产业健康发展。

大红袍和中国其他绝大多数名茶相比,最大优势就在于大红袍原产地武夷山是中国仅有的4个世界自然与文化双遗产地之一,同时还是5A级风景区。旅游产业的快速发展,极大地促进了武夷山茶产业的发展。所以,大红袍市场营销在走出去的同时,也注重打造原产地市场环境,以便更好地服务来武夷山旅游的潜在消费者。尤其是在1999年武夷山市成功申请世界自然与文化双遗产之后,武夷山举全市之力面向全国乃至全世界推广武夷大红袍,2002年武夷山大红袍获国家地理标志保护产品(中华人民共和国国家质量监督检验检疫总局批准)称号;2006年推出了"浪漫武夷,风雅茶韵"活动;2009年邀请张艺谋设计了大型户外实景演出《印象大红袍》;承办了海峡两岸茶业博览会,并从2010年第四届开始,永久固定在武夷山举办;以6棵母树大红袍为核心,打造了大红袍慢行道景区;在三姑景区打造大红袍商业步行街;等等。这一系列以政府为主导的行动,成功地在原产地为武夷山大红袍打造了良好的市场营销环境。

随着经济的发展,中国消费者的消费领域开始进一步向文化、教育、旅游、娱乐方向扩展,绿色、时尚体验和文化消费开始受消费者青睐。为此,武夷山大红袍从文化、教育、旅游和娱乐4个角度举办了一系列的活动:大红袍祖庭(天心永乐禅寺)、茶文化推广活动(中国大红袍国际禅茶文化节、武夷岩茶研修班)、文化旅游(大红袍母树景区、香江茗苑、茶博会)、文创作品(《印象大红袍》实景演出)等。

2018年,武夷山市政府颁布了《武夷山市人民政府关于进一步严厉打击违法违规开垦茶山行为的通告》,严禁在武夷山任何区域违法违规开垦茶山,所以,茶叶产量提升的空间非常有限,武夷山有限的茶叶产量不足以支撑如此众多的茶叶品牌。武夷山市政府和武夷山地方茶企对外统一宣传武夷山大红袍品牌,把大红袍作为武夷岩茶核心品牌,其他品牌作为大红袍的子品牌,例如武夷岩茶大红袍(肉桂系列、水仙系列、名丛系列等),充分发挥大红袍品牌的引领作用,便于政府和企业制定方向一致的市场营销策略,有利于武夷山茶产业总体健康发展。

中国茶产业正处在升级转型的关键时期,对资源禀赋优异的国家地理标志农产品产业是一次很好的机遇,武夷山大红袍拥有良好的市场营销环境,能够随着市场环境的改变作出相应的营销策略,并取得了一定的成效。

资料来源于网络,作者有删改。

孙子曰:故明君贤将,所以动而胜人,成功出于众者,先知也。先知者,不可取于鬼神,不可象于事,不可验于度,必取于人,知敌之情者也。

所谓"先知",是圣贤明君、英明将帅得以打胜仗的关键。它不是借助鬼神、巫术之类的未卜先知,而是依靠间谍来获取信息、刺探情报、知晓敌情,在掌握了真实准确、数量足够的情报基础之上,才能够站得高、看得远,拟定有效策略,从而制敌于先。这说明企业经营过程中,了解市场环境是多么重要!

2020年10月26日,习近平总书记在关于《中共中央关于制定国民经济和社会发展第十四个五年规划和2035年远景目标的建议》需要说明的几个重点问题讲话中指出,"十四五"时期经济社会发展要以推动高质量发展为主题,这是根据我国发展阶段、发展环境、发展条件变化作出的科学判断……当今世界正经历百年未有之大变局,我国发展的外部环境日趋复杂。防范化解各类风险隐患,积极应对外部环境变化带来的冲击挑战。因此,企业运营也同样要关注市场环境的变化,从而作出准确的应对之策。

第一节 市场营销环境概述

一、市场营销环境的含义及类型

(一)市场营销环境的含义

市场营销环境是指存在于企业营销系统外部不可控制的因素和力量,这些因素和力量是与企业营销活动有关的影响企业生存和发展的外部条件。

市场营销环境是一个不断完善和发展的概念。在 20 世纪初,企业仅将销售市场作为营销环境;到了 20 世纪 30 年代以后,企业又把政府、工会、竞争者等利益相关者也看作营销环境因素;进入 60 年代以后,企业进一步把自然生态、科学技术、社会文化等作为重要的环境因素;随着政府对经济干预的加强,70 年代后,现代企业开始重视对政治、法律环境的研究。进入 21 世纪以来,互联网、移动互联网、手机支付等不仅改变着人们的生活方式,更改变着企业经营环境,也成为市场营销研究的重要内容。这种对市场营销环境研究不断扩大的过程,国外市场学称之为"企业的外界环境化"。由此可见,随着商品经济的发展,企业已越来越重视对市场营销环境的研究。

(二)市场营销环境的类型

企业市场营销环境的内容既广泛又复杂。不同的因素对营销活动各个方面的影响和制约不尽相同,同样的环境因素对不同的企业所产生的影响和形成的制约也会大小不一。一般来说,企业市场营销环境主要包括两种类型(图 3-1),一是微观环境,是指与企业紧密相关、直接影响其营销能力的各种参与者,这些参与者包括企业的供应商、中间商、顾客、竞争者以及社会公众和影响营销管理决策的企业内部各个部门;二是宏观环境,即影响企业微观环境的巨大社会力量,包括人口、经济、政治、法律、科学技术、社会文化及自然地理等多方面的因素。微观环境直接影响和制约企业的市场营销活动,而宏观环境主要以微观营销环境为媒介间接地影响和制约企业的市场营销活动。

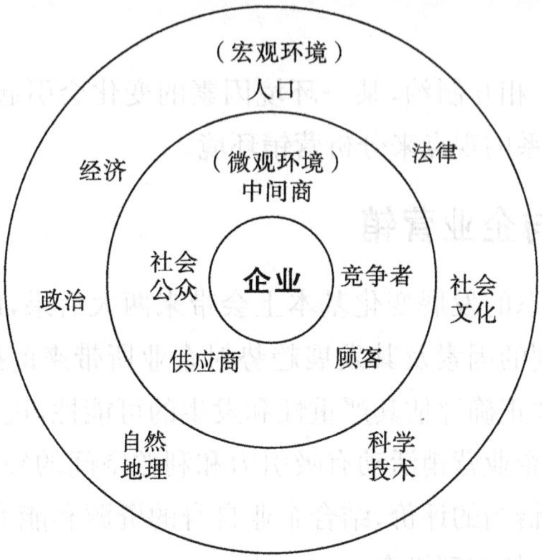

图 3-1 企业市场营销环境类型

二、市场营销环境的特点

市场营销环境具有以下一些特点。

(一)客观性

客观性是市场营销环境的首要特征,营销环境的存在不以营销者的意志为转移。主观地臆断某些环境因素及其发展趋势,往往会造成企业盲目决策,从而导致企业在市场竞争中惨败。

(二)动态性

动态性是营销环境的基本特征,任何环境因素都不是静止的、一成不变的。相反,它们始终处于变化,甚至是急剧的变化之中。例如,顾客的消费需求偏好和行为特点在变,宏观产业结构在调整等。企业必须密切关注营销环境的变化趋势,以便随时发现市场机会和监测可能受到的威胁。

(三)复杂性

市场营销环境包括影响企业市场营销能力的一切宏观因素和微观因素,这些因素涉及多方面、多层次,而且彼此相互作用和联系,既蕴含着机会,也潜伏着威胁,共同影响着企业的营销活动。

(四)差异性

不同的国家和地区之间,宏观环境存在广泛的差异;不同企业所面对的微观环境各不相同;同一环境变化对不同企业的影响也存在差异。营销环境的差异性要求企业针对自身面对的环境采取有针对性的营销策略。

(五)不可控性

相对于企业内部管理职能,如企业对自身的人、财、物等资源的分配使用来说,营销环境是企业无法控制的外部影响力量,例如,无论是直接营销环境中的消费者需求特点,还是间接营销环境中的人口数量,都不可能由企业来决定。

(六)相关性

营销环境之间相互影响、相互制约,某一环境因素的变化会引起其他因素的变化,形成新的营销环境。企业应该运用联系的观点来分析营销环境。

三、市场营销环境与企业营销

市场营销环境复杂而动态的发展变化基本上会带来两大后果,即环境威胁和市场机会。所谓环境威胁,是指环境中不利的因素及其发展趋势对企业所带来的挑战。营销者应善于识别所面临的现实或潜伏的威胁,并正确评估其严重性和发生的可能性,进而制定应变计划。所谓市场机会是指环境变化造成的对企业营销活动有吸引力和利益空间的领域。企业应该对市场机会的吸引力和成功的可能性作出恰当的评价,结合企业自身的资源和能力,及时将市场机会转化为企业机会,即企业可以真正利用的获利机会。

每一个环境因素的变化,都可能为某些企业创造机会,也可能对另一些企业造成威胁。同时，鉴于营销环境的动态性，市场机会和环境威胁在一定的条件下还会互相转化。企业对营销环境的适应，既是营销环境客观性的要求，也是企业信守市场营销观念的要求。现代营销观念以消费者需求为中心，它要求企业必须清楚地认识环境及其变化，发现需求并比竞争对手更好地满足需求，否则，就会被无情的市场竞争所淘汰。而且，由于环境的复杂性和动态性，企业对环境的适应必须是永不松懈的。消费者的需求不断变化，市场上就不存在永远正确的营销决策和永远受欢迎的产品，对企业来说，唯有通过满足消费者需求实现赢利目标。而成功地实现这一目标，适应环境是关键。企业对环境的适应并不仅仅是被动地接受，而应该是能动地适应，既有对环境的依赖，又有对环境的改造，即采取积极主动的行动影响营销环境因素。在企业和环境这对矛盾之中，我们要承认客观环境的制约作用，但也不可忽视企业营销活动对环境的反作用。在企业与环境的对立统一中，企业是居于主动地位的，成功的营销者往往是那些主动地认识、适应和改造环境的人。

拓展阅读3-1

第二节　宏观市场营销环境

宏观市场营销环境指那些作用于微观营销环境，并因而给企业带来市场机会和环境威胁的主要社会力量，包括人口、经济、自然、科学技术、政治法律及社会文化等因素。这些主要社会力量代表企业不可控制的变量，企业及其微观环境的参与者，无不处于这些宏观环境力量的影响与制约之中。

一、人口环境

人口是构成宏观市场营销环境的第一因素。因为市场是由那些想购买商品同时又具有购买力的人所构成的。因此，人口的多少直接决定市场的潜在容量，人口越多，市场规模就越大。而人口的年龄结构、地理分布、婚姻状况、出生率、死亡率、密度、流动性及其文化教育等人口特性，它们会对市场格局产生深刻影响，并进而影响企业的市场营销活动和经营管理工作。企业必须重视对人口环境的研究，密切注视人口特性及其发展动向，不失时机抓住市场机会，当出现威胁时，应及时、果断地调整营销策略以适应人口环境的变化。

人口环境的构成主要包括以下方面。

(一)人口数量与增长速度

首先，人口数量是决定市场规模和市场潜量的一个基本要素，如果收入水平不变，人口越多，则对食物、衣着、日用品的需要量越多，那么市场也就越大。因此，按人口数目可大略推算出市场规模，我国人口众多，无疑是一个巨大的市场。

其次，人口增长速度是反映市场潜力的重要指标。因为人口增加，其消费需求也会迅速增加，那么市场的潜力就会很大。例如，在我国，随着人口增长，能源供需矛盾将进一步扩大，因此，研制节能产品和技术是企业必须认真考虑的问题；而人口增长将使住宅供需矛盾日益加剧，这就给建筑业及建材业的发展带来机会。但是，

拓展阅读3-2

人口的迅速增长，也会给企业营销带来不利影响。如人口增长可能导致人均收入下降，限制经济发展，从而使市场吸引力降低。另外，人口增长还会对交通运输产生压力，企业对此应予以关注。

（二）人口结构

人口结构主要包括人口的年龄结构、性别结构、家庭结构、社会结构、民族结构以及地理结构。

1.年龄结构

不同年龄阶段的消费者对商品的需求不同。儿童、少年、青年、中年与老年人的需要是大不相同的。目前，我国人口老龄化现象十分突出，诸如保健用品、营养品、老年人生活必需品等市场有着很大的潜力。

2.性别结构

性别的差异反映到市场上就是出现男性用品市场和女性用品市场。男性与女性在消费心理与行为、购买商品类别、购买决策等方面有着很大的不同。

3.家庭结构

家庭是购买、消费的基本单位。家庭的数量直接影响到某些商品的数量。欧美国家的家庭规模基本是户均3人左右，亚非拉的发展中国家户均5人左右，我国人口也呈现出了小型化趋势。家庭数量的剧增必然引起对炊具、家具、家用电器和住房等商品需求的增加。

4.社会结构

我国人口的绝大部分在城镇，农村人口约占总人口的36%。这一社会结构的客观状况决定了我国农村市场是潜力巨大的市场。企业在国内市场中，更应注意开发价廉物美的商品以满足农村人口的需要。

5.民族结构

民族不同，其生活习性、文化传统也不相同。因此，企业营销者要注意民族市场的营销，重视开发适合各民族特性、受其欢迎的商品。

6.地理结构

人口地理结构指人口在不同地区的密集程度。人口的这种地理结构表现在市场上，就是人口的集中程度不同，则市场大小不同；消费习惯不同，则市场需求特性不同。在发达国家除了国家之间、地区之间、城市之间的人口流动外，还有一个突出的现象就是城市人口向农村流动。在我国，人口的流动主要表现为农村人口向城市或工矿地区流动，内地人口向沿海经济开放地区流动。此外，经商、观光旅游、学习等使人口流动加速。对于人口流入较多的地区而言，一方面劳动力增多，就业问题突出，从而加剧行业竞争；另一方面，人口增多也使当地消费结构发生一定的变化，继而给当地企业带来较多的市场份额和营销机会。

二、经济环境

拓展阅读3-3

经济环境是指影响企业营销活动的购买力因素，包括消费者收入水平、消费支出倾向和消费结构及社会经济发展等内容。

（一）消费者收入水平变化

消费者的购买力来自消费者的收入，但消费者并不是把全部收入都用来购买商品或劳务，购买力只是收入的一部分。因此，在研究消费者收入时，要注意以下几点：

1.国内生产总值

国内生产总值是衡量一个国家经济实力与购买力的重要指标。从国内生产总值的增长幅度，可以了解一个国家的经济发展状况和发展速度。一般来说，工业品的营销与此相关，而消费品的营销则与此关系不大。国内生产总值增长越快，对工业品的需求和购买力就越大；反之，就越小。

2.人均国民收入

人均国民收入是用国民收入总量除以总人口所得到的比值。这个指标大体反映出一个国家人民生活水平的高低，也在一定程度上决定商品需求的构成。一般来说，人均收入增长，对消费品的需求和购买力就大；反之则小。

3.个人可支配收入

个人可支配收入是在个人收入中扣除税款和非税性负担后所得余额。它是个人收入中可以用于消费支出或储蓄的部分，它构成实际的购买力。

4.个人可任意支配收入

个人可任意支配收入是在个人可支配收入中减去用于维持个人与家庭生存不可缺少的费用（如房租、水电、食物、燃料、衣着等项开支）后所剩余的部分。这部分收入是消费需求变化中最活跃的因素，也是企业开展营销活动时所要考虑的主要对象。因为这部分收入主要用于满足人们基本生活需要之外的开支，一般用于购买高档耐用消费品、旅游、储蓄等，它是影响非生活必需品和劳务销售的主要因素。

5.家庭收入

家庭收入的高低会影响很多产品的市场需求。一般来讲，家庭收入高，对消费品需求大，购买力也大；反之，需求小，购买力也小。

需要注意的是，企业营销人员在分析消费者收入时，还要区分“货币收入”和“实际收入”。只有“实际收入”才影响“实际购买力”。

（二）消费者支出模式和消费结构

1.消费者支出模式

消费者支出模式是指消费者各种消费支出的比例关系，也就是支出结构。社会经济的发展、产业结构的转变和收入水平的变化等因素直接影响社会消费支出模式，而消费者个人收入则是单个消费者消费结构或家庭消费结构的决定性因素。

德国统计学家恩斯特·恩格尔在1875年研究劳工家庭收入与支出结构时指出：当家庭收入增加时，各种消费支出均会相应增加，但支出的增加幅度不同，使得各种支出占总支出比例发生变化。用于购买食物的支出比例下降，而用于服装、交通、保健、娱乐、教育的支出比例上升。恩格尔的这一研究结论被称为“恩格尔定律”，该定律对研究需求结构、预测需求变化趋势有重要意义。

恩格尔系数的计算公式：恩格尔系数＝食物支出／总支出 ×100％

食物支出占总消费量的比重越大，恩格尔系数越高，生活水平越低；反之，食物支出占总消费量的比重越小，恩格尔系数越小，生活水平越高。恩格尔系数反映了人们收入增加时支出变化的一般趋势，已成为衡量一个国家、地区、城市、家庭生活水平高低的重要参数。

2.消费结构

消费结构指消费过程中人们所消耗的各种消费资料（包括劳务）的构成，即各种消费支出占总支出的比例关系。优化的消费结构是优化的产业结构和产品结构的客观反映，也是企业开展营销活动的基本立足点。第二次世界大战结束以来，西方发达国家的消费结构发生了很大变化：①恩格尔系数显著下降，目前大都下降到 20％以下；②衣着消费比重降低，幅度为 20％～30％；③住宅消费支出比重增大；④劳务消费支出比重上升；⑤消费开支占国民生产总值和国民收入的比重上升。而从我国的情况来看，消费结构还不尽合理。随着我国社会主义市场经济的发展，以及国家在住房、医疗等制度方面改革的深入，人们的消费模式和消费结构都会发生明显的变化。企业要重视这些变化，尤其应掌握拟进入的目标市场中支出模式和消费结构的情况，输送适销对路的产品和劳务，以满足消费者不断变化的需求。

（三）消费者储蓄和信贷的变化状况

消费者的购买力还受储蓄和信贷的直接影响。当收入一定时，储蓄越多，现实消费量就越小，但潜在消费量越大；反之，储蓄越少，现实消费量就越大，但潜在消费量越小。企业营销人员应当全面了解消费者的储蓄情况，尤其是要了解消费者储蓄目的的差异。储蓄目的不同，往往影响到潜在需求量、消费模式、消费内容和消费发展方向的不同。这就要求企业营销人员在调查、了解储蓄动机与目的的基础上，制定不同的营销策略，为消费者提供有效的产品和劳务。

西方国家广泛采用的消费者信贷对购买力的影响很大。所谓消费者信贷，就是消费者凭信用先取得商品使用权，然后按期归还贷款，以购买商品。这实际上就是消费者提前支取未来的收入，提前消费。西方国家盛行的消费者信贷方式主要有：①短期赊销；②购买住宅分期付款；③购买昂贵的消费品分期付款；④信用卡信贷。信贷消费允许人们购买超过自己现实购买力的商品，从而创造了更多的就业机会、更多的收入以及更多的需求；同时，消费者信贷还是一种经济杠杆，它可以调节积累与消费、供给与需求的矛盾。当市场供大于求时，可以发放消费信贷，刺激需求；当市场供不应求时，必须收缩信贷，适当抑制、减少需求。消费信贷把资金投向需要发展的产业，刺激这些产业的生产，带动相关产业和产品的发展。我国现阶段的信贷消费主要是公共事业单位提供的服务信贷，如水费、电费、煤气费的交纳，其他方面如教育、住宅建设以及一些商家的信用卡消费正在逐步兴起。

（四）经济发展状况

企业的市场营销活动受到一个国家或地区经济发展状况的制约，在经济全球化的条件下，国际形势也是营销活动的重要影响因素。

1.经济发展阶段

美国学者罗斯托的经济成长阶段理论，把世界各国经济发展阶段归纳为五种：①传统经济社会；②经济起飞前的准备；③经济起飞阶段；④迈向经济成熟阶段；⑤大量消费阶段。处于前三个阶段的国家属于发展中国家，处于后两个阶段的国家属于发达国家。经济发展阶段的高低，直接影响企业的市场营销活动。经济发展阶段高的国家和地区，着重投资较大的、精密自动化程度高的、性能好的生产设备；在重视产品基本功能的同时，比较强调款式、性能及特色；大量进行广告宣传及营业推广活动，非价格竞争较占优势；分销途径复杂且广泛，制造商、批发商与零售商的职能较独立，连锁店的网点增加。

2.经济形势

经济形势主要指国内经济形势与国际经济形势。一国或一个地区经济发展是持续增长还是处于滞胀阶段或衰退阶段，都会影响到企业的营销活动。国际市场一体化正在逐渐形成，他国的经济形势也会影响本国的营销活动，如美国金融危机就影响到全世界，给其他国家经济带来了极大的负面影响。

三、自然环境

自然环境是人类最基本的活动空间和物质来源，可以说，人类发展的历史就是人与自然关系发展的历史，自然环境的变化与人类活动休戚相关。在地理学上，对于自然环境这个整体进行划分时，通常分解为气候、水文、地貌、生物、土壤等五大自然地理要素。

拓展阅读3-4

(一)自然环境面临的危机

从目前来看，自然环境面临着诸多危机。

1.自然资源逐渐枯竭

传统上，人们将地球上的自然资源分成三大类：取之不尽、用之不竭的资源，如空气、水等；有限但可再生的资源，如森林、粮食等；有限又不能再生的资源，如石油、煤及各种矿物。现代工业文明对自然资源无限度地索取和利用，导致矿产、森林、能源、耕地等日益枯竭，甚至连以前认为永不枯竭的水、空气也在某些地区出现短缺。目前，自然资源的短缺已经成为各国经济进一步发展的制约力甚至反作用力。

2.自然环境受到严重污染

截至目前，世界经济仍然主要是物质经济，是一种需要原料、资源、能源等自然资源的经济，是一种严重依赖矿物燃料作为发展动力的经济。这种经济模式的粗放型高速增长特点，不仅极大地消耗地球资源，而且使人类生存环境遭到空前污染。如土壤沙化、温室效应、物种灭绝、臭氧层破坏等，环境的恶化正在使人类付出惨重的代价。

(二)自然环境变化对营销的影响

从目前情况来看，自然环境变化对营销的影响主要表现在以下方面。

1.企业经营成本的增加

自然环境的变化对企业经营成本增加的影响主要通过两个方面表现出来。一方面，经济发展对自然资源严重依赖是传统经济发展模式的主要特征之一。自然资源日趋枯竭和开采成本的增加，必然导致生产成本提高。另一方面，环境污染造成人类生存危机，使得人们对环境的观念发生改变，环保日益成为社会主流意识之一。昔日粗放模式下的生产方式必须进行彻底改变，企业不仅要担负治理污染的责任，还必须对现有可能产生污染的生产技术和所使用的原材料进行改造，而这不可避免地加大企业生产成本。

2.新兴产业市场机会增加

环境变化给企业带来的市场机会主要体现在两个方面。一方面，为了应对环境变化，企业必须寻找替代的能源以及各种原材料，替代能源及原材料生产企业面临大量的市场机会。如石油价格的居高不下和剧烈波动，激起企业对替代能源研究的大量投资，仅仅太阳能领域，已有成百上千的企业推出了新一代具有实用价值的产品，用于家庭供暖和其他方面。另一方面，环保型材料和各种治理污染设备生产企业也在人们环保意识增强和治理污染各种立法的情况下，给污染控制技术及产品创造了一个极大的市场，促使企业探索其他不破坏环境的方法去制造和包装产品。

四、科学技术环境

科学技术是社会生产力中新的和最活跃的因素，作为营销环境的一部分，科技环境不仅直接影响企业内部的生产和经营，还与其他环境因素互相依赖、相互作用，特别是与经济环境、文化环境的关系更紧密。尤其是新技术革命，既为企业市场营销造就了机会，又带来了威胁。例如，一种新技术的应用，可以为企业创造一个明星产品，产生巨大的经济效益，也可以迫使企业的某一传统优势产品退出市场。

拓展阅读3-5

新技术的应用还会引起企业市场营销策略、经营管理方式以及消费者购物行为发生变化。

（一）新技术引起企业市场营销策略的变化

新技术是一种“创造性的毁灭力量”。新技术会给某些企业带来新的市场机会，同时，也会对某些行业的企业造成环境威胁，使某些旧的行业受到冲击甚至被淘汰。例如，智能家电的出现，将会给传统家电行业带来重大打击。如果企业的最高管理层能够及时决策，采用新技术，从旧行业转到新行业，就能求得生存和发展。

（二）新技术引起企业经营管理方式的变化

技术革命是管理革新的动力，它向管理提出了新课题、新要求，又为企业改善经营管理、提高管理效率提供了技术基础。目前，许多企业在经营管理中都使用电脑、网络等设备，这对于改善企业经营管理、提高企业经营效益起了很大作用。如条形码技术在商品包装上的运用，使得结账作业速度迅速提高，从而大大提高零售商店收款的工作效率，缩短了顾客的等待时间，提高了服务质量。

（三）新技术对零售商业和购物行为的影响

自动售货机的出现，使销售方式得到改变。自动售货方式对卖方来说，不需要营业人员，只需少量的工作人员补充商品，回收现金，保养、修理机械；对买方来说，购货不受时间限制，在任何时间都可以买到商品和服务。又如，网络销售的出现，使消费者足不出户即可完成购物，从而大大地方便了消费者，也改变了消费者的购物习惯和生活方式。微信、支付宝的在线支付不仅减少了现金使用量，也方便了消费者各项消费活动的快速完成。

拓展阅读3-6

五、政治与法律环境

政治与法律环境是影响企业营销的重要的宏观环境因素。政治因素像一只有形之手，调节着企业营销活动的方向，法律因素则为企业规定商贸活动行为准则。政治与法律相互联系，共同对企业的市场营销活动产生影响。

(一)政治环境

政治环境指企业市场营销活动的外部政治形势、国家方针政策及其变化。在国内，安定团结的政治局面不仅有利于经济的发展和人们收入的增加，而且影响到人们的心理状况，使市场需求发生变化。党和政府的方针、政策，规定了国民经济的发展方向和速度，也直接关系到社会购买力和市场消费需求的变化。

对国际政治环境的分析，应了解“政治权力”与“政治冲突”对企业市场营销活动的影响。政治权力对企业营销活动的影响主要表现为有关国家政府通过采取某种措施限制外来企业及产品的进入，如进口限制、外汇控制、劳工限制、绿色壁垒等。政治冲突则指的是国际上重大事件和突发性事件，这类冲突即使在以和平和发展为主流的时代也从未绝迹。这种冲突对企业市场营销工作的影响或大或小，或意味着机会或产生巨大的威胁。

(二)法律环境

法律环境是指国家或地方政府颁布的各项法规、法令、条例等。法律环境不仅对企业的营销活动而且对市场消费需求的形成和实现具有一定的调节作用。企业研究并熟悉法律环境，不仅可以保证自身严格依法经营和运用法律手段保护自身权益，还可通过法律条文的变化对市场需求及其走势进行预测。

各个国家的社会制度不同，经济发展阶段和国情不同，体现统治阶级意志的法律制度也不同。从事国际市场营销的企业，必须对相关国家的法律制度和有关的国际法规、国际惯例和准则进行深入的学习研究并在实践中遵循。

2015 年 12 月 27 日，全国人民代表大会常务委员会表决通过了《全国人民代表大会常务委员会关于修改〈中华人民共和国人口与计划生育法〉的决定》，全面二孩政策定于 2016 年 1 月 1 日起正式实施。2021 年 5 月 31 日，中共中央政治局召开会议，审议《中共中央、国务院关于优化生育政策促进人口长期均衡发展的决定》并指出，为进一步优化生育政策，实施一对夫妻可以生育三个子女政策及配套支持措施。这些生育政策的实施会对消费者市场有很大的促进作用。

六、社会文化环境

市场营销学中所说的社会文化因素，一般指在一种社会形态下形成的价值观念、宗教信仰、道德规范以及世代相传的风俗习惯等被社会所公认的各种行为规范，具体包括一个国家或地区的价值观念、生活方式、风俗习惯、民族特征、宗教信仰、伦理道德、教育水平、文学艺术等内容的总和。主体文化占据主体地位，起着凝聚整个国家和民族的作用，是千百年的历史沉淀，包括价值观、人生道德观等；次级文化则是在主体文化支配下形成的文化分支，包括宗教、种族、风俗习惯等。文化对企业营销的影响是多层次、全方位、渗透性的。

企业的市场营销人员应了解、分析和研究社会文化环境，以针对不同的文化环境制定不同的营销策略。

(一)教育状况

教育是按照一定目的要求，对受教育者施以影响的一种有计划的活动，是传授生产经验和生活经验的必要手段，反映并影响着一定的社会生产力、生产关系和经济状况，是影响企业市场营销的重要因素。教育状况对营销活动的影响，可以从以下几个方面考虑。

(1)对企业选择目标市场的影响。处于不同教育水平的国家或地区对商品的需求不同，同一国家的不同地区或家庭对产品的需求存在差异，因此，企业应该根据自身产品的特性和功能来选择相应受教育水平的目标市场。

(2)对企业营销商品的影响。不同文化的国家和地区的消费者，对商品的包装、装潢、附加功能和服务的要求存在差异。通常来说，文化素质高的地区或消费者要求商品包装典雅华贵，对附加功能也有一定要求。

(3)对营销调研的影响。企业的营销调研在受教育程度高的国家和地区可在当地雇用调研人员或委托当地的调研公司或机构完成具体项目，而在受教育程度低的国家和地区，企业开展调研要有充分的人员准备和适当的方法。

(4)对经销方式的影响。企业的产品目录、产品说明书的设计要考虑目标市场的受教育状况。如果经营商品的目标市场在文盲率很高的地区，就不仅需要文字说明，更重要的是配以简明图案，并派人进行使用、保养的现场演示，以避免消费者和企业的不必要损失。

(二)宗教信仰

纵观历史上各民族消费习惯的产生和发展，可以发现宗教是影响人们消费行为的重要因素之一。某些国家和地区的宗教组织在教徒购买决策中有重大影响。一种新产品出现，宗教组织有时会提出限制或禁止使用，认为该产品与宗教信仰相冲突。所以，企业可以把影响大的宗教组织作为自己的重要公共关系对象，在营销活动中要针对宗教组织设计适当方案，以避免矛盾和冲突给企业营销活动带来损失。

(三)价值观念

价值观念就是人们对社会生活中各种事物的态度和看法，不同的文化背景下，人们的价值观念相差很大，消费者对商品的需求和购买行为深受价值观念的影响。对于不同的价值观念，企业的市场营销人员就应该采取不同的策略。一种新产品的消费，会引起社会观念的变革。而对于一些注重传统、喜欢沿袭传统消费方式的消费者，企业在制定促销策略时应把产品与目标市场的文化传统联系起来。

(四)消费习俗

消费习俗是人类各种习俗中的重要习俗之一，是人们历代传递下来的一种消费方式，也可以说，是人们在长期经济与社会活动中所形成的一种消费风俗习惯。不同的消费习俗具有不同的商品需要，研究消费习俗不但有利于组织好消费用品的生产与销售，而且有利于正确、主动地引导健康的消费习惯。了解目标市场消费者的禁忌、习俗、避讳、信仰、伦理等是企业进行市场营销的重要前提。

(五)审美观念

人们在市场上挑选、购买商品的过程,实际上也是一次审美活动。近年来,我国人民的审美观念随着物质水平的提高发生了明显的变化,主要表现在以下几个方面。

(1)追求健康美。随着人们物质生活水平的提高,人们更加注重自身体质的增强,从而使得体育用品和运动服装的需求量呈上升趋势。

(2)追求形式美。服装市场的异军突起,不仅美化了人们的生活,更重要的是迎合了消费者的求美心愿。在服装样式上,青年人一扫过去那种多层次、多线条、重叠反复的造型艺术,追求强烈的时代感和不断更新的美感,由对称转为不对称,由灰暗色调转为鲜艳、明快、富有活力的色调。

(3)追求环境美。消费者对环境的美感体验,在购买活动中表现得最为明显。

因此,企业市场营销人员应注意消费者以上三方面审美观念的变化,把消费者对商品的评价作为重要的反馈信息,使商品的艺术功能与经营场所的美化效果融为一体,以更好地满足消费者的审美要求。

拓展阅读3-7

在研究社会文化环境时,还要重视亚文化群对消费需求的影响。每一种社会文化的内部都包含若干亚文化群。因此,企业市场营销人员在进行社会文化环境分析时,可以把每一个亚文化群视为一个细分市场,生产经营适销对路的产品,满足顾客需求。

第三节　微观市场营销环境

企业微观市场营销环境是指对企业服务其目标市场的营销能力构成直接影响的各种因素的集合,包括企业内部环境及顾客、供应商、营销中介、竞争者和社会公众等与企业具体营销业务密切相关的各种组织与个人,如图 3-2 所示。

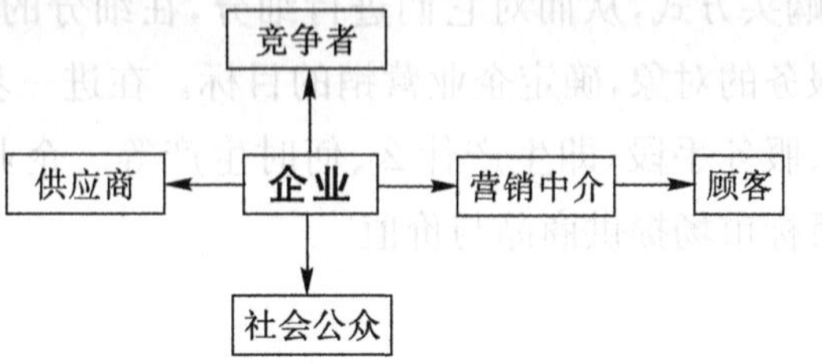

图 3-2　企业微观市场营销环境主要因素

图 3-2 中,供应商、企业、营销中介、顾客这一链条构成企业的核心营销系统。企业市场营销活动的成败,还直接受到另外两个群体的影响,即竞争者和社会公众。

一、企业内部环境

企业内部环境是指有利于保证企业正常运行并实现企业利润目标的内部条件与内部氛围的总和,它由企业家精神、企业物质基础、企业组织结构、企业文化所构成。四者相互联系、相互影响、相互作用,形成一个有机整体。其中,企业家精神是内部环境生发器,企业物质基础和企业组织结构构成企业内部硬环境，企业文化是企业内部软环境，企业内部环境的形成是一个从低级到高级、从简单到复杂的演化过程。企业内部环境管理的目标就是，为提高企业竞争力，实现企业利润目标，营造一个有利的内部条件与内部氛围。

企业内部环境或条件分析目的在于掌握企业历史和目前的状况，明确企业所具有的优势和劣势。它有助于企业制定有针对性的战略，有效地利用自身资源，发挥自身的优势；同时避免企业的劣势，或采取积极的态度改进企业劣势，扬长避短，更有助于百战不殆。

企业为开展营销活动，还必须设立某种形式的营销部门，而且营销部门不是孤立存在的，它还面对着财务、采购、制造、研究与开发等一系列职能部门。市场营销部门与这些部门在最高管理层的领导下，为实现企业目标共同努力着。另外，企业市场营销部门与这些部门之间既有多方面的合作，也存在争取资源的矛盾。这些部门的业务状况如何，它们与营销部门的合作以及它们之间是否协调发展，对营销决策的制定与实施影响极大。企业最高层管理部门负责确定企业的任务、目标、方针政策和发展战略。营销部门在最高层管理部门规定的职责范围内作出营销决策，市场营销目标是从属于企业总目标，并为总目标服务的次级目标，营销部门所制定的计划也必须在最高层管理部门批准后实施。

市场营销部门一般由企业主管市场营销的副总经理、销售经理、推销人员、广告经理、营销研究与计划以及定价专家等组成。营销部门在制定和实施营销目标与计划时，不仅要考虑企业外部环境力量，还要充分考虑企业内部环境力量，争取最高层管理部门和其他职能部门的理解和支持。

二、顾客

顾客是企业服务的对象，同时也是产品销售的市场和企业利润的来源。企业的一切营销活动都应该以满足顾客的需要为中心。

顾客市场可分为五大类，即消费者市场、产业市场、中间商市场、政府市场和国际市场。每一个顾客市场都有其自身的特点，企业必须研究影响每一个顾客市场的各种因素，如研究其购买欲望、购买需求、购买能力和购买方式，从而对它们进行细分，在细分的基础上，进行企业目标市场选择和定位，以划定自己服务的对象，确定企业营销的目标。在进一步调查研究、预测之后，企业还要确定自己的服务方式、服务手段，即生产什么、何时生产等。企业与供应商和中间商保持密切关系，是为了有效地向目标市场提供商品与价值。

三、供应商

供应商是指向企业及竞争者提供生产经营所需资源的企业或个人。供应商对企业营销活动有重要影响，其所供应的原材料数量和质量将直接影响企业产品的数量和质量，所供应原材料的价格会直接影响产品的成本、利润和价格。特别是在现代化生产方式下，企业的许多成品、半成品都是由多个企业合作生产的，如美国波音公司的飞机零部件、德国奔驰公司的汽车配件等都是由许多不同的企业生产制造的，并且有些部件可能在不同的国家进行生产。这样就要求企业必须选择合作伙伴，确认哪些部件自己生产，哪些部件需要采购，明确需要采购部件的技术标准、数量规模、价格限度与交货时间，根据企业的需要选择满意的供应商，必要时企业还可以给予供应商一定的技术和资金支持。

为了减少供应商的制约，企业注意不要过于依靠单一的供应商，以免当与供应商的关系发生变化或供应商本身陷入经营困境时，影响到企业的生产经营活动。

四、营销中介

营销中介是协助企业促销和分销其产品给最终购买者的个人或组织，包括中间商（批发商、代理商、零售商）、物流配送公司（运输、仓储）、市场营销服务机构（广告、咨询、调研）以及财务中介机构（银行、信托、保险）等。这些组织都是企业营销所不可缺少的中间环节，大多数企业的营销活动都需要它们的协助才能顺利进行。产品所有权的转移、产品实体的配送、结算付款、信息沟通、广告促销策略的实施，单靠生产企业本身的力量是不够的，企业必须利用一切可以利用的营销中介力量，最大限度地把本企业的产品以适当的方式、适宜的价格，在适当的时间、适当的地点销售出去。通过营销中介进行市场调研、促进销售、开拓市场、洽谈业务、实体储运、资金融通和风险承担，可以使生产者节省费用，降低风险、成本和售价，提高市场覆盖率和市场占有率，提高经济效益，更好地满足目标市场的需求。商品经济愈发达，社会分工愈细，中介机构的作用愈大。企业在营销过程中，必须处理好同这些中介机构的合作关系。

五、竞争者

市场上不可能出现单独一个企业服务于某一顾客市场，完全垄断的情况在现实中很不容易见到。即使是高度垄断的市场，只要存在可能满足需求的替代品，就可能出现潜在的竞争对手。所以，企业在某一顾客市场上的营销努力总会受到其他企业的影响，这些和企业争夺同一目标顾客的力量就是企业的竞争者。市场营销观念告诉我们，企业要在激烈的市场竞争中获得成功，就必须充分了解自己的竞争对手，并比竞争对手能更有效地满足目标顾客的需求。因此，识别自己的竞争对手、时刻关注竞争对手并随时做出相应的对策亦是关系企业成功的关键。

根据竞争者所提供的产品和满足顾客需求的差异性，可以将竞争者分为如下几种。

(1)愿望竞争者。愿望竞争者是指提供不同产品以满足顾客不同需求的竞争者。如衣食住行等不同类型的消费需求间愿望竞争。

(2)一般竞争者。一般竞争者又称平行竞争者、属类竞争者，是指提供不同的产品以满足顾客同一种需求的竞争者，是顾客在决定需求的类型之后出现的次一级竞争。如满足客户出行需求的各类交通工具选择。

(3)产品形式竞争者。产品形式竞争者是指满足顾客同一需求的产品的不同形式之间的竞争者。如消费者购买冰箱的各种产品类型。

(4)品牌竞争者。品牌竞争者是指满足顾客同一消费需求的同种形式产品的不同品牌之间的竞争者。如消费者购买冰箱的相同款式、规格等基础上的不同品牌间竞争。

六、社会公众

社会公众是指对企业实现营销目标的能力具有实际或潜在利害关系和影响力的团体或个人。企业面对广大公众的态度，会协助或妨碍企业营销活动的正常开展。所有的企业都必须采取积极措施，保持和主要公众之间的良好关系。公众可能有助于增强一个企业实现自己目标的能力，也可能妨碍这种能力。鉴于公众会对企业的命运产生巨大的影响，精明的企业就会采取具体的措施，成功地处理与主要公众的关系，而不是消极等待或不作为。大多数企业都建有公共关系部门，专门筹划与各类公众的建设性关系。公共关系部门负责收集与企业有关的公众意见和态度，发布消息、沟通信息以建立信誉。如果出现不利于公司的反面宣传，公共关系部门就会成为排解纠纷者。

通常，企业有如下七类公众。

(1)金融公众。金融公众指对企业的融资能力有着重要影响的机构，主要包括银行、投资公司、证券经纪行、股东等。

(2)媒介公众。媒介公众指那些刊载或播送新闻、特写和社论的机构，特别如报纸、杂志、电台、电视台、网络等。

(3)政府公众。政府公众指负责管理企业营销业务的有关政府机构。企业管理当局在制定营销计划时，必须认真研究与考虑政府政策和措施的发展变化。

(4)社团公众。社团公众包括消费者权益组织、环境保护组织、少数民族团体等。企业的营销活动关系到社会各方面的切身利益，必须密切注意来自社团公众的批评和意见。

(5)社区公众。社区公众指企业所在地邻近的居民和社区组织。每个企业都同当地的社区公众，如邻里居民和社区组织，保持联系。

(6)一般公众。一般公众指除上述各种公众之外的社会公众。企业需要关注一般公众对企业产品及经营活动的态度。虽然一般公众并不是有组织地对企业采取行动，然而，一般公众对企业的印象却影响着消费者对该企业及其产品的看法。

(7)内部公众。企业内部公众包括生产一线的员工、职能部门员工以及中高层管理人员、董事会成员等。大公司发行业务通讯和采用其他信息沟通方法，向企业内部公众通报信息并激励他们的积极性。当企业员工对自己的企业感到满意的时候，他们的态度就会感染企业以外的公众。

总之，营销微观环境对企业的营销活动有着重要的和直接的影响，因此，企业需要通过对微观环境进行分析和研究，以采取相应的营销策略来提高企业市场营销活动的效果。

拓展阅读3-8

第四节 市场营销环境分析方法

一、SWOT分析法

SWOT是英文strength(优势)、weak(劣势)、opportunity(机会)、threaten(威胁)首字母的缩写，是对企业内部的优势与劣势和外部环境的机会与威胁进行的综合分析，核心就是明确企业可利用的机会和可能面临的威胁，并将这些机会和威胁与企业的优势和不足结合起来，形成企业不同的战略决策。

(一)外部环境分析(机会与威胁)

环境机会的实质是指市场上存在“未满足的需求”。它可能来源于宏观环境因素，也可能产生于微观环境因素。随着消费者需求的不断变化，需要不断开发新的产品来满足消费者的需求，从而市场上出现了许多新的机会。

环境机会对不同企业是不相等的，同一个环境机会对一些企业可能成为有利的机会，而对另一些企业可能就构成威胁。环境机会能否成为企业的机会，要看此环境机会是否与企业目标、资源及任务相一致，企业利用此环境机会能否比其竞争者带来更大的利益。

环境威胁是指对企业营销活动不利或限制企业营销活动发展的因素。环境威胁主要来自两个方面：一方面，环境因素直接威胁企业的营销活动，如一些大城市禁止个人摩托车上高速公路、在主干道上行驶、穿行于行人道，直接威胁到摩托车生产者和经销商。另一方面，企业的目标、任务及资源同环境相矛盾。例如，传统的造纸企业会排放出大量的废气和废水，与整个社会追求可持续发展的大环境相违背，这就给企业的生存和发展带来了巨大的威胁。

（二）内部环境分析（优势与劣势）

每个企业都要定期检查自己的优势与劣势，企业的优势反映它的实力，代表它相对于竞争对手的强项；其劣势则反映它的缺陷，代表它相对于竞争对手的弱项。只有查明自身的优势和劣势，才能充分发挥优势和克服劣势。

分析企业内部环境的优劣势主要用价值链分析法。企业生产是一个创造价值的过程。企业的价值链就是企业从事的研发、设计、生产、销售、售后等基本性活动以及人力资源等支持性活动的集合体。企业对价值链中的每项活动进行分析，来发现存在的优势和劣势以及价值链中的各项活动的关系。

波士顿咨询公司的负责人乔治·斯托克提出，能获胜的公司是取得公司内部优势的企业，而不是只抓住公司的核心能力。每一个公司必须管理好某些基本程序，如新产品开发、原材料采购、对订单的销售引导、对客户订单的现金实现、顾客问题的解决时间等。每一程序都创造价值，需要内部各部门协同作战。

二、环境机会与环境威胁矩阵

企业面对不同程度的威胁和机会的营销环境，需要通过市场营销环境分析来评估环境威胁和环境机会。评估环境机会和环境威胁可采用机会分析矩阵和威胁分析矩阵。

（一）环境机会分析矩阵

环境机会是指营销环境中对企业营销有利的各种因素的总和，企业能否抓住机会取决于自身的资源和实力与该机会需要的成功条件是否相符。环境机会分析主要考虑市场机会潜在的吸引力（盈利性）和成功的可能性（企业优势）大小，其分析矩阵如图 3-3 所示。

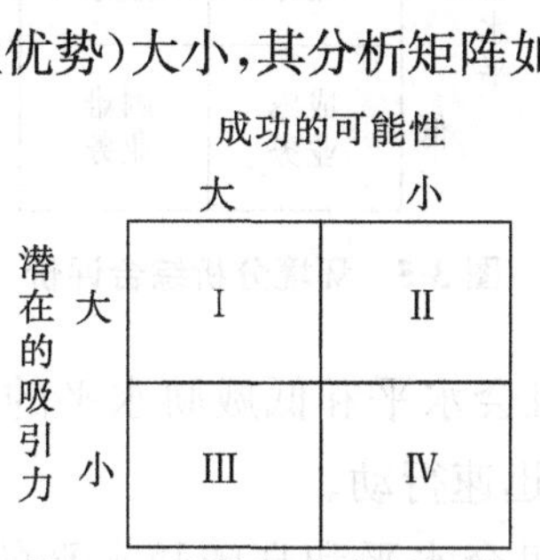

图 3-3 环境机会分析矩阵

图 3-3 中，处于Ⅰ位置的环境机会潜在的吸引力与成功的可能性都大，这种类型的环境机会极有可能成为企业的利润源泉，应该抓住时机，全力发展；处于Ⅳ位置的市场机会，潜在的吸引力小而且成功的可能性也小，企业应该改善自身条件并关注机会的发展变化，审慎地开展营销活动；处于Ⅱ位置的环境机会虽然成功的可能性小，但潜在的吸引力大，企业应该改善自身以抓住机会；处于Ⅲ位置的环境机会成功的可能性大，但潜在的吸引力小，企业应该密切关注机会的变化。

（二）环境威胁分析矩阵

环境威胁是指营销环境中不利于企业营销的各种因素的总和。如果不采取果断的市场营销行动，这种不利趋势将会伤害到企业的市场地位。这种挑战可能来自微观环境或宏观环境的各个方面。对环境威胁的分析一般从两个方面展开：一是分析威胁的潜在严重性，即影响程度；二是分析威胁出现的可能性，即出现概率。其分析矩阵如图 3-4 所示。

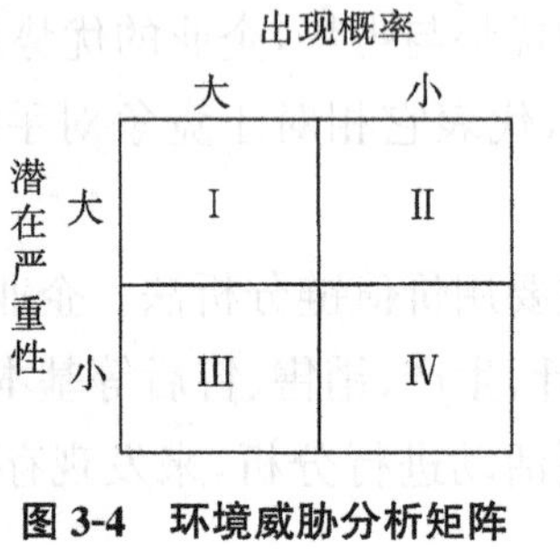

图 3-4　环境威胁分析矩阵

图 3-4 中，处于Ⅰ位置的威胁出现的概率大，威胁对企业的影响力也大，这种类型的威胁企业必须特别重视，并且要制定相应的对策；处于Ⅳ位置的威胁出现的概率与影响程度都很小，企业不必过于担心，但要注视其发展变化；处于Ⅱ位置的威胁出现概率虽小，但一旦出现对企业的影响程度较大，必须密切监视其出现与发展；处于Ⅲ位置的威胁虽然影响程度小，但出现的概率大，也必须充分重视。

（三）企业营销对策

将以上环境机会分析矩阵和环境威胁分析矩阵综合起来，可以用来分析评价企业所经营业务面对的环境状况，会出现四种不同的结果，如图 3-5 所示。

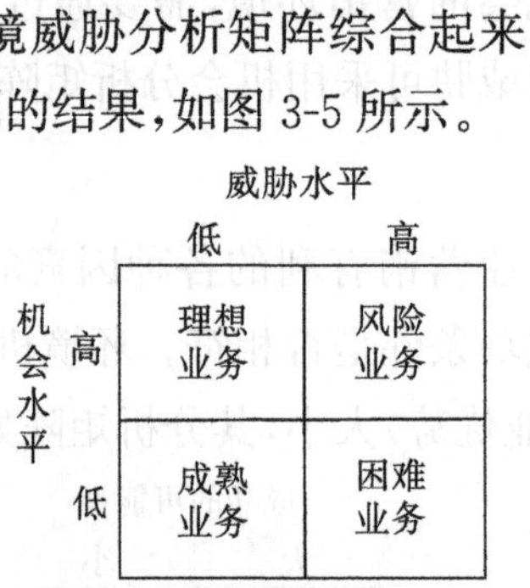

图 3-5　环境分析综合评价

第一类业务是理想业务，即高机会水平和低威胁水平的业务，是企业应该着力发展的业务。针对此类业务，企业应该抓住机遇，迅速行动。

第二类业务是风险业务，即高机会水平和高威胁水平的业务。企业应该扬长避短，创造条件，同时做好风险收益分析。

第三类业务是成熟业务，即低机会水平和低威胁水平的业务，一般是已经成熟的业务。企业在此类业务中所占的市场份额如果较大，则可以加强发展，但不适宜作为新加入者来开展此类业务。

第四类业务是困难业务，即低机会水平和高威胁水平的业务，此类业务一般是企业所不愿意介入的。如果是企业必须面对的业务，则应该努力改变环境，走出困境，或立即从此业务中转移出来。

总之，通过环境机会与环境威胁的综合分析，企业应该能够清晰地了解自身所处的环境，并采取恰当的措施来推动企业的营销活动。

孙子曰：兵有五机：一曰地机，二曰事机，三曰势机，四曰利机，五曰神机。

地机指的是“列营布阵，先据要害，敌取逆，我取顺”，即占据有利地形，如制高点、有水源之处、河道的两边，这些皆可资凭借，能够为我所用，实施战术。战术行动，不在于多，不在于大，而在于能够抓住要害、抓住关键、抓住时机。俗话说“过了这个村儿，就再没这个店儿”，既称之为“机”，就在于稍纵即逝、不可再得，一次错过，全盘皆输。因此，企业在作营销决策之前必须全面掌握营销环境，抓住合适的“机”尤为重要。

拓展阅读3-9

本章知识点

市场营销环境是企业外部的不可控制的因素和力量，这些因素和力量是与企业营销活动有关的影响企业生存和发展的外部条件。

营销环境的特点有客观性、动态性、复杂性与不可控制性，是企业营销活动的制约因素，营销管理者应该采取积极、主动的态度能动地去适应环境。

宏观市场营销环境指那些作用于微观营销环境，并因而给企业带来市场机会和环境威胁的主要社会力量，包括人口、经济、自然、科学技术、政治法律及社会文化等因素。

微观市场营销环境包括企业内部环境及顾客、供应商、营销中介、竞争者和社会公众等与企业具体营销业务密切相关的各种组织与个人。

环境对企业的影响可分为环境机会与环境威胁，前者是指对企业营销活动有利的各项因素的总和，后者是指对企业营销活动不利的各项因素的总和。

企业需要对环境进行分析来制定营销决策，以使企业能够更好地在多变复杂的环境中生存与发展。

营销思考题

1.宏观营销环境包括哪些因素？

2.微观营销环境由哪些方面构成？其对企业营销活动会产生何种影响？

3.SWOT 分析方法是什么，包含哪些因素？

4.如何使用环境机会分析矩阵和环境威胁分析矩阵分析市场营销环境？

5.使用环境机会分析矩阵和环境威胁分析矩阵综合分析，企业可以采取的营销对策是什么？

营销计策

〔三十六计〕之七:无中生有。

〔原文〕诳也,非诳也,实其所诳也。少阴,太阴,太阳。

〔翻译〕无中生有是运用假象,但不是弄假到底,而是使假象变真相,大小假象,掩护真相。

〔三十六计〕之八:暗度陈仓。

〔原文〕示之以动,利其静而有主,益动而巽。

〔翻译〕故意暴露行动,利用敌方固守的时机,便主动偷袭。

〔三十六计〕之九:隔岸观火。

〔原文〕阳乖序乱,阴以待逆,暴戾恣睢,其势自毙。顺以动豫,豫顺以动。

〔翻译〕敌人内部分裂,秩序混乱,我方便等待他发生暴乱,那时敌人穷凶极恶,反目仇杀,势必自行灭亡。我方要根据敌人变动做好准备;做好准备之后,还要根据敌人的变动而行动。

结尾案例

阿坝藏族羌族自治州滑雪旅游环境分析

阿坝藏族羌族自治州(以下简称阿坝州)位于川西北地区,冰雪资源条件在南方地区内具有比较优势,雪场冬季日间大部分时间天气晴好,气温可达25℃,夜间气温低至-10℃,冬无严寒,夏无酷暑,具备得天独厚的"暖雪"优势,雪季长达4个月,是南方稀缺的阳光雪场,也是成都周边不可多得的滑雪旅游胜地。阿坝州的5个滑雪场都围绕自然景观资源建设,太子岭滑雪场、鹧鸪山滑雪场、孟屯河谷滑雪场及毕棚沟滑雪场分别坐落于九鼎山风景区、鹧鸪山自然公园、孟屯河谷及毕棚沟自然风景区,奇侠沟冰雪欢乐谷毗邻著名的九寨沟、黄龙景区。

中国冰雪产业正处于起步快速发展阶段,我国的冰雪旅游接待人数、冰雪旅游收入逐年走高,川西北地区素来是四川旅游热点之一,为阿坝州发展滑雪旅游创造了资金和市场条件。适逢2022年冬奥会这一中国冰雪运动发展的重大机遇,国务院和国家体育总局等部门专门就冰雪产业出台了一系列政策,我国冰雪产业逐渐驶入发展快车道。另外,一系列有关体育、旅游的文件中也提到推动冰雪产业发展,比如《关于加快发展体育产业促进体育消费的若干意见》提到支持西部地区充分利用山地、冰雪等独特的自然资源优势,发展区域特色体育旅游产业。国家《"十三五"旅游业发展规划》规划建设一批融合滑雪、露营、登山、徒步等多元旅游活动的冰雪旅游度假胜地,推出一批复合型冰雪旅游基地。相关部门的一系列政策使得冰雪产业得到快速发展。

阿坝州滑雪旅游也存在很多问题,消费群以四川省本地市场为主,同时向周边地区辐射,大部分是初次体验滑雪和跟团来到景区的游客,部分跟团游客只参观景区和体验冰雪项目,消费者对滑雪认知较低、黏性不强。阿坝州地处四川西北山区,交通设施建设成本大、难度高,缺乏铁路和高速资源,山区公路受山区自然客观条件所限,路况较差,弯道多,冬季山区路面积雪较为危险。成都至阿坝州最近的毕棚沟滑雪场驾车需约3小时,若是滑雪一日游,除去来回车程时间,在雪场时间不够充裕。此外,餐饮、住宿和商业等配套设施不完善,缺乏舒适度高、服务好的配套酒店，节假日滑雪场周边酒店接待能力有限，缺乏与周边景点联合打造的精品旅游线路，不利于游客长时间停留。高山滑雪开发的重难点在技术，阿坝州只有3条架空索道，且滑雪设备主要依靠国外进口。另外，滑雪教练员、服务人员主要是本地人和实训的大学生，通过简单的培训就上岗，服务水平不高，接待能力有限，团队素质和服务水平有待提升。

资料来源于网络，作者有删改。

案例思考题

1.请根据案例资料，分别使用SWOT分析方法、环境机会分析矩阵与环境威胁分析矩阵对阿坝州滑雪旅游作市场营销环境分析。

2.试用《孙子兵法》相关理论和三十六计之“无中生有”计策，深入分析阿坝州滑雪市场的营销策略及可能的效果。

第四章　消费者购买行为分析

故不知诸侯之谋者，不能豫交；不知山林、险阻、沮泽之形者，不能行军；不用乡导者，不能得地利。

——《孙子兵法·军争篇》

教学目标

1.理解并掌握消费者购买行为模式；

2.理解消费者购买决策中的参与者类型及购买行为类型；

3.掌握并且学会分析消费者购买决策的影响因素；

4.掌握消费者购买决策过程，能够分析具体的购买决策阶段；

5.能够运用《孙子兵法》解读消费者购买决策过程的关键要素；

6.理解三十六计之“笑里藏刀”“李代桃僵”“顺手牵羊”的核心思想，并能够在市场营销中合理运用。

导入案例

疫情唤醒哪些健康消费“新宠”？

新型冠状病毒感染的发生改变了人们的生活方式，也让消费者加强对健康特别是对自身免疫力的关注。由此，居家健身热闹起来，直接带动了居家健身器材市场的火爆；同时，食品饮料行业也有了新变化。

一、居家健身器材销售火爆

“摆起臂，腿抬高！腰间的赘肉咔咔掉！”2022年4月以来，身穿短裤背心在家直播健身的“网红博主”火爆出圈。网红带动的“宅健身”热潮不仅吸引了诸多“健身女孩”和“健身男孩”，也让居家健身器材市场迎来了爆发式增长。

记者在各大电商平台浏览发现，健身设备的搜索热度大幅上扬，“健身”“瑜伽”等成为搜索热词。从品类上看，消费者对运动产品细分化消费的需求更为强烈，如健腹燃脂的扭腰机、提高臂力的飞力士棒、锻炼腿部的美腿夹等备受欢迎。

数据显示，2022年“618”预售期间，京东家庭健身器材整体预售订单额同比增长100%，家庭单双杠预售订单额同比增长405%，杠铃成交额同比增长140%，智能健身镜成交额同比增长300%。天猫榜单显示，Keep智能计数跳绳SR1销售超15000件，销售额突破180万元。

不仅在线上，线下运动用品销售也大幅增长。弹力带、跳绳、俯卧撑支架、杠铃片、哑铃片、跑步机、自行车机、椭圆机……记者在北京颐堤港购物中心的运动品牌器材区看到，产品种类丰富，应有尽有。据销售人员介绍，近期跳绳的销量非常大，一度供不应求。相比以往大型的健身器材，小体积、高颜值的居家健身器材更受年轻人欢迎。

以往，运动健身往往和减肥画上等号。如今，越来越多的人希望通过运动健身获得健康的身体和更强的免疫力。舒华体育股份有限公司董事长兼总裁张先生认为，防控时期人们的健身经历将很大程度地影响健身文化。人们在经历一段时间的居家健身后，会进一步接受这种健身方式，近年来持续增长的家用健身器材销量有望进一步增加。

二、食品饮料行业呈现新趋势

催生的大健康需求还体现为人们对食品饮料的选择发生了变化。

新形势下，使人们的“菜篮子”从线下的商超、菜市场挪到了线上，居家办公的白领习惯打开生鲜 APP 购买精致的轻食和口味丰富的速食，不能外出健身的人士网购零糖酸奶和燕麦减脂粥，年青一代父母青睐纯天然的儿童食品…… 于是，“零添加”“功能性”“无酒精”“低糖”等成为消费者选择食品饮料时关注的重点。

随着消费者健康认知的加深，食品饮料产品从营养成分到功能性成分越来越受到消费者关注。除低糖、低脂、低卡等成分创新产品外，具有特定功能的产品种类也在增加。

典型例子就是爆火的饮料“小青柠”。2021 年 9 月，某大型连锁零售店推出的小青柠汁饮料爆火，线上线下一度一瓶难求。此后有不少厂家纷纷跟进。2022 年，小青柠饮品迎来全面爆发。几乎一夜之间，市面上的小青柠饮品如雨后春笋般层出不穷，快速席卷了市场。

从元气森林大火到无糖茶的销量暴增，再到今年小青柠饮料的火爆，折射出年轻消费群体对“吃糖过量”的警惕。甜度低的口味成为消费者的首选。在减糖减脂的大趋势下，消费者选择饮料更加在意产品能为自己带来低负担的感觉，健康型饮品迎来了商机。

资料来源于网络，作者有删改。

孙子曰：故不知诸侯之谋者，不能豫交；不知山林、险阻、沮泽之形者，不能行军；不用乡导者，不能得地利。

简单地说，如果不了解各诸侯国的企图，就不要和他们结成联盟；不知道山林、沼泽等地形的险阻或分布情况，就不能行军；不使用向导，就不能掌握和利用有利的地形。市场营销活动同样需要深入了解所服务的对象，即分析研究消费者购买行为，是企业设计营销策略、开展营销活动、提升顾客满意度等一切工作的基础，也是满足人民对美好生活追求的前提。如开篇案例中，疫情提升了人们对健康的关注程度，带动了健身器材及健康食品的消费，这一现象再次印证了消费者购买行为受到文化、社会群体等众多因素的影响，企业需要了解与分析相关因素和消费行为特征。习近平总书记在中共十九届五中全会第二次全体会议的讲话中指出：“我国长期所处的短缺经济和供给不足的状况已经发生根本性改变，人民对美好生活的向往总体上已经从‘有没有’转向‘好不好’，呈现多样化、多层次、多方面的特点……”，满足人民对美好生活的向往与追求，企业发挥着不可或缺的作用。本章将详细介绍消费者行为模型、消费者购买决策过程以及经济、文化、社会、心理等各种影响因素。

第一节　消费者市场概述

顾客是企业的"衣食父母"，企业如果失去顾客、失去市场，就不可能生存。消费者市场是一切市场的基础，是最终市场。因此，无论什么类型的企业，都必须深入研究消费者市场需求的特点和消费者行为模式，以消费者的需要为依据制定营销方案，满足消费者需求，从而在竞争中获胜。

一、消费者市场含义与特征

(一)消费者市场含义

消费者市场是指个人和家庭为了生活消费而购买产品和服务的市场。生活消费是产品和服务流通的终点，因而消费者市场又称最终产品市场。消费者需求是人类社会的原生需求，生产者市场需求、中间商市场需求及政府需求都由此派生而来，消费者市场从根本上决定其他所有市场。

(二)消费者市场特征

与组织市场相比，消费者市场具有如下特征。

1.广泛性

生活中的每个人都不可避免地发生消费行为或消费品购买行为，成为消费市场中的一员，因此，消费者市场人数众多，范围广泛。

2.分散性

消费者的购买单位是个人或家庭，其单次购买数量零星，购买次数频繁。

3.复杂性

消费者受到年龄、性别、身体状况、性格、文化、职业、收入、教育程度等因素影响，具有不同的消费需求和消费行为，所购买商品的品种、规格、质量、花色及价格千差万别。

4.易变性

消费者的需求具有求新求异的特性，需求商品的种类不断翻新，有新奇感，这反映出消费者正常的心理变化。随着市场商品供应的丰富和企业竞争的加剧，消费者对商品的挑选性增强，消费风潮的变化速度加快，商品的流行周期缩短，种类千差万别，往往令人难以把握。

5.情感性

消费品种类繁多、类型各异，消费者对所购买的商品大多缺乏专门的甚至必要的知识，只是根据个人好恶和感觉作出购买决策，多属非专家购买，因此，受情感因素影响大，受企业广告宣传和推销活动影响深。

6.发展性

消费者的需要不是一成不变的，随着社会的发展和生活水平的提高，人们对商品和服务的需求无论从数量上，还是从质量或品种上，都在不断地发展。一种需要被满足了，又会有新的需要出现，总的趋势是由低级向高级、由简单向复杂、由追求数量满足到追求质量充实发展。某些现时的热门货，有可能在一定时期以后变成过时商品而被淘汰；许多潜在的消费需求不断地变为购买行为。

7.伸缩性

人们的消费需求受外因和内因的影响。内因包括消费者本身需求欲望的特征、程度和货币支付能力等；外因主要是商品的供应、价格、广告宣传、销售服务和他人的实践经验等。两方面因素都可能对消费起到促进或抑制作用，这就使消费需要只能有限地得到满足，表现出一定的伸缩性，即并非只能增加不能减少。在特定的情况下，人们可能满足某种需要而放弃其他需要。一般地说，基本日常生活必需品的消费需求弹性较小，而非生活必需品或中高档消费品消费需求的伸缩性较大。

8.替代性

消费品种类繁多，不同品牌甚至不同品种之间往往可以互相替代。消费者对不同商品品牌及品种的购买决策可能会经常变换。

9.地区性

同一地区的消费者在生活习惯、收入水平、购买特点等方面有较大的相似性，而不同地区消费者的消费行为则表现出较大的差异性。

10.季节性

季节性的消费特点是由三方面造成的：一是季节变化引起的季节性消费，二是季节性生产引起的季节性消费，三是风俗习惯引起的季节性消费。

总之，消费者市场的需求特征要求企业能够对自身所服务的市场进行分析研究，并生产出相应的产品来满足消费者需求。

二、消费者购买行为的基本问题

在当今市场上，要从事有效的营销活动，必须搞清楚消费者购买行为的基本内容，即5W2H，具体是指：

购买者(who)	形成购买群体的是哪些人？
购买对象(what)	他们要购买什么商品？
购买时间(when)	他们在什么时候购买？
购买地点(where)	他们在哪里购买？
购买数量(how much)	他们要购买多少？
购买方式(how)	他们以什么方式购买？
购买目的(why)	他们为什么要购买这些商品？

(一)购买者(who)

既要了解消费者是哪些人，又要弄清购买行动中的“购买角色”问题。消费者是哪些人，指的是企业的目标顾客是谁；购买角色研究的是不同购买活动中不同人的位置和作用。严格地讲，购买者不同于消费者。购买者指的是实际完成购买行为的人，他可能是产品的消费者，也可能不是，这在不同的商品购买行为中有很大差异，有些容易分辨，有些却很难断言。在实际购买活动中，购买者、决策者与消费者往往是分离的。因此，要了解在消费者的购买行动中，谁是决策者，谁是使用者，谁对决定购买有重大影响以及谁去将商品买回来。只有这样，企业在确定自己的目标市场时，才能掌握消费者心理，有针对性地实施营销策略。

(二)购买对象(what)

要了解消费者知道什么、购买什么。如元旦期间某商家的打折促销活动消费者是否知道。另外，还要搞清楚消费者“买什么”，即弄清产品的被接受性。如了解消费者喜欢什么品牌的空调等，通过搜集资料，可以了解某产品的市场占有率及消费者的偏好，这样，企业可以有针对性地提供满足消费者需要的商品和服务。

(三)购买时间(when)

要了解消费者在一年中的哪个季节、一季中的哪个月、一月中的哪个星期、一星期中的哪一天、一天中的什么时间，来实施哪类购买行动以及需要什么样的商品和服务。弄清消费者在什么时候消费哪类商品和服务，对于开发新产品、增加服务项目有着重要意义。

(四)购买地点(where)

要了解消费者在哪里购买、在哪里使用。在哪里购买说明消费者购买某类商品时的习惯，如减肥药品，消费者是在超市购买还是在药店购买？企业知道这些信息后，就可以设置商品或服务的销售渠道和地点。在哪里使用即是要了解消费者在什么样的地理环境、什么样的气候条件、什么场所中使用商品。根据消费者使用的地点、场所的特征，企业提供的商品和服务将更具有适应性。

(五)购买数量(how much)

主要了解消费者购买某种商品的大致数量，以便于企业正确组织配备必要的商品，利用市场机会，确定市场潜量和生产销售计划等。

(六)购买方式(how)

既要了解消费者怎样购买、喜欢什么样的促销方式，又要搞清楚消费者对所购买的商品如何使用。这样，企业可以针对不同商品的用途突出商品差异，作出恰当的商品促销决策。

(七)购买目的(why)

要了解和探索消费者行为的动机或影响其行为的因素。消费者为什么喜欢某个品牌的商品而不喜欢另一个，为什么喜欢购买某种香型的洗发水而拒绝另一个等。企业只有探明原因和动机，才可以比较全面地了解消费者的需要。

以上这些问题，是企业经常遇到且必须解决的。这些问题往往通过广泛深入的市场调查来获得答案，而企业则必须在此基础上去发现消费者的购买行为规律，有的放矢地开展营销活动。

三、消费者行为模型

以心理学“刺激-反应”理论为基础，菲利普·科特勒提出了一个简单的消费者行为模型，如图4-1所示。该模型中，市场营销刺激主要由4P——产品、价格、渠道和促销构成。其他刺激是指消费者所处的经济、技术、政治和文化等方面环境中的重要力量和事件。所有这些因素进入消费者

"黑箱"。在那里，不同特征的消费者会产生不同的心理活动，消费者的决策过程催生了一定的购买决定，最终形成了一系列可以观察的消费者反应：购买的品牌和公司参与行为，买什么、何时、何地，以及购买数量、购买频率等。"营销刺激""其他刺激"以及消费者最后的决策和选择是可以看得到的，但是，消费者如何根据外部的刺激进行判断和决策的过程却是看不见的。消费者行为分析就是要对这一"黑箱"进行研究，了解消费者的购买决策过程以及影响这一决策过程的各种因素及其影响规律。所以，对消费者购买行为的研究主要包括两个部分，一是对影响消费者行为各种因素的分析，二是对消费者购买决策过程的研究。

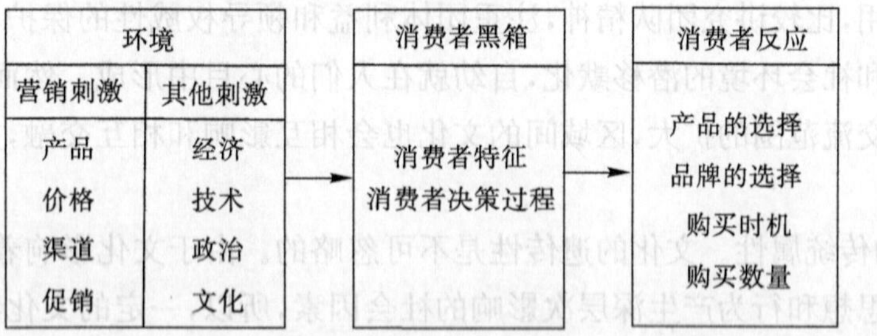

图 4-1　消费者行为模型

第二节　影响消费者购买行为的因素

为了深刻把握消费者购买行为，有效地开展市场营销活动，必须分析影响消费者购买行为的有关因素，包括文化因素、社会因素、个人因素和心理因素（图 4-2）。这些因素从不同角度影响着消费者的购买行为。

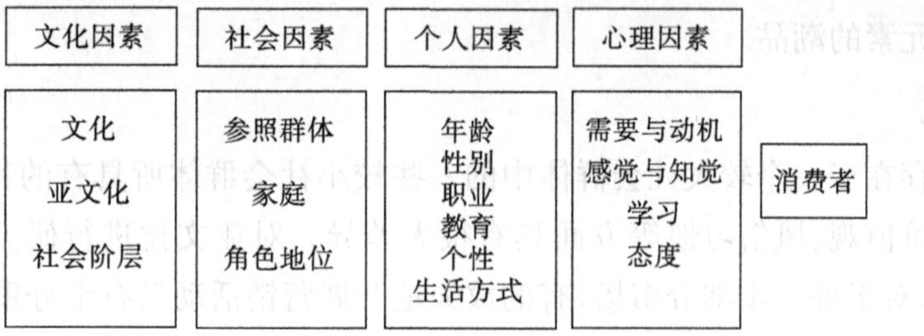

图 4-2　影响消费者购买行为的因素

一、文化因素

文化因素主要包括文化、亚文化和社会阶层三个方面，各方面对消费者行为的影响存在差异。

（一）文化

1.文化的内涵

文化是人类从生活实践中建立起来的价值观念、道德、信仰、理想及其他有意义的象征的综合体。每个人都在一定的社会文化环境中成长，通过家庭和其他主要机构的社会化过程学到和形成基本的文化观念。文化是决定人类欲望和行为的基本因素，存在于人类思想和行为的每一方面，对消费者行为具有最广泛和最深远的影响。

2.文化的特征

(1)文化本身是一定的生产方式和生活方式的产物。同一区域的人们具有基本相同的生产方式和生活方式，能进行较为频繁的相互交流，故能形成基本相同的文化特征。不同区域的人们由于生产与生活方式上的差异，交流的机会比较少，文化特征的差异就比较大。如西方人由于注重个人创造能力发挥，比较崇尚个人的奋斗精神，注重个人自由权的保护；而东方人由于注重集体协作力量的利用，比较讲究团队精神，注重团体利益和领导权威性的保护。这种文化意识往往通过正规的教育和社会环境的潜移默化，自幼就在人们的心目中形成。然而，随着区域间人们交流频率的提高和交流范围的扩大，区域间的文化也会相互影响和相互交融，并可能对区域文化逐步地加以改变。

(2)有很强的传统属性。文化的遗传性是不可忽略的。由于文化影响着教育、道德观念甚至法律等对人们的思想和行为产生深层次影响的社会因素，所以，一定的文化特征就能够在一定的区域范围内得到长期延续。对某一市场的文化背景进行分析时，一定要重视对传统文化特征的分析和研究。此外，必须注意的是，文化的传统性会引发两种不同的社会效应。一是怀旧复古效应，利用人们对传统文化的依恋，可创造出很多市场机会；二是追新求异效应，即大多数年轻人所追求的“代沟”效应。这将提醒我们在研究文化特征时必须注意多元文化的影响，又可利用这一效应创造出新的市场机会。

(3)具有间接的影响。文化对消费者购买行为的影响在大多数情况下是间接的，即所谓的“潜移默化”，其往往首先影响人们的生活和工作环境，进而影响人们的消费行为。近几年来，中国传统文化受到越来越多的重视，社会上掀起了学习传统文化的热潮。年轻人喜爱汉服文化，喜欢穿汉服。这种变化带动了“国潮”消费的兴起，从衣服、鞋子到化妆品、零食，众多品牌推出了带有中国传统文化元素的潮品。

(二)亚文化

亚文化是指存在于一个较大社会群体中的一些较小社会群体所具有的特色文化。不同亚文化在语言、信念、价值观、风俗习惯等方面具有很大差异。对亚文化进行研究能使企业对市场有更为深刻的认识，对于进一步细分市场，有的放矢地开展营销活动具有十分重要的意义。

1.民族亚文化

民族亚文化是指由于民族信仰或生活方式不同而形成的特定文化。我国是一个统一的多民族国家，除了占人口90%以上的汉族以外，还有50多个少数民族。由于自然环境和社会环境的差异，不同的少数民族形成了不同的亚文化。在饮食、服饰、建筑、宗教信仰等方面，不同的亚文化具有明显的差异。在预测消费者购买习惯、消费偏好时，民族亚文化是非常重要的参考依据。

2.宗教亚文化

世界上有三大宗教，即佛教、基督教、伊斯兰教，它们对相应文化圈的影响是深远而巨大的。宗教观念、宗教祭祀活动和宗教节日等极大地影响了人们对某些产品的购买和消费方式。如伊斯兰教信徒为践行“不杀生”的信条，对鸡肉、牛肉、羊肉等教义规定可食用的肉类，在“杀生”时要诵“以安拉之名”，否则是不能吃的。所以，在西方很多超市里，鸡肉、牛肉、羊肉上有小标签，表明在宰杀时已经履行了宗教所规定的屠宰程序。此外，许多民族、国家、地区还保留着与宗教有关的节日，如西方的圣诞节、复活节，中东的开斋节、宰牲节等。不同的宗教节日有不同的活动，进而产生不同的消费需求，如在圣诞节，人们对圣诞树、圣诞老人和很多圣诞礼物产生需求，而在复活节则会准备复活节彩蛋和复活节兔子。

3.地域亚文化

同一个民族，居住在不同的地区，由于各方面的环境背景不同，也会形成不同的地域亚文化。我国的汉族人口众多，祖国辽阔的土地上，汉族人都讲汉语，但各地都有各自的方言。我国北方的汉语比较统一，但到了南方，方言就十分复杂。江南人讲吴语，广东人讲粤语，闽南人讲闽南话。各地人在一起，不讲普通话而讲方言，是无法沟通的。我国各地的饮食文化有着明显差异。如西南人喜欢吃辣，江南人偏爱甜食，广东人对食品特别讲究新鲜。北方人以面食为主食，南方人则以米饭为主食等。

(三)社会阶层

社会阶层也属于文化的范畴。其主要是由于人们在经济条件、教育程度、职业类型以及社交范围等方面的差异而形成的不同社会群体，并因其社会地位的不同而形成明显的等级差别。社会阶层作为一种文化特征具有这样一些特点：一是处于同一阶层的人的行为比处于不同阶层的人的行为有更强的类似性；二是当人的社会阶层发生变化时，其行为特征也会随之发生明显变化；三是社会阶层的行为特征受到经济、职业、职务、教育等多种因素的影响。所以，根据不同的因素划分，构成的社会阶层会有所不同。因此，个人社会阶层的稳定归属有时要依据对其最具有影响的因素来确定。

社会阶层对人们行为产生影响的心理基础在于人们的等级观和身份观，人们一般采取同自己的等级、身份相吻合的行为。等级观和身份观又会转化为更具有行为指导意义的价值观、消费观和审美观，从而直接影响人们的消费特征与购买行为。

中国在实行计划经济体制时，因经济条件而形成的社会层次并不明显，但因社会职业和职务而形成的社会层次同样存在，如工人阶层、农民阶层、干部阶层以及知识分子阶层等。改革开放以后，中国开始走向市场经济，经济条件也逐渐成为用于区分社会阶层的重要因素。中国也有了百万富翁和亿万富翁，也出现了白领阶层和蓝领阶层之分。同时，以职业职务、教育程度划分的社会阶层依然存在，从而使中国的社会阶层划分也变得越来越复杂。同样，中国不同社会阶层的消费习惯与购买行为也有很大差异，其不仅体现在衣着打扮、饮食起居方面，甚至在家庭摆设和兴趣爱好方面也有明显不同。

二、社会因素

社会因素是指影响消费行为的社会群体、家庭等因素。它们存在的作用是强有力地影响着人们态度的形成和改变。

(一)参照群体

参照群体是指那些直接或间接影响人的看法和行为的群体。人生活在一定的社会群体之中，其思想和行为不可避免地受到周围其他人的影响。从主动的意义上讲，人们会经常向周围的人征询决策的参考意见；从被动的意义上讲，人们所处的特定社会群体的行为方式会不知不觉地对其产生引导和同化作用。参照群体分为直接参照群体和间接参照群体。直接参照群体是某人所属的群体或与其有直接关系的群体。直接参照群体又分为首要群体和次要群体。首要群体是指与某人直接、经常接触的一群人，一般是非正式群体，如家庭成员、亲戚朋友、同事、邻居等。次要群体是对其成员影响并不很经常但一般都较为正式的群体，如宗教组织、职业协会等。间接参照群体是指某人的非成员群体，即此人不是其中的成员，但又受其影响的一群人。

参照群体一般可以分为三种类型。

1.成员资格型参照群体

人们从事各种职业，具有不同的信仰和兴趣爱好，因此，他们分属于不同的社会团体。由于社会团体需要协同行为，作为团体成员的行为就必须同团体的行为目标相一致。各种团体具有不同的性质，它们对其成员行为的影响程度也是不同的。军人必须穿着军装，严肃风纪，这时候就带有强制性的纪律。文艺工作者穿着打扮比较浪漫，比一般人更丰富多彩，其并不是文艺团体对其成员硬性规定的结果，而是一种职业特征的体现；国外有各种球迷协会，其成员佩戴共同的标志，经常在某一个咖啡馆聚会，甚至购买某一种共同牌号的商品，这种行为显然也是出于自愿的。

2.接触型参照群体

人们能够参加的团体数目是有限的，但是人们接触各种团体的机会却是很多的，人们都有自己的父母、兄弟、亲戚、朋友、同事、老师、邻居等，这些人分属于各种社会团体，人们可以通过他们对各种团体有所接触。接触型参照群体对消费者行为同样会产生一定的影响。父母从事文艺工作或教育工作，子女从小耳闻目睹爱好文艺，对商品选择具有一定的艺术鉴赏能力，或穿着注意仪表，酷爱读书。某人的亲戚、朋友是医生，受他们的影响，此人也会比较讲究卫生，对食物更注重其所提供的营养；某人的邻居是一位体育工作者，他就有机会更多地了解国内体育市场的发展状态，观看各种体育比赛，甚至受邻居的影响而参加各种体育活动。

3.向往型参照群体

除了参与和接触之外，人们还可以通过各种大众媒介了解各种社会团体。所谓向往型参照群体是指那些与消费者没有任何联系，但对消费者又有很大吸引力的团体。人们通常向往某一种职业，羡慕某一种生活方式，甚至崇拜某一方面团体的杰出人物。那些对未来充满理想和憧憬的青年人，这种向往的心理就尤为明显。当这种向往不能成为现实的时候，人们往往通过模仿来满足这种向往心理要求。女孩子会模仿歌星、影星；男孩子会模仿著名的运动员；成年人也会模仿某些有影响人物的发型、服饰和生活环境。向往型参照群体对消费者的行为影响也是间接的，但由于这种影响与消费者的内在渴望相一致，因此效果往往很明显。

在产品生命周期的不同阶段，参照群体的影响是不一样的。在产品刚刚进入市场的时候，参照群体主要在产品本身的推荐上对消费者产生影响；而在产品被市场普遍接受的情况下，消费者则会在品牌的选择方面更多地受参照团体的影响，是否购买产品的参考意见需求会逐渐减弱；而在产品已进入成熟阶段时，激烈的竞争会使得品牌的参考需求达到最高程度。因此，企业应当根据不同的时间和阶段，利用参照群体的影响来实现自己的营销目标。

(二)家庭

家庭是社会最基本的组织细胞,也是最典型的消费单位,研究影响购买行为的社会因素不能不研究家庭。家庭对购买行为的影响主要取决于家庭的规模、家庭的性质(家庭生命周期),以及家庭的购买决策方式等几个方面。

1.家庭规模的影响

不同规模的家庭有着不同的消费特征与购买方式。三代或四代同堂大家庭消费量大,但家庭设备与耐用消费品的数量却不会很多;两口之家或三口之家人虽然不多,但“麻雀虽小,五脏俱全”,对生活质量的要求更高;单身汉的消费方式更是别具一格,对商品的要求更有其独特之处。一段时期内某一特定市场上不同规模家庭的比例,直接影响到产品需求的类型与结构。中国城镇家庭从20世纪90年代起,由于住房条件改善、人口流动等原因,出现了家庭规模小型化的发展趋势。2020年,《中国统计年鉴》显示,全国共有家庭户49416万户,其中“一人户”家庭超过1.25亿,占比超过25%。这些“一人户”家庭主要由老年人中处于独居状态的家庭,以及年轻人单人家庭组成。未来,会有更多的商业模式专门服务于独居人群。比如,给独居老年人提供疾病监测、安全保障的服务,给独居年轻人提供不愿意做家务、不会做饭问题的服务。总体上,原来由家庭提供的很多服务都可能转化成由社会提供,点餐、家政等需求会进一步释放,花钱买方便与花钱买时间的“懒人经济”有可能更流行。

2.家庭生命周期影响

家庭也有其发展的生命周期,处于发展周期不同阶段的家庭,由于家庭性质的差异,其消费与购买行为也有很大的不同。一般来说,家庭的生命周期可划分为八个主要阶段,如图4-3所示。

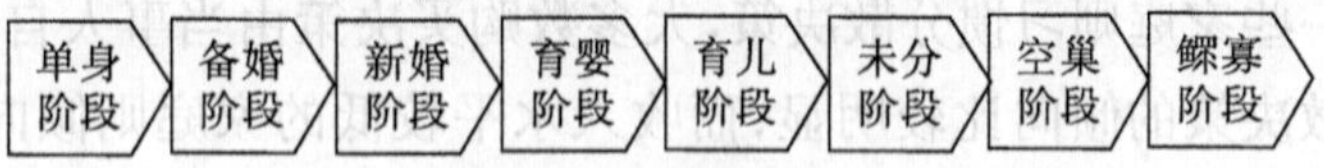

图4-3　家庭生命周期

(1)单身阶段:已参加工作,独立生活,处于恋爱、择偶时期。处于这一阶段的年轻人几乎没有养育儿女的经济负担,大量的收入主要花费在食品、书籍、时装、社交和娱乐等消费上。

(2)备婚阶段:已确定未婚夫妻关系并积极筹备婚事,构筑一个幸福的小家庭。购买耐用消费品,准备各种结婚用品,装修新房成了新人们除了工作以外的基本生活内容,从而使此阶段成为家庭生命周期中一个消费相对集中的阶段。应当指出的是,备婚阶段消费特征在中国等东方国家比较明显,而在西方国家却不太突出。因为西方人的习惯是婚后才逐步添置家庭生活用品,所以,此阶段的消费并不十分集中。在西方营销学的著作中一般不将此单独列为一个阶段。

(3)新婚阶段:已经结婚,但孩子尚未降临人间。这一阶段家庭将继续添置一些应购未购的生活用品,如果经济条件允许,娱乐方面的花费可能增多。

(4)育婴阶段(满巢1):有6岁以下孩子的家庭。有孩子的家庭才是完整的家庭,故称“满巢”。孩子诞生后将成为家庭消费的重点。因此,此阶段家庭会在哺育婴儿的相关消费上作比较大的投资。

(5)育儿阶段(满巢2):有6～18岁孩子的家庭。孩子在初步长大成人,家庭的主要消费仍在孩子身上。此阶段孩子的教育费用将成为家庭消费的重要组成部分。除学费之外,各种课外的学习与娱乐的开支也会大大增加。

(6)未分阶段(满巢3):有18岁以上尚未独立生活的子女的家庭。此时子女已经长大成人,但仍同父母住在一起。此阶段家庭消费的主要特点是家庭的消费中心发生了分化。父母不再将全部消费放在子女身上,也开始注重自身的消费;而子女随着年龄的增大,在消费方面的自主权开始增加;有些子女参加了工作,有了一定的经济来源,消费的独立性更为明显。

(7)空巢阶段:孩子相继成家,独立生活。这一时期的老年夫妇家庭,由于经济负担减轻,他们的消费数量将减少,消费质量将提高。保健、旅游将成为消费的重点,社交活动也会有所增加。在中国,一些老人会毫不吝啬地将钱花在第三代身上。

(8)鳏寡阶段:夫妻一方先去世,家庭重新回到单人世界,此时最需要的消费是医疗保健、生活服务和老年社交活动。

对家庭生命周期的研究,主要涉及对一个地区或市场的家庭结构与性质的分析,其对于市场总体性质的研究具有十分重要的意义。

(三)角色地位

家庭购买角色就是在一次购买行动中,不同的家庭成员可以充当不同的角色,起着不同的作用。通常在购买中,有五种不同的角色:发起者、影响者、决策者、购买者和使用者。不同的家庭购买决策方式影响着上述角色的地位。因此,家庭购买决策的方式对于购买行为的研究同样十分重要,其涉及对购买组织和营销对象的认识。因为各个家庭在进行购买决策时,决策方式会有较大差异。

首先是集中决策与分散决策的差异。一些家庭进行购买决策时集中度较高,购买大多数东西都要商量一番;另一些家庭则习惯分散决策,大多数购买决策由当事人自己来作。一般在收入水平较高的家庭,分散决策的倾向比较明显;而收入水平较低的家庭则倾向于集中决策。当然,家庭民主气氛的浓厚与否,也会影响决策的集中与分散。

其次是独断决策与协商决策的差异。对一些重要的购买行为(如选购大件耐用消费品),有的家庭是由家庭首要成员一人拍板决定的,有的则由全家进行协商后决定。是独断决策还是协商决策,一方面取决于家庭的民主气氛是否浓厚,另一方面取决于家庭成员对所购买的商品的知识普及程度。

再次是男主型还是女主型的差异。一些家庭购买决策主要由男主人拍板决定,而另一些家庭则主要由女主人拍板决定。由谁决策除了看各种家庭的习惯之外,还要看购买何种类型的商品。一般情况下,家庭日用消费品的购买决策通常由女主人来作,而耐用消费品的购买决策则通常由男主人作出。

企业在分析消费行为时,应该弄清楚购买商品的过程中各种不同的家庭成员所起的作用,使得企业的促销措施引起发起者的注意,诱发主要影响者的兴趣,使决策者了解商品,解除顾虑,建立购买信心,使购买者购置方便。

三、个人因素

在相同的社会背景和文化背景下,消费者的购买行为依然存在着相当大的差异。生活在同一个家庭中的姐妹,有的喜欢看书,有的喜欢跳舞;在同一单位工作的同事,有的花钱大方,有的十分节俭。这说明除了文化与社会的因素之外，消费者的个人因素对于其购买行为起着更为明显的作用。个人因素中包含年龄与性别、职业与教育、收入水平，以及个性、生活方式与自我观念等。

（一）年龄与性别

年龄与性别是消费者最为基本的个人因素，具有较大的共性特征。如追求时髦的大都是年轻人，因为年轻人热情奔放，喜欢接受新事物；老年人一般比较稳健，不会轻易冲动，也比较保守。男女之间在购买内容和购买方式上的差异特别明显。例如，购买大件耐用消费品及技术含量较高的商品往往由男士出面，而购买家庭日用消费品则多数是女士的专利。购买商品时，大多数男士不挑不选，拿了就走；而大多数女士则要反复挑选，甚至还要讨价还价。了解不同年龄层次和不同性别消费者的购买特征，才能针对不同的商品和顾客制定准确的营销方案。

（二）职业与教育

职业与教育实际上是社会阶层因素在个人身上的集中反映。从事一定的职业以及受过不同程度教育的人会产生明显的消费行为差异，这主要是由于一种角色观念起作用。例如，一个大学生，在学校期间喜欢穿运动衫、旅游鞋，背着登山背包，骑一辆山地跑车，显得青春焕发、朝气蓬勃；而毕业以后，进大公司当了白领，立刻就换上了西装，夹起公文包，衣着打扮、言谈举止都发生了很大的变化。这就是因为运动衫、登山背包是大学生的身份象征，而西装革履和公文包则是公司白领的角色标志。这些在消费者的购买行为中会有强烈的表现。

（三）个性与生活方式

个性是指对人们的行为方式稳定持久地发挥作用的个人素质特征。人的个性在不同场合通过自己的行为表现出来，因此，它是消费者行为研究的重要内容。对于人的个性，我们必须用辩证的观点指导分析。第一，个性是差异性和类似性的统一。每个消费者的个性都是由特定的心理条件和社会影响促成的，因此，可以说世界上不存在两个个性完全相同的消费者。但是，一个消费者不论其个性多么独特，他总是有一些地方与其他消费者相似。具有相似个性的人可能是一群，甚至是一大群。正因为此，我们可以通过细分市场来开展营销，不必面对成千上万的个人。第二，个性是稳定性和发展性的统一。人的个性是在长期生活过程中逐渐形成的。个性一旦确定就会显示出其稳定性的特征。个性的稳定性正是区别不同消费者个性的依据。但个性又不是一成不变的，它随着人的生理变化和外部条件的变化而变化。例如女性处于更年期，会暂时失去以往的乐观、理智，一个人受到较大挫折会变得谨小慎微等。

生活方式是理解消费者行为的通俗概念，它比个性及自我观念更综合，是指人们生活、花费时间和金钱方式的统称，它反映了人们的个人活动、兴趣和态度。不同生活方式显然有着不同的购买需求。目前，较为完善的细分生活方式的方法有两种：第一种是 AIO 模型，其基本思想是通过消费者的活动（activity）、兴趣（interest）和意见（opinion）来描述其生活方式。一份 AIO 问卷表主要由三部分构成，第一部分是有关活动方面的问题，如消费者从事哪些活动、购买哪些产品，如何支配时间等。第二部分是有关兴趣方面的问题，如消费者有什么偏好，对哪些事物特别关心。第三部分是意见方面的问题，如对世界和地方事务、人生、道德、经济发展等方面的看法和感受。第二种是 1978 年由斯坦福国际研究所（SRI）完成的 VALS 生活方式系统（values and lifestyles）。

该系统将美国成年人的生活方式分成九种类型。由于三分之一的人口被划在其中的两种类型里，加上该系统过多地依赖人口统计数据，使其运用价值受到影响。基于此，SRI 于 1989 年引进了被称为 VALS2 的新系统。VALS2 根据资源多寡和自我取向两个层面，将美国消费者分为八个细分市场，分别是实现者、完成者、成就者、体验者、信奉者、奋争者、制造者和挣扎者。

四、心理因素

心理是人的大脑对于外界刺激的反应方式与反应过程，消费者的购买行为模式在很大程度上就建立在其对外界刺激的心理反应基础上。但可以发现，人们之间的心理状况是很不相同的。这是因为除了天生就有的无条件反射之外，人的绝大多数心理特征都是在其生活经历中逐步形成的。由于人们生活经历的千差万别，其心理状况也就千变万化，各不相同，这是消费者购买行为十分复杂的重要原因。影响购买行为的心理因素主要包括动机、认知、学习、态度和信念等多个方面。

(一)需要与动机

消费者需要是指消费者生理和心理上的匮乏状态，即感到缺少些什么，从而想获得它们的状态。个体在其生存和发展过程中会有各种各样的需要，它们和人的活动紧密联系在一起。人们购买产品，接受服务，都是为了满足一定的需要。一种需要满足后，又会产生新的需要。因此，人的需要绝不会有被完全满足和终结的时候。

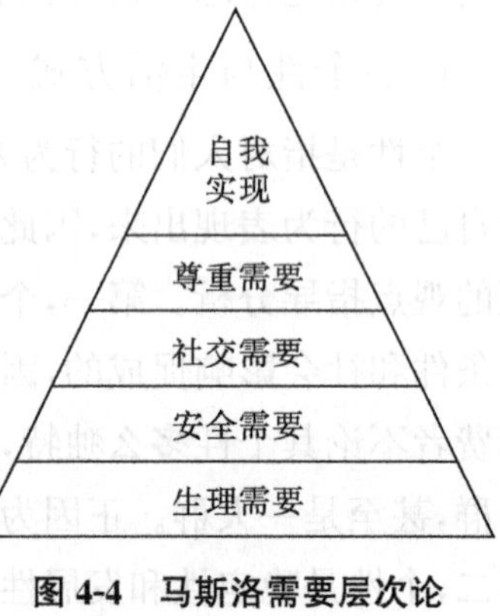

图 4-4 马斯洛需要层次论

亚伯拉罕·马斯洛著名的“需要层次论”说明了需要在不同的环境条件下侧重点是不同的(图 4-4)。从基本的生理需要出发，人们首先会产生寻求食物充饥和获得衣物御寒等最基本的动机；而当饥寒问题解决了以后，安全就会成为人们所关心的问题，人们不再不顾一切地去寻求食物等基本生活资料，即使敢冒风险，也绝不是出于生理需要，而可能是为了更高层次需要的满足(如为了爱情或事业)；生活有了充分保障的人们又会把社交作为重要的追求，以满足其社会归属需要；而有了一定社交圈的人又十分重视他人对其的尊重，重视在社会上的身份和地位；追求自我价值的实现是最高层次的需要和动机，人们会在各种需要得到基本满足的前提下，努力按自己的意愿去做一些能体现自我价值的事情，并从中寻求一种满足感。马斯洛认为，低层次需要尚未得到满足的人一般不会产生高层次的需要，这一结论似乎有些机械。事实上，人世间为理想而甘冒风险，为朋友而忍饥挨饿的例子并不在少数。但是，马斯洛的理论对于企业分析和研究市场却不失为重要的理论依据。例如，当我们分析顾客购买某种商品的动机时就应当弄清楚，他是为了满足自己的某种生理需要，还是为了送给朋友，以满足社交的需要。因为对于不同的需要，营销的策略和方法是很不一样的。

动机的概念最早由美国心理学家伍德沃斯于 1981 年引入心理学的研究领域。他将动机视为决定行为的内在动力。一般认为，动机是引起个体活动，维持已引起的活动，并促使活动朝向某一目标进行的内在作用。在具有特定目标的活动中，动机涉及活动的全部内在机制，包括刺激有机体释放一种采取行动的能量，使活动指向一定目标，维持有组织的反应模式，直到活动完成为止。

动机产生的条件有两个:内在条件和外在条件。

引起动机的内在条件就是需要,动机是在需要的基础上产生的。当人们有了某种需要时,这种需要产生的满足欲或缺乏感会推动人们寻找能缓解不适感受,满足需要的对象,从而使需要转化为活动动机。值得注意的是,需要为产生具体的行为倾向和行为提供了可能性,但是有需要未必一定产生动机。原因之一是有的需要根本没有被意识到,如古人对维生素的需要;有的需要尽管被意识到了但是没有满足需要的对象,如某人需要一台备课机,帮助其备课,但是没有这种东西,所以也无法引起其进一步的行为。只有内在需要被激活,产生了内部的一种不安的情绪(紧张、不自在等),这种不安的情绪与可能解除生理缺乏的消费对象结合,才能演化成一种动力。

人的动机行为不仅受到内部需要的“推动”,还受到外部刺激的“拉动”。一个目标物除满足需要的作用之外还有某种诱惑力,这种力量被称为诱因作用。一些目标的诱惑力很大,即使没有内部需要,它们也可能激发行为。例如,草莓蛋糕非常好吃,即使你不饿也很想吃。而另一些目标的诱惑力很小,尽管你有内在的需要,但还是难以激发行为。诱因可以单独引起动机,也可以与需要结合引起动机。大多数情况下,人的行为是由内在需要与外在诱因两方面因素共同驱动的。内在需要能使一些本来缺乏吸引力的刺激物变成合乎需要的目标,如饥饿极了,冰箱里的残羹冷炙也会成为美味佳肴。有时候强烈的刺激能使一些中等强度的需要产生较强的驱力,例如只是稍许口渴,但前面摆放一杯非常美味的果汁,任何人都可能会拿过来喝。

从商业的角度思考,消费者的购买动机通常包括以下几类。

求实动机:以注重商品或劳务的实际使用价值为主要目的的购买动机。

求新动机:以注重商品的新颖、奇特和时尚为主要目的的购买动机。

求美动机:以注重商品的欣赏价值和艺术价值为主要目的的购买动机。

求廉动机:以注重商品价格低廉,希望付出较少的货币而获得较多的物质利益为主要特征的购买动机。

求名动机:以追求名牌商品或仰慕某种传统的名望为主要特征的购买动机。

好胜动机:以争强好胜或为了与他人攀比并胜过他人为目的的购买动机。

显耀动机:以显示地位、身份和财富势力为主要目的的购买动机。

求同动机:以求得大众认可的购买动机。

便利动机:以方便购买、便于使用维护为主的购买动机。

偏爱动机:由于兴趣爱好、生活习惯或职业需要等原因,对某种商品、某个商标和某个企业的商品产生偏爱,而经常购买的动机。

(二)感觉与知觉

当一个刺激物展现在人面前时,人对它的认识从感觉开始。感觉是人脑对于直接作用于感觉器官的客观事物个别属性的反映。我们的眼睛看见物体的颜色,耳朵听见它发出的声音,嘴巴品尝到它的味道,鼻子闻到它发出的气味等,就是我们的眼睛、耳朵、嘴巴、鼻子等作为感觉器官,感受到的物体的颜色、声音、味道、气味等方面的属性。每个感觉器官只能反映事物的一个或部分属性。人的感觉可以是来自外部刺激而产生,也即外部感觉,如视觉、听觉、嗅觉、味觉和皮肤感觉,也可以是由身体内部的刺激所引起,即内部感觉,例如感觉到饿、胀、渴、窒息、疼痛等。

消费者不仅借助于感觉器官对商品的个别或部分属性进行感受，而且能将所有个别或部分属性联系、综合起来，进行整体反映。这种人脑对直接作用于感觉器官的客观事物个别或部分属性的整体反映，就是知觉。知觉是个体对世界进行解释的第一个成果，它回答的问题是，个体正在关注的对象是什么。在认知心理学中，知觉处于最底层，是最初级的认知，同时也为更高级的认知提供原材料。

知觉三个方面的特征值得企业关注。

1.选择性注意

消费者并非对所有刺激都作出反应，而是有选择地把其中一部分刺激作为信息加以接收、加工和理解，这种在感觉基础上有选择地加工处理信息并加以知觉的特性，即知觉的选择性。有研究表明，平均每天潜在地显现在消费者眼前的广告信息达1500个，但被感知的广告只有75个，而产生实际效果的只有12个。

引发人们注意的因素主要有三个方面：首先是刺激物本身的特征，如大小、颜色、位置、运动等。表4-1反映了外在刺激物的特征与引起注意的关系。由于刺激物因素是企业可以控制的，因此，在营销实践中它们常被用来吸引消费者的注意。其次是消费者个人因素，如消费者自身的需要、欲望、态度、偏好等。凡是符合消费者需要、欲望的刺激物，或消费者具有明显好感的刺激物，往往成为首先选择的知觉对象；而与消费者需要无关的，消费者对其持否定态度的刺激物则经常被忽略。最后是情境因素。它既包括环境中除主体刺激物以外的刺激，如环境混乱程度，又包括暂时性的个人特征，如消费者当时的身体状况、情绪等。

表4-1　外在刺激物的特征与引起注意的关系

刺激物的特征	容易引起注意	不易引起注意
规模	大	小
位置	显著	偏僻
色彩	鲜艳	暗淡
动静	运动	静止
反差(对比)	明显	模糊
强度	大	小

2.选择性理解

知觉是在知识经验的参与下形成的。消费者在以往的生活实践中积累了一定的商品知识和经验，借助于这些知识和经验，消费者才能对各种感觉到的信息加以选择和解释，认知为可以理解的确定的事物。消费实践和知识经验水平的不同，造成消费者之间在知觉理解能力和程度上的差异。如对于“红豆”这样一种标志物，大多数中国人可能都会联想到“相思”这样一种情感，因为他们熟知“红豆生南国，春来发几枝。愿君多采撷，此物最相思”的诗句。但对于大多数外国人来讲，“红豆”可能只意味着是一种好看的植物，而不可能产生爱情之类的联想。

3.选择性记忆

记忆在商业活动中是很重要的，消费者能否对企业的广告和品牌记忆深刻，关系到企业的产品销路和市场竞争力。而人们在记忆方面同样是有选择的，通常人们倾向于保留那些能够支持其态度和信念的信息，而可能忘记与自己信念不一致的信息。

(三)学习

学习是人脑的重要功能。从心理学的角度看,学习是指人在生活过程中,因经验而产生的行为或行为潜能的比较持久的变化。首先,学习可以表现为个体行为的改变,如某人学会了开车、游泳、打高尔夫球,这些行为改变常常是能够观察到的,是外显的。而有时学习是个体获得了一般性知识,如关于中国的历史或文化,关于中国的宗教与艺术,这类学习往往不会立即通过行为的变化外显出来,但可能影响着个体的价值观念和将来对待某些事物的态度,即改变着人的行为潜能。其次,无论是外显行为还是行为潜能,只有发生较为持久的改变,才算是学习。一些因素,如药物、疲劳等也可引起行为或行为潜能的变化,但因为这些因素所引起的变化是比较短暂的,故不能视为学习。当然,因为人类记忆存在遗忘,所以,学习所获得的改变也并不是永久性的。最后,学习是因经验而生的。个人的习惯、知识、技能、观念及生活活动,均属于经验。这些经验的获取大致有两种途径:一种是经由有计划的练习或训练而产生的学习,如通过接受培训而掌握开车的技能等;另一种是由偶然的生活经历而产生的学习,如看到别人的打扮非常漂亮而效仿等。

消费者学习是存在于人类消费领域里的一个特殊学习现象。它是指消费者在购买和使用商品的活动中,不断地获取知识、经验与技能,提高自身能力,完善自身购买行为的过程。通过学习,消费者不仅能够保存过去获得的消费经验,而且能够运用这些经验来改变或调整自己的行为。消费者学习的方式有很多,常见的有:图标式机械学习,即通过不断复述,将信息深深印在记忆中,如消费者通过复述记住品牌名称、产品型号等;分析推理式学习,即消费者主动处理信息以作出某种判断,如搜集不同型号产品的价格、做工、材料、用户评价等信息,推断哪种型号质量更好;模仿式学习,即观察其他消费者在某种情境下是如何反应的,反应的结果如何,模仿那些能得到积极结果的行为。

(四)态度

态度是人类社会生活中最常见的心理现象之一,无论其正确与否,都时时刻刻地影响着人们的生活。态度导致人们对某一事物产生或好或坏,或亲近或疏远的感情,并且会使人对相似的事物产生相当一致的行为。社会心理学中,态度被定义为个体对一定的对象或社会刺激所持有的具有一定结构、相对稳定内化了的心理反应倾向。这里,我们将消费者态度定义为消费者对某一事物或观念所持有的正面或反面的认识上的评价、情感上的感受和行为上的倾向。消费者对产品、服务或企业形成某种态度,并将其贮存在记忆中,需要的时候就会将其从记忆中提取出来,以应付或帮助解决当前所面临的购买问题。通过这种方式,态度有助于消费者更加有效地适应动态的购买环境,使之不必对每一新事物或新的产品、新的营销手段都以新的方式作出解释和反应。

在理解态度概念时,需要注意以下几点。第一,态度一定是针对某一对象的。态度不是无缘无故产生的,必定由某一刺激物也即态度对象的刺激引起。消费者态度的对象包含的内容非常广泛,可以是人、事、物,也可以是价值、观念、制度、规范等。就企业来说,态度对象涉及与消费或企业市场营销有关的每一个方面内容,如产品、品牌、服务、广告、价格、定位、媒体、零售商等。第二,态度具有社会性。消费者的各种态度并不是与生俱来的,而是在长期的社会实践中不断学习和总结，由直接经验或间接经验逐步积累而成的。离开社会实践，特别是消费实践活动，离开与其他社会成员、群体、组织的互动以及将社会信息内化的过程，则无从形成一定的消费态度。因此，消费者的态度必然带有明显的社会性和时代特点。第三，态度仅是一种心理倾向，并非行为本身。态度是不能直接观察的一种假设，只能从个体的外部行为中去推知，或通过个体对态度对象作出积极评价或消极评价来测量。第四，态度具有一定的稳定性。由于消费者的态度是在长期的社会实践中逐渐积累形成的，因此，某种态度一旦形成，便保持相对稳定，轻易不会改变，并逐步成为个性的一部分，使个体在反应模式上表现出一定的规则和习惯性。在这一点上，态度和情绪有很大区别，后者常常具有情境性，伴随某种情境的消失，情绪一般会随之减弱或消失。态度的稳定性特点使得企业改变消费者态度相对困难。第五，态度具有差异性。消费者态度的形成受到多种主客观因素的影响和制约。由于各种因素在内容、作用强度及组合方式上千差万别，因此，消费者态度也存在众多差异。不同的消费者对待同一对象可能持有完全不同的态度，同一消费者在不同的年龄段和生活环境中，对同一对象也可能产生截然不同的态度。

大多数学者认为，消费者对特定产品或劳务的态度，是一种协调一致的、有组织的、习惯化的心理反应，其包括三个组成成分，如图 4-5 所示。

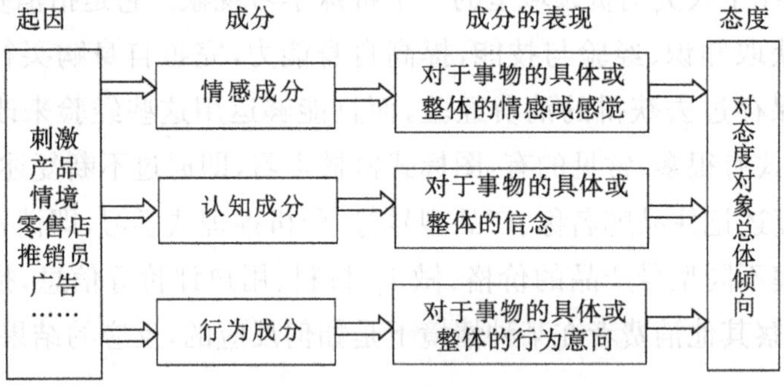

图 4-5　态度的组成成分及其表现

1.认知成分

消费者态度的认知成分表现为消费者对有关商品质量、价格、包装、服务与信誉等的印象、理解、观点和意见，也即信念。消费者信念是指消费者对某个人、事、物及对某种思想观念是非真假的认识。信念通常以对某事某物的相信和怀疑的方式表现于外而又以观念的形式存在于人们头脑之中。信念有三种类型：描述性的、评价性的和规范性的。描述性信念是将事物或人与一种质量或后果联系起来，例如，消费者认为“这台电脑的存储空间很大”或“这家航空公司经常晚点”。评价性信念是将事物与个人喜好、偏好和认知联系起来，例如，消费者认为“这台电脑非常易于操作”或“这家商店的服务真是棒极了”。规范性信念是将一个人的行为与道德的判断标准联系起来，如消费者认为“白酒企业在做广告时不应该吸引年轻人”。

2.情感成分

消费者对于某个事物的感情或情绪性反应就是态度的情感成分。它是构成消费者态度的动力，表现为消费者对有关商品的质量、商标、信誉等的喜好或厌恶、欣赏或反感的各种情绪反应。一般说来，消费者对品质优、设计精、用途广、美观实用、价格公道、服务周到、包修包换的商品怀有好感，产生肯定的情感体验，从而对这类商品持积极的、热切的态度；相反，对“金玉其外、败絮其中”的假冒伪劣商品，“大傻笨”的过时商品，价格昂贵而非名牌的商品，没有提供良好服务的商品，怀有厌恶、冷漠、鄙视、怀疑的情感体验，所以对这类商品持消极对抗的态度。

通常情况下，消费者的情感成分是在对态度对象认知的基础上形成的，但是它也可能在认知出现之前产生并影响认知。消费者可能在没有获得任何有关产品的认识的情况下，便喜欢上该种产品。其对于产品的最初反应(喜欢或不喜欢的感觉)可能不是建立在认知基础上的。这种最初的情感能影响消费者后来对该产品的评价。

3.行为成分

态度的行为成分是一个人对于某事物或某项活动作出特定反应的倾向。消费者购买或不购买某个品牌的产品，向朋友推荐该品牌或其他品牌等一系列决定，能反映出消费者态度的行为成分。

对于单个产品，行为往往是针对整个事物的，不像信念或情感那样具有具体的属性指向。消费者无法针对产品的具体属性作出不同的行为反应，而只能对整个产品作出购买或不购买的决定。但对于零售店，消费者针对其中的某些具体属性作出不同的反应仍是可能的。例如，许多消费者在折扣商店或仓储型平价商店购买罐头食品，而在超级市场购买肉和新鲜蔬菜。

拓展阅读4-1

第三节　购买决策过程

消费者的购买决策是一个极为复杂的过程，存在着众多的可变因素和随机因素，只有进行全面分析才有可能把握其中的规律。消费者购买决策主要涉及参与决策行为角色、购买决策的类型和购买决策的阶段。

一、参与决策的角色

购买决策在许多情况下并不是由一个人单独作出的，而是有其他成员的参与，是一种群体决策的过程。这不仅表现在一些共同使用的产品(如电冰箱、电视机、住房等)，也表现在一些个人单独使用的产品(如服装、手表、化妆品等)的购买决策过程中，因为个人在选择和决定购买某种个人消费品时，常常会同他人商量或者听取他人的意见。因此，了解哪些人参与了购买决策，他们各自在购买决策过程中扮演怎样的角色，对于企业的营销活动是很重要的。

一般来说，参与购买决策的成员大体可形成五种主要角色。

发起者，即购买行为的建议人，首先提出要购买某种产品。

影响者，对发起者的建议表示支持或者反对的人，这些人不能对购买行为的本身进行最终决策，但是他们的意见会对购买决策者产生影响。

决策者，对是否购买、怎样购买有权进行最终决策的人。

购买者，执行具体购买任务的人。其会对产品的价格、质量、购买地点进行比较选择，并同卖主进行谈判和成交。

使用者，产品的实际使用人。其决定了对产品的满意程度，会影响购买后的行为和再次购买的决策。

这五种角色相辅相成，共同促成了购买行为，是企业营销的主要对象。必须指出的是，五种角色的存在并不意味着每一种购买决策都必须五人以上才能作出，在实际购买行为中有些角色可在一个人身上兼而有之，如使用者可能也是发起者，决策者可能也是购买者。而且在非重要的购买决策活动中，决策参与的角色会少一些。

认识购买决策的群体参与性，对于企业营销活动有十分重要的意义。一方面企业可根据各种不同角色在购买决策过程中的作用，有的放矢地按一定的程序分别进行营销宣传活动；另一方面必须注意到某些商品购买决策中的角色错位，如男士的内衣、剃须刀等生活用品有时会由妻子决策和采购；儿童玩具的选购过程中，家长的意愿占据主要地位等。这样才能找到准确的营销对象，提高营销活动的效果。

二、购买决策行为类型

对于不同类型的商品，消费者购买决策行为是有很大差异的。如购买一台电脑和一把牙刷，前者可能要广泛搜集信息，反复比较选择，后者则可能不加思考，随时就可以购买。一种常见的购买决策分类方法，是根据品牌差异的大小和消费者购买参与程度，将购买决策行为分成四种类型(表 4-2)。

表 4-2　购买决策行为类型

		购买参与程度：高	购买参与程度：低
品牌差异程度	大	复杂的购买行为	寻求多样性的购买行为
品牌差异程度	小	减少失调的购买行为	习惯性的购买行为

消费者购买参与程度是指消费者对购买或购买对象的重视程度、关心程度。高参与是消费者对购买对象非常重视和关心；相反，低参与是不太关心和重视。消费者购买参与程度的大小通常与购买知觉风险的大小(一般价格越高，知觉风险越大)、情景因素(购买目的，自用或者送礼)，以及消费者购买经验多少等因素有关。

1.复杂的购买行为

如果消费者在购买过程中高度参与，并且现有各品牌、品种和规格的产品之间具有显著差异，则会产生复杂的购买行为。通常那些价格昂贵，购买频率不高的大件耐用消费品，如汽车、住房、电脑等购买过程属于该类型。复杂的购买行为中，由于购买决策的知觉风险比较大，消费者会比较谨慎，需要经历大量的信息收集、全面的产品评估、慎重的购买决策和认真的购后评价等各个阶段。

2.寻求多样性的购买行为

有时各品牌产品之间有明显差别，但消费者并不愿在产品的购买决策上多花时间，并且喜欢不断改变所购商品的品牌。如购买糖果、糕点之类的商品时，消费者往往不会花很长时间来选择和估价，同时在下次购买时，尝试新花样。他们这样做往往不是因为对产品不满意，而是为了寻求多样化。针对寻求多样性的购买行为，企业可以加强新产品研发，为顾客提供多种选择，同时以销售促进和占据货架的方法来鼓励消费者购买。

3.减少失调的购买行为

有些产品，如木地板、瓷砖等家庭装修材料以及珠宝首饰等，各品牌之间没有明显的差别，或者消费者缺乏专业知识，难以辨别产品的差异。因为这些产品价格昂贵，且消费者又不经常购买，所以购买存在较大的风险。购买这类商品时，消费者会进行一番比较，但由于很难区别产品的差异，所以只要价格公道、机会合适、购买方便，消费者会比较迅速地作出购买决策。在购后使用期间，消费者会学习更多的商品知识，如果突然注意到商品的某项缺陷，或者听到别人称赞其他种类的商品，消费者会有心理不平衡或不够满意的感觉，也就是失调感。此时，消费者需要通过某种方式来减轻、化解这种失调感，以证明自己的购买决策是正确的。对于这类购买行为，营销者应注意到：适度定价、良好店址、有效推销，会对消费者选择品牌产生重要影响；同时必须提供完善的售后服务，化解消费者的失调感，让消费者坚信自己购买决策的正确性。

4.习惯性的购买行为

对于价格低廉、经常购买的商品，如洗发水、肥皂、油盐酱醋等日常生活用品，消费者的购买决策是最简单的。这类商品，各品牌的差别极小，消费者对它们也十分熟悉，不需要花时间进行选择，一般随买随取。这种简单的购买行为不经过搜集信息、评价产品特点、最后作出重大决定这种复杂的过程。对于习惯性的购买行为，营销者可以利用销售吸引消费者试用；推出大量重复性广告，提升品牌知名度；还可以增加品牌的差异性，提升消费者购买参与程度。

三、购买决策的阶段

消费者的购买决策是一个动态发展的过程，一般可分为五个阶段：确认问题、收集信息、评价方案、作出决策、购后行为（图 4-6）。这是一种典型的购买决策过程。以下分别就这五个阶段进行分析。

图 4-6　购买决策的阶段

（一）确认问题

确认问题是消费者购买决策的第一步。如前文所述，消费者每时每刻都有很多需要，但这些需要大部分处在潜在状态，消费者未必能明确地意识到它们的存在。当受到外界环境的刺激，或自身内部的某些刺激强大到足以引起他的意识，使他察觉到目前的实际状况与理想状况的差异时，这些潜在的需要就会被认识，并转化为一种驱策力（动机），促使消费者产生购买产品的行为。比如饥饿、干渴等都属于内部刺激，当其需要强度达到一定程度时，就升腾为一种购买动机。外部刺激也能引起人们强烈的购买欲望，如人们路过食品店时，看到陈列精美的蛋糕会有食欲；观看模特的时装表演会产生购买时装的愿望等。企业需要了解自己的产品、服务能够满足消费者哪些需要，合理利用营销手段，设计适当的诱因，激发消费者产生购买动机。

（二）收集信息

消费者一旦对所要解决的需要满足问题进行确认，便会着手进行广泛的内部与外部信息收集，有限的内、外部信息收集或仅仅是内部信息收集。通俗地讲，所谓收集信息就是寻找和分析与满足需要有关的商品和服务的资料。

消费者一般通过以下几种途径去获取其所需要的信息，即信息来源。

个人来源：家庭、朋友、邻居、熟人；

商业来源：广告、推销员、经销商、包装、展览；

公共来源：大众传播媒体、消费者评价机构；

经验来源：产品的检查、比较和使用。

消费者所要收集的信息主要有三方面内容：一是，恰当的评估标准。例如某消费者欲购买一块手表，他首先要确定所要购买的手表应具有哪些特征。这些特征便是评估的标准。消费者一般先根据自己的经验判断一块理想的手表应具备哪些特征。一旦感到自己经验有限，就会向朋友打听，查阅网络，或向销售人员征询。二是，已经存在的各种解决问题的方法。如目前有多少种手表在市场上出售。三是，各种解决问题的方法所具备的特征。如目前市场上各种手表的款式、功能、品牌信誉、价格等方面的情况。

消费者所面临的可解决其需要满足问题的信息是众多的，他们一般会对各种信息进行逐步筛选，直至从中找到最为适宜的解决问题的方法。图 4-7 描述了一个想要购买洗衣机的消费者对各种信息的筛选过程。消费者一般不可能收集到有关产品的全部信息，他们只能在其知晓的范围内进行选择；而对于其所知晓的信息进行比较筛选后，会挑出其中一部分进行认真的选择；又会在它们中间选出两三个进行最后的抉择，直至作出购买决策。在这逐步筛选的过程中，每进入一个新的阶段都需要进一步收集有关产品更为详细的资料和信息。如果某一产品在这一选择过程中被首先淘汰，除因不适应消费者的需要之外，很大程度上是由于所提供的信息资料不够充分。因此，积极向消费者提供产品和服务的有关资料在消费者收集信息阶段是十分重要的。

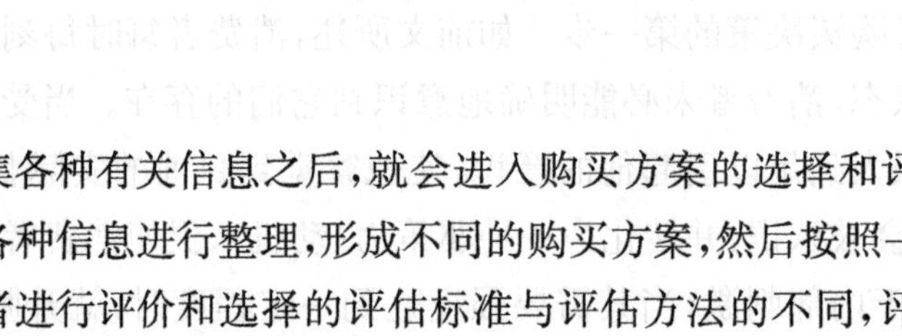

图 4-7　消费者信息收集与筛选过程

（三）评价方案

消费者在充分收集各种有关信息之后，就会进入购买方案的选择和评价阶段。该阶段消费者主要对所收集到的各种信息进行整理，形成不同的购买方案，然后按照一定的评估标准进行评价和选择。根据消费者进行评价和选择的评估标准与评估方法的不同，评价方案的阶段会有以下几种情况。

1.单因素独立评价

单因素独立评价的原则就是消费者只以一个评估标准为依据挑选商品（或品牌）。例如，某些消费者选择某一商品时可能会以价格作为唯一的评估标准，在所有同类商品中购买最便宜的一种。实际上商品成千上万，消费者个性及环境差异也很大，因此，在具体进行单因素独立评价的过程中，形式是多种多样的。不同的消费者对同种商品会采用不同的评估标准，同一个消费者对不同的消费品也会采用不同的评估标准。单因素独立评价是一种绝对的形式，实践中并不多见。

2.多因素联合评价

多因素联合评价的原则就是消费者在购买商品时考虑该商品的各方面特征，并规定各个特征所具备的最低标准。例如，消费者购买耐用消费品时要考虑它的价格、款式、功能、操作方式、售后服务；购买和租赁房屋时要考虑房屋的价格、结构、地段、层次、朝向、内部设备等。

3.词典编辑式评价

词典编辑式评价的原则实质是单因素独立评价原则的扩展，即当消费者用他认为最重要的评估标准选购商品，但未能选出令人满意的商品时，便用他认为第二位重要的标准进行挑选。如用第二位重要标准仍然不行，则采用第三位重要的标准进行选择，以此类推。事实上，在消费者心目中商品各种评估标准的重要性是不同的，因此，在进行方案评价时客观上会有一个逐次按不同标准进行筛选的过程。

4.排除式评价

排除式评价原则就是消费者在选择商品时逐步排除那些不具备最低要求的品牌。例如，消费者购买服装，其一是考虑知名度高的商品，杂牌的服装不在考虑之列；其二是预定价格的大致范围，超出这一范围不予考虑；其三是款式；其四是色彩；等等，以此类推。消费者会不断地把不符合其基本指标的商品一一排除，直到满意为止。但采用这种评价原则的消费者往往会发现，最后没有一件商品能使其感到满意，于是或放弃购买，或修改标准，重新选择。

5.互补式评价

互补式评价原则与上述四种原则完全不同。它不是根据几个因素决定取舍，也不是按照最低标准决定取舍，它是综合商品的各个特性，取长补短，统筹利用，在考虑信息集或选择信息集中挑选一个最满意的商品。如果可以给各个商品的各个评估标准分别打分的话，互补式评价是将总分最高作为购买方案选择的原则。

（四）作出决策

拓展阅读4-2

消费者在进行评价和选择之后，只是形成了购买意图，在做出购买决策，并实施购买行为之前，还存在一些不确定的因素，会使消费者临时改变其购买决策。这些因素主要来自两个方面：一是他人的态度，二是意外的变故（图 4-8）。

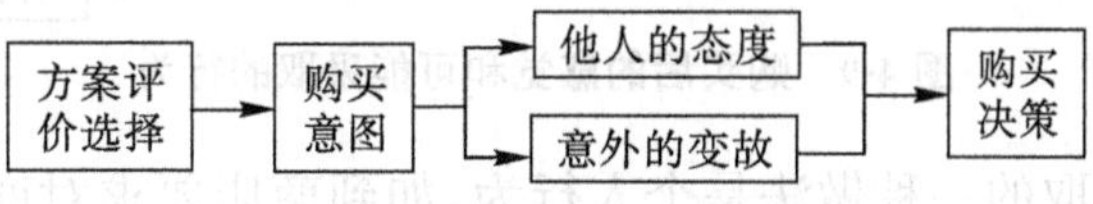

图 4-8　购买决策的影响因素

其他人如果在消费者准备进行购买时提出反对意见或提出了更有吸引力的建议，有可能使消费者推迟购买或放弃购买。他人态度影响力的大小主要取决于反对的强烈程度，以及其在消费者心目中的地位。反对越强烈，或其在消费者心目中的地位越重要，对消费者购买决策的影响力就越大；反之，就比较小。

在消费者准备进行购买时，一些意外变故也可能使消费者改变或放弃购买决策。如消费者家中突然有人生重病，需要大量治疗费用；消费者突然失去工作或稳定的收入来源等，都是一些可能改变消费者购买决策的突变因素。

影响消费者进行最终购买决策的根本问题是消费者对购买风险的预期，如果消费者认为购买之后商品会给其带来某些不利的影响，而且难以消除，消费者改变决策或推迟购买的可能性就比较大。所以，企业必须设法降低消费者的预期购买风险，这样就可能促使消费者作出最终的购买决策。

（五）购后行为

消费者购买了商品并不意味着购买行为过程的结束，因为其对于所购买的商品是否满意，以及采取怎样的行为，对于企业目前和以后的经营活动会带来很大的影响，所以，分析消费者购买后的感觉和行为，并采取相应的营销策略同样是很重要的。图4-9展示了消费者购买后的感觉及可能采取的行为。

满意或不满意是消费者购买商品之后最主要的感觉，其购后的所有行为都基于这两种不同的感觉。而满意或不满意一方面取决于其所购买的商品是否同其预期的欲望（理想产品）相一致，若符合或接近其预期的欲望，消费者就会比较满意，否则就会感到不满意。另一方面其取决于他人对其购买的商品的评价，若周围的人对其购买的商品持肯定意见的多，消费者就会感到比较满意；持否定意见的多，即使他原来认为比较满意，也可能转为不满意。

感到满意的消费者在行为方面会有两种情况：一种是向他人进行宣传和推荐，另一种是不进行宣传。当然，消费者能够对企业的产品进行积极宣传是最为理想的，企业要设法促使消费者这样去做。

感到不满意的消费者行为就比较复杂，首先也有采取行动和不采取行动之分。一般而言，若不满意的程度较低或商品的价值不大，消费者有可能不采取任何行动；如果不满意的程度较高或商品的价值较大，消费者一般会采取相应的行动。

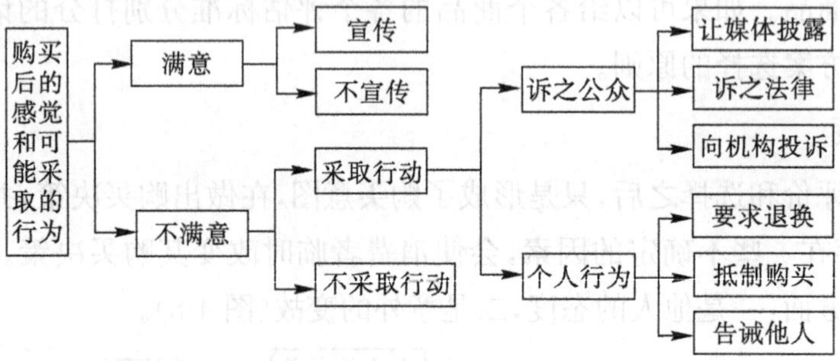

图4-9 购买后的感觉和可能采取的行为

不满意的消费者所采取的一种做法是个人行为，如到商店要求对商品进行退换，将不满意的情况告诉亲戚朋友，以后再也不购买此种品牌或此家企业的商品等。消费者的个人行为虽然对企业有影响，但是影响程度相对小一些；消费者另一种可能的做法是将其不满意的情况诉诸公众，如向消费者协会投诉，向新闻媒体披露，甚至将企业告上法庭。这样的行为就会对企业造成较大的损害。企业应当尽可能避免这种情况的出现。

事实上，即使出现消费者不满意的情况，企业若能妥善处理，也是能够使消费者转怒为喜的。如妥善处理好退换商品的工作，耐心听取消费者意见并诚恳道歉，公开采取积极的改进措施，在必要的情况下，主动对消费者进行赔偿等。

现代营销观念认为，稳定的市场份额比高额的利润更为重要，所以，认真对待消费者购后的态度和行为是企业营销活动中的重要一环。

四、互联网时代消费者购买决策过程的新模式

（一）AISAS模型

早在1898年，美国广告学家E.刘易斯就提出了AIDMA法则的雏形，后经学者不断发展，AIDMA营销法则，也即注意（attention）、兴趣（interest）、欲望（desire）、记忆（memory）、行动（action），成为消费者行为学领域成熟的理论模型之一。2004年，日本广告公司电通株式会社针对互联网环境下消费者购买行为发生的变化，提出了AISAS模型，这是对传统的AIDMA营销法则的改造。AISAS模型认为，消费者的购买行为会经历注意（attention）、兴趣（interest）、搜索（search）、行动（action）与分享（share）五个阶段。互联网普及后，消费者在注意商品并产生兴趣之后的信息收集（search），以及产生购买行动之后的信息分享（share）行为，使其成为营销信息的积极参与者与传播者，而不再是被动的接受者，这对传统的广告投放方式产生了巨大的影响。

（二）SIPS模型

2011年，日本电通公司在之前模型的基础上，提出了社交媒体时代消费者购买行为的分析工具"SIPS模型"。该模型认为，消费者的购买行为分为四个阶段：第一是共鸣（sympathize），产品信息只有引起消费者的共鸣，才能吸引消费者关注，激发其进一步接触的欲望；第二是确认（identify），消费者需要确认引发自己共鸣的产品信息是否符合自己的价值观；第三是参与（participate），消费者通过一系列参与行动极有可能发生购买行为；第四是分享（share），良好的消费体验促使消费者自发进行社交化分享，产生二次推广。

（三）双环模型

2009年，戴维·考特等学者提出了"消费者决策进程模型"（consumer decision journey，CDJ），也叫双环模型。2010年，D. C.埃德尔曼在《哈佛商业评论》上发表文章引入并强化了这个模型，对数字化时代的消费者与品牌的关系作了新的描述。他们认为，数字化时代，消费者的决策进程不再是逐步地缩小品牌选择范围，而是环状循环往复的，由"购买环"和"忠诚度环"两个小环内切组成，包括六个关键阶段，如图4-10所示。

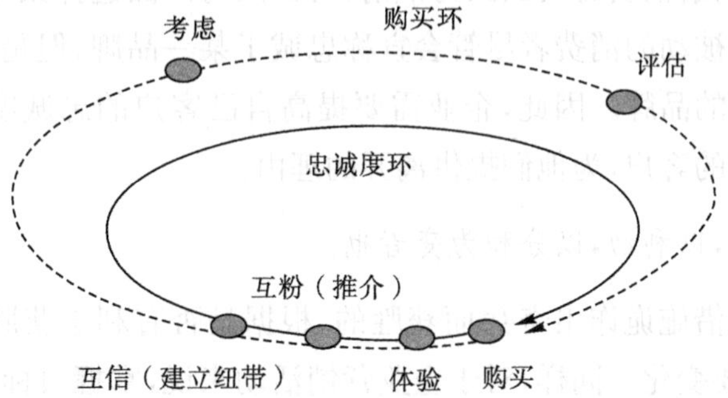

图4-10　双环模型

1.考虑阶段

消费者在作出购买决策之初，脑海里会出现一些熟悉的产品或品牌，它们有些是朋友或家人提及的，有些是偶尔接触到广告了解的。由于受到各种媒体产品广告信息的狂轰滥炸，消费者往往从一开始就会减少要考虑的产品或品牌数量。此时，品牌知名度至关重要，进入初选品牌名单的产品最终被购买的可能性是未进入名单的产品的3倍。

2.评估阶段

在此阶段，消费者会广泛收集信息。随着信息的增加以及选择标准的变化，他们会改变最初的品牌名单，剔除一些原先考虑的品牌，同时增加一些新的品牌。品牌名单改变的情况因行业而异。有研究表明，那些对个人电脑进行积极评估的人，平均会向有1.7个初选品牌的名单中添加1个品牌，而汽车购买者会向有3.8个初选品牌的名单中添加2.2个品牌。这一行为给营销人员带来机会，同时也表明，那些已经进入初选名单的品牌不能因为拥有这一地位而高枕无忧。

3.购买阶段

购买点是一个非常重要的接触点，因为它集中了商品陈列、包装、货源、定价、销售互动等众多可以影响消费者决策的因素。有时，一些几乎不可能进入消费者初选名单的品牌，却以富有吸引力的包装、销售互动等因素而在最后的购买点胜出。

4.体验阶段

购买后的体验决定了消费者对产品的每项后续决策的意见，因此，这一过程是个持续不断的循环。购买产品后，消费者会与产品以及新的在线接触点形成互动，他们与品牌之间的联系会加深。

5.互粉阶段

当消费者对购买的品牌感到满意时，他们会推荐这个品牌，当然，如果不满意，他们也可能会放弃使用该品牌，甚至作出负面宣传。如果消费者与品牌之间建立起足够强大的纽带，他们就会完全跳过考虑和评估这两个阶段，而进入购买—体验—互粉(推介)的循环。

6.互信阶段

忠诚度会带来重复购买，但是，在竞争越来越激烈的复杂世界中，并非所有的忠诚度都是等同的。有两种类型的忠诚：一是积极主动的忠诚，消费者不但会坚持购买某一品牌，还会向他人推荐；二是消极被动的忠诚，消费者要么因为懒惰，要么因为产品选择太多，虽然会继续购买某一品牌，但未必坚持。消极被动的消费者尽管会宣称忠诚于某一品牌，但是也愿意接受竞争对手为其提供的信息，改变购买的品牌。因此，企业需要提高自己客户的忠诚度，同时打破对手顾客的忠诚度环，吸引被动忠诚的客户，为他们提供离开的理由。

孙子曰：故兵以诈立，以利动，以分和为变者也。

也就是说，用兵是凭借施诡诈出奇兵而获胜的，根据是否有利于获胜决定行动，根据双方情势以或分兵或集中为主要变化。同样，对于企业营销活动来说，掌握目标市场上消费者行为的特点，有针对性地制定目标市场营销战略以及营销组合策略，是满足消费者需求和获取市场竞争优势的利器。

本章知识点

消费者市场是向个人和家庭销售消费品和服务的市场，又称消费品市场、生活资料市场和最终产品市场。

消费者市场具有广泛性、分散性、复杂性、易变性、情感性、发展性、伸缩性、替代性、地区性和季节性等特征。

购买行为模式研究的基本内容：5W2H。

影响消费者购买行为的主要因素有文化因素、社会因素、个人因素和心理因素。

消费者的购买决策过程，一般可将其分为五个阶段：确认问题、收集信息、评价方案、作出决策与购后行为。

营销思考题

1.消费者市场有何特征？

2.消费者购买行为模式对你有何启发？

3.请结合自己的消费经历，分析某次购买决策的主要参与者与购买行为类型。

4.导入案例中，消费者消费行为的变化主要受到哪些因素的影响？

营销计策

〔三十六计〕之十：笑里藏刀。

〔原文〕信而安之，阴以图之，备而后动，勿使有变。刚中柔外也。

〔翻译〕要想办法让敌人感到心安并相信我们，然后背地里去谋划，准备好之后要马上行动，以免被敌人看出来后有所准备。这就是表面对敌人友善，却暗藏杀机的谋略。

〔三十六计〕之十一：李代桃僵。

〔原文〕势必有损，损阴以益阳。

〔翻译〕局势的发展必然带来损失，如果遇到这种情况，宁可损失局部的利益也要保全全局的利益。

〔三十六计〕之十二：顺手牵羊。

〔原文〕微隙在所必乘，微利在所必得。少阴，少阳。

〔翻译〕敌人再微小的漏洞，也必须加以利用；再微小的利益，也必须去争取。要能够把敌方微小的漏洞转化为我方的利益。

结尾案例

中国新能源汽车用户购买行为分析

中国新能源汽车行业在过去几年内经历了飞速发展，正在从萌芽期向成长期迈进，其保有量在5年间增长了9倍有余。由于科技和产业变革，新能源汽车已经成为汽车产业转型升级的中坚力量，新能源汽车行业也迎来了前所未有的发展机遇。目前，新能源汽车制造企业可以简单分为传统车企和新势力车企。前者研发制造销售的产业链完整，有着庞大的产品体系，在技术研发和规模制造上拥有绝对优势。但由于存在发展惯性，传统车企拥抱行业变革的速度较慢。新势力车企作为近几年的新兴力量，打破了传统的造车思路，以用户需求和体验为核心，反向定义汽车产品，使汽车的功能从交通工具向智能出行空间转变，给用户良好的驾驶体验。

虽然我国在2019年遇到了整体车市的低迷和疫情的冲击，整体车市疲软，但新势力品牌整体表现良好。2019年，我国新势力品牌总销量65707辆，威马、小鹏和蔚来的三款车型销量均突破1万辆，其中威马EX5以16683辆的成绩排名2019年新势力单车销量第一。在大浪淘沙之后，新势力第一梯队已逐渐成形，而用户基盘较小的二、三梯队车企则将面临更加残酷的淘汰期。2020年9月，艾瑞咨询公司在全国范围内，通过多种在线调研社区收集样本，对纯电动汽车及插电式混合动力汽车用户购车行为进行了调查分析，发现了许多有价值的信息。

本次调研发现，第一梯队中的蔚来、小鹏和威马，消费者品牌认知度较高，虽然部分品牌形象趋于相似，但差异化仍然显著。在有涵养、有个性和时尚的表现当中，三家企业相差并不显著。由于蔚来定位高端市场，其在成熟稳重、尊贵的、高科技等形象上表现良好。威马打造"人本科技"的品牌战略，在值得信赖、智能化的、有个性的、强劲有力的和安全可靠的品牌形象上表现更为出色。而小鹏则在运动感、年轻及时尚的形象中表现出色。在用户对于传统品牌和新势力品牌的特征感知方面，传统品牌由于进入汽车领域较早，在安全性、实用性、做工等方面的特征更加明显。而新势力品牌的智能化、科技感、外观、技术和性能方面的特征更加明显。

在新能源汽车购买原因方面，对于节能环保理念的认同是超半数用户(52%)的选择。除了理念上的认同，用车成本低(46.4%)以及有税费减免和价格补贴(45.4%)是用户购买新能源汽车的另外两个主要原因，体现了新能源汽车的用车成本优势以及部分用户在购车时对于价格的关注。追求科技感和智能配置(43.9%)是消费者购买新能源汽车的第四个重要原因。在购车用途方面，上下班代步(73.6%)和接送家人朋友(56.8%)是新能源汽车的主要用途。

中国用户购买新能源汽车的关注因素中，电池质量及稳定性(60.8%)、续航里程(59.2%)、安全性(54.0%)和充电便捷度、时长(51.0%)是超过半数用户在购车时的重点关注因素。电池质量及安全性与司乘安全息息相关，而续航里程与充电便捷度则在一定程度上决定了新能源汽车的用车体验，体现了用户对于新能源汽车的整车安全及用车便捷性的关注。

调研数据显示，89%的新能源汽车用户表示了在其购车时对于车辆智能化的关注，其中43.1%的用户表示非常关注。这说明新能源汽车用户在购车时不仅仅看重新能源汽车的节能环保，也更加关注车辆的智能化以及科技应用。在多种智能化的配置当中，自动/辅助驾驶、智能钥匙以及智能灯光系统为用户在购车时对于智能化的主要需求。

调查还发现，大部分用户对于新能源汽车的用车满意度较高。由于电动汽车直接由电机驱动，在启动时可直接获得最大扭矩，因此，加速灵敏成为用户在驾驶时最满意的指标。但是，冬天掉电严重、续航里程不足以及充电不方便成为用户的三大痛点。不难发现，三大痛点都与电池和充电桩有关。在充电痛点当中，充电桩数量少、部分充电桩无法使用和充电速度慢排在前三，体现出目前充电桩的数量及充电速度仍不能满足用户需求，以及部分充电桩无法正常使用带给用户不便。此外，用户在公共场合找桩充电时更加关心充电价格、充电速度以及停车费用，其中，充电价格和停车费用均为价格因素，体现出用户对于费用的敏感程度。

在有意向购买新能源汽车的燃油车主当中，未购买新能源汽车的主要原因可归结为电池和充电两方面。续航里程短和电池寿命短为电池方面的制约因素。公共充电桩覆盖率低、充电时间长和无法安装私人充电桩为充电方面的制约因素。同时，有60%以上的用户表示若可以提升新能源汽车的续航能力、电池容量和缩短充电时间，将会考虑购买新能源汽车。

资料来源于网络，作者有删改。

案例思考题

1.结合案例资料分析影响消费者购买新能源汽车的因素主要有哪些。

2.分析新能源汽车能够满足消费者的哪些需要，以及消费者的购车动机。

3.请结合案例背景，同时搜集更多资料，围绕本章介绍的三个计策，为中国新能源汽车企业的市场竞争提出建议。

第五章　组织市场及其购买行为

故知兵者，动而不迷，举而不穷。故曰：知己知彼，胜乃不殆；知天知地，胜乃不穷。

——《孙子兵法·地形篇》

教学目标

1.了解组织市场的特点和类型；

2.掌握产业市场、中间商市场的购买行为特征；

3.理解组织市场购买者的行为特点，提高在组织市场进行营销的能力；

4.能够运用《孙子兵法》解读组织市场行为模式；

5.理解三十六计之“打草惊蛇”“借尸还魂”“调虎离山”的核心思想，并能够在市场营销中合理运用。

导入案例

汽车零部件市场

根据主要销售对象的不同，汽车零部件行业大体可按照前装市场和后装市场进行区分。前装市场又可称为整车配套市场，主要面向整车制造企业进行供货。在前装市场中，零部件企业需要通过严格的资格认证，对原材料采购、经营管理、质量管控等多方面均要求达到规定的水准，拥有批量生产供货的能力，进入壁垒较高，由此建立起的供货关系长久且稳定。

后装市场即汽车售后的配件维修改装市场，采用这种模式经营的零部件企业主要通过经销商、维修厂、4S店等渠道将产品销售给终端消费者。与前装市场相比，后装市场的进入门槛相对较低，对企业不强制要求资质认证，产品多样化、个性化的特点更为显著，市场竞争更为激烈。汽车零部件行业具有以下三个明显特性。

1.周期性

汽车作为大型耐用品，其消费受包括宏观经济、国家政策以及消费者购买力水平在内的多种因素影响。当经济发展处于上升阶段时，居民购买力达到一定水平，消费意愿积极，汽车市场发展迅速，零部件的产销情况必然得到正向促进；当经济发展停滞或者下降时，消费者购买力减弱，汽车市场低迷，这也将直接传导至上游的零部件行业，使得发展速度放缓甚至是下滑。所以，汽车零部件行业一定程度上存在着与宏观经济趋同的周期性。

2.地域性

随着汽车产业配套体系的深化以及对有效控制仓储物流等供货成本的需要，更多零部件生产企业选择围绕主要供应汽车的整车制造企业进行布局，逐步形成了长三角、珠三角、东北、京津冀、华中、西南六大区域的汽车产业集群。每个产业集群以数个主要整车制造企业为核心，带动周边配套供应链协同发展，地域特征明显。

3.季节性

历史经验显示，一般第一、第四季度国内汽车销量较高，第二、第三季度的销量相对较低，而从全年来看，汽车市场的供需总体保持平稳。2023年，我国汽车产销量均突破3000万辆，产销量连续15年稳居全球第一。所以，与整车销售市场存在正相关性的零部件行业不存在明显的季节性特征。

在制造业专业化分工的大趋势下，为了适应整车制造企业不断提高的产品要求，汽车零部件市场逐渐形成了金字塔式的供应配套体系。体系的最顶端为占据行业主导地位的整车制造企业，其下为一级、二级、三级等多层级供应商结构。一般情况下，低层级供应商只会向高一级的供应商进行供货，最终由一级供应商实现向整车制造企业的配套。在该体系中，层级越往下，产品技术门槛就越低，企业数量也相对越多，竞争越激烈；层级越向上，企业的规模越大，技术水平越高，供应关系越稳定。从全球角度来看，来自日本、美国、欧洲等传统汽车工业强国和地区的大型零部件生产商占据着先发优势，拥有体系标准、技术人才、全球供应链等方面的竞争基础，已经在各大汽车市场成立独资、合资公司，进行全方位的产业布局。在全球百强零部件配套供应商名单中，超过80%的企业来自上述国家和地区，总体集中度相对较高。

在中国，得益于政府政策扶持、资本市场助力以及高新技术的飞速发展，部分本土优势企业的研发制造能力进一步提升，已经成为国内顶尖、世界一流的汽车零部件供应商，得到全球整车制造企业的广泛认可。在全球百强零部件配套供应商名单中，有近10%为中国企业。然而，中国本土零部件供应商起步较晚，整体的竞争能力仍较为薄弱，大部分企业还集中于二级、三级供应商体系中，以生产制造初级、低端产品为主，企业数量众多，行业竞争激烈。

资料来源于网络，作者有删改。

孙子曰："故知兵者，动而不迷，举而不穷。故曰：知己知彼，胜乃不殆；知天知地，胜乃不穷。"

《孙子兵法》中反复强调"知己知彼""知天知地"的重要性。无论是"知己不知彼""知彼不知己"，或者虽知己知彼但不知地形，都是不能决胜的。孙子认为，做到知己知彼，行动才不会举棋不定，胜利就没有危险，懂得天时地利，胜利就有完全的保障。对于企业来说，分析市场环境，特别是消费者市场和组织市场购买行为，是做到"知己知彼""知天知地"的基本保证。

习近平总书记在中共十九届五中全会第二次全体会议的讲话中提出"构建以国内大循环为主体、国内国际双循环相互促进的新发展格局"。构建新发展格局的两个重要着力点分别是"培育完整内需体系"以及"推动产业链供应链优化升级"。组织市场上的需求由消费者市场衍生而来，内需体系的建设与产业链供应链的优化升级必然影响组织市场需求。正如案例中展示的那样，以汽车零部件市场为代表的组织市场和消费者市场有着截然不同的特点。为了更好地适应国家战略发展方针，同时提升企业市场竞争力，加强对组织市场购买行为的研究是十分必要的。

第一节　组织市场的类型和特征

一、组织市场的含义和类型

组织市场指工商企业为从事生产、销售等业务活动，以及政府部门和非营利组织为履行职责而购买产品和服务所构成的市场。简言之，组织市场是以某种组织为购买单位的购买者所构成的市场，是相对消费者市场而言的。就买主而言，消费者市场是个人和家庭市场，组织市场则是法人市场。组织市场主要包括产业市场、中间商市场、非营利组织市场和政府市场等。

产业市场指购买产品或服务用于制造其他产品或服务，然后销售或租赁给他人以获取利润的单位和个人。中间商市场也称为转卖者市场，指购买产品用于转售或租赁以获取利润的单位和个人，具体包括多种类型的批发商和零售商。非营利组织市场泛指所有不以营利为目的，不从事营利性活动的组织，为了维持正常运作和履行职能而购买产品和服务的各类非营利组织所构成的市场。政府市场指为了执行政府职能而购买或租用产品的各级政府和下属各部门。各国政府通过税收、财政预算掌握了相当部分的国民收入，形成了潜力极大的政府采购市场，成为非营利组织市场的主要组成部分。

二、组织市场的特征

组织市场具有如下一些特征。

（一）购买目的复杂多样

组织市场的购买者不是代表个人，而是代表各自的组织。其购买目的，或是制造产品，创造利润；或是再销售产品，获取差价；或是执行政府、组织的职能，服务社会。购买目的多样且复杂。

（二）购买决策参与者多

各类企业或组织都下设有采购部门，有一批从事物资采购的专业人员，对一些重大的采购项目，还会成立由技术专家和相关部门负责人组成的专门采购机构，负责整个采购工作。因此，组织市场的购买行为较为理性。

（三）需求具有派生性

组织市场的需求是由消费者市场的需求派生出来的，如消费者对全棉服装的需求增加，会导致服装加工企业大量购买棉花和棉布制品，也会导致经销商大量采购全棉服装，如果这些消费品的需求减少，那么生产和经销这类消费品的市场需求会随之下降。

（四）需求波动性大

组织市场上对新增设备、原材料等的需求波动很大。这是因为消费者市场需求的少量波动会引起集团市场需求的巨大波动，这种现象在经济学中被称为“加速原理”。例如，个人购买住房的需求上升 10%，就可能导致房地产投资规模扩大 200%，从而导致房地产开发与建设所需的设备、建筑材料的需求急剧增加，还会导致建筑设计、评估、公证等方面的需求也大幅度增加。

（五）需求弹性小

组织市场的总需求一般不会因价格的影响而大起大落。如石油价格下跌，企业未必多买入石油；同样，石油价格上涨，企业也未必减少石油的购买。这是因为企业不可能在生产工艺上作出迅速地变动。因此，这类需求是缺乏弹性的。

（六）购买次数少，购买量大

组织市场的购买一般是成批的、集中性的。相对于消费者市场，其购买交易的次数要少得多，但其购买的数量和金额却要大得多。

拓展阅读5-1

第二节　产业市场及其购买行为分析

一、产业市场特点

企业的市场营销对象不仅包括广大消费者，也包括各类组织机构，这些组织机构构成了原材料、零部件、机器设备、供给品和企业服务的庞大市场。在某些方面，产业市场与消费者市场具有相似性，二者都有人为满足某种需要而扮演购买者角色、制定购买决策等共同点。然而，产业市场在市场结构与需求、购买单位性、决策类型与决策过程及其他各方面，又与消费者市场有着明显差异。与消费者市场相比，产业市场有以下特征。

（一）购买者数量少

产业市场和消费者市场比较，产业市场上购买者的数量较少，购买者的规模较大。在消费者市场上，购买者是消费者个人或家庭，购买者必然为数众多，规模很小。在产业市场上，购买者绝大多数都是企业单位，购买者的数目必然比消费者市场少得多，购买者的规模也必然大得多。而且，由于企业的主要设备若干年才买一次，原材料、零配件则根据供货合同定期供应。为了保证本企业生产的顺利进行，企业总是要保证合理的储备，因此，每一次总是批量采购，而且产业市场上的绝大部分产品都是由少数几个买主购买的。另外，由于资本和生产集中，许多行业的产业市场都被少数几家或一家大公司的大买主所垄断。例如，对于轮胎企业来说，组织市场上的购买者为几大汽车公司；在消费者市场上，购买者是几亿汽车所有者。

（二）市场集中

产业市场上的购买者往往集中在少数地区，例如在我国，中部及东部沿海地区工业中心密集，而西部地区工业中心少，且分布稀疏。而且，一些行业内的竞争性企业以及与这些企业互动关联的合作企业、专业化供应商、服务供应商、相关产业厂商和机构（如大学、科研机构、制定标准的机构、产业工会等）会聚集在一个特定工业中心内，形成产业集群。产业市场客户的集中性，使得企业把产业用品卖给产业购买者的销售费用相对于消费者市场，可以降低很多。

（三）产业市场的需求是引申需求

产业购买者对产业用品的需求，归根结底是从消费者对消费品的需求引申而来的。例如，兽皮商将兽皮卖给制革商，制革商把皮革卖给制鞋商，制鞋商把皮鞋卖给批发商，批发商把皮鞋转卖给零售商，零售商将皮鞋销售给消费者。制革商之所以要购买兽皮，皮鞋制造商之所以要购买皮革，归根到底是因为消费者要去鞋店（零售商那里）购买皮鞋。如果消费者不需要皮鞋，就必然引起连锁反应：零售商不会向批发商购买皮鞋，批发商不会向制鞋商购买皮鞋，而制鞋商也就不会向制革商购买皮革，制革商也就不会向兽皮商购买兽皮。

（四）产业市场的需求是缺乏弹性的需求

在产业市场上，产业购买者对产业用品和劳务的需求受价格变动的影响不大。例如，汽车生产者不会因为汽车轮胎的涨价而少购进轮胎。造成这种现象的主要原因是，产业市场的需求取决于其生产工艺过程与生产特点，企业在短期内不可能很快变更其生产方式和产品种类。又如，如果皮革的价格下降，制鞋商不会购买很多皮革，除非：①皮革成本是制鞋成本的主要部分；②制鞋商要大幅度降低皮鞋价格；③消费者要购买更多皮鞋。如果皮革价格上涨，制鞋商也不会大量减少皮革的购买量，除非：①制鞋商发现了节省原料的方法；②制鞋商发现了皮革的代用品。此外，如果原材料的价值很小，这种原材料成本在制成品的整个成本中所占的比重很小，那么这种原材料的需求缺乏弹性。例如，假设金属鞋眼的价格上涨了，这不会影响金属鞋眼的需求水平。但是，在这种情况下，制鞋商要看哪个金属鞋眼制造商的产品较价廉物美，然后决定从哪里进货。

（五）产业市场的需求是波动的需求

在现代市场经济条件下，工厂设备等资本货物的行情波动会加速原料的行情波动。如上所述，产业市场的需求是“引申需求”。消费者需求的少量增加能导致产业购买者需求的大幅增加。有时消费者需求只增减10%，就能使后期产业购买者需求出现200%的增减。因为产业市场的需求变化很大，所以，生产产业用品的企业往往实行多角化经营，尽可能增加产品种类，扩大企业经营范围，以减小风险。

（六）专业人员购买

由于产业用品特别是主要设备的技术性强，企业通常都雇用经过训练的、内行的专业人员，负责采购工作。企业采购主要设备的工作较复杂，参与决策的人员比消费者市场多，决策过程更为规范，通常由若干技术专家和最高管理层组成采购委员会领导采购工作。

（七）直接购买

产业购买者往往向生产者直接采购所需产业用品（特别是那些单价高、有高技术性的机器设备），而不通过中间商采购。

（八）互惠购买

产业购买者往往这样选择供应商：“你买我的产品，我就买你的产品。”这种习惯的做法就是互惠。互惠有时表现为三角形或多角形。例如，假设有A、B、C三家公司，C是A的顾客，A就可能提出这种互惠条件：如果B购买C的产品，A就购买B的产品。

二、产业市场产品类型

产业市场的产品数量众多、种类繁杂，一般可分为原材料、主要设备、附属设备、零配件、半成品和消耗品。

(一)原材料

原材料指生产某种产品的基本原料,它是用于生产过程起点的产品。原材料可以分为两大类。一类是在自然形态下的森林产品、矿产品与海洋产品,如铁矿石、原油等。一类是农产品,如粮、棉、油、烟草等。这类产品供货方较多,且质量上没有什么差别。因此,在营销中要根据各类产品的特点采取适当的措施,如对矿产品、海洋产品等自然形态的产品宜采取直接销售的方式,分配路线应尽可能短,运输成本应尽可能低,而对农产品则应加强对产品的保管,减少分销环节,有些产品还可以由商业收购网点集中供应给生产企业。

(二)主要设备

主要设备指保证企业进行某项生产的基本设备,它能直接影响企业的产品质量和生产效率。主要设备包括重型机床、厂房建筑、大中型电子计算机等。这类产品一般体积较大、价格昂贵、技术复杂。生产者企业购买主要设备是一项重大决策,不仅要求产品的性能先进、有效,而且希望有良好的服务,产品供应者应注意产品性能的改进、宣传和售后服务工作,以使购买者对本企业的产品建立良好的信任感。

(三)附属设备

机械工具、办公设备等均属附属设备。相对于主要设备而言,附属设备对生产的重要性小一些,价格亦较低,供应厂家较多,产品标准化突出,采购人员可以自主作出购买决定,并能自由地从几家供应商购买,而且在购买时比较注重价格。对这类产品的经营,要充分发挥价格机制和广告促销的作用,多采用间接销售的形式销售产品。

(四)零配件

零配件指已经完工、构成用户产品的组成部分的产品,如集成电路块、仪表、仪器等。零配件虽不能独立发挥生产作用,但它却直接影响生产的正常进行。这类产品品种复杂,专用性强,及时按标准供货是对零配件购买者最基本的要求。零配件供应者可以通过签订合同直接销售的方式,采取合理的定价策略,满足购买者的需求,提高市场占有率。

(五)半成品

半成品指经过初步加工、以供生产者生产新产品的产品。例如由铁矿砂加工成生铁,又由生铁加工成钢材等。半成品可塑性强,其质量、规格有明确要求,产品来源较多,供应者除确保供货及时外,还应加强销售服务,可以说,销售服务是半成品供应者最有效的竞争手段。

(六)消耗品

消耗品指保证和维持企业生产正常进行而消耗的诸如煤、润滑油、办公用品等产品。这类产品价格低、替代性强、寿命周期短,多属重复购买,购买者较注重购买是否方便。供应者要通过广泛的分销渠道,以价格的优惠、交货的及时来实现营销目标。

拓展阅读5-2

三、产业市场购买行为分析

（一）产业市场购买行为特点

1.购买的目的性

产业市场购买的目的是生产出市场需要的产品。要根据市场的需求量确定生产量，进而决定所需购买的数量。采购的物资既不能多，也不能少，否则都将会影响生产者的经济效益。

2.购买的理智性

产业市场所购买的工业品必须考虑质量、品种、规格、价格、供货期及售后服务。如果某几种工业品质量与功能相似，生产者会购买价格更低的产品；在质量上，则需购买符合技术特性要求的生产设备和原材料。

3.购买的组织性

购买的组织性是指企业内部的组织体系。产业市场的购买要根据每个购买组织自己的目标、政策、程序、组织结构及组织系统的要求而进行。营销者应当了解购买者组织体系结构，了解有多少人参加购买决策，购买标准是什么，购买者企业有哪些政策会影响购买行为。

4.购买的集团性

一项重大工业品的购买，往往由一个集团来决定，它通常由许多具有不同地位、权力、职能的人组成，如质量管理者、采购申请者、使用者、财务主管、工程技术人员及经理等。他们的购买心理与期望不同，往往导致决策的矛盾及决策过程复杂化。

5.个人动机性

因为参加购买决策的每一个人年龄、收入、受教育程度、职业、个性及对风险的态度不同，所以每个人的购买动机不同。营销者要善于抓住和引导正确动机，使营销顺利成功。

6.购买的环境性

产业市场购买受当时的经济、技术、政治环境、文化及竞争环境的影响，其中最主要的是经济、技术环境，也就是经济、技术前景因素的影响。当今时代，科技飞速发展，产品更新换代常常只需 3～5 年，甚至时间更短，产业市场购买者怕购回的工业品是即将换代产品，或是即将降价的处理品。营销者要恰如其分地介绍有关经济技术的前景，便于加速销售。

（二）影响产业市场购买行为的主要因素

同消费者购买行为一样，产业市场购买行为也受到各种因素的影响。产业市场购买行为的影响因素可以概括为四个方面，即环境因素、组织因素、人际因素和个人因素。

1.环境因素

在影响产业市场购买行为的诸多环境因素中，经济环境是主要的。生产资料购买者受当前经济状况和预期经济状况的深刻影响，当经济不景气，或前景不佳时，企业或组织就会缩减投资，减少采购，压缩原材料的库存。此外，生产资料购买者也受科技、政治和竞争的影响。营销者要密切注视这些环境因素的作用，力争将问题变成机遇。

2.组织因素

每个企业的采购部门都有自己的目标、政策、工作程序和组织结构。产业市场营销者应了解并掌握购买者企业内部的采购部门在它的企业里处于什么地位——是一般的参谋部门，还是专业职能部门；它们的购买决策是集中决策，还是分散决策；在决定购买的过程中，哪些人会参与最后的决策；等等。只有对这些问题做到心中有数，才能使自己的营销有的放矢。

3.人际因素

这是企业内部的人事关系。生产资料购买的决定，是由公司各个部门和各个不同层次的人员组成的“采购中心”作出的。“采购中心”的成员由质量管理者、采购申请者、财务主管者、工程技术人员等组成。这些成员的地位不同、权力有异，说服力有区别，他们之间的关系有所不同，对生产资料的采购决定所起的作用也不同，因而在购买决定上呈现纷繁复杂的人际关系。生产资料营销人员必须了解用户购买决策涉及的主要人员、他们的决策方式和评价标准、决策中心成员间相互影响的程度等，以便采取有效的营销措施，获得用户的认可。

4.个人因素

产业市场的购买行为虽为理性活动，但参加采购决策的仍然是一个一个具体的人，而每个人在作出决定和采取行动时，都不可避免地受其年龄、收入、所受教育、职位和个人特性以及对风险态度的影响。因此，市场营销人员应了解产业市场采购员的个人情况，以便采取“因人而异”的营销措施。

（三）产业市场购买类型

产业市场购买类型可分为三种：直接重购、修正重购和新购。

1.直接重购

这是一种在供应者、购买对象、购买方式都不变的情况下而购买曾经购买过的产品的购买类型。这种购买类型所购买的多是低值易耗品，花费的人力较少，无须联合采购。面对这种采购类型，原有的供应者不必重复推销，而应努力使产品的质量和服务保持一定的水平，减少购买者时间，维持稳定的关系。

2.修正重购

修正重购指购买者想改变产品的规格、价格、交货条件等，这需要调整或修订采购方案，包括增加或调整决策人数。对于这样的购买类型，原有的供应者要清醒认识面临的挑战，积极改进产品规格和服务质量，大力提高生产率，降低成本，以保持现有的客户；新的供应者要抓住机遇，积极开拓，争取更多的业务。

3.新购

新购指首次购买某种产品或服务。由于是第一次购买，买方对新购产品心中无数，因而在购买决策前，要收集大量的信息，制定决策所花时间也就较长。首次购买的成本越大，风险就越大，参加购买决策的人员就越多。“新购”是营销人员的机会，他们要采取措施，影响决策的中心人物；要通过实事求是的广告宣传，使购买者了解本产品。为了达到这一目标，企业应将最优秀的推销人员组成一支庞大的营销队伍，以赢得采购者信任，促成交易。

四、产业市场中的购买决策

（一）购买决策的参与者

产业用品供货企业不仅要了解谁在市场上购买和产业市场的特点，而且要了解谁参与产业购买者的购买决策过程，他们在购买决策过程中充当什么角色，起什么作用，也就是说，要了解其顾客的采购组织。

各企业采购组织有所不同。小企业只有几个采购人员，大公司有很大的采购部门，由一位副总裁主管。有些公司的采购经理有权决定采购什么规格的产品、由谁供应；有些采购经理只负责把订货单交给供应商。通常，采购经理只对小产业用品有决策权，至于主要设备的采购，采购经理只能按照决策者的意图办事。

在任何一个企业中，除了专职的采购人员之外，还有其他人员也参与购买决策过程。所有参与购买决策过程的人员构成采购组织的决策单位，也即采购中心。企业的“采购中心”一般由下列五种人组成。

1.使用者

使用者即具体使用欲购买的某种产业用品的人员。公司要购买实验室用的电脑，其使用者是实验室的技术人员；要购买打印机，其使用者是办公室的秘书。使用者往往是最初提出购买某种产业用品意见的人，他们在计划购买产品的品种、规格方面起着重要作用。

2.影响者

影响者是指企业的内外部直接或间接影响购买决策的人。他们常协助企业确定产品规格或型号等。在众多的影响者中，企业外部的咨询机构和企业内部的技术人员影响最大。

3.采购者

采购者指企业中具体执行采购决定的人。他们是企业里有组织采购工作正式职权的人员，其主要任务是交易谈判和选择供应者。在较复杂的采购工作中，采购者还包括企业的高层管理人员。

4.决定者

决定者指企业里有权决定购买产品和具体供应商的人。在通常的采购中，采购者就是决定者。而在复杂的采购中，决定者通常是公司的主管。

5.控制者

控制者指控制企业外界信息流向的人，诸如采购代理商、技术人员、秘书等，他们可以阻止供应者的推销人员与使用者和决定者见面。

应该指出的是，并不是所有的企业采购任何产品都必须由上述五种人员参加决策。一个企业采购中心的规模和参加的人员，会因欲购产品种类的不同和企业自身规模的大小及企业组织结构不同而有所区别，从一人到数十人，有的企业还设有专管采购的副总裁。如企业欲购生产设备和买一台办公打印机，前者由于技术性强，价格较高，因而参与决策的人较多，采购中心的规模较大；后者因其技术性和价格都没有特殊之处，属普通购买，因此，其决策者可能就是采购者，采购中心的人员较少，规模亦较小。

对生产资料供应者的营销人员来说，关键要了解一个企业采购中心的组成人员，他们各自所具有的相对决定权，以及采购中心的决策方式，以便采取富有针对性的营销措施。供货企业的市场营销人员必须了解谁是主要的决策参与者，以便影响最有影响力的重要人物。对采购中心成员较多的企业，营销人员可以只针对几个主要成员做工作，如果本企业的实力较强，则可采取分层次、分轻重、层层推进、步步深入的营销方针。

（二）购买决策的过程

生产资料的购买者和消费资料的购买者一样，也有决策过程。供货企业的最高管理层和市场营销人员还要了解其客户购买过程各个阶段的情况，并采取适当措施，以适应客户在各个阶段的需要，成为现实的卖主。产业购买者购买过程的阶段多少，主要取决于产业购买者购买情况的复杂程度。在直接重购这种最简单的购买情况下，产业购买者的购买过程阶段最少；在修正重购情况下，购买过程的阶段多一些；而在新购这种最复杂的情况下，购买过程阶段最多。产业市场购买决策过程一般要经过八个阶段，如图 5-1 所示。

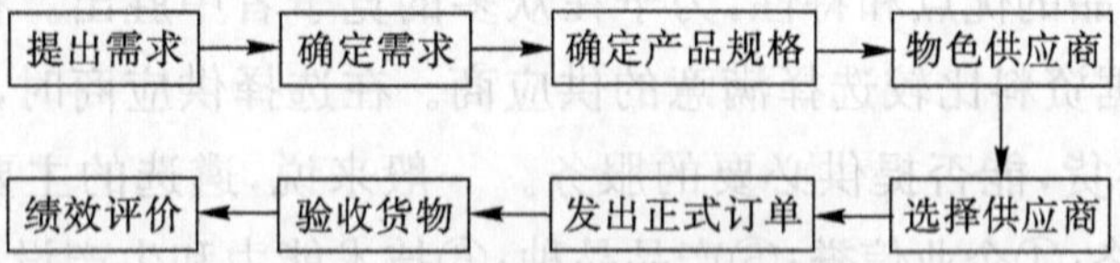

图 5-1　产业市场购买决策过程

1.提出需求

提出需求是产业购买者决策过程的起点。需求的提出，既可以是由内部刺激引起的，也可以是由外部刺激引起的。内部刺激，如：或因企业决定生产新产品，需要新的设备和原材料；或因存货水平开始下降，需要购进生产资料；或因发现过去采购的原料质量不好，需更换供应者。外部刺激，诸如商品广告，营销人员上门推销等，使采购人员发现质量更好、价格更低的产品，促使他们提出采购需求。

2.确定需求

确定需求指确定所需产品的特点和质量水平。简单的采购，可以由采购人员直接决定，过程简单。但是复杂的采购，则须由企业内部的使用者、工程技术人员等共同决定产品项目的各个细节信息，通常需要对产品的可靠性、耐久性、价格和其他属性的重要性进行排序。

3.确定产品规格

确定产品规格指由专业技术人员对所需产品的规格、型号、功能等技术指标作具体分析，并作出详细的说明，供采购人员作参考。在对产品进行分析时，一般采用价值分析法。这里的“价值”是指某一产品的“功能”与其“成本”之间的比例关系。企业通过对某一产品的价值分析，明确该产品可能产生的经济效益，从而为采购者选购产品进行指导。其公式为

$$V(\text{价值})=F(\text{功能})/C(\text{成本})$$

公式中的 F（功能）是指产品的用途、效用、作用，也就是产品的使用价值；C（成本）为成本或费用。

人们购买某种产品，实际上要购买的是这种产品的功能。价值分析的目的是：耗费最少的资源，生产出或取得最大的功能，提高经营效益。产业购买者在采购工作中要进行价值分析，调查研究本企业要采购的产品是否具备必要的功能。

4.物色供应商

为了选购满意的产品，采购人员要通过工商企业名录等途径，物色服务周到、产品质量高、声誉好的供应商。生产者对所需原材料、标准件及外协件的供应者，必须作深入的调查、了解、分析和比较才能确定。对原材料、标准件供应商，主要从产品的质量、价格、信誉及售后服务方面进行

分析、比较。对大批量外协件供应商的了解内容除上述的几个方面外，还必须深入提供外协件的各企业内部，调查了解各企业的生产技术检验水平及企业管理的能力，分析、比较后再确定。供货企业应通过做广告等方式，努力提高企业在市场上的知名度。

5.选择供应商

对已物色的多个候选供应商，购买者应请他们提交供应建议书，尤其是对价值高、价格贵的产品，还要求他们写出详细的说明，对经过筛选留下的供应商，要他们提出正式的说明。因此，供应商的营销人员应根据市场情况，写出实事求是而又别出心裁、打动人心的产品说明，力求全面而形象地表达所推销产品的优点和特性，力争在众多的竞争者中胜出。在收到多个供应商的有关资料后，采购者将根据资料比较选择满意的供应商。在选择供应商时，不仅考虑其技术能力，还要考虑其能否及时供货，能否提供必要的服务。一般来说，遴选的主要条件有：①交货快慢；②产品质量；③产品价格；④企业信誉；⑤产品品种；⑥技术能力和生产设备；⑦服务质量；⑧付款结算方式；⑨财务状况；⑩地理位置。

根据上述条件遴选出数个供应商，企业在最后确定供应商之前，有时还要和供应商面谈，争取更优惠的条件。不少企业最后确定的供应商，不限于一个，其目的在于，一方面有多个供应商，以免受制于人；另一方面，可以通过几个供应商的竞争，促使他们改进服务质量。当然，企业在确定的几个供应商中，必定以一个为主，其他几个为辅。如购买者最后确定了三个供应商，便向为主的供应商购买所需产品总量的 60%，向辅助的两个供应商分别购买所需产品总量的 30% 和 10%。

6.发出正式订单

企业的采购中心选定供应商以后，采购经理开订货单给选定的供应商，在订货单上列举技术说明、需要数量、期望交货期等。企业可以采用"一揽子合同"，即和某一供应商建立长期的供货关系，这个供应商允诺只要购买者需要购买，供应商就会按原定的价格条件及时供货。这种"一揽子合同"为供求双方都带来了方便。对采购者而言，这不但减少了多次购买签约的麻烦和由此增加的费用，也减轻了库存的压力——因为这一"合同"，实际上购买者将存货放在了供应商的仓库里。如果需要进货，只需用计算机自动打印或电传一份订单给供应商。因此，"一揽子合同"又称为"无库存采购计划"。就供应商而论，其产品有了固定销路，减轻了竞争压力。

7.验收货物

接收货物时，采购者要根据订单仔细核对货物的数量、规格等内容，确保与合同所签订项目一致，以免后续在加工过程中质量问题影响产品销售，带来不必要的损失。

8.绩效评价

产品购进后，采购者还会及时向使用者了解其对产品的评价，考查各个供应商的履约情况，并根据了解和考查的结果，决定今后是否继续采购某供应商的产品。为此，供应商在产品销售出去以后，要加强追踪调查和售后服务，以赢得采购者的信任，保持长久的供求关系。采购者需对本次购买活动进行总结。总结一般有两个方面的内容：一方面对购买的工业品质量进行验证，看是否符合明细表和设计图纸的要求；另一方面对所付出的购买金额和差旅费等进行分析，是突破还是结余，查明原因，以利继续购买或改换供应商。

拓展阅读5-3

第三节　中间商购买行为分析

中间商是指协助企业促销、销售其产品给最终购买者的机构或个人，通常包括批发商、零售商、代理商。中间商采购的目的是通过转售商品或服务，从中获取差价利润。中间商比生产商更接近消费者市场，对消费者市场需求的变化反应更加敏感。

一、中间商的购买类型

中间商的购买类型与产业市场购买类型大同小异，主要包括新产品采购、寻求最佳供应商的采购、寻求更佳条件的采购和直接重购。

(一)新产品采购

新产品采购即中间商第一次购买某种从未采购过的新品种。一般要根据市场前景的好坏、买主的需求强度和产品的获利可能性等多方面因素决定是否购买。

(二)寻求最佳供应商的采购

寻求最佳供应商即中间商对将要购买的品种已经确定，但需考虑从哪家卖主进货，从众多的供应商中选择最优者。这种购买类型的发生往往与以下情况有关：①各种品牌货源充裕，但是中间商缺乏足够的经营场地，只能选择经营某些品牌。②中间商打算用自创的品牌销售产品，选择愿意为自己制造贴牌产品的生产企业。如国外很多大型零售商场都有自己的品牌。

(三)寻求更佳条件的采购

寻求更佳条件即中间商不仅试图从原有供应商那里获得更为有利的供货条件，同时也在寻求符合自己利益的新供应商，以提高盈利水平。通常情况下，如果同类产品的供应增加或其他供应商提出了更有诱惑力的价格和供货条件，中间商就会要求现有供应商加大折扣、增加服务、给予信贷优惠等。有时，他们并不想更换供应商，但会借此作为一种施加压力的手段。

(四)直接重购

直接重购即中间商的采购部门按照过去的订货目录和交易条件继续向原先的供应商购买产品。当中间商对原有的供应商和交易条件满意时就会采用直接重购。

二、中间商购买过程的参与者

一般说来，中间商购买过程参与者的多少在一定程度上受商业业态和经营规模两大因素的影响。如社区小型便民商店，其采购行为通常由业主一人承担；而大型仓储式购物中心，或连锁经营超市的购买决策参与者就要复杂得多。以连锁经营超市为例，参与购买决策过程的组织和人员主要有以下三类。

(一)总部专职采购人员

一般大型连锁超市为了降低成本、提高效率，普遍采取集中进货的方式，在总部设立专业采购部门，聘用专职采购人员，根据超市具体安排和要求专门从事商品采购业务。这些人员对采购商品决策权力的大小取决于公司组织结构和授权程度。

（二）采购委员会

采购委员会一般由公司总部的专职采购经理及其他部门经理共同组成，主要负责审查由采购人员或部门经理拟定的采购方案，最终作出购买与否的决策。采购委员会不仅对公司常规性采购起重要协调作用，在新产品评估和进货决策方面也具有重要的决定作用。

（三）分店经理

作为连锁超市下属各分店的负责人，分店经理掌握着分店一级的采购决策权。他既可以接受总部统一配送的商品，也可以根据分店经营状况判断并选择所要采购的商品，当然这取决于总部的授权程度。

三、中间商购买决策过程

中间商完整的购买决策过程可分为六个阶段，如图5-2所示。寻求最佳供应商的采购和寻求更佳条件的采购可能跳过某些阶段，购买全新品种则会完整地经历各个阶段。

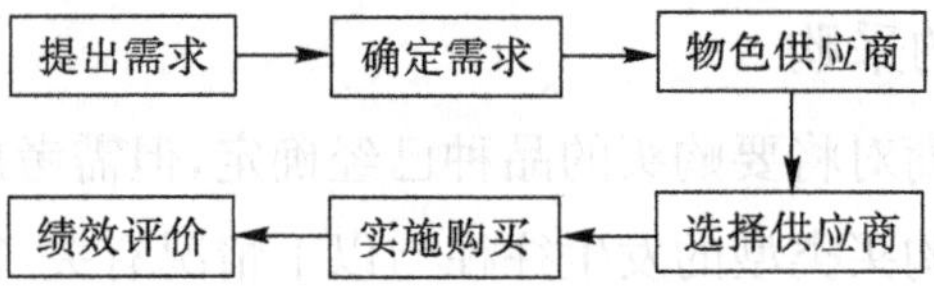

图5-2 中间商购买决策过程

（一）提出需求

提出需求指中间商认识市场的需求，明确所要解决的问题。提出需求可以由内在刺激和外在刺激引起。

1.内在刺激

内在刺激是指中间商通过销售业绩分析，认为目前经营的品种陈旧落伍，不适应市场需求潮流，从而主动寻求购进新产品，改善产品结构。

2.外在刺激

外在刺激是指中间商的采购人员通过广告、展销会、供应商的推销人员或消费者等途径了解到有更加适销对路的新产品，从而产生购买欲望。

（二）确定需求

确定需求指中间商根据顾客需求确定所购产品的品种、规格、质量、价格、数量及购进时间，并写出详细的采购说明书，作为采购依据。中间商为了减小“买进卖出”带来的风险，对产品购进时间的要求极其严格，或者要求立即购进以赶上消费潮流，或者把购进时间一拖再拖以看清消费趋向。中间商决定购买数量的主要依据是现有的存货水平、预期的需求水平和“成本/效益”的比较。当大量进货能够获得较大折扣时，则大量进货；当小量进货能够减少库存成本时，则小量进货。供应商应了解中间商的购买意图，采取有针对性的营销策略。

（三）物色供应商

采购人员根据采购说明书的要求通过多种途径收集信息，寻找最佳供应商。如果是新产品采购或所需品种复杂，这一阶段的工作量就大些。

（四）选择供应商

选择供应商指采购部门和决策部门分析评价供应建议书，确定所购产品的供应商。中间商的购买多属专家购买、理性购买，希望从供应商那里得到最大限度的优惠条件。选择供应商主要考虑的因素有：①有强烈的合作欲望和良好的合作态度；②产品质量可靠，适销对路，与本店的经营风格一致；③价格低廉，折扣大，允许推迟付款；④信用保证，减小中间商进货风险，补偿因商品滞销、跌价而产生的损失；⑤交货及时；⑥给予广告支持或广告津贴；⑦提供完善的售后服务，有专门维修点，允许退换有缺陷破损的商品，遇有顾客投诉或产品质量事故等纠纷无条件地承担责任等。

（五）实施购买

决定供应商以后，中间商根据采购说明书和有关交易条件与供应商签订订单，他们倾向于签订长期有效的合同，以保证货源稳定，供货及时，减少库存成本。

（六）绩效评价

这是决策过程的最后阶段。中间商对各个供应商的绩效、信誉、合作诚意等因素进行综合评价，以决定下一步是否继续合作。

四、中间商购买风格类型

中间商的购买行为同产业市场一样，也受到环境因素、组织因素、人际因素和个人因素的影响。此外，采购者个人的购买风格也具有不可忽视的影响。罗杰·狄克森把采购者个人的购买风格分为七类。

（一）忠实的采购者

这是指长期忠实地从某一供应商处进货的采购者。这种采购者对供应商是最有利的，供应商应当分析能够使采购者保持“忠实”的原因，采取有效的措施使现有的忠实采购者保持忠实，将其他采购者转变为忠实的采购者。采购者忠实于某一渠道的影响因素有多种：首先是利益因素，对供应商的产品质量、价格、服务和交易条件感到满意或未发现更理想的替代者；其次是情感因素，长期合作，感情深重，有过在困难时期互相帮助的经历，即使对方偶有不周之处也不计较，即使其他供应商的产品质量和交易条件与之相同或略优，也不愿轻易更换；再次是个性因素，该采购者认识稳定，习惯于同自己熟悉的供应商打交道，习惯于购买自己熟悉的产品。

（二）随机型采购者

这类采购者事先选择若干符合采购要求，满足自己长期利益的供应商，然后随机地确定交易对象并经常更换。他们喜爱变换和不断地尝试，对任一供应商都没有长期的合作关系和感情基础，也不认为某一供应商的产品和交易条件优于他人。对于这类采购者，供应商应在保证产品质量的前提下提供理想的交易条件，同时增进交流，帮助解决业务和个人的有关困难，加强感情投资，使之成为忠实的采购者。

（三）最佳交易采购者

最佳交易采购者指力图在一定时间和场合中实现最佳交易条件的采购者。这类采购者在与某一供应商保持业务关系的同时，还会不断地收集其他供应商的信息，一旦发现产品或交易条件更佳的供应商，就立刻转换购买。他们一般不会成为某一供应商的长期顾客，除非该供应商始终保持着其他竞争者无法比拟的交易条件。这类采购者的购买行为理智性强，不太受情感因素支配，关注的焦点是交易所带来的实际利益，供应商若单纯依靠感情投资来强化联系则难以奏效，最重要的是密切关注竞争者的动向和市场需求的变化，随时调整营销策略和交易条件，提供比竞争者更多的利益。

（四）创造性的采购者

创造性的采购者指经常对交易条件提出一些创造性的想法并要求供应商接受的采购者。这类采购者有思想、爱动脑、喜创新，常常提出一些新的尝试性的交易办法，在执行决策部门制定的采购方案时，会最大限度地运用自己的权限，按照自己的想法去做。对于交易中的矛盾分歧能提出多种解决方案以使双方接受，如果实在无法调和，则更换供应商。对于这类采购者，供应商要给予充分尊重，在不损害自身根本利益的前提下，尽可能地接受他们的意见和想法。

（五）追求广告支持的采购者

这类采购者是指把获得广告补贴作为每笔交易的一个组成部分，甚至是首要目标的采购者。这类采购者重视产品购进后的销售状况，希望供应商给予广告支持，以扩大影响，刺激需求。这种要求符合买卖双方的利益，在力所能及或合理的限度内，供应商可考虑给予满足。

（六）斤斤计较的采购者

这是指每笔交易都反复地讨价还价，力图得到最大折扣的采购者。这类采购者自认为非常精明，每笔交易都要求对方作出特别的让步，一些蝇头小利也不放过，只选择价格最低或折扣最大的供应商。与这类采购者打交道是比较困难的，让步太多则无利可图，让步太少则丢了生意。供应商在谈判中要有耐心和忍让的态度，以大量的事实和数据说明自己已经作出了最大限度的让步，争取达成交易。

（七）琐碎的采购者

这类采购者每次购买的总量不大，但品种繁多，重视不同品种的搭配，力图实现最佳产品组合。供应商与这类采购者打交道会增加许多工作量，如算账、开单、包装和送货等，应当提供细致周到的服务，不能有丝毫厌烦之意。

第四节　非营利组织市场与政府市场的购买行为分析

相比于产业市场购买行为和中间商购买行为，非营利组织市场、政府市场的需求特点和购买行为既有相似之处，也有它们独有的特点。

一、非营利组织市场购买行为分析

(一)非营利组织的类型

非营利组织是指不以营利为目的而向社会提供产品或服务的组织机构。根据不同的标准，非营利组织可分为不同类型。

1.根据非营利组织的注册地点不同划分

(1)地方性组织，主要分布在国内各地，如学校。

(2)全国性组织，在全国范围内开展活动。如中国残疾人联合会、环保机构。

(3)国际性组织，这些组织同时在国内外注册，在国际范围内开展工作。如世界卫生组织、红十字国际委员会等。

2.根据非营利组织的性质划分

(1)政府部门，指服务于国家和社会，以实现社会整体利益为目标的有关组织，包括各级政府及其下属各部门、军队、警察、消防、监狱等。

(2)社会团体，指由民间发起，自主发展，促进相互之间思想、文化、学术和情感等方面的沟通与交流，推动某项事业的发展，维护某些群体利益的各种非营利组织，包括各种专业学会、行业协会、职业组织、业余团体及宗教组织等。

(3)社会服务机构，指为满足社会公众的特定需求而提供专门服务的非营利组织，包括学校、医院、卫生保健组织、新闻机构、图书馆、博物馆、文艺团、基金会和福利部门的慈善机构等。

(二)非营利组织的购买特点

1.限定总额

由于非营利组织的目标是向社会提供某些特定种类的服务，而不以营利为目的，其日常活动经费主要来自国家税收、政府财政拨款或补贴以及社会资助等。不仅使用经费数额有限，而且对经费预算开支进行严格控制。因此，非营利组织的采购经费总额是既定的，不能随意突破。比如，政府采购经费的来源主要是财政拨款，拨款不增加，采购经费就不可能增加。

2.价格低廉

非营利组织大多数不拥有宽裕的经费，在采购中要求商品价格低廉，追求较高的“性价比”。政府采购用的是纳税人的钱，要求仔细计算，用较少的钱办较多的事。

3.保证质量

非营利组织购买商品不是为了转售，也不是使成本最小化，而是维持组织运行和履行组织职能，所购商品的质量和性能必须保证实现这一目的。比如，医院以劣质食品供应病人就会损害声誉，采购人员必须购买价格低廉且质量符合要求的食品。

4.受到控制

为了使有限的资金发挥更大的效用，非营利组织采购人员受到较多的控制，只能按照规定的条件购买，缺乏自主性。

5.程序复杂

由于非营利组织的购买行为受到严格控制，以及各种规章制度的规范约束和社会公众的普遍监督，其购买过程的参与者众多，程序也较为复杂。比如，政府采购要经过许多部门签字盖章，受许多规章制度约束，需准备大量的文件、填写大量的表格，遭遇官僚气息严重的状况则更加难办。

（三）非营利组织的购买方式

1.公开招标选购

公开招标选购指非营利组织的采购部门通过传播媒体发布广告或发出信函，说明拟采购商品的名称、规格、数量和有关要求，邀请供应商在规定的期限内投标。有意争取这笔业务的企业要在规定时间内填写标书，密封后送交非营利组织的采购部门。招标单位在规定的日期开标，选择报价最低且其他方面符合要求的供应商作为中标单位。

采用这种方法，非营利组织处于主动地位，供应商之间会产生激烈竞争。供应商在投标时应注意以下问题。①自己产品的品种、规格是否符合招标单位的要求。非标准化产品的规格不统一，往往成为投标的障碍。②能否满足招标单位的特殊要求。许多非营利组织在招标中经常附带提出一些特殊要求，比如提供较长时期的维修服务，承担维修费用等。③中标欲望的强弱。如果企业的市场机会很少，迫切地需要赢得这笔生意以维持经营，就要降低标价；如果还有其他更好的机会，只是来尝试一下，则可以提高标价。

2.议价合约选购

议价合约选购即指非营利组织的采购部门同时和若干供应商就某一采购项目的价格和有关交易条件展开谈判，最后与符合要求的供应商签订合同达成交易。这种方式适用于复杂的工程项目，因为它们涉及重大的研究开发费用和风险。

3.日常性采购

日常性采购指非营利组织为了维持日常办公和组织运行的需要而进行的采购。这类采购金额较少，一般是即期付款、即期交货，如购买办公桌椅、纸张文具、小型办公设备等，类似于产业市场的“直接重购”或中间商市场的“最佳供应商选择”等类型。

拓展阅读5-4

二、政府市场购买行为分析

（一）政府市场购买的目的

政府采购的范围极其广泛，按照用途可分为军事装备、通信设备、交通运输工具、办公用品、日用消费品、劳保福利用品和其他劳务需求等。政府采购的目的不像工商企业那样是营利，也不像消费者那样是满足生活需要，而是维护国家安全和社会公众的利益。

一般说来，政府采购的具体目的包括以下几方面：①加强国防与军事力量；②维持政府的正常运转；③调控经济、调节供求及稳定市场；④对外国的商业性、政治性或人道性的援助等。

（二）政府市场购买过程的参与者

各个国家、各级政府都设有采购组织，一般分为以下两大类。

1.行政部门的采购组织

行政部门的采购组织如国务院各部、委、局；省、自治区、直辖市所属各厅、局；市、县所属的各科、局等。这些机构的采购经费主要来自财政部门拨款，由各级政府机构的采购办公室具体经办。

2.军事部门的采购组织

军事部门采购的军需品包括军事装备（武器）和一般军需品（生活消费品）。各国军队都有国防部和国防后勤部（局），国防部主要采购军事装备，国防后勤部（局）主要采购一般军需品。在我国，国防部负责重要军事装备的采购和分配，中国共产党中央军事委员会后勤保障部负责采购和分配一般军需品。此外，各大战区、各兵种也设立后勤部（局）负责采购军需品。

（三）影响政府市场购买行为的主要因素

政府市场与产业市场和中间商市场一样，也受到环境因素、组织因素、人际因素和个人因素的影响，但在以下方面略有不同。

1.受到社会公众的监督

虽然各国的政治、经济制度不同，但是政府采购工作都受到各方面监督。主要监督者有以下几类。

(1)国家权力机关和政治协商会议，即国会、议会或人民代表大会、政治协商会议。政府的重要预算项目必须提交国家权力机关审议通过，经费使用情况要接受监督。

(2)行政管理和预算办公室。有的国家成立专门的行政管理和预算办公室审核政府的各项支出并试图提高使用效率。

(3)传播媒体。报纸、杂志、广播、电视、网络等传播媒体密切关注政府经费的使用情况，对不合理之处予以披露，能起到有效的舆论监督作用。

(4)公民和社会团体。国家公民和各种社会团体对自己缴纳的税赋是否切实地用之于民也非常关注，并通过多种途径表达自己的意见。

2.受到国内外政治形势的影响

如在国家安全受到威胁或出于某种原因发动对外战争时，军备开支和军需品需求就大；和平时期用于建设和社会福利的支出就大。

3.受到国内外经济形势的影响

经济疲软时期，政府会缩减支出，经济高涨时期则增加支出。国家经济形势不同，政府用于调控经济的支出也会随之增减。我国出现“卖粮难”现象时，政府按照最低保护价收购粮食，增加了政府采购支出。美国前总统罗斯福在经济衰退时期实行“新政”，由国家投资大搞基础设施建设，刺激了经济增长。

4.受到自然因素的影响

各种自然灾害会使政府用于救灾的资金和物资大量增加。如我国 2008 年 5 月 12 日汶川大地震、2021 年河南省水灾等事件中，各种政府救灾物资的采购与供应。

（四）政府购买方式

与其他非营利组织一样，政府购买方式有公开招标选购、议价合约选购和日常性采购三种，其中以公开招标为最主要方式。对于公开招标方式，政府要制定文件说明对所需产品的要求和对供应商能力与信誉的要求。议价合约选购方式通常发生在复杂的购买项目中，往往涉及巨大的研究开发费用与风险；有时发生在缺乏有效竞争的情况下。

由于政府支出受到公众的关注，为确保采购的公正性和公开性，政府采购组织会要求供应商准备大量的说明产品质量与性能的书面文件，决策过程可能涉及纷繁的规章制度、复杂的决策程序、较长的时间、采购人员更换以及部分供应商的抱怨。政府机构也会经常地采取改革措施简化采购程序，并把采购系统、采购程序和注意事项提供给各供应商。供应商必须了解这个系统并投入相当的时间、资金和其他资源来制定有竞争力的标书。政府采购比较重视价格，供应商应当尽量通过降低成本来降低价格。有实力的供应商会预测政府需求，设计适当的产品和服务，以争取中标。

孙子曰：料敌制胜，计险厄远近，上将之道也。

简单地说，正确判明敌情，制定取胜计划，研究地形险易，计算道路远近，这些都是将帅的职责。市场营销活动中，在组织市场中经营的企业，必须了解自己客户的类型，其作出购买决策的过程，以及影响其购买决策的主要因素等。这些信息是企业在组织市场中参与竞争、获得竞争优势的基础。

本章知识点

组织市场通常购买决策参与者多，购买次数少、量大且购买目的复杂多样，组织市场需求具有派生性、波动性大、弹性小等特点。

产业市场购买行为可以分为直接重购、修正重购和新购三种类型，其中新购的购买过程最为复杂。

影响产业市场购买行为的主要因素有环境因素、组织因素、人际因素和个人因素。

产业市场的购买过程分为提出需要、确定需要、确定产品规格、物色供应商、选择供应商、发出正式订单、验收货物、绩效评价等八个步骤。

中间商的购买类型分为新产品采购、寻求最佳供应商的采购、寻求更佳条件的采购和直接重购。

中间商的购买过程包括提出需求、确定需求、物色供应商、选择供应商、实施购买、绩效评价。

中间商的采购类型可分为忠实的采购者、随机型采购者、最佳交易采购者、创造性的采购者、追求广告支持的采购者、斤斤计较的采购者和琐碎的采购者。

非营利组织购买的特点是限定总额、价格低廉、保证质量、受到控制和程序复杂。

非营利组织的采购方式是公开招标选购、议价合约选购和日常性采购。

政府市场购买行为受到社会公众的监督、国内外政治经济形势的影响与自然因素的影响。

营销思考题

1.简述产业市场的购买行为有哪几种。

2.影响产业市场购买行为的因素有哪些？

3.中间商采购者的购买风格对供应商的营销人员有何要求和启发？

营销计策

〔三十六计〕之十三:打草惊蛇。

〔原文〕疑以叩实,察而后动。复者,阴之媒也。

〔翻译〕对于有疑问的事情,就应该去证实清楚,观察到实情之后才能行动。反复多次地考察证实,其实是为了探知隐秘谋划的手段。

〔三十六计〕之十四:借尸还魂。

〔原文〕有用者,不可借;不能用者,求借。借不能用者而用之。匪我求童蒙,童蒙求我。

〔翻译〕看上去有用的东西,经常不能被利用;很多看上去没什么用的东西,却可以利用。利用没有用的东西来帮助自己,就不是我受到支配,而是我支配别人。

〔三十六计〕之十五:调虎离山。

〔原文〕待天以困之,用人以诱之。往蹇来连。

〔翻译〕等到自然条件对我方有利的时候再去围困敌人,用人造的假象来引诱敌人出击。如果去攻打敌人会有危险,那就引诱敌人出来攻击我。

结尾案例

某公司供应商管理办法

1.目的

规范公司供应商管理,提高公司经营管理水平,加强信息共享,降低供应成本,提高供应安全系数及供应可靠性,保证公司内生产顺利、畅通,确保供应商提供的产品满足公司的要求。

2.范围

凡与本公司物资采购、供应、加工等相关方的活动管理及评价工作均适用。

3.职责

制造部、品保部、技术中心负责对供应商进行评价。其中制造部负责对供应商的交货期进行考核;品保部负责对供应商的品质、服务进行考核;采购部负责合格供应商的审批工作。

4.作业流程

(1)供应商的开发。可以通过各种途径或媒介寻找供应商(如杂志、网络、展览会等),采购部应充分了解公司需求,以确保所规定的采购要求是适宜的。

(2)对新供应商的评估。采购部应会同其他部门(技术中心、品保部)先对新供应商就其公司经营状态、产品实现程序、生产设备情况、人员资格情况以及质量体系的达成等作调查评估,并填写供应商基本概况表及新供应商考核表,要求I类供应商未通过ISO 9001认证的至少在18个月内通过,且取得证书。

采购评鉴内容:包装及装运管制;环境管理与卫生;协调及合作;物料管理;厂房管理;应急能力等。

品保评鉴内容:生产制程管制;量测仪器及试验场所;品管功能与矫正措施;量规与仪器校正措施;设计及规格;设备维护;分供方管理,文件管控等。技术评鉴内容:工程开发能力;工程数据及变更管制;客户特别规定管理等。

评鉴作业人员:采购担当或主管;品保担当或主管;技术担当或主管。

评鉴总分共100分,可分为四级(表5-1)。

表5-1 供应商等级

评定标准	等级
91～100分,过程稳定	A
81～90分,过程比较稳定	B
71～80分,需限期整改	C
70分以下,暂停采购,要求改善计划	D

经评鉴等级B级及以上(含B级)者,即符合合格供应商条件。

经评鉴等级低于B级者,要求限期整改再评鉴确认。因特殊因素影响,不得不进行采购者,则由品保部SQE(供应商质量工程师)进行辅导,经3个月后再评鉴。

必要时协同一级供应商对二级供应商进行现场评鉴。

供应商管理流程:

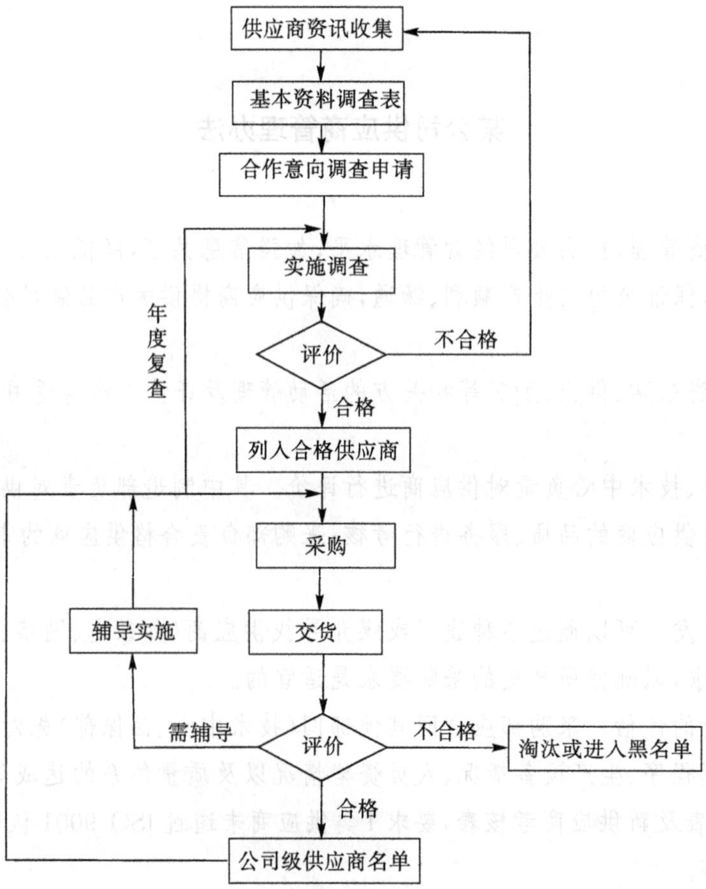

图5-3 供应商管理流程

(3)评鉴合格的供应商纳入合格供应商清单。对有合作意向的供应商,由采购部组织收集、调查对方基本情况。调查的主要内容有:营业执照、企业规模、资金状况、设备生产条件、供货能力、企业信誉、品质技术保障能力等，并将调查结果填写在供应商基本概况表上。采购部根据供应商基本概况表的相关资料，评审采购的可行性。经过调查有意向的主要供应商，由采购部主导并组织供应商评估小组指派的相关人员对该厂商进行实地考察、评估。参加评估的部门指定人（采购部、技术中心部、品保部相关负责人）必须独立如实地评估该企业的生产规模、品质、技术现状，并将评估结果客观地记录在新供应商考核表中。由采购部报采购主管审核，审批合格的厂商可以作为初步评审合格的供应商。

采购依据新供应商考核表、供应商基本概况表、价格确认单、样品确认单汇总合格供应商申请表交由经理级以上主管评估，(副)总经理批准后，采购需将合格供应商清单登入，并申请发放受控。

对外协加工件供应商，由申请外协单位负责人进行评鉴及进行资料收集，且交给采购部登入合格供应商清单，客户指定且取得相关质量认证的供应商，采购部门应对其进行资料收集，可直接登入合格供应商清单，将承认资料纳入该供应商卷宗，并对合格供应商清单中所有供应商，建立合格供应商基本资料卡进行管理与备案。

合格供应商清单每季度更新一次，必要时可根据实际状况及时更新。

资料来源于网络，作者有删改。

案例思考题

1.请结合案例资料分析总结该公司的供应商管理流程。

2.该公司采购过程中有哪些主要的参与者？

3.试用《孙子兵法》相关理论和三十六计之打草惊蛇或借尸还魂，分析供应商遴选和竞争中的营销策略。

第六章　需求调研与信息管理

故知战之地，知战之日，则可千里而会战。不知战地，不知战日，则左不能救右，右不能救左，前不能救后，后不能救前，而况远者数十里，近者数里乎！

——《孙子兵法·虚实篇》

教学目标

1.了解市场营销信息的来源和市场营销信息系统的构成；
2.理解市场营销调研的类型及市场需求测量的内涵；
3.熟悉并掌握市场营销调研过程及需求测量的方法；
4.理解市场营销信息系统及营销信息与大数据间关系；
5.能够运用《孙子兵法》解读市场调研及信息管理和营销决策的核心思想；
6.理解三十六计之"欲擒故纵""抛砖引玉""擒贼擒王"的核心思想，并能够在市场营销中合理运用。

导入案例

我国消费者更愿为有吸引力的国货品牌买单

2022年9月15日，普华永道发布《〈2022年全球消费者洞察调研〉中国报告——洞察零售新格局，开拓增长新路径》。报告指出，新的生活和工作模式的兴起影响着我国消费者的消费方式和习惯，人们正在重新调整支出类别，愿意为有吸引力的国货品牌买单，对个人隐私、品牌商的ESG(环境、社会和公司治理)策略等有了更高的期望。品牌和零售商们不能仅仅采取保守的战略被动等待消费者，他们更需要随机应变，探索新模式、开拓新路径来保持并提高运营能力和市场占有率。

该报告旨在帮助品牌和零售商确定可持续增长的新路径以迎接下一次零售变革浪潮，并提出重塑中国消费市场的四大新常态，包括消费者思维和行为的深层改变、重新聚焦重要的品牌价值、新供应链布局颠覆消费模式、元宇宙和未来商店转型。

消费者更倾向于购买国产品牌。根据调研，44%的中国消费者预计未来6个月会增加食品杂货支出，而越来越多受访者预计将减少非必需品的支出，例如，时尚产品、健康和美容产品，以及电子产品。

中国品牌对本土消费者的吸引力越来越大。调研显示，与上一年相比，45%的中国受访者表示，他们更倾向于购买国产品牌，增长了10个百分点，而对国产品牌和国外品牌都无所谓的受访者则有所减少。受访消费者表示，除了支持本地经济外，他们愿意为本土产品支付溢价，也基于较短的配送时间、购买的便捷性以及更高的质量等方面的考虑。

保护个人数据是影响品牌信任度的首要因素。调研显示，消费者愿意支付溢价购买若干具有理想属性的产品。50％的受访者愿意支付更高的均价购买来源可追溯和透明的产品，47％的受访者愿意购买定做或定制化产品，45％的受访者则愿意购买由可回收、可持续或环保材料制造的产品。

普华永道中国ESG可持续战略和运营主管合伙人钟晓扬表示："随着消费者对气候变化的忧虑升温，未来几年，可持续消费有望成为颠覆性的力量和重要价值驱动的力量。中国消费者被具有ESG意识的品牌吸引的同时，具有社会意识的消费主义将继续壮大。随着越来越多的消费者寻找值得信赖且符合自己价值观的品牌，品牌将更加积极地宣传自己在可持续发展方面的付出，赢得客户的信任。"

保护个人数据仍然是影响品牌信任度的首要因素。调研结果显示，51％(比全球低7个百分点)的受访者表示，保护个人数据最为关键，其次是品牌符合期望的能力，以及提供崭新、令人愉悦和创新的产品或服务。

企业新供应链布局将颠覆消费模式。供应链的混乱状况迫使零售商探索垂直整合。一些全球大型零售商，尤其是在中国市场拥有业务的零售商，已自行购买集装箱或租用船只，以确保按时收到要优先处理的商品，减小对原材料采购和向客户运输成品的影响。同时，拥有妥善整合的供应链将满足消费者和品牌在加强可持续发展实践和披露方面的需求。

钟晓扬分析说："供应链本地化和端到端的数字化将成为普遍现象。分销商应使用数据提高供应链的可视度、完善运营，重新思考在电商新发展阶段以及直面消费者(DTC)模式的投资。此外，ESG和更广泛的可持续发展主题也开始推动零售和品牌商的供应链优化。部分企业已经开始利用3R概念(减量化、再利用和再循环)引入企业供应链运作的每个环节。"

元宇宙和未来商店转型重新定义全渠道体验。随着数字经济规模的扩大，实体店和电商在多种设备和渠道方面历经多年融合，重新定义了新零售时代下的全渠道体验。虚拟现实(VR)、5G(第五代移动通信技术)、Web3.0和区块链(目前被综合称为"元宇宙")的高速发展，正在为零售体验带来全新的提升。受访的中国消费者中，36％的人表示过去6个月曾使用虚拟现实头盔玩游戏、观看电影或电视节目(全球比例为16％)，而23％的人表示曾购买数码产品或非同质化代币(全球比例为10％)。无论是学生还是全职员工，还是混合办公的人士，"Z世代"和年青的千禧一代也广泛使用虚拟现实。

元宇宙的发展并非要取代实体零售店，而是可能会逐步重塑零售商的策略和实体运营，以更好地满足消费者的真实和虚拟需求，但同时需要遵守有关该领域的相关规定。随着技术的发展，传统品牌应为下一阶段的实体店转型做好准备，这意味着升级线上和线下体验，以持续贴合当地消费者的需要。

普华永道中国内地消费市场行业主管合伙人叶旻表示："随着全球经济活动逐步回归正常，消费者正重新调整消费模式以适应当前全球经济和市场波动带来的变化，我们看到品牌已着眼于长远未来，向着其认为会持续存在的结构性趋势转变。当前面临的各项挑战暴露出企业在业务策略和执行方面的不足，传统的经营方式将不再行之有效，未来的路上企业应视宏观复杂性和不断变化的竞争环境为新常态，我们建议品牌和零售商采取更进取的措施，将灵活性和韧性融入其业务模式，以实现可持续增长。"

资料来源于网络，作者有删改。

孙子曰："故知战之地，知战之日，则可千里而会战。不知战地，不知战日，则左不能救右，右不能救左，前不能救后，后不能救前，而况远者数十里，近者数里乎？"

其意思是说：既预知与敌人交战的地点，又预知交战的时间，即使行军千里也可以与敌人交战。否则，仓促遇敌，就会左军不能救右军，右军不能救左军，前军不能救后军，后军不能救前军，何况远的相距数十里，近的也有好几里呢。由此可见，行军打仗中需要了解敌我作战信息，做到知己知彼，才能百战不殆，企业经营亦是如此。市场调研与预测是企业获取市场信息、科学认识市场的重要手段，是企业把握市场机会，制定各项市场营销决策的基础和依据。市场调研的目的是了解市场活动的历史与现状，市场预测则是为了预见市场未来的发展趋势，从而为企业经营提供信息和资料。

2020年9月17日，习近平总书记在基层代表座谈会上指出：长期以来，我们党在出台重要方针政策、作出重大决策部署前，都要求有关部门深入基层调查研究，了解和掌握第一手材料。"实事求是"是我们党的思想路线的重要内容，早在延安时期，毛泽东同志就强调"共产党员应是实事求是的模范"，"只有实事求是，才能完成确定的任务"，并认为调查研究的方法"第一是眼睛向下，不要只是昂首望天"，"第二是开调查会"。同样，企业运营需要结合实际，通过必要的市场调研和市场预测，建立市场营销信息系统，从而为实现企业的可持续发展提供重要的信息支持。

第一节 市场营销调研

一、市场营销调研的概念

美国市场营销协会（American Marketing Association，AMA）将市场营销调研定义为：一种通过信息将消费者、顾客和公众与营销者连接起来的职能。这些信息用于识别和确定营销机会及问题，产生、提炼和评估营销活动，监督营销绩效，改进人们对营销过程的理解。市场调研规定了解决这些问题所需的信息，设计收集信息的方法，管理并实施信息收集过程，分析结果，最后沟通所得的结论及其意义。

我们更倾向于另一种定义：市场营销调研是针对企业特定的营销问题，采用科学的研究方法，系统地、客观地收集、整理、分析、解释和沟通有关市场营销各方面的信息，并提供各种市场调研数据资料和各种市场分析研究结果报告，为营销管理者制定、评估和改进营销决策提供依据。该定义包含以下四个方面内容。

（1）市场营销调研是一个过程，是根据特定的调研目的要求所进行的系统的策划、收集、整理和分析活动过程。

（2）市场营销调研依靠科学的手段与方法，以确保调研结果的客观性和准确性。

（3）市场营销调研的结果可以是市场调研数据，也可以是市场分析研究报告。

（4）市场营销调研的功能是为市场经济条件下的企业营销决策提供基本依据。

二、市场营销调研的内容

市场营销活动涉及面相当广泛，因此，市场营销调研的内容和范围也极为广泛而复杂，归纳起来，主要包括以下四个方面。

(一)市场环境调查

政治、法律环境的调查：对市场产生影响的国内外政治形势以及国家规范市场的法律、法规、方针政策，有关管理机构和社会团体活动的调查。

经济环境的调查：对生产发展水平、规模，国民生产总值，国民收入、社会扩大再生产的方式、规模和发展速度，居民收入，消费总体水平、消费结构及其变化，物价水平，经济发展水平、速度、周期，经济基础设施等方面的调查。

文化环境的调查：对教育水平、价值观、宗教信仰、生活习惯、审美观等方面的调查。

自然环境的调查：对自然资源分布状况及其开发利用水平和环境保护、生态平衡等方面的调查。

科技环境的调查：对科技发展水平、趋势，新技术、新材料、新品种、新能源的状况，技术指标，质量标准，以及国家科技政策等的调查。

(二)消费者需求调查

顾客的需求应该是企业一切活动的中心和出发点，因而调查消费者或用户的需求，就成了市场调查的重点内容，主要包括以下几方面。

市场商品和劳务需求总量调查：市场商品和劳务需求总量是一定时期该区域社会购买力的表现，包括居民购买力、生产资料购买力和社会集团购买力三个部分。

市场需求结构调查：对购买力的持有者将其购买力投入不同商品类别、不同地区、不同时间的比例及其变动进行的调查。

需求转移的调查：对人们的购买力、需求层次、需求偏好等发生改变的调查。

(三)市场商品资源调查

国内市场社会商品供应总额：包括工业企业能向国内市场提供的产品量、农业能向国内市场提供的产品量、服务部门能向国内市场提供的服务量。

拓展阅读6-1

国内市场供应的构成：包括农产品和工业产品的比例，农产品中粮食产品与经济作物产品的比例，工业产品中消费品与生产资料的比例，物质产品和劳务的比例。

商品来源的调查：包括国内生产部门提供的商品和服务部门提供的劳务产品，还有进口商品、国家储备拨付、挖掘社会潜在物资和期初结余供应量等的调查。

(四)市场营销活动调查

现代市场营销活动是包括产品、定价、分销渠道和促销在内的营销活动。市场营销活动调查就是围绕企业营销活动进行的调查，主要包括以下内容。

产品调查：产品质量的调查，产品市场寿命周期调查，产品的开发与改造调查，产品包装调查等。

竞争对手状况调查：竞争对手状况调查是指对与本企业经营存在竞争关系的各类企业及其

现有竞争程度、范围和方式等情况的调查。竞争对手调查的内容包括:直接或间接竞争对手数量,竞争对手的经营能力、经营方式、购销渠道,竞争对手生产经营商品的种类、质量、性能、价格、成本、服务等方面的情况,竞争对手的技术水平和新产品开发的情况,竞争对手的声誉和形象的调查,竞争对手的宣传手段和广告策略,竞争现状及企业在竞争中所处的地位,潜在竞争对手状况等。

品牌或企业形象的调查:包括品牌的知名度、企业的知名度、品牌的忠诚度、评价品牌或企业的指标,对品牌或企业名称、商标印象及联想度等。

广告调查:用科学的方法了解广告宣传活动的情况和过程,为广告主制定决策,为达到预定的广告目标提供依据。广告调查的内容包括广告诉求调查、广告媒体调查、广告效果调查等。

价格调查:从微观上看,价格调查内容主要有:国家的物价政策;企业商品的定价是否合理,怎样定价才能使企业增加盈利;消费者对什么样的价格容易接受,以及接受的程度;商品供给和需求的价格弹性有多大,影响因素有哪些;等等。

用户或客户调查:用户或客户是指同企业营销活动发生往来关系的企业或单位,既包括本企业原材料或劳务的供应商,也包括本企业产品的推销商。用户调查包括用户的经营能力、用户的声誉和资金等方面的内容。

二、市场营销调研的全过程

市场营销调研的全过程可划分为四个阶段:确定调研问题、选择调研设计、实施调研设计和沟通调研结果。

(一)确定调研问题

营销研究的第一步就是确定调研问题。确定调研问题时,应当考虑研究的目的、有关背景、所需信息及其在决策中的用途。确定调研问题需要很好地与决策者沟通,向业内专家咨询,分析二手数据,有时也需要进行诸如专题组座谈的定性研究。一旦明确调研问题,就能够正确地设计和开展研究。因此,确定调研问题涉及三个相互关联的活动:识别并解释信息需求、定义调研问题和说明疑问、明确调研目标并确定信息价值。

1.识别并解释信息需求

调研人员是用对一个问题的定义过程来了解这个问题的,一般包括以下活动:①在决策者的调研目标方面达成一致意见;②了解整个问题;③确定可测量的现象;④选择分析的单位;⑤确定相关变量。正确定义问题是确定是否有必要实施调研的第一步,也是最重要的一步。被不恰当定义的问题可能会导致一个几乎没什么价值的调研结果。

2.定义调研问题和说明疑问

将问题分解为调研问题是营销调研过程中最重要的步骤之一,因为如何定义调研问题会对其余所有调研步骤产生影响。调研人员的任务即是,以关键问题的形式重述与问题相关的初始变量:调查谁(who)、如何调查(how)、调查什么(what)、在哪调查(where)、何时调查(when)、为什么调查(why)。

3.明确调研目标并确定信息价值

决策制定者和调研人员必须评估信息的预期价值。这不是一项简单的任务,因为影响因素有很多。必须考虑以下几类问题的答案。

“能够收集到所有的信息吗?”

“所收集的信息能告诉决策制定者一些未知的信息吗?”

“所收集的信息能提供重要的观点吗?”

“这些信息能带来哪些收益?”

拓展阅读6-2

在大多数情况下，只有当所获信息的预期价值超过成本时才可以进行调研。

（二）选择调研设计

为了实现调研目标，选择恰当的调研设计是非常重要的，这个阶段主要包括:确定调研设计和数据来源、确定抽样设计和样本容量、检查测量问题和量表、问卷设计和预调查。

1.确定调研设计和数据来源

调研设计被视为对收集和分析数据所采用方法的一种整体规划。恰当的调研设计根据调研目标和信息需求来确定。调研人员必须考虑数据的类型、数据的收集方法(如调查法、观测法、深度访谈法等)、抽样方式、进度表和预算。调研设计被分为三大类:探索性研究设计、描述性研究设计和因果性研究设计。为了实现调研目标，一个具体的调研项目有时可能需要将探索性、描述性以及因果性三类研究设计相结合。

探索性研究设计的目标一般为:①通过探索性研究产生新的启示，有助于调研人员定义问题;②通过探索性研究加深对消费者动机、态度和行为的理解。涉及探索性研究设计的具体方法有:对现有可用信息的文献回顾、焦点小组访谈和深度访谈等定性方法。

描述性研究设计是通过设计调研获得描述某些市场特征和功能等方面的信息数据。如有关消费群体的特征、某些消费人群所占比例等。在营销中，描述性信息主要包括消费者的态度、意愿、偏好、购买行为、对当前营销组合策略的评估以及人口统计数据等。

因果性研究设计是通过收集数据信息来回答调研问题。因果性研究设计能使决策者确定两个或两个以上变量之间因果关系的数据。当调研目标涉及需要了解哪个自变量(如广告的投放、销售人员的数量、价格等)导致了某个因变量(如销售额、顾客忠诚度、消费者购买意愿等)的变化时，因果性研究设计就是最适宜的方法。

2.确定抽样设计和样本容量

当进行原始数据调研时，必须考虑抽样设计，样本必须具有一定的代表性。在通常情况下，营销决策者最感兴趣的是查明并解决与其目标市场相关的问题。因此，调研人员需要确定相关的目标总体。在收集数据时，调研人员可选择普查或抽样调查。在普查中，调研人员要询问或观测所确定的目标总体中的所有个体。对于小容量的总体来说，普查可能是最好的方法。当总体很大时，从确定的目标总体中选择一个样本进行调研，如果希望借此来推断总体，必须使用一个能代表总体的样本来进行调研。为达到这个目的，调研人员需要制定一个抽样计划。样本容量影响数据的质量及其对总体的代表性，因此，必须确定调研所包括的人数或调查对象的个数。

3.检查测量问题和量表

测量问题和量表涉及确定和测量与问题相关的变量。调研人员必须回答如下问题:应如何定义和测量诸如顾客满意度或服务质量等变量?是使用单项测度还是使用多项测度来量化变量?

4.问卷设计和预调查

问卷调查是市场调研中最常采用的一种询问技术，它是被调查者回答的问题的集合。设计调查表时，调研人员必须精心确定所提问题的内容、形式、措辞和次序，要符合简明、突出主题和便于统计分析的要求。设计高质量的问卷还需要实施预调查。预调查中所获得的信息，应该来自实际调查时可能被询问的样本。在预调查中，应答者必须按要求完成问卷，并且对问卷中的说明和提问的清晰度、题目和问题的顺序以及所有可能的难点或令人费解之处进行评论，以便于后期的问卷完善。

（三）实施调研设计

实施阶段的主要目标是最终完成所有必要的数据收集，收集和编辑数据，分析并解释数据，从而恰当地理解问题或机会。与前两个阶段一样，调研人员必须谨慎，以确保消除可能的偏差或误差。实施调研设计包括收集并准备数据、分析数据、解释数据形成有用信息。

1.收集并准备数据

收集数据的方法主要有两种，一种是让访谈人员就变量和市场现象提问或使用问卷，另一种是观测个人或市场现象。一旦收集到原始数据，在进行数据分析之前，调研人员通常用数值型的描述符号为所有的应答类型赋值编码，以便将其输入计算机。然后，还必须对数据编码或数据录入错误进行检验。

2.分析数据

分析过程在深度和复杂程度上都有很大的差异，从简单的频数分析到描述性统计分析和多变量数据分析，不同的程序使调研人员能够对几个变量之间的显著性差异和相关性作统计假设检验，并评价数据质量和检验因果关系模型。

3.解释数据形成有用信息

有价值的信息就是有意义的信息，与判断和解释相结合以便于进行准确决策的信息。解释不仅仅是对调查结果的叙述性描述，还包括将调查发现的各个方面整合为可以用来回答调研问题的结论。

（四）沟通调研结果

调研最后一个阶段的重点就是向有关管理部门报告调查结果，具体是以最终的调研报告来呈现，包括编写市场调研报告、追踪与反馈。

1.编写市场调研报告

市场调研报告要全面系统地反映调研内容，一般包括：执行性摘要、导言、对问题的定义和目标说明、方法论、调研结果和发现，以及研究的局限性。在某些情况下，调研人员不仅需要提交书面报告，而且要就主要的调研发现作口头报告。

2.追踪与反馈

提交调查报告后，还需要通过市场实践活动，检验报告所反映的问题是否解决，提出的建议是否可行、实用，效果如何，并总结市场调研的经验教训，不断提高工作能力。

拓展阅读6-3

三、市场营销调研的方法

(一)二手数据调研法

二手数据调研法是利用企业内部和外部现有的各种信息、情报资料，对调查内容进行分析研究的一种调查方法。二手数据调研法调查的对象是各种历史和现实的资料。此法的优点是可以充分利用第二手资料，节省调查费用。但是，调查人员有较丰富的专业知识和较强的分析能力，才能胜任。二手数据调研法要求更多的专业知识、实践经验和技巧。这是一项艰辛的工作，要求有耐性、创造性和持久性。

在开展市场营销调研活动时，调研人员应首先注意利用现有信息来源收集解决问题所需的资料。这些资料可能存在于企业内部信息系统，或者存在于经销商、广告代理商、行业协会信息系统内，也可能存在于各大公开数据库，出现于政府出版物或商业、贸易出版物上，还可能需要从辛迪加等服务公司购进。

(二)询问调研法

询问调研法，是指通过某种方式向被调查者询问问题而收集所需资料的一种调研方法。这是市场调研最常采用的方法。根据调查人员同被调查者接触方式的不同，询问法又可分为面谈调研、邮寄调研、电话调研和留置调研。

1.面谈调研

面谈调研是指调查人员同被调查者直接面谈，当面听取意见，询问有关问题，收集信息资料的方法。

面谈调研具有直接性、灵活性、启发性和真实性的特点。因为该法能够直接接触被调查者，可根据其具体情况进行深入询问，从而取得良好的调研效果；同时，还可以使调查人员直接观察被调查者，便于判断被调查者回答问题的可靠性。此外，面谈调研的问卷回收率较高，样本代表性强，有助于提高调研结果的可信度。

面谈调研的主要缺点是调研费用高、时间长。如果调研样本多，需要分别面谈，就会花费很多时间。同时，由于调查者分头到被调查者处询问，不利于对工作的检查、监督。特别是面谈调研需要调查人员具有熟练的谈话技巧，善于启发引导谈话对象，善于归纳谈话记录，如果不具备这些条件，调研效果会受到一定影响。

2.邮寄调研

邮寄调研是指将设计印制好的调查问卷通过邮政系统或者电子邮件等形式寄给被调查者，由被调查者根据要求填写后再寄回来的一种调研方法。

邮寄调研的主要特点是：①调查的空间范围大。在一个地区可以邮寄到全国甚至国际市场进行调查，不受调查人员所在地区的限制，只要是通邮的地方，就可选为样本单位。②调查的样本数目可以很多，而费用开支少。按随机原则选定的调查样本，可以达到较大数量，同时发放和回收问卷。③被调查者有充裕的时间来考虑回答问题，并可避免面谈中受调查者倾向性意见的影响，从而得到较为真实可靠的信息。

邮寄调研法的不足之处是：问卷回收率低，可能影响样本的代表性；由于不直接接触被调查者，不能了解其回答问题的态度，也不能了解到问卷中未涉及的问题而有可能遗漏重要的市场信息；被调查者由于误解问题而给出错误答案。

3.电话调研

电话调研是指借助于电话向被调查者询问，了解有关信息资料的一种方法。

电话调研的主要特点是调查人员可以坐在企业里进行调查，有利于节省时间和费用，而且取得结果也快。但这种方法只适用于有电话信息的家庭或消费者，因而调研母体本身不完整，调研结果不一定能代表没有电话联络的消费者意见；此外，电话调研也不容易取得被调查者的合作，因此所提问题应尽量简洁。

4.留置调研

留置调研是介于面谈调研与邮寄调研之间的一种折中方法，是指将调查问卷当面交给被调查者，说明填写要求，并留下问卷让被调查者自行填写，由调查人员定期收回的一种方法。

留置调研的优点是调查问卷回收率高；被调查者可当面了解填写要求，澄清疑问，避免由于误解内容而产生误差；填写时间充裕，便于思考，并且不受调查人员意见的影响。其主要缺点是调查地域范围有限、费用较高。

四种调研法优缺点的比较见表6-1。

表6-1 四种调研法优缺点的比较

	面谈法	电话法	邮寄法	留置法
调查范围	较窄	较窄	广	较广
调查对象	可控可选	可控可选	一般	可控可选
影响回答的因素	能了解控制和判断	无法了解控制和判断	难了解控制和判断	能了解控制和判断
回收率	高	较高	较低	较高
回答速度	可快可慢	最快	慢	较慢
回答质量	较高	高	较低	较高
平均费用	最高	低	较低	一般

（三）观察调研法

观察调研法是由调查者直接或间接地利用仪器来观察、记录被调查对象的行为、活动、反应或现场事物，以获取资料的一种方法。观察法的优点是可以实地记录市场现象的发生，能够获得直接具体的生动材料，对市场现象的实际过程和当时的环境气氛都可以了解，这是其他方法不能比拟的。观察法不要求被调查者具有配合调查的语言表达能力或文字表达能力，因此适用性比较强。观察法还有资料可靠性高、简便易行、灵活性强等优点。观察法的缺点是只能观察到人的外部行为，不能观察其内在动机，观察活动受时间和空间的限制，被观察者有时难免受到一定程度的干扰而不完全处于自然状态等。

观察调研法主要用于以下几种状况。

1.观察顾客的行为

了解顾客行为，可促使企业有针对性地采取恰当的促销方式。所以，调查者要经常观察或者摄录顾客在商场、销售大厅内的活动情况，如顾客在购买商品之前，主要观察什么，是商品价格、商品质量还是商品款式等；顾客对商场的服务态度有何议论；等等。

2.观察顾客流量

观察顾客流量对商场改善经营、提高服务质量有很大好处。例如，观察一天内各个时间进出商店的顾客数量，可以合理地安排营业员工作的时间，更好地为顾客服务；又如，为新商店选择地址或研究市区商业网点的布局，也需要对客流量进行观察。

3.观察产品使用现场

调查人员到产品用户使用地观察调查，了解产品质量、性能及用户反映等情况，实地了解使用产品的条件和技术要求，从中发现产品更新换代的前景和趋势。

4.观察商店柜台及橱窗布置

为了提高服务质量，调查人员要观察商店内柜台布局是否合理，顾客选购、付款是否方便，柜台商品是否丰富，顾客到台率与成交率以及营业员的服务态度如何等。

观察法有直接观察和测量观察两种基本类型。

直接观察就是观察人员直接到商店、家庭、街道等处进行实地观察。一般是只看不问，不使被调查者感觉到在接受调查。这样的调查比较自然，容易得到真实情况。这种方法可观察顾客选购商品时的表现，有助于研究购买者行为。

测量观察就是运用电子仪器或机械工具进行记录和测量，例如，某广告公司想了解电视广告的效果，选择一些家庭作为调查样本，把一种特殊设计的“测录器”装在这些家庭的电视机上，自动记录所收看的节目。经过一定时间，就了解到哪些节目收看的人最多，在以后的工作中根据调查结果合理安排电视广告的播出时间，收到很好的效果。

(四)实验调研法

实验调研法是指从影响调研对象的若干因素中选出一个或几个作为实验因素，在其余诸因素均不发生变化的条件下，了解实验因素的变化对调研对象的影响程度。

拓展阅读6-4

实验法的优点是：首先，调研人员可以有控制地分析、观察某些市场现象之间是否存在因果关系，以及相互影响程度；其次，通过实验取得的数据比较客观，具有较高的可信度。实验法的缺点是：首先，实验所需的时间较长，而且在实验中实际销售商品，费用也较高；其次，影响市场变化的因素错综复杂，很多因素无法严格控制，在一定程度上影响了实验结果的可靠性。

实验调研法应用范围较广，一般来讲，改变商品品质、变换商品包装、调整商品价格、推出新产品、变动广告内容或商品陈列等，都可采用实验法测试其效果。

常用的实验法主要有以下几种。

(1)事前事后对比实验。这是最简单的一种实验调研方法。只选择一组实验单位，确定实验时期，先对实验前正常的情况进行记录，然后引入实验因素，再测试实验后的情况，通过事前事后对比，了解实验因素的影响效果。

(2)控制组同实验组对比实验。选择一组实验对象为实验组(引入实验因素)，再选择另一组实验对象为控制组(不引入实验因素)，在同一实验期内，观察、记录两组不同的情况，通过对比了解实验因素的影响效果。

(3)控制组的事前事后对比实验。将控制组的事前事后实验结果同实验组的事前事后实验结果进行对比，以了解实验因素的影响效果。

（五）网络市场调研法

网络市场调研就是利用互联网发掘和了解顾客需要、市场机会、竞争对手、行业潮流、分销渠道以及战略合作伙伴等方面情况，系统地进行营销信息的收集、整理、分析和研究的过程。网络市场调研与传统市场调研一样，主要探索消费者的购买力、消费心理、竞争分析、新产品开发、价格研究、广告监测和效果研究、企业形象研究、市场销售状况等。网络调研也有两种方式：一是网络市场的直接调查方法，包括在线注册、在线问卷、扫码填写问卷、电子邮件等方法。二是网络市场的间接调查方法，包括利用搜索引擎、访问相关网站、利用网上数据库和网上论坛、新闻组等方法。

相对于传统市场调研，网络市场调研具有及时性和共享性、便捷性和低成本、交互性和充分性、调研结果的可靠性和客观性、调研的无时间和地域的限制、调研的可检验性和可控性等优势。网络市场调研的不足之处在于：调查的对象仅限于网民，而不使用互联网的广大群体被排除在网络调查之外；网络调研依然存在数据采集的可靠性问题。网络市场调研与传统市场调研的区别见表 6-2。

表 6-2　网络市场调研与传统市场调研的区别

项目比较	网络市场调研	传统市场调研
调研费用	较低，主要是设计费与数据处理费，调查问卷所要支付的费用几乎为零	昂贵，包括问卷设计、印刷、发放、回收、培训、调查结果整理与分析
调研范围	全国乃至全球，样本数量庞大	受成本限制，调查地区和样本数量有限
动作速度	很快，只需搭建平台，数据库可自动生成	慢，需 2～6 个月才能得出结论
调研时效性	全天候进行	不同访问者对其进行访问时间不同
被访问者便利性	非常便利，被访问者可自由决定时间、地点回答问卷	不太方便，一般要跨越空间障碍，到达访问地点
适用性	适合长期大样本调查，适合迅速得出结论的情况	适合面对面深度访谈

第二节　市场需求预测

企业不仅要对市场进行各种定性分析，而且必须进行定量分析，从量的角度将定性分析准确地转换成以产品、区域、顾客等分类来表示的特定需求，即进行需求测量与预测。这是制定市场营销决策的重要依据，对于市场机会分析、市场营销资源配置、市场营销控制具有特殊的重要的意义。企业从事需求测量，主要是进行市场需求和企业需求两方面的测量与预测。

一、市场需求

（一）市场需求的含义

估计市场需求是评价市场营销机会的重要步骤。某个产品的市场需求是指一定的顾客在一定的地理区域、一定的时间、一定的市场营销环境和一定的市场营销方案下购买该产品的总量。为了正确地理解这个概念，下面从八个方面来考察它。①产品。首先确定所要测量的产品类型及范围。②总量。总量可用数量和金额的绝对数值表述,也可用相对数值表述。③购买。测量市场需求还需要明确购买的含义,即这种购买是指订购规模、送达规模、付款规模还是消费规模。④顾客群。不仅要测量整个市场的需求量,而且市场的各个部分或子市场的需求也必须确定。⑤地理区域。区域的限定范围不同,产品销售额的预测结果也不同。⑥时期。测量市场需求必须规定时期。⑦市场营销环境。确切掌握宏观环境中人口、经济、政治、法律、技术、文化诸因素的变化及其对需求的影响。⑧市场营销方案。市场需求受产品改良、产品价格、促销和分销方式等影响,表现出某种程度的弹性,因此,市场需求也被称为市场需求函数。

1.市场营销力量与市场需求

市场需求对四个基本要素(产品价格、产品改进、促销和分销等)一般都表现出某种程度的弹性,即受这些因素的影响,并且是这些因素综合作用的结果。因此,预测市场需求必须掌握产品价格、产品特征以及市场营销预算等的假设。

我们可用市场营销力量来描述企业所有刺激市场需求的活动。其影响力可分为四个方面:市场营销支出水平,即所有花费在市场营销上的支出;市场营销组合,即在特定期间内企业所用市场营销工具的类型与数量;市场营销配置,即企业市场营销力量在不同顾客群体及销售区域中的配置;市场营销效率,即企业运用市场营销资金的效率。

2.市场反应函数

由于市场需求受以上四个基本因素的影响,市场需求不是一个固定的数值,而是一个函数,因此,市场需求也被称为市场需求函数或市场反应函数,如图 6-1 所示。

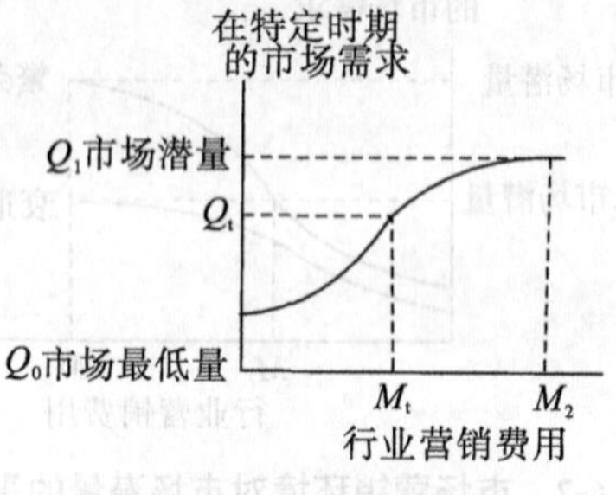

图 6-1　市场需求函数

在图 6-1 中,横轴表示在一定时间内的行业市场营销费用(即企业所有刺激市场需求活动的总和),纵轴表示受市场营销费用影响的市场需求大小,曲线表示行业市场营销费用与市场需求之间估计的对应关系。由市场需求函数曲线,可以得出以下结论。

(1)即使没有任何需求刺激,不开展任何市场营销活动,市场对某种产品的需求仍会存在,这是市场需求最小量,此时的销售额称为基本销售量,用 Q_0 表示。

(2)随着行业市场营销费用增加,市场需求一般随之增加,且先以逐渐增加的比率增加,然后以逐渐降低的比率增加,曲线先陡后缓。

(3)在市场营销费用超过一定数量后,即使市场营销费用进一步增加,市场需求也不再随之增长,一般把市场需求的最高界限称为市场潜量,用 Q_1 表示。

(4)市场最低量 Q_0 与市场潜量 Q_1 之间的距离表示需求的市场营销灵敏度,即表示行业市场营销费用对市场需求的影响力。

(5)产品不同则市场需求函数曲线不同，即需求的市场营销灵敏度不同。如服装市场、家用电器市场等，其需求规模受市场营销费用水平的影响很大，是可扩张的市场。食盐市场等，几乎不受市场营销费用水平影响，其需求不会因市场营销费用增长而大幅度增长。

(6)需要指出的是，市场需求函数并不是随时间变化而变化的需求曲线，即它并不直接反映时间与市场需求的关系。市场需求曲线只表示当前市场营销力量与当前需求的关系。

(二)市场预测与市场潜量

从图 6-1 中，我们还可以了解如下两点。

(1)市场预测。在一定的市场营销环境下，考虑企业资源及发展目标，行业市场营销的费用水平又都必须是有计划的。同计划的市场营销费用相对应的市场需求被称为市场预测，用 Q 来表示，它介于基本销售量 Q_0 和市场潜量 Q_1 之间。这也就是说，市场预测表示在一定的市场营销环境条件下和市场营销费用下（预期努力）所估计的市场需求。

(2)营销环境。这里，有必要强调"在一定的市场营销环境条件下"这个限定语的作用。我们知道，市场营销环境变化深刻地影响着市场需求的规模、结构以及时间等，也深刻地影响着市场潜量。例如，对于某种产品来说，市场潜量在经济繁荣时期就比在萧条时期高，如图 6-2 所示。这就是说，不同的市场营销环境，同一产品有不同的市场需求曲线。所以，企业一般无法改变市场需求曲线的位置，因为这是由市场营销环境决定的，企业只能根据市场营销费用水平，确定市场预测在函数曲线上的位置，即求出 Q。

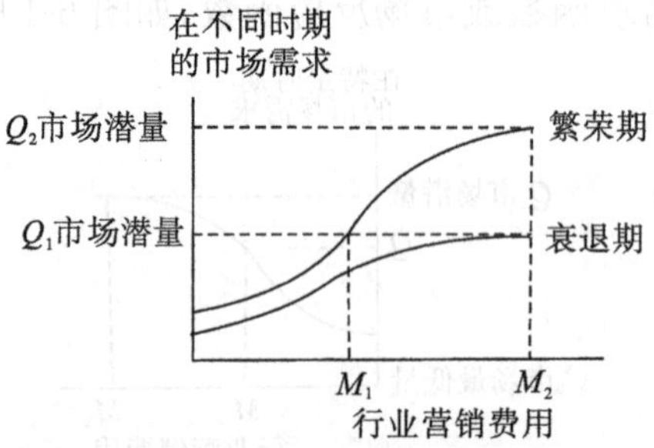

图 6-2　市场营销环境对市场潜量的影响

二、市场需求预测的内容

(一)总市场潜量

总市场潜量是指在特定的时期内，在既定的行业市场营销努力水平与既定的环境条件下，行业内的所有企业所能获得的最大销售量。判断总市场潜量常用的方法如下：

$$Q=nqp$$

式中，Q 为总市场潜量；n 为在既定条件下，特定产品或市场中购买者的数量；q 为购买者的平均购买数量；p 为产品的平均单价。

例如，如果全国每年有 8 亿人买书，平均每人每年买 3 本，平均每本书的价格为 12 元，那么书籍的总市场潜量为：

$$Q=8\text{亿}\times 3\text{本}\times 12\text{元/本}=288\text{亿元}$$

公式中最难判断的是 n，即特定产品或市场的购买者数量。由此，我们可以用另一种方法计算总市场潜量，即连锁比率法。当估计一个量的各个组成部分要比直接估计该量容易时，就可采用此法。在上例中，估计书籍的购买者数量可以先从全国总人口入手，比如 14 亿人，为可能总体；接下来排除那些显然不会购买这种产品的人，比如文盲、学龄前儿童、70 岁以上的老人，而他们占总人口的 20%，那么只有 11.2 亿人属于潜在群体；进一步调查发现低收入和教育程度低的人不买书，他们占潜在群体的 30%，排除他们得到约 7.84 亿的购书者，为迫切的潜在群体。可将这个数字作为公式中的潜在购买者数量。

企业计算出总市场潜量后，还应把它同现有市场规模进行比较。现有市场规模是指目前实际购买的数量或金额，显然，它总是小于总市场潜量。比较现有市场规模与总市场潜量，对于制定正确的市场营销决策十分重要。

（二）区域市场潜量

判断区域市场潜量的方法主要有两种：市场累加法和购买力指数法，前者主要为生产产业用品的企业所采用，后者主要为生产消费品的企业所采用。

1.市场累加法

先识别出每个市场上所有的潜在购买者，并判断出他们的潜在购买量，之后将其加总合计。

采用这种方法要求掌握全部潜在购买者的名单，并对每个购买者的可能购买量有可靠的判断。因此，比较有效的方式是利用这个国家按行业分类的普查数据，普查数据通常是将所有制造业划分成主要的行业类别，在相应的行业下再有按地区、员工数等分类的企业数量。

2.购买力指数法

购买力指数法是指借助于与区域购买力有关的各种指数来估计其市场潜量的方法。

购买力指数的确定主要依据三个方面的因素：该区域个人可支配收入占全国的百分比，该区域零售额占全国的百分比，该区域人口占全国的百分比。例如，某地区的相对购买力指数可由下式求得：

$$B_i = 0.5Y_i + 0.3R_i + 0.2P_i$$

式中，B_i 为 i 区域的购买力占全国的百分比；Y_i 为 i 区域的个人可支配收入占全国的百分比；R_i 为 i 区域的零售额占全国的百分比；P_i 为 i 区域的人口占全国的百分比。三个系数 0.5、0.3、0.2 表示权数（0.5＋0.3＋0.2＝1），代表三个因素对购买力指数的影响程度，但该权数不是一成不变的，产品不同、区域不同，权数也应有所调整。上述公式适用于许多消费品市场潜量的分析，但不适于低价的大路货和高价的奢侈品。

三、市场需求预测的实施

拓展阅读6-5

市场需求预测是对未来市场需求的估计。在大多数情况下，企业的营销环境是在不断变化的，由于这种变化，总市场需求和企业需求都是变化的、不稳定的。这时准确地预测市场需求和企业需求就成为企业成功的关键，因为任何错误的预测都会导致诸如库存积压或存货不足，从而出现销售额下降甚至中断等不良后果。

（一）市场预测的步骤

市场预测涉及面较广，为了提高预测工作的效率和质量，必须按照一定的工作程序来进行。市场预测过程大致包括以下几个步骤。

(1)明确预测目标，制定预测计划。有了明确具体的预测目标，才能为进一步收集资料、选择预测方法指明方向。预测目标确定以后，就应根据目标的难易程度制定预测计划，包括调配预测人员、编制费用预算、安排工作日程等内容，使预测工作有计划、有步骤地开展。

(2)收集整理资料并加以分析。通过调查，占有充分的信息资料，这样才能对市场变动的规律性和预测对象的发展趋向进行具体分析，同时为预测模型提供必要的数据。市场预测的资料包括历史资料和现实资料两大类，收集资料一定要以预测目的和要求为转移，力求做到资料具有广泛性和适用性。

(3)选定预测方法及模型。选择适当的预测方法、模型进行预测，是取得预测成果的关键一步。在选择预测方法及模型时，应综合考虑预测目标的要求、所收集到的资料情况、预测人员的专业技术水平等，因为每一种方法、模型都有其适用条件及范围。在许多预测中，通常是几种方法交叉使用，互相补充。

(4)作出预测。作出预测是在选择预测方法、建立预测模型的基础上，根据对未来的了解分析，推测或计算预测目标的可能水平和发展趋势，进而作出分析与评价，得出预测结论。

(5)评价修正预测。对于每次预测，总期望预测误差是在合理的范围内。评价预测精确度十分必要，它有益于了解预测方法的功能良好程度，并探求改善预测方法的可能，以提高预测精确度。如果预测反复按一定周期进行，把过去的预测值与实际值结果进行比较，可为评价预测精确度提供依据。如果预测仅进行一次或为第一次，可以用已有的若干历史数据建立预测模型，将若干期数据与由模型所求得的预测值进行比较，同样可为评价预测精确度提供依据。

(6)撰写提交预测报告。把预测的结果编制成文件和报告，向有关部门上报或以一定形式公布，并提供和发布预测信息，供有关部门和企业在决策时参考。预测报告应概括预测研究的主要活动过程，列出预测目标、预测对象、相关因素分析、主要资料和数据、预测方法的选择和模型建立，以及模型的评价修正等。

（二）市场预测的方法

随着现代科学技术的发展，预测科学广泛地吸收应用数学、管理科学、数理统计、信息科学等领域的成果，预测方法迅速发展起来。据统计，目前预测方法有 300 多种，其中多数是在预测实践中的演变型和改进型方法，经常使用的方法有二三十种，大体可分为两类：定性预测法和定量预测法。

1.定性预测法

定性预测法也称判断分析法，是指由预测者根据已有的历史资料和现实资料，依靠个人的经验和综合分析能力，凭借个人的主观判断，并以此为依据对市场变化作出定量的测算。定性预测法容易把握事物的发展方向，市场预测实践常常涉及一些难以量化的因素，如政治因素、心理因素、社会因素等，这类方法被广泛采用。

判断分析法一般在缺少可利用的历史统计资料的情况下进行采用，侧重于对市场性质进行分析。其优点是比较灵活，成本低，费时少。其缺点是受预测者的主观因素影响较大，较难提供精确的预测数值。常用的定性预测法主要包括以下几种。

(1)集合意见法。集合意见法是由预测人员召集企业的管理者、业务人员，根据已收集的信息资料和个人的经验，对未来市场作出判断预测，最后由组织者把预测方案、意见集中起来，用平均数的方法进行数学处理，并根据实际工作中的情况进行修正，最终得到预测结果的方法。这类方法适合于作近短期的市场预测。

(2)专家意见法。专家意见法是以专家为收集信息的对象，依靠专家的知识、经验和分析判断能力，对历史信息资料进行综合分析，从而对市场未来的发展作出判断预测的方法。

专家意见法，一般在缺乏历史资料或历史资料不全面，并且既要有质的分析，又要有量化分析时采用。它特别适宜于对新产品及更新换代产品的预测。专家意见法有两种基本方法：专家会议法和专家小组法。

专家会议法(头脑风暴法)，就是邀请有关方面专家，通过会议形式，对某个产品的未来发展前景作出评价，并在专家们分析判断的基础上，综合专家们的意见，对该产品的市场需求及其发展趋势作出量的预测的方法。专家会议法的优点是通过集思广益既可以扩大信息量，又可以从更广阔的角度研究预测项目，从而提高预测的准确性。缺点是由于专家人数有限，所以会影响代表性；同时，专家容易受个人心理因素的影响或权威专家意见的影响，不愿意发表意见或修正别人已发表的意见。为此，要注意专家的选择和会议操作技巧。

专家小组法(德尔菲法)，就是以匿名的方式，通过信函轮番征询专家意见，最后由主持者进行综合分析，确定市场预测值的方法。其预测过程是：主持者选定与预测课题有关的专家，并与专家建立直接联系，联系方式以函询为主。通过信函向专家提出预测课题，并提供各种有关资料，要求专家背靠背地提出各自的预测意见，由主持者加以汇集、整理后，再匿名反馈给各位专家，再次征求意见。经过三至五轮征询，专家的意见大致趋向一致，最后经过统计处理得到预测值。德尔菲法较好地弥补了专家会议法中易受个人心理情绪影响、受权威专家意见左右的不足，使各个专家独立思考，充分发表意见；综合各专家意见，结果更具可靠性和权威性；同时，运用这种方法进行预测速度快，能节约资金。缺点是，结论缺乏严格论证，有偏差，费时长，全面性差。

(3) 购买意向调查法。采用随机抽样方式从调查总体中抽取一定数目的用户作为样本，了解其在未来某个时期购买商品的意向，包括预期购买商品的品种、数量、规格、价格等，预测者通过对样本用户购买意向资料的汇总分析，进而对全体用户的商品需求情况作出推断。运用此方法不仅可以了解用户消费心理、需求偏好的变动趋势，为新产品开发设计提供依据，而且可以根据取得的样本数据对商品需求总量作出较为可靠、准确的推断。

由于用户是商品的购买者，他们知道自己将来购买什么，购买多少。他们的意见是预测商品需求最直接、最有价值的信息。在商品需求调查中应用比较普遍，尤其是用户比较固定、稳定性比较高的商品(生产资料和耐用消费品)需求预测，生产资料由于用户相对较少且比较集中、固定，采用此法，可取得比较准确可靠的预测结果。耐用消费品的用户需求心理比较稳定，一般都有购买计划，只要样本有代表性，就可推断整体市场需求。

拓展阅读6-6

2.定量预测法

定量预测法也叫统计预测法，是指根据已掌握的比较完整的历史统计资料，运用统计方法和数学模型近似地揭示预测对象的数量变化程度及其结构关系，并用来预测未来市场发展变化情况的方法。此法一般在所掌握的历史统计资料较为全面系统、准确可靠的情况下采用。其优点是受主观因素影响较小，偏重于数量方面的分析，重视市场变化的程度。其缺点是涉及统计计算，较为烦琐，不易灵活掌握，难以预测市场质的变化。常用的定量预测法可分为以下两种。

(1)时间序列分析法。将历史资料和数据，按时间顺序排列，根据时间序列所反映的经济现象的发展过程、方向和趋势，通过统计分析或数学模型，将时间序列向外延伸，以预测市场未来可能达到的水平。

这类方法以假设事物的过去和现在的发展变化会照样延续到未来为前提条件，它撇开对事物发展变化因果关系的具体分析，直接从时间序列统计数据中找出反映事物发展变化的模式。时间序列分析法又可分为平均数法、趋势延伸法、季节指数法等。

(2)因果分析法。通过分析市场变化的原因，找出原因同结果之间的联系，并据此预测市场未来的发展变化趋势。

市场的发展变化是由多种因素决定的，市场的发展趋势是多种因素综合作用的结果，因此，市场的发展变化同影响其变化的各种因素之间存在一定的依存关系，称为因果关系，从分析原因入手去寻求结果是一种比较科学的方法。因果分析法又可分为回归分析法、矩阵法、经济计算法等。

第三节 现代市场营销信息系统

一、市场信息的含义、特征与作用

(一)市场信息的含义

市场信息是一种特定信息，是企业所处宏观环境和微观环境的各种要素发展变化与特征的真实反映，是反映它们的实际状况、特性、相关关系的各种消息、资料、数据、情报等的统称。市场信息是社会信息的重要组成部分，它反映市场动态，表现市场供求、消费心理、竞争及市场营销活动，并不断扩散。它是企业了解市场、掌握市场供求发展趋势，了解用户、为用户提供产品和服务的重要资源。

(二)市场信息的特征

(1)时效性。任何信息所表明的都是一定时间内所发生的事情，企业只有在某一时间内获得所需要的某种信息，这一信息才有所值。因此，信息的利用必须讲究时间效应，谁能最先掌握某种信息，谁就最有可能取得经营上的成功。

(2)分散性和大量性。市场信息的产生没有固定的时间和地点，而是随时随地发生和传播着。市场信息这种分散性和大量性的特点，要求企业必须广泛开辟信息渠道，建立市场营销信息系统，借助于科学的手段收集和处理信息，为营销决策提供科学的依据。

(3)可压缩性。信息可以被人们依据各种特定的需要，进行收集、筛选、整理、概括和加工，并可建立相应信息系统对大量的信息进行多次加工，优化信息自身的数量和质量。

(4)可存贮性。信息可以通过人的记忆及各种文字性的、音像性的、编码性的载体把信息存贮起来。

(5)系统性。企业必须连续地、大量地、多方面地收集、加工有关信息，分析它们之间的内在联系，提高它们的有序化程度。只有这样的信息，才是可以运用的。

(三)市场信息的作用

市场信息是企业营销的重要资源，是企业取得成功的必要因素。市场信息对于企业的营销活动具有如下作用。

1.市场信息是企业进行经济决策的前提和基础

企业营销过程中，无论是企业的营销目标、发展方向等战略问题的决策，还是产品、定价、销售渠道、促销措施等战术问题的决策，都只有在准确地获得市场信息的基础上，才可能得到正确的结果。

2.市场信息是制定企业营销计划的依据

企业在市场营销活动中，必须根据市场需求的变化，在营销决策的基础上，制定具体的营销计划，以确定实现营销目标的具体措施和途径。不了解市场信息，就无法制定出符合实际需要的计划。

3.市场信息是实现营销控制的必要条件

营销控制，是指按既定的营销目标，对企业的营销活动进行监督、检查，以保证营销目标实现的管理活动。由于市场环境不断变化，企业在营销活动中必须随时注意市场的变化，进行信息反馈，以此为依据来修订营销计划，对企业的营销活动进行有效控制，使企业的营销活动能按预期目标进行。

4.市场营销信息是进行内、外协调的依据

企业营销活动中，要不断地收集市场信息，根据市场和自身状况的变化，来协调内部条件、外部条件和企业营销目标之间的关系，使企业营销系统与外部环境、内部各要素之间始终保持协调一致。

但是，营销者们常常抱怨：有用的信息太少了，而不适用的信息太多。常见的问题是有用的信息收到得太晚，或不准确。营销者需要更多更好的信息。公司有能力为经理们提供大量信息，但又没有充分利用它们。许多公司正在研究其经理们的信息需求，以设计能满足这些需求的信息系统。

二、市场营销信息系统的含义和构成

市场营销信息系统是一个由人员、机器设备和计算机程序所组成的相互作用的复合系统，它连续有序地收集、挑选、分析、评估和分配恰当、及时和准确的市场营销信息，为企业营销管理人员制定、改进、执行和控制营销计划提供依据。

市场营销信息系统的构成如图 6-3 所示。

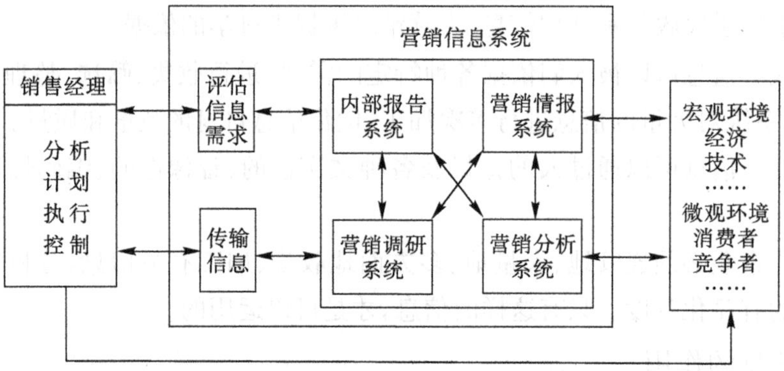

图 6-3　市场营销信息系统的构成

市场营销信息系统处于环境与市场营销管理人员(也就是信息使用者)之间，由四个子系统构成。

(一)内部报告系统

内部报告系统亦称内部会计系统，它是企业营销管理者经常使用的最基本的信息系统。内部报告系统的主要功能是向营销管理人员及时提供有关订货数量、销售额、产品成本、存货水平、现金余额、应收账款、应付账款等各种反映企业经营状况的信息。通过对这些信息的分析，营销管理人员能够发现市场机会、找出管理中的问题，同时，可以比较实际状况与预期水准之间的差异。其中订货—发货—开出收款账单这一循环是内部报告系统的核心，销售报告是营销管理人员最迫切需要的信息。

(二)市场营销情报系统

市场营销情报系统是指市场营销管理人员用以获得日常的有关企业外部营销环境发展趋势恰当信息的一整套程序和来源。它的任务是利用各种方法收集、侦察和提供企业营销环境最新发展的信息。营销情报系统与内部报告系统的主要区别在于后者为营销管理人员提供事件发生以后的结果数据，而前者为营销管理人员提供正在发生和变化中的数据。

(三)市场营销调研系统

上述两个子系统的功能都是收集、传递和报告有关日常和经常性的情报信息，但是，企业有时候还需要对营销活动中出现的某些特定的问题进行研究。如企业希望测定某一产品广告的效果。市场营销调研系统的任务就是系统客观地识别、收集、分析和传递有关市场营销活动各方面的信息，提交与企业所面临的特定营销问题有关的研究报告，以帮助营销管理者制定有效的营销决策。营销调研系统不同于营销情报系统，它主要侧重于企业营销活动中某些特定问题的解决。

(四) 市场营销分析系统

市场营销分析系统也称营销管理科学系统，它通过对复杂现象的统计分析，建立数学模型，帮助营销管理人员分析复杂的市场营销问题，作出最佳的市场营销决策。市场营销分析系统由两个部分组成，一个是统计库，另一个是模型库。其中，统计库的功能是采用各种统计分析技术从大量数据中提取有意义的信息。模型库包含由管理科学家建立的、解决各种营销决策问题的数学模型，如新产品销售预测模型、广告预算模型、厂址选择模型、竞争策略模型、产品定价模型以及最佳营销组合模型等。

三、市场营销信息系统的职能

拓展阅读6-7

市场营销信息系统作为一种信息的收集、管理、提供机构承担着以下职能。

(1)数据资料的收集。这实际上包括两种情况，一是作为一种常规性工作，经常收集相关的数据资料，以便需要时调用；二是在特殊需要时的收集。例如，市场营销管理者明确了问题所在后，信息担当者就要进行确认，信息库是否输入了与其问题有关的信息。如果找不到适合的信息，就要决定是否花成本收集。如果认为不值得花成本，就只好利用现有信息进行市场营销决策。相反，如果认为有必要花成本收集新的信息，那就开始在企业内外收集其数据资料，并将其输入数据资料库。

(2)数据资料的处理。收集、输入数据资料库的都是未加工的原始数据资料，需要对其进行整理、编辑、建档等处理。

(3)数据资料的分析和评价。数据资料要成为某种决策或特定目的的有价值信息，还必须用科学方法并结合经验和悟性对其进行统计分析和评价。

(4)储存和检索。储存和检索至少包括两个层次，其一是原始数据资料的储存和检索；其二是经加工，即统计分析和评价后作为某种决策信息的储存和检索，并要做成报告等一定的表现形式，以便提供或随时准备提供给市场营销管理者和经营者。

(5)传递信息。作为一种日常性工作，将有关市场营销信息及时提供给市场营销管理者和经营者，或者根据其需要随时向市场营销管理者和经营者提供某种特定的信息。

四、市场营销信息与“大数据”

随着信息技术的迅猛发展，市场营销世界充满了各种来源的海量信息，公司可以产生和发现大量的市场营销信息。同时，消费者本身也能产生大量的营销信息，他们通过电子邮件、短信、博客、脸书、推特和其他草根数字渠道，自发地向公司提供并与其他消费者分享大量信息。

实际上，大多数市场营销经理根本不缺乏信息，由于数据载荷太大，常常被淹没其中。“大数据”的概念很好地总结了这一问题。“大数据”是指由成熟的信息生成、收集、存储和分析技术所产生的大量复杂数据。当前，每天世界上的人和系统将产生令人难以置信的 2.5×101^{18} 字节的新数据——每年大约 1000 万兆字节信息。这些数据足以灌满 2.47 兆张旧式 CD-ROM，堆起来的话足以往返月球 4 次。如果将过去人们表达的每个词记录下来并数字化，按当今的速度算才相当于两天所产生的数据量。

大数据给市场营销者带来机会的同时，也提出了严峻的挑战。有效利用“大数据”的公司能够获得丰富、及时的顾客洞察。但是，评价和挖掘如此多的数据几乎是无法完成的任务。例如，当百事可乐等公司考察通过关键词在推特、博客、公告栏和其他来源搜索得到关于其品牌的网上讨论时，发现每天有超过 600 万次公开谈论，每年超过 20 亿次。这一信息量远远超出任何管理者的消化能力。因此，市场营销者不是需要更多的信息，而是需要更好的信息，要能够更好地利用已有信息。

孙子曰：故善战者，立于不败之地，而不失敌之败也。是故胜兵先胜而后求战，败兵先战而后求胜。善用兵者，修道而保法，故能为胜败之政。

简单地说，那些真正善于指挥作战的人取得胜利，很难彰显其智慧的名声和勇猛的武功。因为他们取得胜利没有任何悬念，他们所采取的措施建立在必胜的基础之上，战胜那些已经处于失败地位的敌人。所以，善于指挥作战的人，总是立于不败之地，而不放过能够击败敌人的机会。因此，胜利的军队总是先有胜利的把握，然后同对手交战；失败的军队总是先同对手交战，然后希望侥幸取得胜利。善于用兵打仗的人，修明政治，确保法制，所以能掌握胜利的主动权。同样，在市场营销活动中，企业的营销决策需要建立在掌握准确信息的基础上，严密地做好调研计划，有效实施市场调研，对市场进行科学预测，从而获得准确信息和必胜的基础，这样才有可能让营销管理者立于不败之地。

本章知识点

市场营销调研是针对企业特定的营销问题，采用科学的研究方法，系统地、客观地收集、整理、分析、解释和沟通有关市场营销各方面的信息，并提供各种市场调研数据资料和各种市场分析研究结果报告，为营销管理者制定、评估和改进营销决策提供依据。

市场调研的内容主要包括：市场环境调查、消费者需求调查、市场商品资源调查与市场营销活动调查。

市场调研过程包括：确定调研问题、选择调研设计、实施调研设计、沟通调研结果。

市场调研的方法主要有二手数据调研法、询问调研法、观察调研法、实验调研法和网络市场调研法。

企业从事需求测量，主要是进行市场需求和企业需求两个方面的测量。

市场预测是指与计划的市场营销费用相对应的市场需求，也就是说，市场预测是在一定的环境条件下和市场营销费用下所估计的市场需求。

市场预测方法大体可分为两类：定性预测法和定量预测法。常用的定性预测法主要包括集合意见法、专家意见法、专家会议法、德尔菲法、购买意向调查法。常用的定量预测法可分为时间序列分析法和因果分析法。

市场营销信息系统，是指一个由人员、机器和程序所构成的相互作用的复合体，企业借此收集、挑选、分析、评估和分配适当的、及时的和准确的信息，为市场营销管理人员改进市场营销计划、执行和控制工作提供依据。其由四个子系统构成，包括内部报告系统、市场营销情报系统、市场营销调研系统和市场营销分析系统。

营销思考题

1. 市场营销调研主要有哪些步骤？
2. 概述市场营销调研的主要方法。
3. 简述市场预测的步骤。
4. 信息化和大数据，我国企业应该如何改进市场营销信息工作？

5. 企业应该如何根据不同情况选择相应的预测方法?

6. 市场营销信息系统是由哪四个子系统构成的?

营销计策

〔三十六计〕之十六:欲擒故纵。

〔原文〕逼则反兵,走则减势。紧随勿迫,累其气力,消其斗志,散而后擒,兵不血刃。需,有孚,光。

〔翻译〕逼得敌人无路可走,就会遭到坚决的反扑;让他逃走,就会消灭敌人的气势,所以要紧紧地跟踪敌人,但不要逼迫他,借此消耗他的体力,瓦解他的士气,等他的兵力分散了,再行捕捉,这样用兵可以避免流血。不逼迫敌人,并让他相信这一点,对战争是有利的。

〔三十六计〕之十七:抛砖引玉。

〔原文〕类以诱之,击蒙也。

〔翻译〕用类似的东西去迷惑敌人,使敌人懵懂上当。

〔三十六计〕之十八:擒贼擒王。

〔原文〕摧其坚,夺其魁,以解其体。龙战于野,其道穷也。

〔翻译〕彻底地摧毁敌人的主力,抓住他的首领,借此粉碎他的总体力量。犹如龙离开大海在陆地作战,所面临的必是绝境。

结尾案例

我国消费者需要什么样的快餐

随着社会发展加速,人们的生活节奏在改变,工作习惯也在改变,一向被认为是"好习惯"的午休,也在一些部门被悄然取消。对生活情趣的追求似乎也在成为一种时尚。越来越多的人开始自觉不自觉地与快餐结缘。

2021年,零点调查中心在北京、上海、广州、武汉、沈阳五个城市对中国的快餐业作了深入调查。零点调查中心向每一个城市发放了300份问卷,由调查者随机入户访问,调查结果如下。

(1)在常吃快餐的人中,吃中式快餐的人数是吃西式快餐人数的1倍;29.3%的人在过去一个月中没有吃过快餐;8.3%的人吃过快餐,但实在记不得吃了几次和在什么地方吃的;对于剩下那些吃过快餐的人来说,在过去的一个月中平均吃过9.6次。

(2)尽管西式快餐的声势强大,但是人们最常吃的快餐还是米饭套餐。对于22.18%的被调查者来说,他们首选米饭套餐;西式汉堡包位居第二,占21.57%;饺子、馄饨及其他类似面食占18.52%;中式小吃占14.18%;中式面条占10.06%;西式烤鸡占5.03%;中式烤鸡占1.22%,薯条占2.06%;西式面条占0.53%;比萨饼占0.99%;其他各类占3.66%。

(3)不同年龄段的人对快餐的选择同样不同,12~30岁青少年偏爱汉堡包、薯条、比萨饼等,尤其以20岁以下的青少年最为突出;60岁以上的老年人坚守中式套餐中的面条、馄饨等;南方人不爱吃面食,自然倾向于米饭类;青年人和中年人多在中午和晚上吃快餐,而老年人更愿在早晨吃快餐;最年轻的和最年老的两类人似乎对下午的休息附带快餐和夜宵更感兴趣。

(4)在不同类型企业中供职的员工对快餐的选择居然也有一些差异:国有企业员工在早晨吃快餐的比例明显高于其他类型企业的员工;三资企业员工早晨吃快餐的最少;三资企业和私营企业晚上吃快餐的比例最高。

(5)在受调查的1309人中,喜欢吃西式快餐的人达到33.69%,其余喜欢吃中式快餐。不过,不同城市还有些区别:北京市的受调查者有58.67%常吃西餐,其中女性比男性更爱吃西餐;在上海42.5%的人首选西餐,而且30岁以下吃快餐的人数是30岁以上吃快餐的人数的1倍。按照人均寿命73岁计算,30岁以上的人口远远多于30岁以下的人口;广州、武汉具有相似的特征,常吃西餐者占27.50%,受收入的影响较明显,吃快餐的人年收入在4万元以上的占到62.7%;沈阳人吃快餐少一些,只有16.12%。

(6)消费者在选择过程中还会有些侧重和偏爱。94.46%的人会较多考虑卫生程度;75.38%的人会考虑口味;62.56%的人会关心就餐环境;51.17%的人会要求较高的服务水平;40.6%的人会考虑价格;13.03%的人会把快餐和正餐分开,吃快餐并不影响吃正餐。

资料来源于网络,作者有删改。

案例思考题

1.零点调查中心采取了怎样的调查方法?这种调查方法有哪些利弊?

2.试用《孙子兵法》相关理论、三十六计之抛砖引玉和市场调研方法等相关理论知识,分析讨论如何实施调研计划以完善调研结果。中式快餐企业应当如何应对西式快餐企业的竞争?

第七章　市场竞争战略

凡用兵之法，将受命于君，合军聚众，交和而舍，莫难于军争。军争之难者，以迂为直，以患为利……故军争为利，军争为危。

——《孙子兵法·军争篇》

教学目标

1.掌握竞争者分析的步骤和方法；

2.掌握三种基本竞争战略的概念及内涵；

3.掌握三种基本竞争战略的运用条件和方式；

4.掌握四种不同市场地位企业的内涵及其竞争战略；

5.把握市场竞争战略运用逻辑，并能够运用《孙子兵法》解读市场竞争态势；

6.理解三十六计之“釜底抽薪”“混水摸鱼”“金蝉脱壳”的核心思想，并能够在市场营销中合理运用。

导入案例

瑞幸咖啡的竞争战略

2017年，瑞幸咖啡在北京银河SOHO开张，到2024年7月，瑞幸咖啡共布局20000家门店。自第一家门店开业以来，仅17个月瑞幸咖啡就成为全球发展最快的IPO(首次公开募股)公司，在2019年5月登陆纳斯达克，市值42亿美元。好景不长，2020年，一份做空报告让瑞幸咖啡股票一度下跌26.5%，同年4月，瑞幸财务丑闻曝出，导致股价暴跌80%，其间股价连续6次触发熔断。最终2020年6月29日，瑞幸咖啡宣布在美股退市。尽管商誉受损必然使其融资能力受限，“一味扩张”的经营模式难以持续，但在国内市场，近4800家瑞幸门店仍在正常运营，瑞幸将关注点向“产品质量和服务”转移，尤其是新产品的推出，获得了大量消费者的青睐。

中国咖啡市场潜力巨大。根据德国著名权威糖业分析机构预测，世界咖啡市场将会发生两大变化。其中之一就是：世界咖啡消费重心将从发达国家向发展中国家转移。目前，国内咖啡市场正以每年将近30%的速度快速增长，预计2025年中国咖啡市场规模达到1万亿元。瑞幸作为中国新零售模式的典型代表，运用大数据、云计算准确地为产品选择目标人群，定义消费者画像。另外，根据消费者对不同产品的偏好对消费者进行细分，依托消费结构的升级、移动支付技术的优化和消费方式的转变，高度融合现代物流，为目标客户群体节约经济成本和时间成本，使其营销策略符合这类追求高效、简约的消费者群体的消费习惯。

瑞幸咖啡的竞争优势主要体现在：

(1)高效便捷的新零售模式。相较于星巴克、COSTA等传统线下运营模式，瑞幸咖啡打破了传统咖啡店的门店束缚，运用“线上服务＋线下体验＋配送服务”模式，快速占领市场。从客户打开APP到订单完成，直至产品评价整个流程，系统已收集好用户数据，分析用户画像，并根据门店位置为客户生成最优的配送方案，将咖啡以最快的速度送至消费者手里，满足客户不同场景的消费需求。除此之外，瑞幸咖啡的客户端记录着消费者所有的消费记录、消费频率及消费习惯等，以便采用有针对性的营销手段。

(2)大量优惠政策及亲民的产品价格。瑞幸咖啡力度最大的优惠政策当属“首单免费”，通过“首单免费”的营销模式打开市场，积累客户存量，再通过“分享好友立减20元”等策略拓展潜在客户。与此同时，不断更新优惠政策，以补贴形式让产品价格维持在“15～25元”的区间，通过让利提升消费者的接受程度和认同感。

(3)退市风波后，经营持续向好。瑞幸咖啡公开的财报显示，2020年第一季度收入为5.65亿元、第二季度营收9.8亿元、第三季度收入为11.45亿元，在2020年8月份，瑞幸咖啡首次宣布实现单店现金流转正。同年12月，公开财报显示，超60%的直营门店实现盈利。瑞幸发布公告显示，“与公司大股东大钲资本和愉悦资本达成了总额为2.5亿美元的股票投资协议”。投资人资本加持，从另一个方面体现了其对瑞幸咖啡的信心不断增加。

瑞幸咖啡的竞争劣势有：

(1)主打线上消费场景，忽略线下体验感。瑞幸咖啡主要客户群体是白领工薪一族，所以，在品牌营销的过程中一直强调高效、便捷，主要体现在“线上下单，线下最快速度配送”或者“线上下单，线下即取”。这种营销理念导致大部分瑞幸门店建设面积并不大，甚至有些门店只有一两张桌子。如果客户在高峰期下单，选择的是“线下即取”，只能在门店外站着等候。一味追求时间体验而忽略线下空间体验，很难长期取悦客户，降低客户黏性，影响客户的忠诚度，自然对品牌形象的创建不利。

(2)三、四线城市渗透力较弱。报告显示，瑞幸咖啡与其他咖啡品牌直营门店一样，更偏爱一、二线城市。瑞幸咖啡将近4000家门店中，分布在江苏、广州、上海、浙江的直营门店占比就高达50%，加之全国各地现在大量涌入的咖啡、茶饮品牌，饮品行业在一、二线城市的竞争也日益白热化。

(3)缺少品牌文化。头号竞争对手——星巴克的店面设计，可以看出很浓郁的美式风格，装修与地域文化深度融合，给消费者印象深刻。再者，星巴克也会定期推出自己的新周边产品，比如杯子、帆布包、钥匙扣等。与此同时，根据时令更新自己的菜单，从核心产品到周边产品无一不传递着自己的IP(知识产权)价值。反观瑞幸，缺乏文化的构建，导致在整个销售过程中，缺乏与消费者的情感与文化沟通，降低了消费者品牌体验。

资料来源于网络，作者有删改。

孙子曰：凡用兵之法，将受命于君，合军聚众，交和而舍，莫难于军争。军争之难者，以迂为直，以患为利……故军争为利，军争为危。

其就是说，战争从将军接受命令，征集军需，组织军队，到两军对垒，最困难的就是如何获得战争优势。竞争优势的获得，难就难在以迂为直和以患为利……战争要获得优势就是要获得有利条件，但往往需要冒很大的风险。相应地，对于企业市场营销活动来说，同样也是在市场中进行竞争，因此，企业需要筹划自身的竞争战略，如何获得竞争优势。瑞幸通过特别的“社交裂变式营销”，很好地满足了年轻消费者的需求，在竞争极度紧张的咖啡市场打出自己的一片天地，后期如何继续维持竞争优势也是企业需要不断思考的问题。

2020年8月，习近平总书记在经济社会领域专家座谈会上指出：国际经济联通和交往仍是世界经济发展的客观要求，强调要以高水平对外开放打造国际合作和竞争新优势。我国发展的内部条件和外部环境正在发生深刻复杂变化……越是面对严峻复杂的形势，越要保持战略定力，增强机遇意识和风险意识，勇于开顶风船、善于转危为机。因此，企业在运营中也要关注竞争环境的变化，认识、了解竞争者，准确培养、保持核心竞争力，在风险的环境中获得和保持竞争新优势。

第一节　竞争者分析

竞争者分析是指企业通过某种分析方法识别出竞争者，并对它们的目标、资源、市场力量和当前战略等要素进行评价。其目的是准确判断竞争者的战略定位和发展方向，并在此基础上预测竞争者未来的战略，准确评价竞争者对本组织战略行为的反应，估计竞争者在实现可持续竞争优势方面的能力。竞争者分析是确定组织在行业中战略地位的重要方法。

一、识别竞争者

识别企业竞争者看起来似乎是一项简单的任务，其实并不尽然。

狭义上，企业竞争者一般是指那些提供与本企业类似产品和服务，并与本企业具有相似的目标消费者和相似价格策略的企业。广义上，一个企业可以把凡是生产相似或同类产品的企业看作自己的竞争者。如格力集团可以把其他冰箱生产企业都作为自己的竞争者，也可以更广泛地把相关的家电企业都看作自己的竞争者，甚至把与本企业争夺顾客购买力的企业都纳入竞争者的范畴。

企业参与市场竞争，不仅要了解谁是自己的顾客，还要弄清谁是自己的竞争者。可口可乐的主要竞争者是百事可乐，通用的竞争者是福特及丰田，李宁的竞争者是耐克及阿迪达斯，每一个企业在不同的细分市场中会面临不同的竞争者。从表面上看，识别竞争者是一项非常简单的工作，但是，由于需求的复杂性、层次性、易变性，技术的快速发展和演进，以及产业发展等，市场竞争中企业面临复杂的竞争形势，一个企业可能会被新出现的竞争者打败，或者由于新技术的出现和需求的变化而被淘汰。企业必须密切关注竞争环境的变化，了解自己的竞争地位及彼此的优劣势。

二、确定竞争者的目标

公司一旦识别出主要的竞争者，接着就要分析每个竞争者在市场上寻求什么，什么是竞争者行动的动力。最初经营者推测，所有的竞争者都追求利润最大化，并以此为出发点采取各种行动。

事实上，每一个竞争者都有一个目标组合。公司要知道竞争者当期利润、市场份额增长、现金流、成本领先、服务领先和其他目标的相对权重。知道竞争者的目标组合能够揭示出该竞争者是否对目前的状况满意，以及它会如何对不同的竞争行动作出反应。例如，一个追求成本领先的公司将会对竞争者降低成本的生产性突破作出激烈的反应，而对相同竞争者的广告增长的反应就不会那么激烈。

表 7-1 所示为野兽派、roseonly 及爱尚鲜花三家电商品牌比较。

表 7-1　野兽派、roseonly 及爱尚鲜花三家电商品牌比较

品牌名称	野兽派	roseonly	爱尚鲜花
品牌 LOGO	BEAST 野兽派	roseonly 專愛花店	LOVE SOON 爱尚
品牌核心价值	一花一故事，独特的情感体验，生活美学	一生只送一人，专注于爱的唯一，表白利器	一周一花，订阅鲜美的生活
品牌定位	高端个性化定制	中国高端品牌花店	家庭日常鲜花宅配
基础电商模式	O2O(线上到线下)	O2O	B2B(企业对企业)＋B2C(企业对客户)＋O2O
品牌卖点与传播手段	1.顾客提供 140 字故事，花店寻找匹配的花材进行创作，增加独特的情感体验 2.定制的鲜花在微博转发进行二次推广 3.赞助明星婚礼	1.进口厄瓜多尔高端玫瑰，“一生只送一人”，注册后指定唯一收礼人终生不能更改 2.明星代言及转发 3.MINI 车＋男模送花	1.首创 88 元初体验的低价送花 2.鲜花基地直送 3.以互联网理念整合花卉行业，打造高效供应链

资料来源于网络。

三、识别竞争者的战略

一个企业的战略与另一个企业的战略越相似，那么，这两个企业的竞争就会越激烈。通常情况下，企业可以根据本行业企业不同的经营特点，如技术复杂程度、经营范围、营销手段等，将竞争者划分为不同的战略集团，即那些在相同产业的相同目标市场中采用相同或相似战略的一组企业。不同战略集团采取的竞争手段不同，参与竞争的难度也不同。企业在对竞争者战略进行分析并将其划分为不同战略集团后，选择进入适合自身实力的战略集团，则这时该集团中的其他企业就自然成为主要的市场竞争者。除了在同一战略集团内存在激烈竞争外，不同战略集团之间也存在竞争。原因在于，某些不同战略集团之间可能有相同的目标顾客；顾客有时不能很明确地觉察到不同战略集团企业的产品差异；属于某个战略集团的企业可能拓展业务，进入另一战略集团。

对于大型家用电器制造企业而言，既可采取以外购部件进行组装为主的经营方式，也可采取产品研发、部件加工以及装配高度纵向一体化的经营方式；既可向市场提供高性能产品，也可提供普通或低档次产品。如果以这两方面因素来划分，大型家用电器经营企业大致可以分为四个不同类型的竞争战略集团：①以提供高质量、周全服务、高价格产品为主的战略集团，这一集团一般经营范围较狭窄、生产成本较低;②以提供适中的质量、服务、价格产品为主的战略集团;③以提供适中的质量和价格但服务周全的产品为主的战略集团,这一集团中企业的经营范围较宽、生产成本较低;④以提供低档次、低价格产品为主的战略集团,这一集团中企业的经营范围广泛。

四、评估竞争者的优势与劣势

每一个企业都有自身的优势和劣势。竞争者优势和劣势的多寡,决定着其能否实现既定的战略和目标。要准确地评估各个竞争者的优势与劣势,首先必须注意收集竞争者近期各方面的资料,如销售额、市场占有率、边际利润、投资收益率、现金流量等。竞争者的这些资料对于评判其竞争实力,找出其优势与劣势很重要,而直接得到这些资料是有很大难度的,通常只能通过一些间接渠道收集,如通过顾客、供应商、中间商等渠道,其中,顾客价值分析是获得有价值资料的重要方式。基于竞争者的顾客价值分析,实质上是希望通过对顾客需求满足的跟踪,发现竞争者的优势和劣势。

竞争者优劣势分析的内容主要包括产品、销售渠道、市场营销、生产与经营、研发能力、资金实力、组织、管理能力等,分析主要步骤是:第一,调查、分析并确认顾客重视的产品主要属性,即顾客购买产品的评价标准,或称顾客价值标准;第二,评估各属性在吸引顾客中的重要程度;第三,对比分析本企业产品与竞争者产品在各项顾客价值标准上的差异;第四,对比分析在特定细分市场上,本企业产品与主要竞争者产品在各项顾客价值标准上的差异;第五,通过差异分析,明确竞争者的优势与劣势。

在进行上述分析时,有两点要特别注意:一是由于顾客需求与心理处于动态变化之中,应该随时跟踪顾客价值标准的变化,以便及时觉察竞争者的实力变化;二是不能掺杂有利于本企业的无效或臆想的假设,以尽量使分析评估具有客观性。

五、评估竞争者的反应模式

企业通过分析和研究竞争者的目标、战略以及优势、劣势,可以对其因市场变化可能产生的反应和采取的行动进行预测与判断。

拓展阅读7-1

不同企业对于竞争者采取的市场行为会有不同的反应,即反应模式不同。通常,竞争者的反应模式可以大致归纳为四种基本类型:从容不迫型、选择反应型、凶猛反应型、随机反应型。当企业采取某些措施和行动之后,竞争者会有不同的反应。一些竞争者反应不强烈,行动迟缓,其原因可能是认为顾客忠实于自己的产品;也可能是注意不够,没有发现对手的新措施;还可能是缺乏资金,无法作出相当的反应。而另一些竞争者可能在某些方面反应强烈,如对降价竞销总是强烈反击;但对其他方面,如增加广告预算、加强促销活动等,却不予理会,因为它们认为这对自己威胁不大。还有些竞争者对任何方面的进攻都迅速强烈地作出反应,如美国P&G公司就是一个强劲的竞争者,一旦受到挑战就会立即发起猛烈的全面反击,因此,同行企业都避免与它直接交锋。最后,也有些企业的反应模式难以捉摸,它们在特定场合可能采取行动也可能不采取行动,并且无法预料它们将采取什么行动。

通过分析和估计竞争者的反应模式,可以使企业对其主要竞争者有更进一步的了解和认识,为企业选择攻击或回避对象以及为企业选择恰当的应对策略提供依据。

六、选择竞争者

企业在对其主要竞争者的目标、战略、优势与劣势、反应模式有了充分认识和了解的基础上，便可以根据自己的实际情况决定攻击或回避的竞争者，与其展开竞争。

(一)“强大竞争者”与“弱小竞争者”

大多数企业把目标瞄准“弱小竞争者”，因为这样取得市场份额的每个百分点所需要的资源相对较少。企业还必须与“强大竞争者”竞争，以跟上最好的水平。即使是“强大竞争者”也会有一些弱点，克服这些弱点经常能带来丰厚的回报。

(二)“近距离竞争者”与“远距离竞争者”

大多数企业与“近距离竞争者”，即与本企业最相似的竞争者展开竞争，如丰田与本田竞争，而不是与法拉利竞争。当然，企业也要认识到“远距离竞争者”的存在，如可口可乐声称其最大的竞争者不是百事可乐，而是自来水。

拓展阅读7-2

(三)发现未被占领的市场空间

相比与现有竞争者正面交锋，许多企业都在搜寻那些尚未开发的空白市场，试图提供不存在直接竞争者的产品或服务。所谓的“蓝海战略”，目标就在于避免竞争。

第二节　基本竞争战略

基本竞争战略是由美国哈佛商学院著名的战略管理学家迈克尔·波特提出的。基本竞争战略包括三种形式，即成本领先战略、差异化战略、目标聚焦战略，如图 7-1 所示。企业必须从这三种战略中选择一种，作为其主导战略。要么把成本控制到比竞争者更低的程度；要么在企业产品和服务中形成与众不同的特色，让顾客感觉到企业提供了比其他竞争者更多的价值；要么致力于服务某一特定的市场细分、产品种类或地理范围。这三种战略架构上差异很大，成功地实施它们需要不同的资源和技能，部分企业由于企业文化混乱、组织安排缺失、激励机制冲突，可能遭受更大损失。竞争优势是所有战略的核心，企业要获得竞争优势就必须作出选择，决定需要在哪个范畴取得优势。全面出击的想法既无战略特色，也会导致低水准的表现，它意味着企业毫无竞争优势可言。

战略目标	战略优势：产品差异	战略优势：低成本
全行业范围	差异化战略	成本领先战略
特定细分市场	目标聚焦战略	

图 7-1　企业基本竞争战略类型

拓展阅读7-3

一、成本领先战略

成本领先战略也称低成本战略，指企业不断降低产品和运营成本，使自己的总成本低于同行的竞争者，并以较低价格取得竞争优势，争取最大的市场份额。

采用成本领先战略的企业，积极寻求在生产、营销和其他运营领域的高效率，制造费用保持在尽可能低的水平上，企业想方设法削减成本。低成本使企业的产品或服务的价格低于竞争者，从而赢得巨大的市场份额。要采用成本领先战略，企业需要具备规模经济优势，以及具有较高的成本管理水平。

如果一个企业能够取得并保持全面的成本领先地位，那么它只要能使价格相等或接近于该产业的平均价格水平，就会成为所在产业中高于平均水平的超群之辈。当成本领先的企业价格相当或低于其竞争厂商时，它的低成本地位就会转化为高收益。然而，一个在成本上占据领先地位的企业不能忽视使产品别具一格的基础，一旦成本领先企业的产品在客户眼里不被看作与其他竞争厂商的产品不相上下或可被接受，它就要被迫削减价格，使之大大低于竞争厂商的价格水平以增加销售额，这就可能抵消了它有利成本地位所带来的好处。得克萨斯仪器公司和西北航空公司就是两家陷于这种困境的低成本厂商。前者因无法克服其在产品别具一格方面的不利之处，而退出了手表业；后者则及时发现问题，并着手努力改进营销工作、乘客服务和为旅行社提供的服务，而使其产品进一步与竞争对手产品并驾齐驱。

根据企业获取成本优势方法的不同，我们把成本领先战略概括为如下几种主要类型：①简化产品型成本领先战略；②改进设计型成本领先战略；③材料节约型成本领先战略；④人工费用降低型成本领先战略；⑤生产创新及自动化型成本领先战略。

应用成本领先战略可以获得以下优势：①扩大消费需求。大部分消费者对价格都是敏感的，因为对消费者来说，低价格可以获得更多的让渡价值。②形成进入障碍。企业生产和经营成本低，为行业的潜在进入者设置了较高的进入障碍，使那些生产技术不熟练、经营缺乏经验的企业或缺乏规模经济的企业很难进入这个行业。③降低替代品威胁。企业成本低，在与替代品竞争时，仍然可以凭借其低成本的产品和服务吸引消费者，降低或缓解替代品的威胁，使自己处于有利的竞争地位。④避免竞争者侵害。企业低成本可以在其行业内竞争者毫无利润的低价格水平上保持盈利，从而扩大市场份额，保持绝对的竞争优势。

虽然企业采用成本领先战略可以有效面对行业中的竞争者，以其低成本优势获得高于行业平均水平的利润。但是，当竞争者的竞争能力过强，就有可能采取模仿的办法或者开发出其他更低成本的生产方法，使得企业优势成为劣势。当企业一味追求低成本，甚至降低产品和服务质量来追求低成本时，就会严重影响消费者的需求满足，企业效益也有可能为零。

二、差异化战略

拓展阅读7-4

所谓差异化战略，是指为使企业产品与竞争对手产品有明显的区别，形成与众不同的特点而采取的一种战略。这种战略的核心是取得某种对顾客有价值的独特性。

实现差异化战略可以有许多方式：设计或品牌形象、技术特点、外观特点、客户服务、经销网络及其他方面的独特性。最理想的情况是公司使自己在几个方面都差异化。例如，卡特皮勒推土机公司不仅以其完善的经销网络和优良的零配件供应服务著称，而且以其极为优质耐用的产品享有盛誉，所有这些对于大型设备都至关重要，因为大型设备使用时发生故障的代价是高昂的。应当强调，差异化战略并不意味着公司可以忽略成本，但此时降低成本不是公司的首要战略目标。

如果差异化战略成功实施，它就成为企业在一个产业中赢得高水平收益的积极战略，因为它建立起防御阵地对付五种竞争力量，虽然其防御的形式与成本领先战略有所不同。迈克尔·波特认为，推行差异化战略有时会与争取占有更大市场份额的活动相矛盾，往往要求公司对于这一战略的排他性有思想准备，这一战略与提高市场份额不可兼顾。

产品差异化带来较高的收益，可以用来对付供方压力，同时可以缓解买方压力。当客户缺乏选择余地时，其价格敏感性也就不高。最后，采取差异化战略而赢得顾客忠诚的公司，在面对替代品威胁时，其所处地位比其他竞争对手也更为有利。

如果建立差异化的活动总是成本高昂，如广泛的研究、产品设计、高质量的材料或周密的顾客服务等，那么，实现产品差异化将意味着以成本为代价。然而，即便全产业范围内的顾客都了解公司的独特优点，也并不是所有顾客都愿意或有能力支付公司所要求的较高价格。当然，在诸如挖土机械设备行业中，这种愿出高价的客户占了多数，因而卡特皮勒推土机公司的产品尽管标价很高，但仍有着占据统治地位的市场份额。在其他产业中，差异化战略与相对较低的成本和与其他竞争对手相当的价格之间可以不发生矛盾。

企业要突出自己产品与竞争对手产品之间的差异性，主要有四种基本途径：①产品差异化战略，主要因素包括特征、工作性能、一致性、耐用性、可靠性、易修理性、式样和设计；②服务差异化战略，主要包括送货、安装、顾客培训、咨询服务等因素；③人事差异化战略；④形象差异化战略。

拓展阅读7-5

三、目标聚焦战略

目标聚焦战略也称为聚焦战略，是指企业或事业部的经营活动集中于某一特定购买者集团、产品线的某一部分或某一地域市场的一种战略。这种战略的核心是瞄准某个特定的用户群体、某种细分的产品线或某个细分市场。具体来说，目标聚焦战略可以分为产品线目标聚焦战略、顾客目标聚焦战略、地区目标聚焦战略、低占有率目标聚焦战略。成本领先战略与差异化战略都是要在全产业范围内实现其目标。目标聚焦战略的前提思想是：公司业务的专一化能够以较高的效率、更好的效果为某一狭窄的战略对象服务，从而超过在较广阔范围内竞争的对手。公司或者通过满足特殊对象的需要而实现差异化，或者在为这一对象服务时实现了低成本，或者二者兼得。这样的公司可以使其赢利的潜力超过产业的平均水平。

拓展阅读7-6

第三节 市场地位与竞争战略

由于企业的经营目标、资源实力、市场地位不同,企业应从实际出发,根据自身能力及竞争对手的状况确定在目标市场中的竞争地位,然后,有针对性地制定相应营销策略。根据企业在目标市场中所处的地位不同,可将企业分为市场领导者、市场挑战者、市场追随者、市场补缺者。

一、市场领导者竞争战略

市场领导者是指在相关产品的市场中占有率最高的企业。它是市场竞争的导向者,在价格变动、新产品引入、分销以及促销等方面都处于主宰地位,是其他企业挑战、效仿或回避的对象。大多数行业都有一家企业被公认为市场领导者,其他公司都承认它的统治地位。如:微软在操作系统领域,海尔在白色家电领域,中国移动在移动通信运营商领域,中国电信在固定电话领域等。市场领导者虽然在市场上处于主宰地位,但并不能高枕无忧,它面临着许多竞争对手的攻击和挑战。因此,市场领导者必须采取适当的竞争策略,维护和确保它的市场主导地位。通常可采取三种策略来维护其主导地位:扩大总市场、保持现有的市场份额、扩大市场份额。

(一)扩大总市场

由于市场领导者的市场占有率最高,所以,市场总需求量增大时的收益也最大。一般情况下,市场领导者扩大市场总需求经常运用以下策略。

(1)发现新的使用者。对于某种产品来说,经常由于种种原因其市场需求潜力没有得到最大限度发掘,发现并挖掘新的使用者是扩大市场需求的重要方式。具体可采用的策略包括:市场渗透,即转变不使用该产品的潜在顾客的态度,进而成为使用者;将产品打入新的细分市场,包括新的目标顾客群和新的地理区域。

(2)开辟产品新的用途。对于许多产品来说,潜藏着一定的未发现功用,通过发掘其新用途,可以使产品的需求量迅速增长。如碳酸氢钠(俗称“小苏打”)自投放市场后的120多年里,销售量一直十分平稳,当被发现其具有消除冰箱异味的功能后,市场需求量大幅度攀升。

(3)刺激现有顾客增加使用量。通过运用一些适当的措施和手段,促使顾客增大产品的使用量,也可以有效提高整个市场的总需求。如服装制造商通过加大推出新款服装频率,刺激顾客购买更多的服装。

(二)保持现有的市场份额

市场领导者在谋求扩大整个市场总需求的同时,还要防范市场挑战者的攻击,保护已经取得的市场占有率和市场地位。在许多市场中,市场挑战者的力量是不可低估和轻视的,它们对市场领导者会产生很大的威胁,如果不能有效抵御其攻击,就可能被取而代之。

市场领导者抵御挑战者需要从两方面同时入手:首先,及时发现和消除本企业各个方面可能遭到攻击的弱点,使挑战者无可乘之机。其次,由于进攻是最好的防御,市场领导者不可满足于现状,要以攻为守,即通过不断增强竞争优势,巩固本企业在产品开发、产品成本、分销与促销效率以及产品服务等各方面的领先地位，以积极的态度抵御竞争对手的挑战。

(三)扩大市场份额

市场占有率对于每个企业都有着非常重要的意义。市场领导者可以通过进一步提高占有率来巩固其主导地位。扩大市场份额不仅可以大幅度增加产品销售，而且可以有更高的投资收益率。有研究表明，在一些行业中，市场份额高于40%的企业，其平均投资收益率是市场份额不足10%的企业的3倍。

但是，并非在任何情况下扩大市场份额都能使企业利润同步增长。高市场份额导致高收益的条件是：市场份额的提高不致引起反垄断指控；产品单位成本随市场份额的提高而降低；如果企业通过进一步提高产品质量来提高市场占有率，则必须使市场所接受价格的增长幅度高于为改善产品质量所增加成本提高的幅度。

拓展阅读7-7

二、市场挑战者竞争战略

市场挑战者是指那些在市场上不处于领导地位，但是实力较强，有向市场领导者地位进行挑战的能力的企业。市场挑战者通常是指大多在本行业产品的销售额中处于前几名(但不是第一名，处于第二、第三和以后位次)的大企业。如百事可乐是软饮料市场的挑战者、艾维斯是汽车出租行业的挑战者。它们随时可以向市场领导者或其他企业发起进攻，但要使自己的攻击获得成功，必须首先确定自己的战略目标和挑战对象，然后选择适当的进攻战略。市场挑战者在行业中的市场地位较领导者低，但也具有相当的竞争实力。其通常主要采取进攻战略向市场领导者或其他竞争对手发起挑战。战略目标同进攻对象密切相关，对不同的对象有不同的目标和战略。一般说来，挑战者需仔细调查研究领先企业的弱点和失误：有哪些未满足的需要，有哪些让顾客不满意的地方。找到领先者的弱点和失误，确定自己进攻的目标，针对不同的竞争对手，根据其竞争实力与自身实力强弱对比，选择合理的挑战策略是成功的关键。

(一)正面进攻

正面进攻是指挑战者集中全部优势力量攻击竞争对手的主要市场领域，即直接向竞争对手的优势项目发起攻击。要想以正面进攻取得成功，挑战者必须在产品、价格、分销以及促销等各方面具有超过竞争对手的优势，否则，采取正面进攻的风险很大，有时甚至是一种自杀行为。正面进攻的胜负取决于在进攻点上双方优势及实力的对比，即使是规模大、实力强的挑战者，也未必能取胜。

(二)侧翼进攻

侧翼进攻是指挑战者集中力量进攻竞争对手的弱点。通常，企业都会在其主要市场建立牢固的防线，而其他次要市场的方位一般较为薄弱。挑战者往往在正面进攻力量不足的情况下，选择竞争对手防御较为薄弱的侧翼发起进攻。这种进攻风险小，比较容易取得成功，并且不易引起被进攻者的强烈反应。

通常有两种侧翼进攻是比较有效的：一是发掘并进入主导者和其他竞争对手尚未占领的细分市场，使之发展成为强大的细分市场；二是向市场提供更好的差异化产品，以夺取更多的市场份额。

(三)包围进攻

包围进攻是指挑战者从各个方向对竞争对手发起全面进攻,即对竞争对手的强项和弱项都加以进攻。实施这种进攻策略要求挑战者在各个方面拥有大大超过竞争对手的优势,并确信能够迅速、全面地突破竞争对手的防御。例如,近年来日本精工表公司已经在各个主要手表市场的销售中取得了成功,并且以其品种繁多、不断更新的款式使竞争者和消费者瞠目结舌。该公司在美国市场上提供了约400个流行款式,其营销目标是在全球制造并销售大约2300种手表。

(四)迂回进攻

迂回进攻是指挑战者避开竞争对手的现有市场领域,打入竞争激烈程度较低的市场,对竞争对手发起间接的进攻。通常挑战者可以采取以下三种方式实施迂回进攻:一是发展各种与竞争对手无关的新产品;二是以现有产品开拓竞争对手尚未进入的细分市场;三是加强新技术、新产品的研究和开发利用,以更好的产品取代竞争对手的现有产品。

(五)游击进攻

游击进攻是指规模较小、力量较弱的挑战者,对其竞争对手发起的小型的、间歇式的进攻。游击进攻是小企业用来对抗大企业的一种策略。挑战者通过游击进攻骚扰竞争对手,逐步削弱竞争对手的实力,以便寻找机会建立永久性的立足点。在营销战略上,游击进攻往往搞得防卫者浑身不舒服,例如,突然来一个打折或促销活动,或是在特定的地区加大广告投放量,让防卫者疲于奔命、应接不暇。游击进攻是小公司对付大企业最合适的战术选择,因为小企业小品牌可以应用游击战一点一滴地攻下一些小阵地,积少成多,而不至于招来大企业大品牌的大规模正面反击报复。由于游击战的特性是出其不意、神出鬼没,因此,很难防御,但采用该战术时,必须特别注意,千万要将尺寸拿捏好,如果把防卫者激怒了,很有可能会带来正面的大规模反击报复。

三、市场追随者竞争战略

市场追随者指满足于次要地位、不热衷于挑战的企业。它们愿意维持目前的竞争格局现状,在技术方面,它不做新技术的开拓者和率先使用者,而是做学习者和改进者。在营销方面,它不做市场培育的开路者,而是搭便车,以减小风险和降低成本。市场追随者通过观察、学习、借鉴、模仿市场领先者的行为,不断提高自身技能,不断发展壮大。但是,市场追随者并非被动地、简单地模仿市场领先者,而是采取有效的跟随策略,确保在不危害和威胁市场领先者的根本利益、不会引起竞争对手报复的前提下,保持其现有的顾客,并谋求取得适当比例的新顾客,以达到市场占有率提高或市场销售量增加的目的。市场追随者由于不需要大量投资,其在成本上具有一定的优势,常常可以获得令其满意的利润,其投资收益率甚至可以超过行业的平均水平。通常情况下,市场追随者可以采取的基本竞争策略有以下三种。

(一)紧密追随

紧密追随是指追随者在产品、价格、分销、促销及其他方面,尽可能模仿市场领先者。这种追随者往往很少关心市场的开发和培育,他们只是依赖市场领先者在市场开发、产品开发及其他方面的投资,靠拾取市场领先者的残余市场来生存。20世纪70年代,美国商人乔治·约翰逊研制出一种特别适合黑人使用的粉质化妆膏,但苦于无法推向市场,因当时的化妆品市场为佛雷公司所垄断。约翰逊经深思熟虑,推出了这样一条广告:“当你用过佛雷公司的产品以后,再擦一次约翰逊粉质膏,你将收到意想不到的效果。”这则广告非常妙。由于约翰逊主动采取追随的姿态,佛雷公司不仅对它毫无戒备,而且非常得意。消费者却在佛雷名牌的号召力下,非常乐意地顺便接受了约翰逊的产品,使其粉质化妆膏的市场占有率迅速提高。

(二)距离追随

距离追随是指追随者在某些方面模仿市场领先者,而在另一些方面又与主导者保持一定的差异。如在产品包装、广告宣传、产品价格等方面与市场领先者形成差异,而在产品功能、分销渠道等方面追随主导者。如果这种追随不具有攻击性,那么主导者不会介意这些追随者的存在,从而使得追随者能够较好地生存。

(三)选择追随

选择追随指的是追随者择优模仿市场领先者的某些做法,而在其他方面保持自己的独创性。这种追随者将有可能发展为挑战者。为了避免与市场领先者直接竞争,追随者往往选择与领导者不同的细分市场来销售产品。

四、市场补缺者竞争战略

市场补缺者多是行业中实力相对较弱的一些中、小企业,它们专注于市场上被大企业忽略的某些细小部分,在这些小市场上通过专业化经营来获取最大限度的收益,在大企业的夹缝中求得生存和发展。市场补缺者通过生产和提供某种具有特色的产品和服务,赢得发展的空间,甚至可能发展成为“小市场中的巨人”。市场补缺者以规模较小的细分市场为目标市场,通过为特殊顾客提供专门的产品和服务,以谋求生存和发展。在许多行业中都会存在一些被大多数企业忽视的市场空缺,填补这些市场空缺,有时可以获得高利润。

(一)发现和评估市场空缺

企业要通过填补市场空缺来取得成功,关键在于发现和评估有利可图的市场空缺。一个既安全又有利可图的市场空缺应具备以下特征:①必须有足够大的市场规模和购买力;②必须有成长的潜力;③该市场对主要竞争对手不具有吸引力;④企业有为该市场提供有效服务的能力;⑤企业能够通过为顾客提供优质产品和服务,来抵御竞争对手的攻击。

(二)实行专业化营销

企业要想获得一个具备上述特征的市场空缺,必须在市场、产品、顾客以及分销等方面实行专业化营销。通常企业可以选择的专业化营销方案有以下九种。

(1)按最终用户专业化,即专门致力于为某一类最终用户提供服务,如计算机行业有些小企业专门针对某一类用户(如诊疗所、银行等)进行市场营销。

(2)按垂直阶段专业化,即企业致力于本行业产品生产经营全过程中某一个环节,如制铝厂可专门生产铝锭、铝制品或铝质零部件。

(3)按顾客规模专业化,即企业集中力量专门服务特定规模的顾客,如有些小企业专门为那些被大企业忽略的小客户服务。

(4)按特定顾客专业化,即企业专门服务于某一个或几个最主要的顾客群,如美国有些企业专门为西尔斯百货公司或通用汽车公司供货。

(5)按地理区域专业化,即企业专门服务于某一地区或地点的市场。

(6)按产品特色专业化,即企业专门经营某一种或某一类产品,如美国的绿箭公司专门生产口香糖一种产品,现已发展成为一家世界著名的跨国公司。

(7)按质量与价格专业化,即企业专门经营某一质量和价格档次的产品,如专门生产高质高价产品或低质低价产品。

(8)按服务项目专业化,即企业专门提供某一种或几种其他企业没有的服务项目,如美国有一家银行专门承办电话贷款业务,并为客户送款上门。

(9)按分销渠道专业化,即专门服务于某一类分销渠道,如专门生产适于超级市场销售的产品,或专门为航空公司的旅客提供食品。

填补市场空缺策略并非只适合小企业,对于在行业主要市场上市场占有率较低的大、中企业来说,填补市场空缺也可能是一个明智的选择和有效的成长途径,大企业同样可以在小市场中大有作为。市场补缺者要完成三个任务:创造补缺市场、扩大补缺市场、保护补缺市场。

孙子曰:夫兵形象水,水之形,避高而趋下;兵之形,避实而击虚。水因地而制流,兵因敌而制胜。故兵无常势,水无常形。能因敌变化而取胜者,谓之神。故五行无常胜,四时无常位,日有短长,月有死生。

简单地说,战术的运用就像水,水的流动,避高趋下;战术的运用,避实击虚。水因地面形成流向,用兵因敌情形成战术。所以,用兵没有固定的战术,水没有固定的形态。能因敌情变化而取得决战的胜利,算得上用兵如神。因此,五行相生相克,没有哪一行能永远独胜。同样,企业在市场竞争的环境中,需要实时了解市场动态,关注竞争者的动向,作出合理的经营决策,才能获得持久的竞争优势,立于不败之地。

拓展阅读7-8

本章知识点

竞争者分析是企业通过某种分析方法识别出竞争者,确定并识别竞争者的目标,评估竞争者的优势和劣势,评估竞争者的反应模式,并最终选择竞争对手。

基本竞争战略是由美国哈佛商学院著名的战略管理学家迈克尔·波特提出的,包括三种形式:成本领先战略、差异化战略、目标聚焦战略。

通常市场领导者可采取三种策略来维护其主导地位,这三种策略分别是:扩大总市场、保持现有的市场份额、扩大市场份额。

市场挑战者通常主要采取进攻策略向市场领导者或其他竞争对手发起挑战。

市场追随者主要通过仿效行业中的市场领导者,来谋求自己的生存和发展。但是,市场追随者并非被动地、简单地模仿市场领导者。

市场补缺者一是通过填补市场空缺来取得成功,关键在于发现和评估有利可图的市场空缺;二是必须在市场、产品、顾客以及分销等方面实行专业化营销。

营销思考题

1.竞争者分析的步骤和方法是什么？

2.迈克尔·波特的基本竞争战略是什么？

3.什么是成本领先战略？它的优势是什么？

4.什么是差异化战略？实施差异化战略需要注意什么？

5.什么是目标聚焦战略？实施目标聚焦战略需要注意什么？

6.按不同的竞争地位，市场竞争者主要分为哪些类型？不同地位的竞争者在竞争中应采取什么策略？

营销计策

〔三十六计〕之十九：釜底抽薪。

〔原文〕不敌其力，而消其势，兑下乾上之象。

〔翻译〕在力量上不能战胜敌人，可以瓦解他的气势，这就是《易经》兑下乾上的《履卦》所说的以柔克刚的办法。

〔三十六计〕之二十：混水摸鱼。

〔原文〕乘其阴乱，利其弱而无主，随，以向晦入宴息。

〔翻译〕乘着敌人内部混乱，利用他虚弱且群龙无首的机会，让他顺从我，就像《周易》《随卦》中说的人到夜晚必须入室休息一样，这样我方就可以乱中取胜。

〔三十六计〕之二十一：金蝉脱壳。

〔原文〕存其形，完其势；友不疑，敌不动；巽而止蛊。

〔翻译〕保存阵地的原形，造成强大的声势，使友军不怀疑，敌人也不敢贸然进犯，而我却可以隐蔽地击破另一支敌军。

结尾案例

滴滴与美团的市场竞争

1.滴滴和美团的发展现状

经过两轮市场整合，滴滴已成为网约车行业领导者，其用户、司机注册量和订单成交量均全面领先。此外，滴滴也是由百度、腾讯、阿里巴巴三家互联网巨头联合投资的企业。仅2017年，滴滴订单金额就为250亿～270亿美元，同比增长超过70%。截至2023年3月底的前12个月中，滴滴平台年活跃用户数和年活跃司机数分别达到5.87亿和2300万，2023年3月，滴滴全平台的日均交易量达4500万次。随着滴滴的不断发展壮大以及融资，滴滴积累了超过120亿美元的资金，具有强大的资本力量。但是滴滴的高抽成使司机获利少，降低了司机的积极性。

巨大的利润诱使美团以挑战者的身份出现。美团作为平台最大、用户最多、品类最全的生活服务类运营商，专注于团购、酒店、旅游、电影等相关业务。用户超过6亿，其中外卖用户2.5亿，占有外卖市场60%的市场份额。美团开展叫车业务，可以充分利用其积累的用户群体迅速占领网约车市场，具有强大的用户优势。美团实施的低抽成、高补贴、存在保底收入等优惠，对于司机方来说具有强大吸引力。叫车服务对于美团来说是一项新业务，伴随而来的网络运营技术、地图定位、线路规划、路况信息采集等问题，给美团带来了新挑战。

2.滴滴与美团竞争

自2017年2月14日起，南京地区开始了美团网约车的试运营。据统计，每日订单量超过10万单，此外，美团专职司机在线时长超过10小时且每日接单量达到10单，即可享受每日最低车费500元。此外，前5万名注册司机在前3个月内将不收取任何抽成费用，而全体注册司机每笔订单只需缴纳8%的抽成，相比之下，滴滴每笔订单抽成费用约为20%。由此可见，美团更具有吸引力，为司机提供更为优惠的服务。2017年，美团获得南京的网约车运营资格；2018年3月，该公司也拿到了在上海开展网约车业务的资格，并于同月21日在上海上线。美团打车在上线前的头3天订单量分别达到了15万、25万和30万，占据上海市网约车市场份额的1/3。到第7天时，其服务乘客量已经超过220万人次。

针对美团的高调举措，滴滴作出回应。在2018年3月2日，滴滴外卖发布了骑手和商家招募广告，并首批在9个城市上线，分别是无锡、南京、长沙、福州、济南、宁波、温州、成都和厦门。滴滴外卖的骑手分为两类：忠诚骑手需每周在线时长不少于48小时、订单配送达标，即可拿到至少10000元的月薪；而自由骑手可自主接单，订单收入更高。滴滴外卖在2018年4月9日全面上线，随后与美团在无锡市展开外卖补贴战。滴滴外卖在上线当天率先推出下午茶满20元减18元的优惠，紧接着美团也推出20元立减15元的优惠。为吸引更多外卖用户，满减优惠的竞争愈加激烈，甚至出现了只需1分钱的炸鸡和1元的奶茶等“零元外卖”。在此轮补贴大战中，随着订单量激增，外卖市场遭遇重大冲击。尽管双方都作了充分的准备，但订单激增导致外卖系统部分崩溃、餐厅暂停营业等外卖配送问题。

2018年4月11日，无锡市市场监督管理局表示外卖平台的行为已经涉嫌不正当竞争，破坏了公平有序的市场竞争环境，要求外卖平台对相关行为进行整改。上海市交通委员会、市价检局、市公安局对美团进行约谈，要求美团打车平台所有注册车辆和司机必须获得上海市网约车牌照并且将数据接入监管平台，同时要求美团合理定价，不得排挤竞争对手，撤销“一元钱出发”等广告。随后，美团与滴滴相继宣布在2018年4月12日停止南京的补贴措施，滴滴于4月14日又率先取消上海部分的常态化补贴，减少了低效补贴带来的浪费，把资金用在提升软件服务和用户体验上。无论是网约车还是配送外卖，用户对APP的黏性并不强，用户是否选择哪个APP，主要与该APP的优惠力度和软件服务优劣有关。从这个角度分析，价格战是一种低效的竞争手段，优惠带来的订单量激增存在泡沫，并不是真实的用户增长，优惠消失时那些不常用网约车和外卖软件的用户会流失，订单量也会减少至稳定。“烧钱大战”这种竞争模式会给企业带来亏损甚至负债的可能，这就给企业的日常经营带来资金链断裂风险。面对新入局者，滴滴可以考虑优化已有业务、减少抽成来提高司机积极性，提高安全保障，当司机与乘客发生摩擦时可以快速公平解决问题来巩固和吸引用户，而不是仅靠提供优惠的价格来吸引用户，拖垮竞争者。

资料来源于网络，作者有删改。

案例思考题

1.结合案例并查找更多信息资料，分析滴滴和美团的市场竞争地位及采用的竞争战略是什么，试用三十六计之混水摸鱼进行说明。

2.试用《孙子兵法·军争篇》、企业竞争战略等相关理论知识，分析讨论滴滴和美团应该采用哪种市场竞争战略，以赢得更多市场和更好地经营。

第八章　目标市场选择与定位

地形有通者，有挂者，有支者，有隘者，有险者，有远者……凡此六者，地之道也，将之至任，不可不察也。

——《孙子兵法·地形篇》

教学目标

1.理解并掌握市场细分的概念、原则、依据与程序；

2.理解并掌握目标市场选择决策中细分市场选择标准；

3.理解企业目标市场营销战略选择原因及战略内容；

4.理解市场定位的含义、定位方式与定位程序；

5.能够运用《孙子兵法》分析市场细分原理和目标市场选择与定位策略；

6.理解三十六计之"关门捉贼""远交近攻""假道伐虢"的核心思想，并能够在市场营销中合理运用。

导入案例

蜜雪冰城的定位之道

数据显示，我国新式茶饮市场规模由2017年的442亿元增长至2019年的978亿元，年均复合增长率达48.75%。2022年，新式茶饮市场规模已逾千亿。在竞争激烈的新式茶饮市场上，蜜雪冰城可谓战绩卓著，以每年新增2000家门店的速度疯长。截至2024年6月，蜜雪冰城国内门店数量已超过30000家，覆盖全国31个省、自治区、直辖市；并已走向越南、印度尼西亚、菲律宾等国家，在海外市场开店超3000家。

蜜雪冰城的发展是从创始人张红超2002年在街边开的第一家蜜雪冰城奶茶店开始的。在商场摸爬滚打20多年，张红超始终认为："蜜雪冰城的客户以年轻人、学生为主，他们大多消费能力有限，但是对产品报以挑剔的眼光，热衷于新鲜感、体验感。"蜜雪冰城的门店遍布中国的城乡，特别是河南、河北、山东、陕西、四川等省份的地级市、区，这些地方的年轻人、学生是主要消费群体。蜜雪冰城所有产品的价格都比较低，恰好与目标消费群体的消费诉求匹配。几十元一杯的奶茶太贵，而大多数好喝的饮品店又都开在市中心，在力所能及的范围内喝到好喝的饮品，才是他们的需求。他们是真正的"沉默的大多数"，消费能力或许比不上CBD(中心商务区)的白领们，但是人数众多，带来的销售额也很高。为了更好地为目标顾客服务，蜜雪冰城还将门店开进了高校。如今在国内许多大学校园中，都可以找到蜜雪冰城的身影。因此，蜜雪冰城又被戏称为大学里的“连锁四兄弟”之一。近在咫尺、低价又好喝的蜜雪冰城，毫无疑问是学生们的最佳选择。

为了实现低价高质的定位目标，蜜雪冰城在供应链上下足了功夫。2012年，蜜雪冰城拥有了自己的独立研发中心和中央工厂，实现了核心原料全部自产；2014年，焦作仓储物流中心投入使用，该物流中心占地100亩，可以支撑在全国推行物流免费政策，形成研发生产＋仓储物流＋运营管理的完整产业链，也使蜜雪冰城成为全国饮品行业第一家实行物料免费运送的品牌；2016年，固体饮料原物料厂开始投产；2017年，上海研发中心成立；2018年，蜜雪冰城深圳研究院成立。

几年内，蜜雪冰城已拥有5万多平方米的全自动化生产车间，2万多平方米的服务物流配送中心。运营管理、研发生产、仓储物流都有专门的公司负责，实现了从原料采购、研发、加工生产到门店销售的无缝对接。放眼整个国内餐饮行业，这属于少有的自供应系统，是蜜雪冰城的核心竞争力所在。也正是这一套完整的产业链，使得蜜雪冰城的原材料成本、运营成本大大降低，使张红超有底气和实力一直做高品质的平价产品。

张红超明白，只有永远不断满足顾客的“新鲜感”，才会积累一批又一批的新顾客，同时留住自己的忠实顾客。每年年底，张红超都会和员工一起开会讨论新一年的营销计划。全年的新产品推广计划是结合消费者需求特点，有节奏、有重点地实施的，例如，每年夏季是需求旺季，蜜雪冰城会在3、4月份就开始安排各种促销活动，为需求旺季提前做好准备。近几年，新媒体发展迅速，尤其是抖音、微博、B站等受众群体广泛，备受年轻人追捧。为了和年轻人玩在一起，张红超分别在微博、抖音、B站上注册账号，在上面发布新品的精美图片和促销活动情况。2021年，蜜雪冰城在B站发布的主题曲火遍全网，“你爱我 我爱你 蜜雪冰城甜蜜蜜”成了洗脑神曲，B站播放量2009万次，引发了改编转发热潮，出现了英文、俄文、日文、泰语等不同的语言版本，甚至还有四川话、粤语、广西话、东北话等方言版本，在众多社交媒体平台传播甚广。蜜雪冰城主题曲的现象级破圈，成为整个2021年最成功的营销案例之一。

除了营销活动，被称为“蜜雪冰城唯一代言人”的雪王，也是蜜雪冰城的流量密码。蜜雪冰城将雪王作为独立的IP在运营，让它有自己的世界观，有自己的个性。如何不断丰富雪王的形象，为雪王增加人气，是蜜雪冰城持续探索的问题。目前，在蜜雪冰城抖音、B站、微博等自媒体平台上，不仅有“雪王打卡健身博主”等实景拍摄的短片，还有“雪王卖汤圆”等动画形式短片。2022年7月16日，在雪王出道四周年演唱会上，蜜雪冰城还为雪王打造了个人专属发布会。

资料来源于网络，作者有删改。

孙子曰：地形有通者，有挂者，有支者，有隘者，有险者，有远者。我可以往，彼可以来，曰通。通形者，先居高阳，利粮道，以战则利。可以往，难以返，曰挂。挂形者，敌无备，出而胜之；敌若有备，出而不胜，难以返，不利……

孙武将战争地形分成六种不同的类型，对每一种地形都给出了作战策略，比如在敌我双方都可以行军作战的“通”形区域上，应该抢先占据宽阔向阳的高地，保证我军粮食输送畅通无阻，这样对作战才有利。而在我军可以前进，难以返回的“挂”形地域，只有在敌人没有防备的情况下，我军才能伺机突击，打败敌人；而如果敌人做好了防备，我军出击就难以取胜，到时撤退也会困难。《孙子兵法》这种根据不同地形来制定针对性作战方案的思想，与现代营销中企业的目标市场营销战略思想不谋而合。

本章导入案例中，蜜雪冰城将年轻人、学生消费群体作为自己的目标市场，认真分析目标顾客需求特点，为了满足顾客对于高质平价产品，以及新鲜感、体验感的追求，努力打造自供应链系统，同时密切关注年轻消费群体变化，在营销策略上积极作出调整，从而获得成功。习近平主席在中央全面深化改革委员会第三次会议中指出，“要顺应居民消费新趋势，从供需两端发力，积极培育重点消费领域细分市场”。因此，企业应该积极响应国家政策要求，运用目标市场营销战略，认真研究市场状况，将市场进行细分，并且选择最有利于企业发展的细分市场作为自己的目标市场，紧紧围绕目标市场顾客需求特点，开发和运用针对性的营销组合策略，满足顾客需求，提升顾客满意度，为顾客、社会创造价值的同时，实现企业自身成长。

第一节　市场细分

一、市场细分的概念与作用

(一)市场细分的概念

市场细分是指营销者通过市场调研，依据消费者的需要和欲望、购买行为和购买习惯等方面的差异，把某一个产品的市场整体划分为若干消费者群的过程。每一个消费者群都是一个细分市场，每一个细分市场都是由具有类似需求倾向的消费者构成的群体。

(二)市场细分的作用

1.有利于企业发现新市场机会

企业经过市场细分，对各细分市场消费者需求特征、需求的满足程度和竞争情况非常了解，能从中发现那些需求尚未得到满足或需求尚未充分得到满足的细分市场。企业需要结合自身情况进行分析，着眼于进入最合适的细分市场，如此，这些细分市场就为企业提供了新的市场机会。

2.有利于企业提高竞争力

企业的资源和能力是有限的，没有一个企业拥有能够满足所有消费者所有需要的资源与能力。企业可以根据各个细分市场的特点，选择最合适的细分市场，将有限的人、财、物等资源集中用于一个或少数几个目标市场上，满足消费者需要，参与市场竞争。这样可以有效避免资源分散，在目标市场上形成竞争优势，用较少的资源取得最大的经济效益。

3.有利于增强企业应变能力

就整体市场而言，企业不易敏锐地察觉市场变化，难以适时调整营销策略，而在细分市场上，企业为特定的消费者群提供特定的产品，制定相应的市场策略，更容易捕捉到市场信息，察觉到市场的变化，随时调整策略，更好地满足消费者需求。

4.有利于中小企业开拓市场

中小企业要与大企业在同一个市场上抗衡，无异于鸡蛋碰石头。消费者需求的多样性，让中小企业有机会去寻找大企业未曾顾及的，一些尚未满足需求的细分市场。通过拾遗补阙，开发一些能够满足这些细分市场上消费者需求的产品与服务，中小企业同样可以得到良好的发展，获得较大的经济效益。

二、市场细分的原则

企业在进行市场细分时必须遵循以下四个基本原则。

（一）差异性

经过细分，各个子市场之间消费者需求的差异应该尽可能大，而同一子市场内部的消费者需求的差异应该尽可能小。相同的营销策略，各细分市场的反应应该是不同的，如果反应相同，则说明市场细分无效。从市场细分的定义可以看出，差异性是市场细分理论及其运作的基础。

（二）可衡量性

决定市场特征的因素相当复杂，其中许多因素是不可衡量的（或度量数据不可得）。企业选择市场细分标准的影响因素，应该是可以衡量的。除此之外，各细分市场的规模、购买能力和基本情况也应该是可以测量的。

（三）可进入性

可进入性是指企业有能力进入所选定的子市场。细分后的各个子市场，应该至少有一个是企业凭借自己的资源和能力能够进入经营的，否则，市场细分就无意义。

（四）可盈利性

可盈利性也称为经济性，是指细分后的子市场规模必须足够大，同时具有开发的潜力，值得企业付出一定的营销努力。相反，如果各子市场规模都太小，或者缺乏增长空间，对企业来说无利可图，那么市场细分便没有意义。

三、市场细分的依据

一个企业进行市场细分首先要研究和确定划分的依据，下面主要从消费者市场和组织市场的一般标准进行分析研究。

（一）消费者市场细分的依据

1.地理因素

这是按消费者居住的地区和地理条件来划分的。处在不同地理位置的消费者，会有不同的需要和爱好，对企业的同一产品及其他市场营销手段产生的反应不同，因此，企业常利用各个地理变量来细分市场。地理因素是一个静态因素，往往容易辨别，较为重要的地理因素变量有以下四个：

（1）地区。不同地域的消费者消费习惯与价值观念不同，如我国南方和北方居民就有“南甜北咸”的饮食习惯。

（2）气候。不同地域的气候条件不同，如我国北方比南方气温低，低温持续时间长，南北方消费者对冬季御寒用品如棉衣的要求差异性大。

（3）人口密度。人口密度越大，消费需求则大，反之则小。人口密度不同的地区市场营销策略不同。

(4)城乡。城乡的社会经济发展水平不平衡,消费者在消费行为方面存在很大差异,按消费者居住地可将市场细分为城市市场和农村市场,而城市市场又可分为大城市、中等城市、小城市等细分市场。

2.人口因素

按人口统计的市场细分是以一般性特征的人口统计变数,如年龄、性别、收入、职业、受教育程度、宗教、民族等将市场划分为不同群体,由于人口统计变量比较容易获得和进行衡量,因此,人口因素往往是市场细分中用以区分消费者群体的重要因素。

(1)年龄。消费者在不同年龄阶段,由于生理、性格、爱好不同,他们对消费品的需求往往有很大差别,故可按年龄大小细分出各具特色的消费者市场,如儿童市场、青年市场、中年市场、老年市场等。

(2)性别。男女在商品需求、购买动机、购买行为方面差别很大,女性是服装、化妆品、家庭用品的购买者,而男性则是香烟、酒类、体育运动用品的购买者。

(3)收入。收入水平是制约消费者购买力的主要因素,居民的收入差别,带来了不同商品的需求差异。因此,企业可以把市场细分为高收入者市场、中等收入者市场及低收入者市场。

(4)受教育程度。消费者教育文化水平不同,在文化教养、生活方式、价值观念等方面都会有所不同,进而影响到他们的购买行为和购买习惯。

3.心理因素

市场上经常出现人口因素相同的消费者对同一商品的爱好和态度截然不同的现象,这时,企业可按消费者的生活方式、社会阶层、个性等心理因素变量来划分消费者群体。

(1)生活方式。生活方式是指一个人或集体对消费、工作和娱乐的特定习惯与倾向性的方式。消费者追求的生活方式不同,消费倾向也不相同,需要的商品也不一样,他们总是通过特定的商品消费体现自己的生活方式。有一些企业,把追求某种生活方式的消费者群当作自己的目标市场,专门为这些消费者生产产品。

(2)社会阶层。消费者的职业、收入、受教育程度和价值观等多种因素决定了所处的社会阶层,不同社会阶层的人对商品的质量、式样、价格、包装、促销方式都有不同的偏好。

拓展阅读8-1

(3)个性。个性是消费者个人特有的心理特征;消费者的个性特征多种多样,有独立、果断、刚强、自信的人,也有保守、懦弱、顺从、依赖的人。企业依据个性因素细分市场,可以为其产品更好地赋予品牌个性,以期与对应的消费者个性相适应。

4.行为因素

根据消费者的购买行为划分市场,它包括消费者购买时机、追求利益、使用状况、使用频率、品牌忠诚度、态度等变量。企业可以根据消费者购买行为因素细分市场,推出适合不同细分市场的产品,许多营销人员认为,行为是进行市场细分的最佳起点。

(1)购买时机。根据消费者购买和使用产品的时机进行市场细分。例如,某些产品或服务项目专门适应于节假日。

(2)追求利益。根据消费者期望从产品中得到的不同利益进行市场细分。运用利益细分法,首先必须了解消费者购买某种产品所寻求的主要利益是什么;其次要了解寻求某种利益的消费者是哪些人；再次要调查市场上的竞争品牌各自适合哪些利益，以及哪些利益还没有得到满足。

（3）使用状况。使用状况指消费者从前是否使用过某种产品和服务的经历，可细分为“未曾用过”“曾经用过”“准备使用”“初次使用”“经常使用”五种类型。通常，大公司特别重视将“准备使用者 ”转变为“实际使用者 ”，而小公司则努力将使用竞争者品牌的“经常使用者”转变为使用本公司产品的使用者。对使用状况不同的消费者，采用不同的营销对策。

拓展阅读8-2

（4）使用频率。按消费者购买产品或服务的数量，一般可将其分为大量使用者、中量使用者、少量使用者和不使用者。大量使用者在消费者中所占比例不大，但他们的消费量在全部消费者中所占比例最大。研究表明，某种产品的大量使用者往往有某些共同的人格心理特征和广告媒体习惯，企业可以根据大量消费者的习惯来制定价格、广告媒体等方面的策略。

（5）品牌忠诚度。通过消费者对某一品牌的忠诚程度进行市场细分。消费者可以是一直坚持购买某一品牌的铁杆品牌忠诚者；经常在几种固定的品牌中选择摇摆的品牌忠诚者；由偏爱某一种品牌转向另一种品牌的转移型忠诚者；对任何一种品牌都不忠诚的非忠诚者。每个企业的市场都包括比例不同的这样四类消费者，依据品牌忠诚度细分市场，企业可以发现问题，及时采取措施改进市场营销工作。例如，分析铁杆品牌忠诚者，可以知道自己目标市场的消费者情况。分析动摇者，可以发现哪些品牌是主要竞争者，以便采取相应措施。研究转移者，可以了解营销工作中的弱点，从而改进工作中的不足之处。研究犹豫不定购买者，可以考虑采用针对性的促销办法，激发消费者购买欲望。

消费者市场细分的变量见表 8-1。

表 8-1　消费者市场细分的变量

细分变量	具体细分标志	细分市场类型
地理因素	地区	南方、北方、东北、西南、高山、平原
	气候	热带、亚热带、温带、寒带
	人口密度	高密度、中密度、低密度
	城乡	大城市、中小城市、镇、乡、村
人口因素	年龄	儿童、少年、青年、中年、老年
	性别	男、女
	收入	高收入、中收入、低收入
	职业	工人、农民、军人、公务员、教师、学生
	教育程度	文盲、小学、中学、大专、本科、研究生
	家庭人口	大家庭、中家庭、小家庭
	民族	汉、满、蒙古、回、藏等
心理因素	生活方式	享受型、朴素型、开放型、时髦型
	社会阶层	上层、中层、下层
	个性	内向与外向、开放与保守等
行为因素	购买时机	节假日、季节性、平时
	利益追求	便宜、实用、安全、方便等
	使用状态	未用、曾用、准备用、初次用、经常用
	使用率	大量使用者、中量使用者、少量使用者、不使用者
	品牌忠诚度	忠诚型、摇摆型、转移型、多变型等
	态度	热情、肯定、冷漠、否定、敌意

（二）组织市场细分的依据

对组织市场进行细分，同样可以利用消费者市场细分的依据（表 8-1）。但是，生产者由企业构成，它有自己的特点，在市场细分时，心理因素的影响要比消费者市场小一些。除此之外，还要使用以下两个新的因素作为细分市场的依据。

1.最终用户

生产者市场经常按最终使用者的要求进行细分，不同的最终用户对同一产品有不同需求，企业必须制定相适应的营销策略。例如，橡胶轮胎市场，豪华型汽车制造商所需轮胎比普通汽车制造商要求高；轿车制造商所需轮胎比农用拖拉机制造商在安全标准方面严得多。

2.用户规模

用户规模决定了购买量的大小，大客户虽然数量较少，但通常购买力较高，购买量大；小客户则相反。大、中、小客户对企业的重要程度不同，企业应采用不同的营销方法区别对待，处理好与不同用户之间的关系，提升产品市场的占有率。

四、市场细分的程序

（一）确定范围

市场细分工作需要市场和技术两方面的专业知识。企业可以委托专业机构设立项目，开展市场细分研究，并且在项目开始阶段，将产品市场、项目重点以及怎样使用研究结果等内容与专业机构深入沟通，达成共识。一般可以分两个阶段开展细分工作：第一阶段将市场划分为比较容易定义的一些群体，第二阶段进行更加彻底的市场细分。

（二）收集数据

市场细分研究中所需要的数据可以分为两大部分。一部分是用于在聚类分析中找出关联并形成细分市场的数据。理论上，进行聚类分析时可以使用任何标准，但是经验表明，最有效的标准是顾客对相关产品的态度和行为相关因素，包括使用频率、寻求的利益、购买行为特点等。另一部分是一旦各细分市场形成，用于描述细分市场特征的数据。这类数据通常是传统的人口特征和社会经济因素方面的信息，这些信息可以与第一类数据联系起来更形象地对细分市场进行描述。在收集数据之前有必要具体探讨所要分析的问题，可以运用小组讨论、深度访谈等定性方法来确定相关的态度特征或寻求的利益等。

（三）分析数据

收集好数据后，可以采用很多统计分析方法对数据进行分类，例如判别分析、典型相关分析、决策树、聚类分析等。具体统计分析方法可参考相关书籍资料，本书仅对比较常用的聚类分析进行简要介绍。

聚类分析是将数据分到不同的类或者簇的过程，同一簇中的对象有很大的相似性，而不同簇间的对象有很大的差异性。应用到市场细分领域，聚类分析可以根据细分变量将消费者分为不同的细分市场，同一细分市场内的消费者彼此相似，不同细分市场间的消费者彼此不同。

理想的聚类情况如图 8-1 左图所示，变量 1（广告驱动）和变量 2（价格驱动）将四组消费者完全区分开，任何一个消费者只属于其中一个细分市场，细分市场之间没有任何重叠。但是，实践过程中更可能遇到图 8-1 右图的聚类情况，细分市场不那么显而易见，并且彼此之间的界限也没那么清晰。

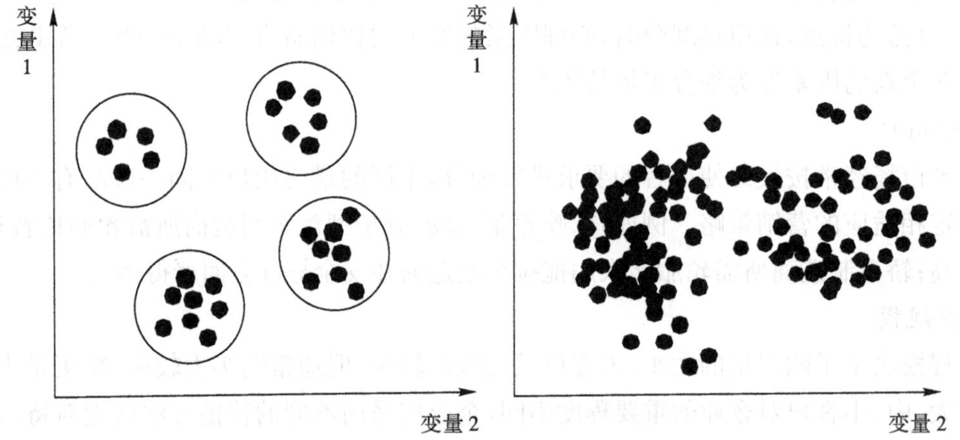

图 8-1　理想和现实的聚类情况

聚类分析包括非重叠聚类、重叠聚类和模糊聚类三种方法。非重叠聚类假设任何一个顾客属于且只属于一个细分市场，在表 8-2 的示例中，顾客 1 和顾客 3 只属于市场 3，顾客 2 只属于市场 1，顾客 4 只属于市场 2。重叠聚类和模糊聚类认为顾客有可能属于多个市场，例如，顾客 2 可能同时属于市场 1 和市场 2(重叠聚类)，或者属于市场 1 的概率是 60%，属于市场 2 的概率是 40%(模糊聚类)。虽然重叠聚类和模糊聚类这两种方法更符合现实情况，但由于非重叠聚类方法比较简单，结果也很直观，营销实践中多数情况下仍然采用非重叠聚类方法。

表 8-2　非重叠聚类、重叠聚类与模糊聚类

	非重叠聚类			重叠聚类			模糊聚类		
	市场 1	市场 2	市场 3	市场 1	市场 2	市场 3	市场 1	市场 2	市场 3
顾客 1			1			1	0.1	0.1	0.8
顾客 2	1			1	1		0.6	0.4	0.0
顾客 3			1		1	1	0.1	0.4	0.5
顾客 4		1			1		0.2	0.7	0.1

对统计分析产生的分组结果，通常不能直接用来作为细分市场，还需要营销者根据经验来判断，是否需要将一些小组进行合并。例如在大多数情况下，聚类分析会涉及三个以上的维度，以此为基础可以将总体分为 3～10 组不等的多种组合方式。通过统计方法进行缩减，究竟可以把市场分为多少个细分市场比较合适，就需要营销者根据经验来进行判断。分析时，营销者需要重点考察这样一个问题：如果给予这两组对象分别对待，而不是将它们看作一个组，那么实施营销组合计划会带来什么不同的反应？如果答案是“没什么不同”，那么通常这两组就可以合并到一起。对小组进行合并时，要尽量减少将两个极不相同的小组合并在一起的情况。

(四)验证细分市场

如果市场细分所需要的信息是通过抽样调查来收集的，人们力图根据调查结果推断更大范围内的人口情况，就需要检验最终结果的可靠性，检验所要回答的问题是：通过样本所推断的结论是否适用于整体？最普遍的检验方法是交叉验证。这种方法是将收集到的数据任意地分成两部分，用其中一个部分来形成之前已经分好的各个群体，然后用另一个部分数据对结果进行检验。一种简单的做法就是，用相同的聚类分析来对前面分好的两部分样本数据进行分析，然后比较这两个样本所得的分类群体在规模和特征方面的相似性。由于比较聚类分析的两个结果似乎是相当主观的一种验证方法，因此，有些学者为这种交叉验证推荐了判别分析法。该方法也是将原来的样本数据分成两组样本，并分别对它们进行聚类分析。然后用一组样本建立起判别模型，并用另一组样本中数据替代该模型中前一组样本数据。最后，比较使用判别分析和聚类分析分别得到的结果，以此来对样本可靠性进行衡量。使用 SPSS 等统计软件可以迅速准确地进行这种关联分析。

(五)实施市场细分

市场细分的实施应被视为整个市场细分研究的目的，而不仅仅是一个阶段。一个未被执行的市场细分方案只是纸上谈兵而已。细分市场选择和战略制定是紧跟在细分研究这一技术活动之后的两个很重要阶段，是重要的管理任务，也是营销战略的核心。专业的市场细分研究人员需要与企业用户接触，以获得他们的支持，确保研究结果符合企业的需求和期望。

(六)追踪

市场细分实施的过程和结果存在滞后性，通常在几个月之后才能体现出来。市场细分实施效果良好，容易使企业出现建模近视症，即认为已经发现了市场规律，应该将成功的模型继续实行下去，不需要再作进一步分析了。事实上，一次市场细分就是对市场的一张快照，随着时间的推移和消费者的变化，这个研究结果将不可避免地变得越来越不符合实际情况。企业市场细分和定位战略的实施，不可避免地改变市场形势，影响消费者的看法、期望和需求。通过追踪研究各种活动对细分市场所造成的影响，可以修正和了解适合他们的某种促销活动，并从那些比较成功的推广活动中吸取经验教训。另外，如果市场并不是很稳定，而是在逐渐或者激烈变化，那就意味着随时会出现一个新的细分市场。主动追踪的企业就能首先发现机会，及时作出应对，获得竞争优势。

第二节 目标市场选择

一、细分市场的评价标准

划分了细分市场后，企业应当收集和分析各个细分市场的资料，按照细分市场的规模和增长潜力、细分市场的结构吸引力，以及公司的目标与资源三个标准挑选出最合适的细分市场作为自己的目标市场。

(一)细分市场的规模和增长潜力

细分市场当前的销售量、预期的盈利性和增长速度是选择目标市场时首先需要考虑的因素。企业应当选择具有恰当规模和增长速度的，而非规模最大、增长速度最快的细分市场。一些小公司可能会由于缺乏为规模较大的细分市场提供服务所需的技能和资源，或者因为这些细分市场竞争过于激烈，而选择规模较小的细分市场。这些小市场对大公司缺乏吸引力，但对于小公司而言却具有盈利潜力。

（二）细分市场的结构吸引力

在选择细分市场时，企业要考虑细分市场长期吸引力和结构性因素。如果一个细分市场已经有很多强大的竞争对手，或者虽然目前对手不多，但有很多潜在的竞争者对该市场虎视眈眈，将来会进入市场，参与竞争，那么这样的市场吸引力就不大。另外，如果细分市场存在许多现有或潜在的替代品，价格和盈利就会受到影响，吸引力也不大。最后，还要考虑购买者与供应商的议价能力。因为购买者如果议价能力强，就会试图压低价格，提出苛刻的服务和质量要求；供应商议价能力强，则会左右原材料价格，控制原材料质量和供应量。所以，购买者与供应商议价能力强的细分市场吸引力有限。

（三）公司的目标与资源

一些有吸引力的细分市场可能由于与公司的长期目标不相符，或者公司缺乏取得成功所需要的技能和资源而被放弃。例如，汽车市场的经济型轿车细分市场规模较大，而且持续增长，对以生产豪华车为主的企业来说，根据自己的发展目标和资源，进入这一市场意义不大。公司应该只进入那些自己能够创造卓越顾客价值，并获得超越竞争对手优势的细分市场。

二、目标市场选择的模式

目标市场是企业拟投其所好、为之服务的、具有相似需要的顾客群。目标市场就是企业打算进入的细分市场。通常有五种目标市场模式供企业选择，如图 8-2 所示。

（一）产品-市场集中化

企业根据自身条件，选择一个细分市场，提供一种产品或服务，采取一个特定的营销组合，以取得某一特定市场优势，如企业只生产满足儿童需求的电话手表。选择产品-市场集中化模式一般基于以下考虑：企业具备在该市场从事专业化生产的优势条件；受资金限制只能经营一个细分市场；该市场没有竞争对手或竞争不激烈。产品-市场集中化模式风险较高，一旦消费者需求发生变化，或者出现技术进步，产品即将被淘汰，就会使企业生存面临极大挑战。

（二）产品专业化

企业提供一种产品，以此种产品去满足各种不同顾客的需求，如饮水机厂专注于生产饮水机，向机关、学校、家庭等用户销售。该模式的优点在于有利于生产成本的降低和产品质量的提高，有利于在该领域树立形象。但是，如果该领域被一种全新的技术和产品替代，产品销量将会大幅度下降，企业将面临较大风险。

（三）市场专业化

企业向某一类顾客群提供各种不同类型的产品或服务，如工程机械公司专门向建筑业用户供应推土机、打桩机、起重机、水泥搅拌机等机械设备。市场专业化模式由于经营的产品类型众多，可以分散经营风险；但由于产品集中于某一类顾客，当这类顾客需求下降时，企业收益将会大幅度下降。

（四）选择性专业化

企业确定几个不同的子市场同时进入，解决不同类型顾客的产品或服务需求，填补市场空白，寻求机会，谋取发展。该模式的优点在于可以有效分散经营风险，即使某个细分市场盈利状况不佳，也可以在其他细分市场上得以弥补。采用该模式的企业必须具备较丰富的资源和较强的营销实力。

（五）完全市场覆盖

企业为市场上所有消费者提供所需的各种产品或服务，全方位进入市场。该模式对企业的资金、技术、人力等资源，以及营销网络、管理等方面的能力要求较高，通常适合市场上处于领导地位或垄断地位的企业。

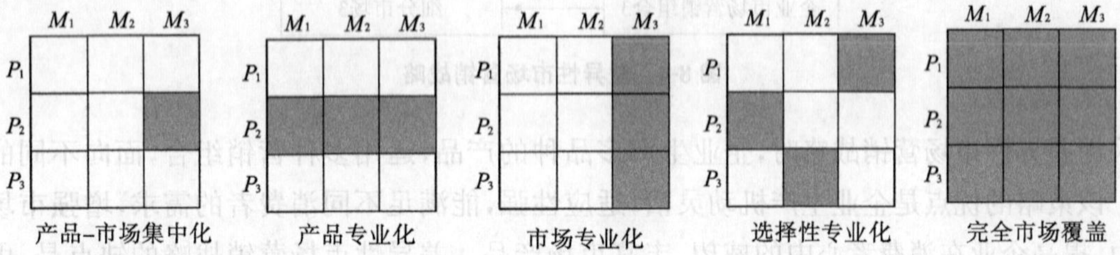

注：P表示产品；M表示市场。

图 8-2　市场覆盖的五种模式

三、目标市场营销战略类型

企业目标市场战略一般有四种：无差异性市场营销战略、差异性市场营销战略、集中性市场营销战略和微观营销。

（一）无差异性市场营销战略

所谓无差异性市场营销战略，是指企业不进行市场细分，把整个市场作为目标市场，如图 8-3 所示。它强调市场需求的共性，而忽视其差异性。企业在整个市场上生产一种产品，运用一种市场营销组合策略，来迎合大多数消费者。自从大规模生产开始应用，无差异性市场营销战略就受到了企业的欢迎，如早期美国的 T 型车都是一个型号、一种颜色、统一价格。此时，企业关心的是如何生产出大多数消费者共同需要的产品，而不是去开发不同消费者所需要的不同产品。但是，近几十年来，应用无差异性市场营销战略的企业正在大幅度减少。其原因是随着竞争的加剧，在竞争对手的努力下，越来越多的消费者被吸引到特定的子市场，此时，企业如果再实施无差异性营销则很可能发现其向目标市场提供的产品要么价格过高，要么为顾客提供的利益过少。

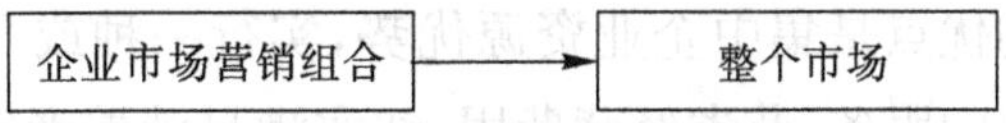

图 8-3　无差异性市场营销战略

无差异性市场营销战略的优点是品种少，可以大批量地生产和销售，发挥规模经济的优势，大量生产使得产品平均成本低。不需要市场细分，减少了广告、促销、市场调研等销售费用，进而以低成本策略在市场上赢得竞争优势。但是，无差异性市场营销战略也存在许多缺点，如忽视消费者需求的差异性，企业产品单一，在市场中缺乏竞争力，很容易失去市场机会，市场风险大。

无差异性市场营销战略适用于通用性较强、差异性较小且具备广泛需求的产品，如大米、食盐等。

(二)差异性市场营销战略

所谓差异性市场营销战略，指企业将整体市场划分为若干细分市场作为其目标市场，并针对不同目标市场特点，分别设计不同的产品和运用不同的营销组合来满足不同细分市场的消费者需要，如图 8-4 所示。

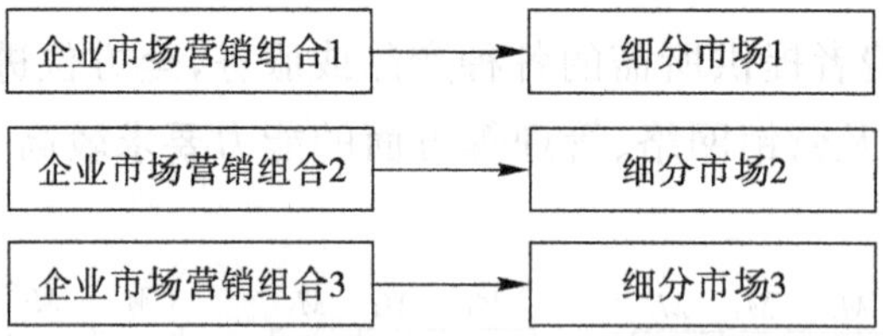

图 8-4　差异性市场营销战略

采用差异性市场营销战略时，企业生产多品种的产品，运用多种营销组合，面向不同的细分市场。该策略的优点是企业生产机动灵活，适应性强，能满足不同消费者的需求，增强市场抗风险能力，提高企业在消费者心中的威望，丰富市场产品。差异性市场营销战略的缺点是，由于企业小批量、多品种生产，企业资源分散于众多的细分市场，用于各细分市场的产品改进成本、生产制造成本、管理成本、存货成本、营销成本将大大增加，降低了企业经济效益。

差异性市场营销战略一般适用于生产、经营差异性较大产品的企业，以及多品种生产企业，并且具有较高的经营管理水平。

(三)集中性市场营销战略

所谓集中性市场营销战略，指企业在市场细分的基础上，选择一个或几个细分市场作为目标市场，实行高度专业化的生产和销售，集中满足一个或几个细分市场消费者需求所采取的营销战略，如图 8-5 所示。这种战略的出发点是，企业与其在整个市场拥有很小的占有率，不如控制或占有一个或几个细分市场。

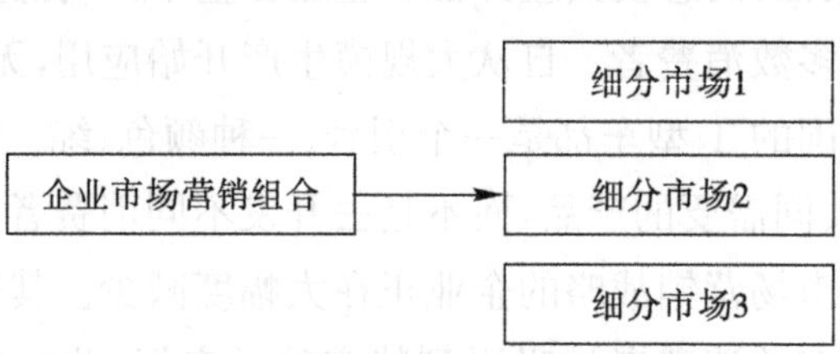

图 8-5　集中性市场营销战略

集中性市场营销战略的优点是集中企业资源优势，实行一种或几种产品的专业化生产与销售，精心设计产品，提供良好的服务、节省经营费用，切实满足消费者需求；可以迅速占领市场，提高企业产品的知名度和市场占有率，使企业在少数细分市场上获得竞争优势。集中性市场营销战略也存在缺点：因为企业的全部资源都集中在一个或极少数几个子市场上，一旦市场发生变化，企业周旋的余地小，抗风险能力弱。

集中性市场营销战略适用于资源有限的中小企业。集中营销可以使企业在它服务的细分市场(或专门市场)中取得很高的市场地位,如果细分市场选择得当,企业不仅节约大量经营开支,还可赢得较高的投资回报率。

(四)微观营销

微观营销是指为适合特定个人和特定地区的偏好而调整产品和营销策略。微观营销不是在人群中寻找顾客,而是在每位顾客身上探察个性。微观营销包括当地营销和个人营销。

1.当地营销

当地营销是根据某个特定城市、地区、街道,甚至是商店顾客群的需要和欲望,调整品牌和促销策略。例如,零售商店根据本地消费者的饮食习惯和生活方式,推出一些特色产品或服务。当地营销可以更好地满足地区消费者的需求,提高企业在某个特定市场上的竞争力。当地营销也存在一些弊端,首先,企业试图满足不同地区消费者的不同需求,会给物流带来不少困难;其次,它还会降低规模经济效益,造成生产制造成本和营销成本上升。随着移动互联网、定位等技术的发展,以及智能手机的普及,企业可以追踪消费者位置并发送相应的产品或服务信息,这些不断发展的新技术,为当地营销的开展提供了便利,使其利大于弊。

2.个人营销

个人营销也称为一对一营销、大规模定制营销或者单人市场的营销,是根据个体顾客的需要和偏好调整产品与营销策略,是极端的微观营销。进入工业社会后,企业为了降低产品成本,实现规模经济效益,不断提高生产能力,实行大批量生产,放弃数百年来一直为消费者提供的产品定制服务,如裁缝为顾客量身定制衣服,鞋匠为每个顾客设计鞋子,木匠根据顾客需要设计家具。现代社会,随着高效的计算机、详尽的数据库、机械化生产和精益制造等生产技术的进步,以及诸如智能手机和互联网等互动媒体的发展,大规模定制已成为现实。大规模定制使企业能够与大量顾客进行一对一的相互交流,并且根据顾客的个人需要量身定制,提供个性化的产品和服务。

四、目标市场营销战略的选择依据

以上几种目标市场营销战略各有优缺点,企业在选择时需考虑以下几方面因素。

(一)企业资源

企业自身具有的人力、物力、财力等资源条件,以及在生产、研发、销售等方面的能力,对于目标市场营销战略选择有决定性的影响。如果企业资源丰富,实力强劲,能够覆盖所有的市场面,则可采用差异性市场营销战略;若实力有限,则采用无差异性市场营销战略或者集中性市场营销战略。如果企业试图通过单一产品获得很大的市场份额,则在资源雄厚的条件下也可采用无差异性市场营销战略。

(二)产品同质性

产品同质性是指产品在性能、特点等方面差异性的大小。同质产品本身差异较小,如大米、食盐等,消费者对其具有大致相同的需求特征,对这种产品适合采用无差异性市场营销战略;而异质产品,像服装、汽车、家用电器等,可以通过价格、服务、产品规格、款式等各方面实现差异化,则适合采用差异性市场营销战略或集中性市场营销战略。

(三)产品所处的生命周期阶段

企业在产品生命周期的不同阶段应采用不同的营销战略:当产品刚刚投放市场,即产品处于导入期时,可用无差异性市场营销战略,以探测市场需求和潜在顾客;当产品进入成长期和成熟期,市场竞争激烈,消费者需求日益多样化,则可以采用差异性市场营销战略或集中性市场营销战略,以开拓新市场,不断刺激新的需求,延长产品生命周期。

(四)市场需求特征

如果市场上消费者在同一时期偏好相同,购买数量相同,并且对营销刺激的反应相同,则可视为同质市场,宜实行无差异性市场营销;相反,如果市场需求差异比较大,可采用差异性市场营销战略或者集中性市场营销战略。

(五)市场竞争者的战略

这要从两方面进行分析,一是竞争对手的数目。当竞争对手较少时,可采用无差异性市场营销战略。当竞争对手较多时,宜采用差异性或集中性市场营销战略。二是竞争对手的目标市场营销战略。如果竞争者实行无差异性市场营销战略,企业则应采取差异性市场营销战略与之抗争;如果竞争者已采用差异性市场营销战略,企业则进一步考虑在细分的基础上,采用差异性或集中性市场营销战略。

(六)市场营销环境

市场营销环境影响企业与消费者之间的供求关系,由此也影响到企业对目标市场战略的选择。一般来说,在供过于求的买方市场,应采用差异性或集中性市场营销战略;若在供不应求的卖方市场,则可采用无差异性市场营销战略。

拓展阅读8-3

第三节　市场定位

一、市场定位的含义

所谓市场定位,就是根据所选定目标市场上竞争者现有产品所处的位置和企业自身的条件,为企业和产品创造一定的特色,塑造并树立一定的市场形象,以求在目标顾客心目中形成一种特殊的偏爱。这种特色和形象可以通过产品实体方面来体现,如形状、构造、成分等;也可以从消费者心理上反映出来,如舒服、典雅、豪华、朴素、时髦等;或者两方面共同作用来进行表现,如价廉、优质、服务周到、技术先进等。

消费者每天面对成千上万条关于企业产品和服务的信息,已不堪重负。他们不可能在每一次购买决策中都重新收集信息,评价各个品牌的产品。为了简化决策程序,消费者会将对产品、服务和公司的认知组合起来进行分类,并在自己心目中确定位置。因此,产品定位是消费者对产品的认知、印象和情感的复杂组合,是将其与竞争者的产品相比较而形成的。企业需要通过营销策划使自己的产品在目标市场中获得最大

拓展阅读8-4

优势的定位，并且设计恰当的营销组合来实现所策划的定位。

二、市场定位的程序

市场定位的关键是企业要设法塑造出自己的产品比竞争者的产品更具有竞争优势的特性。竞争优势一般有两种基本类型：一是价格竞争优势，即在同等价值的基础上，比竞争者定出更低的价格，这就要求企业采取一切措施，力求降低单位成本；二是偏好竞争优势，即能提供确定的特色来满足顾客的特定偏好，这要求企业在产品或服务特色上下功夫。竞争优势的两种基本类型，提供了市场定位的两条有利途径。企业市场定位全过程可以通过以下步骤完成。

（一）确认本企业潜在的竞争优势

这一阶段的中心任务是回答以下三个问题：一是竞争对手的产品定位如何；二是目标市场上顾客欲望满足程度如何以及还需要什么；三是针对竞争者的市场定位和潜在顾客真正需要的利益要求，企业应该和能够做什么。要回答这三个问题，企业市场营销人员必须通过一定的调研方法，系统地设计、收集、分析并报告上述问题的有关资料和研究结果。对这三个问题的回答，可以帮助企业把握和确定自己的潜在竞争优势究竟在哪里。

（二）准确地选择相对竞争优势

1.竞争优势

相对竞争优势表明了企业能够胜过竞争者的能力。这种能力既可以是现有的，也可以是潜在的。准确地选择相对竞争优势是一个企业各方面实力与竞争者实力相比较的过程。通过一系列指标所组成的指标体系进行分析，对比本企业与竞争对手在哪些方面是强项，哪些方面是弱项。指标体系包括以下内容。

(1)经营管理方面。其主要考察领导能力、决策水平、计划能力、组织能力以及个人应变的经验等指标。

(2)技术开发方面。其主要分析技术资源（如专利、技术诀窍等）、技术手段、技术人员能力、资金来源与是否充足等指标。

(3)采购方面。其主要分析采购方法、储存及运输系统、供应商合作以及采购人员能力等指标。

(4)生产方面。其主要分析生产能力、技术装备、生产过程控制以及职工素质等指标。

(5)市场营销方面。其主要分析销售能力、分销网络、市场研究、服务与销售战略、广告、资金来源是否充足，以及市场营销人员的能力等指标。

(6)财务方面。其主要考察长期资金和短期资金的来源及资金成本、支付能力、现金流量，以及财务制度与人员素质等指标。

(7)产品方面。其主要考察可利用的特色、价格、质量、支付条件、包装、服务、市场占有率、信誉等指标。

通过对上述指标体系的分析与比较，选出最适合本企业的优势项目。

2.差异化

值得注意的是，稳固的定位并不是建立在宣传与口头承诺上，公司如果将其产品定位为提供高水平的质量和服务，就必须真正使其产品差异化，以便向消费者递送所承诺的质量和服务。企业的竞争优势需要通过差异化展现出来。差异化就是指设计一系列有意义的差异，以便使本企业的产品及形象同竞争对手相区分。差异化是市场定位的根本策略，通常包括以下几个方面。

第一，产品差异化。产品差异化主要表现在特色、性能、一致性、耐用性、可靠性、可维修性、风格和设计等方面。

第二，服务差异化。除了实体产品差异化外，企业可以对其提供的服务进行差异化。服务差异化是指向目标市场提供与竞争者不同的优质服务，主要表现在送货、安装、用户培训、咨询服务及修理等方面。

第三，人员差异化。企业通过聘用和培训比竞争者更好的人员来获得更强的竞争优势。随着市场竞争的加剧，人员素质的培训和提高对扩大企业差异化的质量越来越重要，更多的企业因人员差异化、服务差异化的成功而享誉全球。一个经过严格训练的员工须具有以下良好素质：具有操作所需的产品知识和技能；友好对待顾客，尊重和善于体谅他人；坦诚，可以信赖；责任心强，保证准确无误地完成工作；对顾客的要求和困难能迅速作出反应；善于交流和沟通，能清楚、准确地将信息传达给顾客。

第四，渠道差异化。通过渠道的覆盖面、专业性和业绩来获取竞争优势。

第五，形象差异化。形象差异化策略是指在产品核心部分与竞争者类同的情况下，塑造不同的产品形象以获取差别优势。要想为企业或产品成功地塑造形象，需要具有创造性的思维和设计，需要持续不断地利用企业所能利用的传播工具。例如，具有优秀创意的标志，融入某种文化氛围，是实现形象差别化的重要途径，所以，企业可以选择某些最具代表性的标志来展示企业最重要的特性；企业所选定的标志必须通过各种广告来传达企业或品牌的个性；企业还可以通过赞助体育、文化、健康、教育活动等，树立自己的形象，获得良好声誉。

企业进行市场定位，就是着力宣传那些会对其目标市场产生重大影响的差异，以确定企业在目标顾客心目中的独特位置。为了找到合适的差异点实现差异化，市场营销者必须仔细分析顾客对公司产品或服务的全面体验，从每一个顾客接触点找到差异化的方法。如果企业能够很幸运地发现几个可以提供竞争优势的潜在差异点，就需要决定向顾客宣传多少差异点，以及推出哪些差异点。

在确定向市场上顾客宣传多少差异点的问题上，许多营销者认为，为了避免消费者迷惑，公司应该只向目标市场重点推广一项利益，或者挑选一种属性，宣称自己在该属性上是最好的。在两家或者更多的公司差异点相同时，可以宣传两项以上的差异之处。另外，并非所有的差异点都值得推广，也不是每个差异点都能够有效地实现差异化，选择差异点时，可以参考以下标准。

(1)重要性：对目标顾客而言，该差异非常有价值。

(2)独特性：竞争对手不能提供，或者公司与竞争对手相比具有明显的优势。

(3)优越性：与向消费者提供相同利益的其他方法相比更加优越。

(4)可沟通性：该差异点适于沟通，购买者可以看到。

(5)专有性：竞争对手不易模仿。

(6)经济性：目标顾客能够买得起。

(7)盈利性：推广该差异可以为公司带来利润。

3.定位陈述

产品和品牌的定位应该总结为定位陈述，即将企业或品牌的市场定位简洁精准地予以阐述说明。定位陈述的基本形式是：对于（目标细分市场及其需求）而言，我们的（品牌）是一种（如何与众不同的概念）。定位陈述需要明确产品的类别，然后指出其与该类别的其他产品相比有什么不同之处。将品牌置于某个具体的产品类别之中，表明它与该类别的其他产品具有共性，而产品的优越性恰恰突出了其差异所在。

（三）传播独特的定位

这一阶段的主要任务是企业通过一系列的宣传促销活动，将其独特的竞争优势准确传播给潜在顾客，并在顾客心目中留下深刻印象。为此，企业首先应使目标顾客了解、知道、熟悉、认同、喜欢和偏爱本企业的市场定位，在顾客心目中建立与该定位相一致的形象。其次，企业应通过一切努力保持对目标顾客的了解，稳定目标顾客的态度和加深目标顾客的感情来巩固与市场定位相一致的形象。最后，企业应注意目标顾客对其市场定位理解出现的偏差，或企业定位宣传上的失误所造成的目标顾客模糊、混乱和误会，及时矫正与市场定位不一致的形象。

三、市场定位的方式

市场定位作为一种竞争战略，显示了一种产品或一个企业同类似的产品或企业之间的竞争态势。定位方式不同，竞争态势不同。下面仅分析三种主要的定位方式。

拓展阅读8-5

（一）初次定位与重新定位

1.初次定位

初次定位是指新成立的企业初入市场，企业新产品投入市场或产品进入新市场时，企业必须从零开始，运用所有的市场营销组合，使产品特色符合所选定的目标市场。企业进入目标市场时，往往是竞争者的产品已在市场露面或形成了一定的市场格局。这时，企业可以使用定位地图来分析在顾客关注的重要产品属性上，顾客对企业及竞争者产品的认知，帮助企业确定自己在市场上的有利位置。以某汽车公司卡车市场定位地图为例，来分析该汽车公司的初次市场定位情况。该公司了解到其卡车的顾客最关心的两个属性是“规格大小”和“速度快慢”。该公司就以这两个属性为市场定位的依据。假定目标市场已有四家竞争者 A、B、C、D，用圆圈大小表示他们销量高低，如图 8-6 所示。

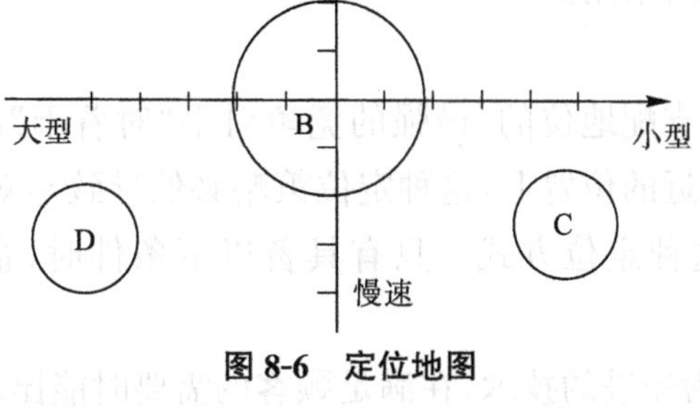

图 8-6 定位地图

竞争者A生产小型快速的卡车；竞争者B生产中型中速的卡车；竞争者C生产小型慢速的卡车；竞争者D推出的是大型慢速的卡车。这家公司定位在何处？有以下两种策略可供选择。

第一种选择是把本企业产品位置定在竞争者A附近E_1处，即生产小型快速卡车与A争夺顾客。这样定位必须具备以下条件：一是本企业能比A生产出更好的产品；二是市场潜量足以吸收两个竞争者的产品；三是本企业要比A拥有更多的资源；四是这样的定位与本企业的信誉和特长相适应。该公司经调查发现，小型快速卡车需求量最大，本企业与A相比，确实在多方面占优势，那么这种定位选择是正确的，否则，就难以实行。

第二种选择是把本企业产品定位在图8-6左上方的空白E_2处，即生产销售大型快速卡车。因为根据市场调研结果分析，大型快速卡车在中远途运输上优势很大，而目前尚无竞争者。这种定位就是填补市场上还没有被占领的空白领地。但是它必须具备如下条件：一是本企业有制造大型快速卡车的技术；二是市场需求潜量足以吸收本企业的产品；三是在一定价格水平上销售这种卡车仍有利可图。

2.重新定位

重新定位又称二次定位或再定位。它是指企业变动产品特色，改变目标顾客对其原有的印象，使目标顾客对其产品新形象有一个新的认知。重新定位对于企业适应市场环境，调整市场营销战略必不可少。一般来说，企业产品在市场上的初次定位即使很恰当，在出现下列情况时，也需考虑重新定位：一是在本企业产品定位附近出现了强大的竞争者，侵占本企业品牌的部分市场，导致本企业产品市场萎缩和品牌的市场占有率下降；二是消费者偏好发生变化，从喜爱本企业品牌转移到喜爱竞争者的品牌。如上述某汽车公司采取第一种选择，经营若干年后发现：小型快速卡车市场竞争激烈，企业扩大销售很困难，这时企业就该考虑重新定位。通常采用拉开与竞争者距离的方法，进一步创造自己的特色，赋予产品更新的特点，以吸引新的顾客。从第一种选择转移到第二种选择就是重新定位。

企业在重新定位前，必须慎重考虑两个问题：一是企业重新定位所付出的全部成本有多大；二是企业将自己的品牌定在新位置上营业额究竟有多大。这主要取决于该市场的竞争状况，以及在该市场上产品销售价格能定多高。经过慎重论证，只有重新定位给企业带来的收益大于成本时，重新定位才是可行的。

（二）避强定位与对抗性定位

1.避强定位

这是一种避开强有力竞争对手的市场定位。其优点是：能迅速在市场上站稳脚跟，并能在消费者或用户心目中迅速树立起一种形象。由于这种定位方式市场风险较小，成功率较高，常为企业所采用。

拓展阅读8-6

2.对抗性定位

这是一种与市场上占据支配地位的、最强的竞争对手“对着干”的定位方式。把本企业的产品确定在与竞争对手产品较近的位置上，这种定位策略必然导致与对手之间的激烈竞争，故并不是所有的企业都愿意采取这种定位方式。只有具备以下条件时，企业才可以选择针锋相对式的定位。

(1)由于本企业拥有更为先进的技术，在满足顾客的需要时能比对手做得更好。

(2)目标市场的容量足够大,能够容纳两个或更多的竞争者产品。

(3)企业的资源实力与对手相当,或者略胜一筹。这种定位有时会产生风险,但是不少企业认为这样能激励自己奋发上进,一旦成功就会取得巨大的市场优势。

(三)心理定位

心理定位是指企业从顾客需求心理出发,积极创造自己产品的特色,以自身最突出的优点来定位,从而达到在顾客心目中留下特殊印象和树立市场形象之目的。心理定位应贯穿于产品定位的始终。无论是初次定位还是重新定位,无论是避强定位还是对抗性定位,都要考虑顾客的需求心理,赋予产品更新的特点和突出的优点。

心理定位一般有两种策略可供选择,即廉价策略和偏好策略。

1.廉价策略

企业采取措施使单位产品成本与竞争者的单位产品成本相比处于明显的领先优势,即本企业单位产品成本较低。进而采取廉价策略,提高市场占有率。随着市场占有率的提高,可以发挥经验曲线的作用,使本来就比竞争对手低的单位产品成本更进一步得到降低,从而保证比竞争者价格更有优势。

2.偏好策略

企业为顾客提供特殊的利益,产品比竞争者的产品更赋有特色,使消费者觉得该企业能够满足自己的偏好。具体可以采用以下定位方法:

(1)特定的使用场合定位。如某些旅馆的“钟点房”就是把自己定位在那些逗留时间很短,而又希望提供住宿条件的旅客身上。

(2)使用者类型定位。企业往往根据其产品的使用者类型寻找最佳定位。如有些仪器厂专门生产大学实验室仪器,为大学教师和学生做实验提供服务;有些仪器厂则专门生产医用仪器,为医院给病人治疗提供服务等。

(3)类别定位。告诉消费者企业的品牌等同于某一类产品,使消费者在购买某种产品时,首先想到本企业品牌的产品。例如说到操作系统,我们便能想起微软,微软成为操作系统的代名词。只有在行业或者至少在某个类别产品市场上占据领导地位的企业,才可以采用这种定位方法。对于市场占有率小的企业来说,很难在消费者心中成功树立起品牌等同于某类产品的形象。

孙子曰:地形有通者,有挂者……凡此六者,地之道也;将之至任,不可不察也。夫地形者,兵之助也。料敌制胜,计险厄远近,上将之道也。

其主要思想是战争中掌握六种不同地形以及相应的用兵原则是将帅至关重要的责任,不可以不考察研究。同样,市场营销者需要掌握不同细分市场中顾客需求的特点,选择合适的目标市场,分析竞争对手的市场定位,同时设计符合企业发展目标的营销战略与策略,更好地满足消费者的需求,最终获得市场竞争优势。

本章知识点

市场细分是指企业根据消费者需求的差异性,将总体市场细分为若干个分市场或子市场的过程。其中,任何一个分市场或子市场都是由两个或两个以上的需求与欲望相似的消费者群构成的。

市场细分的原则：差异性、可进入性、可衡量性、可盈利性。

目标市场即企业在市场细分的基础上，根据自身资源优势所选择的主要为之服务的特定顾客群体。目标市场就是企业要进入并占领的市场。

选择目标市场时，需要考虑细分市场的规模和增长潜力，细分市场的结构吸引力以及公司的目标与资源。

企业目标市场营销战略包括无差异性市场营销战略、差异性市场营销战略、集中性市场营销战略和微观营销。每一种战略都有优缺点及适用条件。

市场定位，就是根据所选定目标市场上的竞争者现有产品所处的位置和企业自身的条件，从各方面为企业和产品创造一定的特色，塑造并树立一定的市场形象，以求在目标顾客心目中形成一种特殊的偏爱。

市场定位时，需要首先确认本企业潜在的竞争优势；要注意稳固的定位需建立在差异化基础上，包括产品差异化、服务差异化、形象差异化、人员差异化和渠道差异化，需要能够准确选择相对竞争优势，实现差异化；最后，要将定位传递到目标市场，在消费者心目中塑造与定位一致的形象。

营销思考题

1.什么是市场细分？其作用是什么？

2.市场细分的原则是什么？结合企业实际谈谈你的观点。

3.何谓目标市场？目标市场营销战略有哪几种？各自优缺点及适用条件分别是什么？

4.结合本章导入案例谈谈蜜雪冰城的定位方式，分析其成功定位的过程与条件。

营销计策

〔三十六计〕之二十二：关门捉贼。

〔原文〕小敌困之。剥，不利有攸往。

〔翻译〕对于弱小的敌人，要把他们围困住，之后再消灭。如果让敌人跑了，就不利了。

〔三十六计〕之二十三：远交近攻。

〔原文〕形禁势格，利从近取，害以远隔。上火下泽。

〔翻译〕如果地理条件和形势发展受到限制和阻挡，那么先攻打距离近的敌人是有利的，而越过近的去攻打距离远的敌人是不利的。就像火往上烧、水往下流一样，虽然双方有矛盾，却可以暂时和平相处。

〔三十六计〕之二十四：假道伐虢。

〔原文〕两大之间，敌胁以从，我假以势。困，有言不信。

〔翻译〕小国处在敌我两个大国之间，当敌方胁迫这个小国屈服的时候，我方正可以利用这个机会去援助小国，借机来扩大自己的势力。对于处在困难中的国家，光说出兵援助，而不付诸行动，是不会被相信的。

结尾案例

安踏——国货之光 走向世界

安踏集团是我国运动服饰行业龙头企业，主要从事设计、研发、制造、营销和销售运动服饰。2021 年，公司发布新十年战略："单聚焦、多品牌、全球化"，继续聚焦体育用品赛道，以"多品牌"匹配市场需求，深化"全球化"布局。公司目前已形成专业运动(安踏、安踏 Kids)、时尚运动(FILA、FILA Fusion、FILA Kids)、户外运动(Descente、Kolon Sport、Amer Sports)三大运动品牌群，覆盖体育运动细分市场，满足消费者对不同场景下运动服饰的需求。

2009 年，意大利运动品牌 FILA 经营陷入困境。安踏趁机收购了 FILA 在中国部分地区的商标运营权。为了让 FILA 扭亏转盈，安踏对其在中国市场的形象进行了战略性定位——运动时尚。当时的安踏副总裁曾表示："FILA 主要走高端运动路线，面向网球、滑雪等细分市场，收购 FILA 有利于安踏抢占高端运动市场份额。"为避免主品牌亲民的价格拉低 FILA 的档次，安踏刻意与 FILA 保持一定距离。

为了将时尚与运动结合，贴近年轻人的需求，FILA 引进国际化设计团队，将国际化与本土化相结合。此外，FILA 还推出了 FILA Kids(定位于 1～14 岁儿童)、FUSION(定位于 15～25 岁千禧一代)、ATHLETICS(专业运动赛道)三条支线，以拓宽在细分领域的覆盖面。渠道上，FILA 采用的是全直营零售模式，重点布局一、二线市场。全直营模式有利于 FILA 实时监测运动服饰市场趋势，保证产品能够迅速迭代跟上潮流。2023 年，FILA 实现营收 251.03 亿元，同比增幅达 16.6%，占安踏集团总体营收的 40.3%。

FILA 的成功离不开主品牌"安踏"的支持。事实上，在努力稳定基本盘业务，为集团的多品牌战略转型提供充足资金保障的同时，主品牌"安踏"一直在寻求新的突破机会。过去，虽然安踏品牌在国人心目中拥有较高的知名度，但主要是以高性价比形象出现。现在，以 Z 世代为代表的年轻消费者逐渐成为消费主力，他们在性价比之外有了更多新的需求。经过系统思考之后，安踏希望自己能成为一个消费者发自内心热爱，想要买并抢着买的优质品牌。围绕这一愿景，安踏定位于"以科技引领，打造极致品质价值的专业运动品牌"。在新的品牌定位中有三个关键词，第一个是"专业运动品牌"，第二个是"极致品质价值"，第三个是"科技引领"。这三个关键词的划定，对于安踏主品牌的发展至关重要。

在新的品牌定位的指引下，"安踏"在各个业务维度展开了一系列切实行动，例如，近些年陆续签下了汤普森、海沃德等一众国际知名球星，大大提升了安踏在专业运动领域的品牌调性。最为引人瞩目的是 2020 年 7 月 27 日，安踏品牌发布了备受瞩目的"北京 2022 年冬奥会特许商品国旗款运动服装"产品，首次在面对普通消费者的产品上直接使用中国国旗。作为唯一被授权发布国旗款运动服装的企业，能够与神圣的国旗并列，极大提升了品牌形象。

在获得国旗款产品合作授权后，安踏专门组建了新的组织——"尖货事业部"，调动全集团最优资源，来支持国旗款产品的设计与开发。国旗款产品品质上承载了安踏的最高追求，不仅材料、工艺和供应链做到优中选优，还应用了行业最先进的黑科技，例如，在鞋子中底应用了超临界氮气回弹科技，使鞋子的回弹性能较普通中底材料提升 25%左右；使用 SMART S.A.M 智能吸震材料，比其他的中底吸震缓震性能提升 15%左右；另外，还采用了过去主要应用在汽车和飞机行业的热塑性碳纤维材料，在反馈以及力传导方面有很好的表现，还可以循环回收利用。国旗款产品的成本是安踏目前产品的2倍以上。

2020年的新冠感染疫情催生了安踏在数字化领域的一个重大进展，其与专注制鞋行业数字化的时谛公司合作，利用AI(人工智能)、智能三维设计、超真实渲染及AR(增强现实)/VR(虚拟现实)等领先的数字化技术共同开发了智能辅助设计系统，该系统可以实现对线下面料的真实数字仿真，在短时间内即可自动生成无限接近实物的3D虚拟样品。

除了在产品上的升级，安踏品牌还在渠道上进行了重大调整。其中，自2020年9月起，安踏品牌已经在全国11个省市开启了直面消费者的经营模式，裁撤替换传统中间分销商渠道，以打通线下的“人、货、场”。这种模式是Nike、New Balance和Columbia等全球知名品牌在近些年的共同渠道战略选择，一方面可以大幅提升品牌终端形象与服务标准，保持一致的调性；另一方面能够及时获得一线的消费者数据，基于数据在库存处理、产品设计、新货补充方面作出更具科学性的产品更新决策，最终带来运营层面的提升。安踏品牌在新的终端形象店中，更强调“数字化”“年轻化”和“专业化”，大大提升了安踏在消费者心目中的品牌形象。

资料来源于网络，作者有删改。

案例思考题

1.请用细分变量描述安踏集团是如何进行市场细分的。

2.安踏集团采取了何种目标市场营销战略？该战略能够给安踏带来什么好处，又存在哪些问题？

3.主品牌“安踏”的定位是什么？它是如何实现品牌定位的？

4.结合案例背景，收集更多资料，根据《孙子兵法》相关内容和三十六计中的远交近攻、关门捉贼等计策，思考安踏如何实现走向世界的目标。

第九章　产品策略

任势者，其战人也，如转木石。木石之性，安则静，危则动，方则止，圆则行。故善战人之势，如转圆石于千仞之山者，势也。

——《孙子兵法·兵势篇》

教学目标

1.理解产品整体概念、产品组合策略及应用；

2.掌握产品生命周期理论及策略；

3.了解新产品开发阶段，理解新产品开发策略；

4.掌握品牌内涵和品牌策略；

5.能够运用《孙子兵法》解读产品策略实施的内在逻辑；

6.理解三十六计之“偷梁换柱”“指桑骂槐”“假痴不癫”的核心思想，并能够在市场营销中合理运用。

导入案例

中国李宁，打造国潮，破茧成蝶

2018年的纽约时装周，中国李宁走上了舞台，用新东方美学与中国哲思理念征服国际秀场，在国际上正式确立“国潮”的地位，此后，李宁的跑鞋曾一度被炒至千元，让不少消费者调侃“以前没钱，买李宁；现在没钱买李宁”。从李宁到中国李宁，从一家体育运动品牌发展为代表新国货的时尚潮牌。

1. 品牌年轻化

在2011年，李宁品牌从高速发展阶段，开始出现停滞。2011年—2014年，李宁公司净利润从3.86亿元降为净亏损7.81亿元。2015年，关闭了1200多家线下门店。因为品牌定位不清晰和冒进的企业品牌战略，李宁公司流失了大量老客户，同时，因缺乏时尚的设计，不能吸纳新用户，从而李宁进入了较艰难的发展阶段。2017年，李宁开通微博，与粉丝展开互动，以借用网络流行语的方式接近年轻人，并将国潮元素与品牌自有体育基因有效融合，设计生产出符合Z世代审美品位和精神需要的潮服潮鞋。李宁曾说道：“不是我们引领新生代，是新生代引领我们。”

2. 产品符号化

李宁国潮爆品推出后，通过一系列秀品，消费者深切感受到了“中国潮牌”的魅力，只要一看到方块字，很容易就想到“中国李宁”，只要看见祥云就会联想起国潮，李宁和传统元素都成为建构当今时尚潮流的符号。

2017年,仅用一年时间,李宁成功塑造了“中国李宁”这一品牌,逐渐形成了“李宁文化”。从《山海经》到敦煌博物馆,从笔墨丹青到戏曲等,都彰显了李宁走国潮之路的自信,也引起了消费者对国潮品牌的情感共鸣。比如,2021秋冬时尚秀中,李宁以《孙子兵法》中的“风林火山”为灵感,将四个意象演绎为图案视觉融入设计中,融入少数民族的设计元素,体现了中国传统哲学概念。

3. 跨界营销

2019年,李宁国潮品牌与最强官媒《人民日报》合作,联合打造联名产品,将“国潮行动”作为营销策略,双方将各自经典元素运用到品牌产品上,《人民日报》新媒体开设了快闪店“有间国潮馆”,用来展示二者联名的相关系列潮品。除了《人民日报》以外,李宁也与敦煌博物馆、汽车品牌“红旗”等品牌跨界联合,推出了相关爆款产品。

4. 结语

根据《百度2021国潮骄傲搜索大数据》报告,从国潮1.0到现在的国潮3.0,10年间国潮搜索热度上涨528%。在国潮热度飙升的今天,中国李宁所掀起的国潮热仅仅是一个开始,未来将会有更多的消费主张,将会产生更多的国潮服装品牌。对企业而言,“国潮”二字所承载的意义不是堆砌文化符号,而是在对传统文化保持敬畏的前提下开发核心价值,传递积极的潮流理念。

资料来源于网络,作者有删改。

孙子曰:任势者,其战人也,如转木石。木石之性,安则静,危则动,方则止,圆则行。故善战人之势,如转圆石于千仞之山者,势也。

其就是说,善于运用“势”的人,他指挥军队作战,就像转动木、石一样。木、石的禀性,置于平地则静止,置于高峭之地则滑动;方形静止,圆形滚动。善于指挥作战的人所造成的态势就像从千仞之高的山上滚下圆石一样,这便是兵法上的“势”。相应地,企业市场营销活动中,也需要营销管理者能够造“势”和用“势”,形成一定的潮流,创造并引导消费者合理选择和满足需求。李宁公司以“国潮”要素来设计产品,获得了消费者认可。对企业而言,“国潮”不是堆砌的文化符号,需要挖掘核心价值,需要有对文化的敬畏、对品质的坚守,既要恰当传递出潮流理念,也要与“国潮”的文化内涵相匹配。习近平总书记多次强调,“要坚持以社会主义核心价值观为引领,坚持创造性转化、创新性发展,找到传统文化和现代生活的连接点,不断满足人民日益增长的美好生活需要”。这一重要指示不仅为新形势下推动中华优秀传统文化创造性转化、创新性发展指明了方向,也为企业产品研发和市场营销活动指明了方向。因此,企业需要实施能够满足消费者需求的产品策略,实施品牌提升,让品牌占据消费者的心智,最终获得经营成功。

第一节　产品与产品组合

企业营销活动以满足消费者需求为中心,而市场需求的满足只能通过提供产品和服务来实现,企业成功发展与否,从一定意义上讲,关键在于产品能在多大程度上满足消费者的需要,以及产品策略的正确与否。目标市场确定以后，企业就要根据目标市场的需要来开发和生产满足市场需求的产品，有了产品，企业还要制定相应的品牌包装策略，利用合理的产品组合，根据产品在市场上的生命周期状况运用各种营销策略，以使企业的产品能受到消费者欢迎，同时不断推出新的产品，力争长盛不衰。

一、产品的整体概念

狭义的产品是指具有某种特定物质形状和用途的物品，是看得见、摸得着的东西。广义的产品是指能够提供给市场用于满足人们某种欲望和需要的任何事物，它既包括具有物质形态的产品实体，又包括非物质形态的利益，这就是“产品整体概念”。如牙膏，它只是一个载体，通过购买牙膏，消费者能够满足洁齿和固齿方面的需求。消费者不仅仅是购买产品实体，更重要的是从产品利益即效用来考虑的。产品的具体形象仅仅是一个载体，而消费者购买的是产品效用。服务也是一种产品，尽管是无形的，但能够给消费者带来相应的效用。某种思想、创意等，只要具有商业价值和效用，便能够成为产品。因此，从广义上讲，凡是能够给消费者带来某种利益，可满足其某种欲望和需要的任何东西，不论是否具有物质形态，均可以称为产品。如实物、劳务、场所、组织和构思等。

产品的整体概念包含 5 个层次，分别是核心产品层、形式产品层、期望产品层、附加产品层、潜在产品层。这 5 个层次可以依次画成 5 个同心圆，如图 9-1 所示。

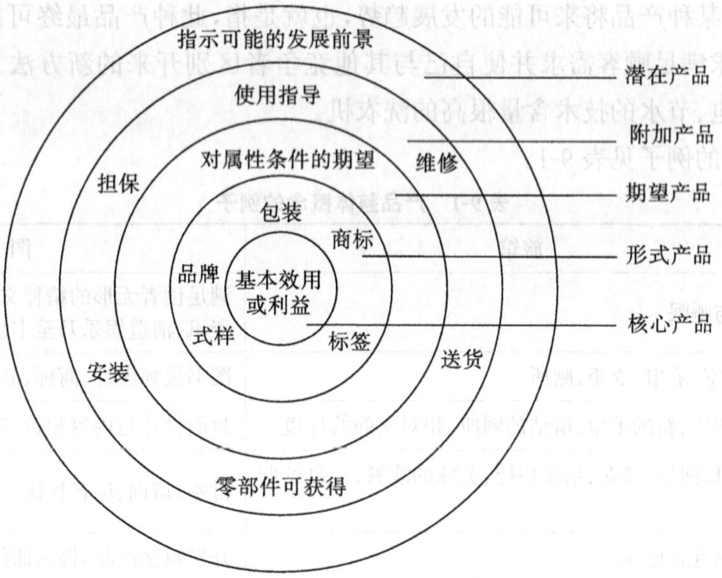

图 9-1　产品的整体概念

1.核心产品

核心产品是指企业向消费者提供的产品的基本效用或利益。消费者购买产品，并不是为了占有或获得产品本身，而是为了获得满足自身某种需要的服务或利益。如人们购买牙膏是为了防止蛀牙、使口气清新或洁白牙齿；人们购买空调是为了制冷制热；人们购买电冰箱是为了使食物保鲜；购买化妆品是希望美丽、体现气质、增加魅力等。因此，企业在开发产品、宣传产品时应确定产品所能提供的利益，这样，产品才具有吸引力。

2.形式产品

形式产品是核心产品借以实现的形式或目标市场对某一需求的特定满足形式。如果是实物产品，形式产品具体包括质量、式样、商标、包装、特征等，是核心产品的载体。如服饰，形式产品包括款式、颜色、材质等。消费者在购买某一产品时，不仅要考虑产品的核心利益，而且要考虑形式产品能否满足自己的需求。市场营销人员要重视如何以独特的形式产品将某种利益传递给消费者。

3.期望产品

期望产品是指消费者在购买产品时期望产品应该具有的一些属性。如消费者在购买洗衣机时，期望洗衣机的噪声小、进排水方便、外观美观、安全可靠等。不同的人对这种期望是不同的，例如，购买洗衣机的消费者，一般所期望的是洗涤、甩干功能以及合适的价格和优良的质量，而另一些消费者追求的不仅是以上属性和条件，还有其他期望，诸如洗衣机的消毒、烘干功能等。

4.附加产品

附加产品是指消费者购买产品时所获得的附加服务与利益，它包括产品介绍、提供信贷、送货、安装、调试、保养、保证、售后服务等。附加产品是产品整体概念中的一部分，是因为消费者购买产品就是为了需要得到满足，即希望得到满足其需求的一切东西。正如美国学者西奥多·莱维特所指出的："新的竞争不是发生在各个公司的工厂生产什么产品，而是发生在其产品能提供何种附加利益，如包装、服务、广告、顾客咨询、融资、送货、仓储以及具有其他价值的形式。"

5.潜在产品

潜在产品是指某种产品将来可能的发展趋势，也就是指，此种产品最终可能的所有增加和改变，是企业努力寻求满足顾客需求并使自己与其他竞争者区别开来的新方法。如洗衣机可发展为不用洗衣粉、节电、节水的技术含量很高的洗衣机。

产品整体概念的例子见表 9-1。

表 9-1　产品整体概念的例子

产品五个层次	旅馆	图书
核心产品	休息与睡眠	满足读者无形的精神文化需求，如求知、获取资讯、消遣娱乐乃至丰盈内心世界等
形式产品	床、浴室、毛巾、衣柜、厕所	图书装帧设计、商标、品牌
期望产品	干净的床、新的毛巾、清洁的厕所、相对安静的环境	封面设计与内容相符、赠品
附加产品	电视机、网络、鲜花、结账快捷、美味的晚餐、优良的服务等	讲座、培训、读者恳谈会等
潜在产品	全套家庭式旅馆	开发数字产品，提供课件

二、产品的分类

在市场营销中要根据不同的产品制定科学有效的、不同的营销策略，就必须对产品进行分类。可以根据不同的分类标准将产品分成多种类型。

1.按产品的用途划分

根据产品的用途可以将产品分为消费品和工业品。消费品是直接用于满足最终消费者生活需要的产品，工业品则由企业或组织购买后用于生产其他产品。消费品与工业品两者在购买目的、购买方式及购买数量等方面均有较大差异。因此,对于这两类不同产品,企业选择营销策略时必须进行区别对待。

2.按消费品的使用时间长短划分

(1)耐用品。该类产品的最大特点在于使用时间长,且价格比较昂贵或者体积较大。所以,消费者在购买时,都很谨慎,重视产品的质量以及品牌,对产品的附加利益要求较高。企业在生产此类产品时,应注重产品质量、销售服务和销售保证等,同时选择有信誉较好的知名大型零售商进行产品销售。

(2)半耐用品。如大部分纺织品、服装、鞋帽和一般家具等。这类产品的特点在于能够使用一段时间,因此,消费者不需经常购买,但购买时,对产品的适用性、样式、色彩、质量、价格等方面会进行有针对性的比较和挑选。

(3)非耐用品。其特点是一次性消耗或使用时间很短,因此,消费者需要经常购买且希望能方便及时地购买。企业应在人群集中、交通方便的地区设置零售网点。

3.按产品之间的销售关系划分

(1)独立产品。产品的销售不受其他产品销售状况的影响。如钢笔与手表、电视机与电冰箱等都互为独立产品。

(2)互补产品。产品与相关产品的销售相互依存、相互补充。一种产品销售的增加(或减少)就会引起相关产品销售的增加(或减少)。

(3)替代产品。两种产品之间的销售存在竞争关系。也就是说,一种产品销售量的增加会减少另一种产品潜在的销售量。

4.根据消费者的购物习惯划分

(1)便利品。便利品是指消费者经常购买、反复购买、即时购买、就近购买、惯性购买,且购买时不用花时间比较和选择的商品,如香烟、报纸等。

(2)选购品。选购品指消费者在购买过程中对功效、质量、款式、色彩、风格、品牌、价格等花较多时间进行比较的商品,如儿童衣料、女装、家具等。

(3)特殊品。特殊品是指具有特定品牌或独具特色的商品,或对消费者具有特殊意义、特别价值的商品,如供收藏的特殊邮票和钱币、结婚戒指、特殊品牌和造型的奢侈品以及品牌男装等。

(4)非渴求物品。非渴求物品是指消费者不知道,或虽然知道,但暂时还不需要、不感兴趣,不主动寻求购买的商品。如环保产品、人寿保险以及专业性很强的书籍等。

三、产品组合

产品组合是指一个企业提供给市场的全部产品线和产品项目的组合或结构。产品线是产品组合的一大类,是能够满足同类需要、相互间密切关联的一组产品。这些产品项目具有功能相似、用户相同、分销渠道统一、消费上相连带等特点。产品项目是指产品大类中各种不同品种、规格、质量的特定产品,即企业产品目录中列出的每一个具体品种就是一个产品项目。

具体而言,产品组合就是企业生产经营的全部产品线、产品项目的组合方式。产品组合包括宽度、长度、深度和关联度四个变数,也称产品组合的四个维度。

产品组合宽度。产品组合宽度指企业生产经营的产品线数量多少。假设美国宝洁公司有六个产品大类，即洗涤剂、牙膏、肥皂、除臭剂、尿布、咖啡，那么，其产品组合宽度就是6。

产品组合长度。产品组合长度是指企业所有产品线中产品项目的总和。例如某企业有四条产品线，它们各自的产品项目数分别是6、8、5、3，则该企业的产品组合宽度为4，长度为22。

产品组合深度。产品组合深度是指产品线中每一产品有多少个品种，如一种品牌的牙膏有四种规格、五种口味，则该产品线深度为4×5=20。

产品关联度。产品关联度是指各产品线在最终用途、生产条件、分销渠道和其他方面相互关联的程度。

四、产品组合策略

企业在确定产品组合时，涉及三个层次的问题需要作出抉择，即是否增加、修改或剔除产品项目；是否扩展、填充和删除产品线；哪些产品线需要增设、加强、简化或淘汰。这三个层次问题的抉择应该遵循既有利于促进销售又有利于增加企业总利润这个基本原则。企业在调整产品组合时，可以针对具体情况选用以下产品组合策略。

1.拓展产品组合策略

拓展产品组合包括拓展产品组合的宽度和增加产品组合的深度。前者是在原产品组合中增加一个或几个产品大类，扩大产品范围；后者是在原有产品大类中增加新的产品项目。具体方式有：①在维持原产品品质和价格的前提下，增加同一产品的规格、型号和款式；②增加不同品质和不同价格的同一种产品；③增加与原产品相类似的产品；④增加与原产品毫不相关的产品。

2.缩减产品组合策略

与拓展产品组合策略相反，缩减产品组合策略是削减产品线或产品项目，特别是要削减那些获利小的产品，以便集中力量经营获利大的产品线和产品项目。缩减产品组合的方式有：①减少产品线数量，实现专业化生产经营；②保留原产品线削减产品项目，停止生产某类产品，外购同类产品继续销售。

3.产品线延伸策略

每一家企业的产品都有自己的市场定位。产品线延伸策略，是指全部或部分改变原有产品的市场定位，具体有向下延伸、向上延伸和双向延伸三种方式。

(1)向上延伸策略。向上延伸策略即在原有产品线内增加高档次产品项目。这样做的理由：①高档产品畅销，销售增长快，利润率高；②想让自己成为产品种类齐全的企业；③高档次产品市场上的竞争者较弱，容易被击败。但这一策略也存在一定风险，包括潜在顾客怀疑产品质量、高端产品竞争者反应激烈、经销商不愿意经营等问题。

(2)向下延伸策略。向下延伸策略即在原有产品线内增加低档产品项目。这样做的原因在于：①高档市场竞争激烈和销售增长缓慢；②填补市场空隙，不让竞争者有机可图；③高档产品竞争激烈，必须用侵入低档产品市场的方式反击竞争者。

企业向下延伸时，可能会遇到如下风险：①损害企业品牌在消费者心目中的形象；②激怒生产低档产品的企业向高档市场反攻；③企业经销商可能不愿意经营低档产品。

(3)双向延伸策略。双向延伸策略即定位于中档产品市场的企业向产品的上下两个方向延伸。例如,安徽名酒古井贡酒原来定位于中档产品,随着消费者需求分层和差异化,生产高档和低档白酒,以满足不同层次消费者的需求。双向延伸能够满足更多消费者的不同需求,但对于企业和品牌的资源要求较高。

4.产品线更新策略

产品线更新策略是强调把科学技术应用于生产经营过程,并不断改进产品线使之符合现代顾客发展的潮流。有时,企业产品线的长度虽然适当,但是产品设计还停留在多年前的水平,缺乏竞争力,这就需要更新产品,实现产品线的技术升级,跟上市场前进的步伐。产品线更新可采取两种方式实现:一是逐项更新;二是全面更新。逐项更新可在整条产品线全面更新之前,测试顾客及中间商的反应,了解市场动向,同时可节省投资。潜在的风险是,一旦竞争者洞悉企业意图,从而也更新其产品线将带来不利后果。全面更新可避免上述缺点,出奇制胜,但所需投资较大,企业所承担的风险较高。

拓展阅读9-1

第二节　产品生命周期理论

一、产品生命周期的概念

产品生命周期是指产品从投入市场到最终退出市场所经历的时间。产品市场生命与产品的使用寿命不同,产品使用寿命是指产品的耐用生命时间,即产品从投入使用到损坏为止所经历的时间。有的产品市场生命周期很长,而使用寿命却很短,可能是几个月、几周,甚至是几分钟,如某些食品和一次性消耗品。而有些产品,如家电、时装等,使用寿命较长,但产品市场生命往往却很短,可能是几个月,甚至只有几个星期。企业往往关注一个产品在市场上能够被顾客认可的时间,顾客认可和接受的时间越长,给企业带来的市场回报就越大,带来的利益就越多,所以,企业更加关心产品的市场生命。产品的市场生命究竟有多长呢?不同产品的生命周期是不一样的,但是不管怎么样,新产品代替老产品是一种社会经济发展的必然现象,也是竞争的必然结果。

如图9-2所示,典型的产品生命周期过程,即从引入期开始,经过成长期、成熟期,最后走向衰退期。但是,产品生命周期往往因为市场环境变化、市场营销策略、产品自身因素等,产品在市场上的表现并不能走完整个生命周期各阶段,因此,称为非典型性产品生命周期,如产品在引入期即因为环境变化而退出市场,或者在成长期、成熟期即退出市场。

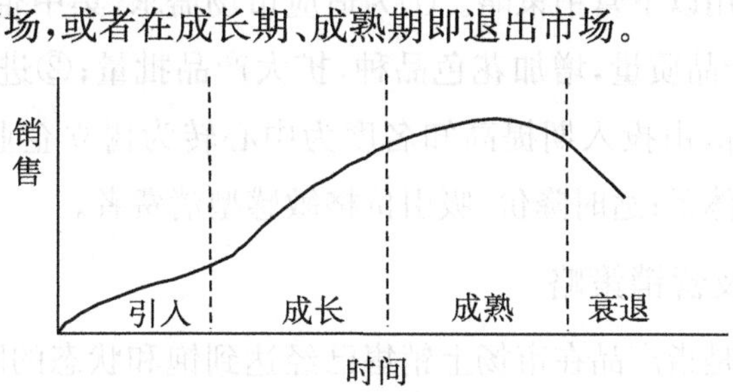

图9-2　典型的产品生命周期

二、产品生命周期各阶段的特点和营销策略

(一)引入期的特点及营销策略

引入期,又称导入期、试销期,一般指产品首次投入市场的最初销售阶段。产品在引入期的市场特点是:消费者不了解新产品,购买者少,经销商不愿多进货,销售渠道少,因此,销售增长率十分缓慢。由于产品还不能大批量生产,因此,产品生产成本高,企业无利甚至亏本。对全新的新产品来说,一般没有直接的竞争者,所以,促销的重点在于介绍产品特点,刺激消费需求。产品在市场引入期的营销策略,着重于新产品如何推销宣传和制定产品的收益目标,即制定价格。企业必须把销售重点直接投向最有可能的购买者,尽可能缩短引入期时间。

引入期的四种营销策略如下。①快速撇脂策略,也称快速掠取策略。它是指以高价格和高促销水平推出新产品的策略。其适应条件是:市场上有较大的需求潜力;目标顾客具有求新心理,急于购买新产品,并愿意为此付出高价;企业面临潜在竞争者威胁,需要尽快树立名牌。②缓慢撇脂策略,也称缓慢掠取策略。它是指以高价格和低促销水平推出新产品的策略。其适应条件是:市场规模相对较小,竞争威胁不大;大多数消费者对高价不敏感。例如,某种珠宝加工新设备的问世,由于其本身属于高科技产品,不容易让竞争对手模仿,市场容量也比较有限,不适宜做大量的广告宣传,只需以有限的资金和方式将信息传递给珠宝加工商即可。③快速渗透策略。它是指用低价格和高促销水平推出新产品的策略。其适应条件:产品市场容量很大,消费者对产品不了解;消费者对价格十分敏感;产品的单位成本可随产量和销量的扩大而迅速下降。④缓慢渗透策略。它是指以低价格和低促销水平推出新产品的策略。其一般适用的条件是:市场容量大,顾客已了解;消费者对价格十分敏感;存在潜在竞争者。

(二)成长期的特点及营销策略

成长期,又称畅销期,指产品通过试销阶段以后,转入成批生产和扩大市场销售的阶段。产品在市场投入期通过成功的营销活动,已被广大消费者和经销商所接受,此时产品的销售增长率会大幅度提高。由于产品基本定型,企业开始大批量生产,产品成本随之下降。因此,企业开始盈利且利润逐步上升,在成熟阶段达到最高峰。与此同时,仿制品开始出现,围绕该产品的竞争逐渐激烈。在产品成长期内,企业营销策略的核心思想是尽可能地延长产品的成长阶段,以最大限度地提高销量或市场占有率。这样,便能从该产品的最大销售收入中获得尽可能多的利润。

在产品成长期内可采用以下营销策略。①为适应市场需求,集中企业必要的人财物资源,改进和完善生产工艺,改进产品质量,增加花色品种,扩大产品批量;②进一步细分市场,扩大目标市场;③改变广告宣传目标,由投入期提高知名度为中心转为树立企业和产品形象,争创名牌;④建立高绩效的分销渠道体系;适时降价,吸引价格敏感型消费者。

(三)成熟期的特点及营销策略

成熟期,又称饱和期,是指产品在市场上销售已经达到饱和状态的阶段。产品经过市场成长期后,销售量在高水平上稳定下来,但增长率会放缓,利润开始缓慢下降,这就标志着产品进入市

场成熟期。进入成熟期后，产品的销售量增长缓慢，逐步达到高峰，然后缓慢下降，产品的销售利润也从成长期的最高点开始下降。市场竞争非常激烈，各种品牌、各种款式的同类产品不断出现。

菲利普·科特勒根据成熟期产品销售量的变化情况，把市场成熟期又分为三个阶段：第一阶段为成长的成熟期。这一时期市场基本饱和，销售增长率和利润率下降，但销量仍呈增长趋势；第二阶段为稳定的成熟期，这个时期市场饱和，销售增长率停滞甚至稍有下降，销售量在高水平上稳定下来；第三阶段为衰退的成熟期，这个时期虽然销售量仍比较高，但是销售增长率已明显下降，原有消费者的兴趣已经转向其他替代品。企业制定产品成熟期营销策略的主要原则是努力延长这个阶段。同时，由于市场竞争激烈，制定营销策略时要着重于提高市场占有率。

成熟期可以采用以下几种策略。①市场改进策略，即开发新的目标市场，寻求新顾客。为达到此目的可以采用：第一，发展产品的新用途，即不改变产品质量、功能而发掘产品新用途，用于其他领域，从而延长产品的生命周期；第二，寻求新市场，相对产品原市场而言，原市场在本地区、本省或本国，则其他地区、外省或外国就是新市场。②产品改进策略，即通过对产品自身做某种改进，来满足消费者不同需要，从而为消费者寻求新用途，使销量获得回升。主要做法有：一是改变产品的实体部分，如提高产品质量、调整产品功能、增加新的款式，来向消费者提供新的利益；二是增加产品的附加产品和附加服务，用新的额外利益来吸引顾客。③营销组合改进策略，即对产品、定价、分销渠道和促销这四个因素加以革新，以刺激销售额的回升，通常做法如降价、增加广告、改善销售渠道，以及提供更多的售后服务等。

（四）衰退期的特点及营销策略

衰退期，又称滞销期，指产品不能适应市场需求，逐步被市场淘汰或更新换代的阶段，该时期产品的销售和利润直线下降。其主要特点体现如下：产品需求量、销售量和利润迅速下降；新产品进入市场，竞争突出表现为价格竞争，且价格压到极低水平。

衰退期主要策略有以下几种。①放弃策略。对于已准备好替代的新产品，或者该产品的资金可能迅速转移，或者该产品会危害到其他有发展前途的产品，企业应当机立断，放弃经营。②收缩策略。如果立即放弃该产品将会给企业带来更大损失，则应采取逐步放弃的策略。③继续策略。企业不主动放弃该产品，继续沿用以往营销策略，保持原有的目标市场销售渠道，直到产品完全退出市场为止。④集中策略。企业可以把人财物集中到最有利的细分市场，以获取最后利润。

总之，如何放弃衰退期产品是企业最难作出的决策之一，首先，必须能正确判断产品是否已进入衰退期；其次，选择淘汰产品的最佳方式。而解决好这些问题的基础，就是有健全的商情分析制度和确切的市场信息资料。

产品生命周期四个阶段的特征、营销目标和策略见表 9-2。

表 9-2 产品生命周期四个阶段的特征、营销目标和策略

	引入期	成长期	成熟期	衰退期
销售	低销售额	销售剧增	销售高峰	销售衰退
成本	单位顾客成本高	单位顾客成本一般	单位顾客成本低	单位顾客成本低
利润	亏本	利润增长	利润高	利润下降
顾客	创新者	早期使用者	中期大众	落后者
竞争者	很少	增多	稳中有降	减少
营销目标	建立产品知名度，提高产品使用率	市场份额最大化	保护市场份额，争取最大利润	压缩开支，榨取品牌价值
营销策略				
产品	提供基本产品	产品延伸，提供各种服务和维修保证	品牌与型号多样化	逐步退出衰退产品
价格	成本加成法	渗透市场定价法	与竞争对手抗衡或者战胜它们	降价
分销	选择性分销	密集性分销	更密集性分销	有选择地淘汰无利润的分销渠道
广告	在早期使用者和分销商中建立知名度	在大众市场中建立知名度并引发兴趣	强调品牌差异和利益	降低投入水平，仅维持对忠诚顾客的广告
促销	加强促销，吸引试用	减少促销，利用使用者需求	加强促销，鼓励转换品牌	降至最低标准

第三节 开发新产品

一、新产品的含义

现代市场营销观念下的新产品是指，凡是在产品整体概念中的任何一个部分有所创新、改革和改变，能够给消费者带来新的利益和满足的产品，都是新产品。康师傅每年都在推广新品，不断地丰富产品口味，目的就是抢占排面，扩大销售机会，提高整体销量。宝洁公司每年也在推广新品，使其产品在货架上占有50%以上的排面。美的、海尔、格力等不同企业每年均有不同的新产品上市。

二、新产品的分类

按产品研究开发过程划分，新产品可以分为六种类型。

(1)全新产品。其是指应用新原理、新技术、新材料制造出的前所未有，且能满足消费者一种新需求的产品。

(2)改进型产品。其是指在原有产品基础上进行改进，使产品在结构、品质、功能、款式、花色及包装上具有新特点和新突破的产品。改进产品有利于提高原有产品的质量或产品多样化，满足消费者对产品更高要求，或者满足不同消费者的不同需求。

(3)模仿型产品。其是指企业对国内外市场上已有产品进行模仿生产，形成本企业的新产品。

(4)形成系列产品。其是指在现有产品大类中开发出新的品种、花色、规格等，从而与原有产品形成系列，扩大产品的目标市场。

(5)降低成本型产品。其是指企业通过新科技手段，削减原产品的成本，但保持原有功能不变的新产品。

(6)重新定位型产品。其是指企业的老产品进入新的市场而被该市场称为新产品。

三、新产品的发展趋势

随着市场经济的不断发展，消费者的需求水平不断提高，消费领域也不断扩大，因此，新产品开发与生产也必须注重发展趋势。

(1)新产品科技含量不断提高。企业必须在新产品开发中投入更多的科研力量，将之转化成更多的知识经济技术成果，确保新产品更加完美，更具有市场竞争力。

(2)新产品多样化。由于消费者需求层次不同，喜好也不同，而且复杂多变，因此，新产品开发应做到多样化，适应市场的发展趋势，以满足消费者多层次需求。

(3)产品更美观、舒适、适用。消费者的物质文化生活水平不断提高，使得对产品的要求朝着舒适性、艺术性、功能更齐全的方面发展。

(4)"绿色产品"的发展。随着全球自然环境恶化，国家碳达峰、碳中和的"双碳"目标实施，以及社会公众环保意识增强，"绿色"消费迅速普及，因此，开发新产品时，除严格做到无污染外，还要注意保护环境，维护生态平衡。

(5)产品生命周期越来越短。随着科学技术水平提升，产品更新换代速度增加，如手机、计算机往往只有几个月的生命周期，家用电器甚至以月为换代的频率出现，产品生命周期缩短成为企业所面临的挑战。

四、新产品的开发程序

新产品开发程序的建立是为了明确新产品开发及产品上市过程中各部门的分工及工作要项，让新产品开发充分依据市场规律及市场需求(显在及潜在)进行，避免出现产品开发的无序及缺乏科学性而造成不必要损失。一个完整的新产品开发过程要经历八个阶段:构思产生、构思筛选、概念发展和测试、营销规划、商业分析、新产品研制、市场试销、商品化，具体如图 9-3 所示。

(一)构思产生

提出新产品的设想方案，产生一个好的新产品构思或创意是新产品成功的关键。市场需求是开发新产品的出发点，产品构思来自市场有关的几个方面:一是用户；二是销售者；三是科技人员；四是其他一些来源，包括中间商、企业生产人员和管理人员，乃至竞争对手。如贝克曼仪器公司通过用户调查来帮助设计新型程控设备；伯林顿工业公司通过访问用户来帮助他们解决所要解决的问题；服装厂更是按照顾客的意见设计款式。而寻求创意的主要方法有以下几种。①产品属性列举法。它是指将现有产品的属性一一列出，寻求改良这种产品的方法。②强行关系法。

它是指列出多个不同的产品或物品，然后考虑它们彼此之间的关系，从中启发更多的创意。③调查法。它是指向消费者调查使用某种产品时出现的问题或值得改进的地方，然后整理意见，转化为创意。④头脑风暴法。它是指选择专长各异的人员进行座谈，集思广益，以发现新的创意。

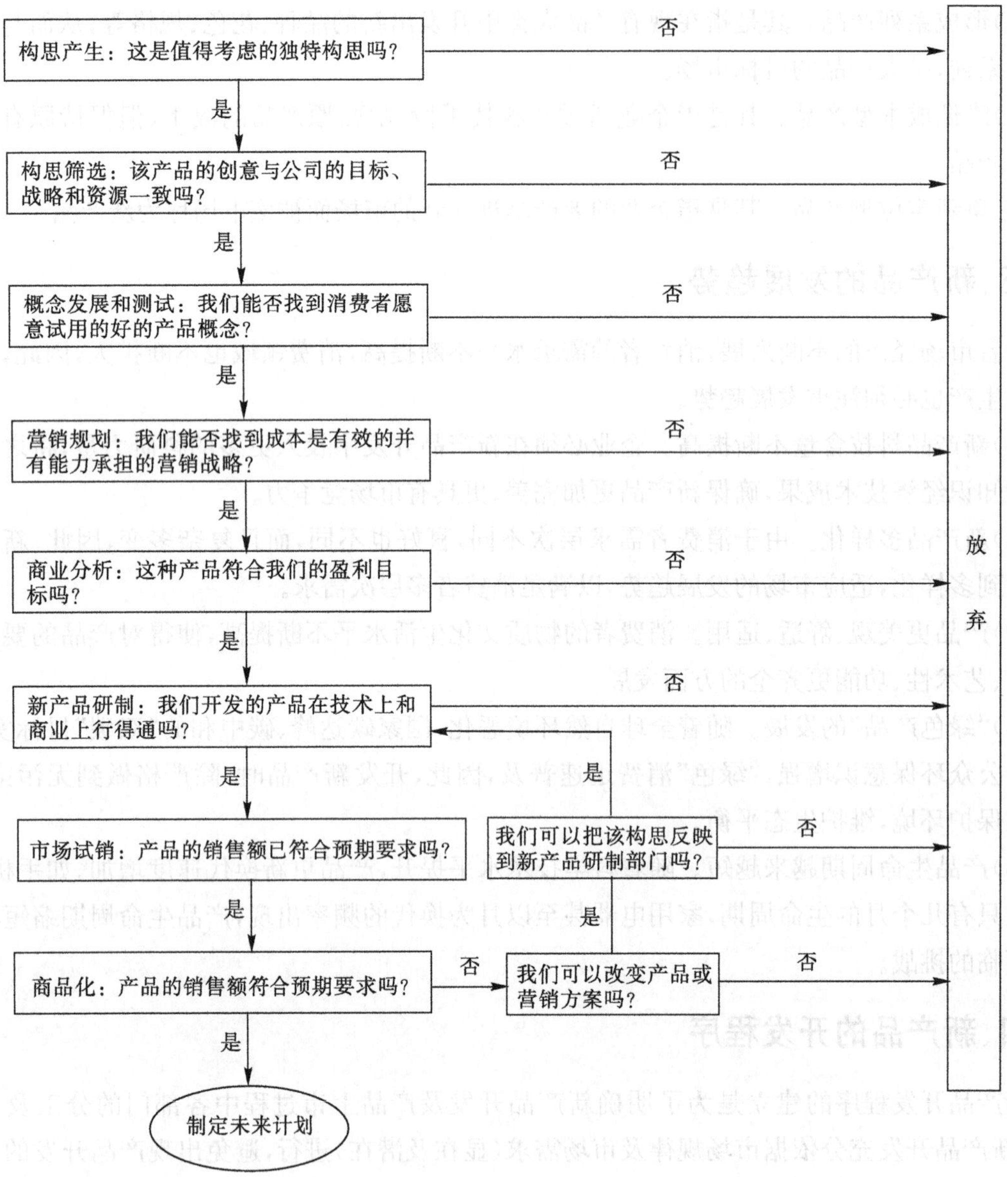

图 9-3　新产品开发过程

(二)构思筛选

构思或创意的筛选即采用适当的评价系统及科学的评价方法对各种构思或创意进行分析比较，选出最佳创意的过程。在筛选时必须考虑两个重要因素：①构思的新产品是否符合企业的目标，如利润目标、销售稳定目标、销售增长目标和企业总体营销目标等；②企业是否具备足够的实力来开发所构思的新产品，这种实力包括经济和技术两个方面。创意的筛选可以通过新产品开发会议(专家聚集在一起进行评价)和列表打分(把整个创意分解成几个重要的部分，进行打分评价)的方式来进行，但注意要避免以下严重失误。①误舍：对某一种具有潜在价值的创意舍弃；

②误取:采用了没有价值的创意。

(三)概念发展和测试

新产品概念是企业从消费者的角度对产品构思进行的详尽描述,即创意具体化,描述出产品的性能、具体用途、形状、优点、价格、提供给消费者的利益等。同时将筛选出的创意发展成更具体、明确的产品概念,试制转变成真正的产品,而试制一般包括样品试制和小批量试制。产品构思是对未来产品能够满足消费者某种需要的设想,如产品构思"新能源环保车是消费的趋势",产品概念可以为"电力的""太阳能的""天然气提供动力的"等。

(四)营销规划

对已经形成的新产品概念制定营销战略计划是新产品开发过程的一个重要阶段,该计划将在以后的开发阶段中不断完善。营销战略计划包括三个部分:第一部分是描述目标市场的规模、结构和消费者行为,新产品在目标市场上的定位,市场占有率及前几年的销售额和利润目标等。第二部分是对新产品的价格策略、分销策略、促销策略和第一年的营销预算进行规划。第三部分则描述预期的长期销售量和利润目标以及不同时期的营销组合。

(五)商业分析

产品概念一旦形成,就可对产品进行商业分析。在分析时,要考虑如下问题:①产品结构、目标市场、消费行为以及新产品在市场上应树立的形象;②产品定价、销售渠道策略、促销策略以及第一年预计销量和销售费用预算;③预计长期销售量和每一时期的利润目标以及销售策略。商业分析是一个拐点,若不成功,再回到创意,若成功则进入下一个阶段。

(六)新产品研制

新产品研制主要解决产品构思能否转化为在技术上和商业上可行的产品的问题。新产品方案到了研制人员手里,他们将给该方案一个有用的实体,研制成产品模型或样品,产品概念才能成为产品实体,才能正式判断产品概念在技术上和商业上是否可行。产品研制包含以下三个方面的内容:①制作产品模型或样品,产品样品应具备产品概念所规定的所有特征,同时在经济上、技术上又是可行的;②设计品牌和产品包装设计;③必要时可申请专利。它通过对新产品的设计、试制、测试和鉴定来完成。

(七)市场试销

将正式产品投放到有代表性的小范围市场上进行试销,旨在检查该产品的市场效应,然后决定是否大批量生产。通过试销可为新产品能否全面上市提供全面、系统的决策依据,也为新产品的改进和市场营销策略的完善提供启示,有许多产品是通过试销改进后才取得成功的,但并非所有的新产品都要经过试销,可根据新产品的特点及试销对新产品的利弊分析来决定。如果试销市场呈现高试用率和高再购率,表明该产品可以继续发展下去;如果市场呈现高试用率和低再购率,表明消费者不满足,必须重新设计或放弃该产品;如果市场呈现低试用率和高再购率,表明该产品很有前途;如果试用率和再购率都很低,表明该产品应当放弃。市场试销决策应明确以下几点:①确定试销的地区和范围;②确定具体的试销点;③试销时间多长,与产品的技术性能有关,而且时间是很敏感的因素,技术高时间长,技术低时间短,试销时间过长,会使竞争者有充分时间来仿造，为其所利用而打入市场，但试销时间过短，则顾客对此产品了解不够；④需要收集哪些资料和数据，如试用率、再购率等；⑤试销结束后，应采取什么行动。

（八）商品化

新产品试销成功后，进行批量生产和推销，进入产品生命周期的引入期。而企业在此阶段应就以下几个方面做好决策。①何时推出新产品。此即在什么时候将产品推入市场最适宜，针对竞争者而言，可以作三种选择：首先进入、平行进入和后期进入。②何地推出新产品。企业如何推出新产品，必须制定详细的上市计划，如营销组合策略、营销预算、营销活动的组织和控制等。③向谁推出新产品。企业把分销和促销目标面向最理想的消费者，利用他们带动其他消费者。④如何推出新产品。此即企业制定较为完善的营销综合方案，有计划地进行营销活动。

五、新产品开发实施要点

（一）做好深入细致的市场调研

任何企业要开发出适销对路的新产品，都离不开深入细致的市场调研。市场调研包括直接调研和间接调研两种形式。直接调研主要是根据市场（消费者）的需求，了解市场上竞争对手产品的品质、包装、性能、价位，充分收集有求新求异观念的消费者资料，分析这些消费者对新产品的市场反应，包括已有产品在市场销售中存在的优劣势和消费者潜在的市场需求。间接调研主要是将市场业务员和经销商反馈的新产品信息，进行汇总、整理后得出的结果，包括产品销量、市场占有率和消费者反应。产品开发人员根据调研结果，在广泛征求市场销售人员、经销商和消费者意见的基础上，进行产品设计，局部投放，在投放过程中要了解市场对新产品的反应。新产品设计要走开发－调整－试销－改进－批量生产的路子，切忌一步到位，因为一步到位的最大缺陷就是不能到位。急于求成或闭门造车，不考虑企业品牌发展的整体规划，不仅会增加新产品研发的风险，也会影响新产品的市场投放。

（二）组建灵活的开发组织

产品开发是一项复杂而细致的工作，产品创新的特点决定了新产品开发组织与一般管理组织相比具有突出的特点。新产品开发组织应具有高度的灵活性、简单的人际关系、高效的信息传递系统、较高的决策权力等，需要供应、生产、技术、财务、销售等各个部门的紧密配合，形成一个相互协作的团队。总的原则是使新产品开发能快速、高效地进行。缺乏市场意识和新产品开发经验的企业，常常把新产品开发的责任完全放在技术部门。正确做法是，高层管理部门对于新产品开发成功与否负有最终责任。最高管理部门要明确公司的业务领域和产品种类，并对新产品的构思建立明确标准，还要决定新产品开发的预算支出，最后要为新产品开发建立有效的组织。新产品开发组织形式多种多样，一般常见的新产品开发组织有：新产品委员会、新产品部、产品经理、新产品经理、项目团队、项目小组等。

（三）做好新产品市场投放方案

新产品设计完成后，企业不能盲目地进行产品市场投放，而是和营销策划人员、市场业务人员一起，重点研究新产品投放市场之前的策划方案，要注意以下几点：①做好新产品上市说明，让各区域经理、主管、业务员明确此次新产品上市的目的是什

拓展阅读9-2

么，产品策略是什么，如何推广；②排除各区域经理、主管、业务员和经销商的心理障碍，调动各区域经理、主管、业务员和经销商对产品的信心；③否定企业内部错误的经营思想，提供切实可行的方案。投放方案内容包括：如何将新产品投放到目标市场，如何进行新产品铺货，如何消除消费者顾虑使其尝试新产品，最终使新产品上市做到一举成功。

第四节 品牌策略

一、品牌的含义

根据美国市场营销协会定义："品牌是产品的一个名称、符号、象征、设计或其组合，用以识别一个或一群出售者的产品或劳动，使其与同行业其他企业的同类产品相区别。"著名市场营销专家菲利普·科特勒先生认为，品牌就是用于区别一种产品或服务的生产者或销售者的名称、标志、符号、设计或者以上几种因素的组合。从上述两个对品牌的表述中，可以看到品牌是一个复合概念，主要包括品牌名称和品牌标志两个部分。①品牌名称。它是指品牌中可以用语言文字表达，即能读出来的部分。如海尔、格力、凤凰卫视、三只松鼠、可口可乐等；再如一些英文品牌名称，如 TCL、IBM（国际商用机器公司）、ABB（艾波比股份有限公司）、Lee 等。②品牌标志。它是品牌中可以辨别但不能用语言文字表达的部分，通常由符号、象征、图案、色彩、字体等构成。如：凤凰卫视的品牌标志是两个相对的黄凤凰组成的圆形，奥迪汽车品牌标志是由四个圆连接起来的圆环，耐克的一钩造型，蒙牛的类似牛角造型，IBM 的字体和深蓝色标准色等。

一般而言，一个品牌具有六层含义：①属性。品牌首先需要给人带来特定的产品属性，公司可对这些属性中的一个或几个做宣传。②利益。顾客购买的是利益而不是属性，所以，企业需要将属性转换成顾客所需要的利益。③价值。品牌还需要体现生产商的某些价值感，如汽车商应体现其产品的高性能、安全、感性等。④文化：品牌最好还附加和象征一定的文化。⑤个性。品牌还代表了一定的个性。⑥使用者。品牌也能够体现出购买或使用这种产品的是哪种类型的消费者。

二、品牌的作用

在现代经济生活中，品牌对于消费者、企业、社会都有多方面的积极作用。

（一）对于消费者的作用

(1)识别功能。品牌可以帮助消费者辨认出品牌的制造商、产地等基本要素，从而区别于同类产品。

(2)导购功能。品牌可以帮助消费者迅速找到所需要的产品，从而减少消费者在搜寻过程中花费的时间和精力。

(3)降低购买风险功能。消费者都希望买到自己称心如意的产品，同时还希望能够得到周围人的认同。选择信誉好的品牌，则可以帮助降低精神风险和金钱风险。

(4)契约功能。品牌是为消费者提供稳定优质产品和服务的保障，消费者则用长期忠诚的购买回报制造商，双方最终通过品牌形成一种相互信任的契约关系。

(5)个性展现功能。品牌经过多年的发展，能积累独特的个性和丰富的内涵，而消费者可以通过购买与自己个性气质相吻合的品牌来展现自我。

(二)对于企业的作用

(1)存储功能。品牌可以帮助企业存储商誉、形象。“品牌就是一个创造、存储、再创造、再存储的经营过程。”

(2)维权功能。通过注册专利和商标，品牌可以受到法律的保护，防止他人损害品牌的声誉或非法盗用品牌。

(3)增值功能。品牌是企业的一种无形资产，它所包含的价值、个性、品质等特征都能给产品带来重要的价值。即使是同样的产品，贴上不同的品牌标识，也会产生悬殊的价格。

(4)形象塑造功能。品牌是企业塑造形象、知名度和美誉度的基石，在产品同质化的今天，为企业和产品赋予个性、文化等许多特殊的意义。

(5)降低成本功能。平均而言，赢得一个新客户所花费的成本是保持一个既有客户成本的6倍，而品牌则可以通过与顾客建立品牌偏好，有效降低宣传和新产品开发的成本。

(三)对于社会的作用

(1)促进产品质量不断提高。由于购买者可以按照品牌来购买产品，因此，生产者不能不关心品牌的声誉。这将促使企业重视产品质量，从而使全社会的产品质量得到不断提高和改善。

(2)强化社会的创新精神。品牌形象建立的过程，实际上是一个创新过程。企业只有不断进行创新活动，才能不断向市场推出新品牌，或巩固老品牌的地位，从而使市场上的产品丰富多彩，日新月异。

(3)加速商品流通，促进社会再生产。品牌或商标可提高买卖活动的效率，从而起到加速商品流通，促进社会再生产的作用。

三、品牌设计

品牌设计的题材可以说非常广泛，人文历史、科学地理、自然生物等内容无所不包。但在品牌设计的实践操作中，不仅需要艺术创造力、想象力，同时也需要遵循科学、掌握品牌设计的方法和原则。优秀的品牌设计通常具备以下五个方面的要求。

(一)易读易记，简洁醒目

品牌和商标设计要简短、易记，不累赘，给消费者留下深刻印象。这也是品牌设计的最基本要求。品牌的首要功能是它的识别功能和传播功能，要让顾客很容易通过品牌识别企业或产品，并通过各种途径，使其名称在消费者中广为宣传。这就要求品牌名称短而精，读起来朗朗上口，语感好，读音响亮。如格力、海尔、美的等，短小精悍，醒目易记，不累赘，很容易被消费者识别和记忆。

(二)造型美观，构思新颖

品牌设计应该力求形象、直观、有艺术性，这样的品牌或商标不仅给人以美的享受，而且能够让顾客产生信任感。

(三)表达企业或产品的特色与效益

品牌设计既要与产品设计相符合,也要能够反映产品的基本用途和给消费者带来的效益,使消费者一接触到产品的品牌,便能知道产品的功能用途。如“汰渍”洗衣粉和“娃哈哈”纯净水都是很好的品牌设计,但若将这两种产品的品牌互换,其特色就会大为减弱。

(四)引发企业所期望的品牌联想

一个好的品牌设计还应该能启发消费者对企业和产品产生好的联想,树立品牌的良好形象。

(五)符合有关规定和习俗

品牌设计还要考虑法律问题,即能否可以申请注册并得到法律保护。世界各国对本国的品牌、商标设计都制定了相应的法律或法规。如各国普遍规定,企业或产品名称不能使用对产品的描述性、形容性词语,不能是该类产品的普遍名称。因此,企业在设计品牌时要重视品牌的法律保护问题。

此外,由于品牌、商标设计还具有文化内涵,是社会文化传播的载体之一,设计时还要考虑社会文化的适应性,不要与当地的社会习俗、文化背景相冲突。特别是在国际贸易中,尤其要对产品品牌或商标进行重新审查,看看是否存在与进口国家的社会文化不和谐等问题。

四、品牌决策

所谓品牌决策,就是如何合理使用品牌并发挥其积极作用的方法和对策,包括企业有关品牌的一切决定和策略。品牌决策包括如下几个方面内容。

(一)品牌化决策

品牌化决策是指公司是否一定给产品加注品牌名称的决策。品牌化可以为厂商提供以下好处:①规定品牌名称可以使卖主方便管理订货;②注册商标可以使厂商的产品特色得到法律保护;③品牌化使卖主有可能吸引更多的品牌忠诚者;④品牌化有助于厂商细分市场;⑤良好的品牌有助于树立良好的企业形象。对于消费者而言,品牌化是其获得产品信息的重要来源,能够给消费者带来诸多利益,包括了解产品质量、提高购物效率等。使用品牌固然可以给企业带来好处,但也会增加成本费用,例如品牌设计、注册申请、印刷,特别是市场宣传费用等。

(二)品牌使用者决策

品牌使用者决策是指厂商在决定给其产品规定品牌之后,下一步需要决定如何使用该品牌。在这方面,制造商有三种可供选择的决策。

(1)制造商品牌策略。该策略又称生产者品牌策略,大多数厂商都创立自己的品牌,并使用自己品牌,组织产品销售。那些享有盛誉的制造商还可以将其著名品牌租借给别人使用,收取一定比例的特许使用费。

(2)中间商品牌策略。制造商将其产品大批量卖给中间商,中间商利用自己的品牌将产品转卖出去,又称自有品牌(Private Brand)。中间商使用自己的品牌可以带来以下利益:①可以更好地控制产品价格,乃至供应商;②可以降低进货成本,提高竞争力,提高利润。但使用自有品牌,中间商必须付出代价:①花费更多的广告费用宣传其品牌。②大批量订货,因此,大量资金被库存占用，承担巨大的存货风险。

(3)混合策略。制造商也可以决定部分产品采用自己品牌，部分产品采用中间商品牌。在现代市场竞争日益激烈的情况下，制造商品牌与中间商品牌之间也会发生竞争，这就是品牌战的体现之一。

(三)品牌名称决策

品牌名称决策是指公司为产品选择特定名称的决策。如果企业生产或经营若干种不同种类的产品，它就必须考虑各种产品是使用统一品牌还是不同品牌，即统一品牌策略、个别品牌策略和并行策略。

①统一品牌策略。统一品牌策略指企业的全部产品使用同一个品牌。这样可以使企业节省品牌设计、推广费用，有利于企业利用原有的品牌声誉使新产品顺利进入市场。如强生婴儿洗发液利用自身“温和细腻，不伤发质，可重复多洗”的特性，延伸进入少女市场。正好符合少女天天洗发又怕伤发质的心理需求。但是，统一品牌也具有一定风险，如果其中一种产品营销失败，就可能影响整个企业的声誉，波及企业其他产品的营销。

② 个别品牌策略。个别品牌策略指企业对其不同的产品采用不同的品牌，这样可以分散产品营销的市场风险，避免某种产品失败所带来的影响，也有利于企业开发不同档次的产品，满足不同层次消费者的需求。但使用个别品牌策略，企业要增加品牌设计和市场推广的投入费用。如果企业的资金雄厚，产品类型较多，产品线之间的相关程度较小，企业的生产条件、技术专长在各产品上有较大的差别，采用个别品牌策略比较有利。这样做可以使不同的产品显示出不同的个性，对应不同的目标市场，能够更好地满足顾客不同需求。即使某种品牌出现问题，也不至于连累其他品牌。

③ 并行策略。统一品牌策略和个别品牌策略可以分开使用，也可把它们结合起来，并行使用，形成并行策略。采用这种策略的出发点是为了兼收两者的优点。一个拥有多条产品线或者具有多种类型产品的企业可以考虑采用并行策略。

(四)品牌战略决策

可供公司选择的品牌战略决策有四种(图 9-4)，具体来看：①产品线扩展，即以现有品牌名称将新的产品型号、式样增加到现有产品类别中；②品牌扩展，即将现有品牌名称扩展到新的产品类别中；③多品牌，即同一种产品类别采用多个品牌名称；④新品牌，即为某一新增产品类别设立一个新的品牌名称。

		产品类别	
		现有的	新的
品牌名称	现有的	产品线扩展	品牌扩展
	新的	多品牌	新品牌

图 9-4　品牌战略决策类型

产品线扩展策略是指企业把产品线延长而超出原有范围。促使产品线延伸的因素有很多，包括：企业生产能力过剩，推销人员和分销商希望以更全面的产品线去满足顾客需求，企业希望开拓新市场而谋求更高的销售量和利润等。

品牌扩展策略是指企业利用其成功的品牌名称声誉来推出改良产品或新产品，包括新的包装规格、香味和式样等。企业采用这种策略，可以节省宣传介绍新产品的费用，使新产品能迅速、顺利地进入市场。

多品牌策略是指公司在同一种产品项目中有两个或多个品牌。这样做可以使不同的产品显示出不同的个性，对应不同的目标市场，更好地满足顾客的不同需求。如宝洁公司的洗发液有飘柔、潘婷、海飞丝、沙宣等。

新品牌策略是指为新产品设计新品牌的策略。当企业在新产品类别中推出一个产品时，它可能发现原有的品牌名称不适合于它，或是对新产品来说有更好更合适的品牌名称，企业需要设计新品牌。公司推出新的产品种类时可能会使用新品牌。

（五）品牌再定位决策

无论一种品牌在市场上的最初定位是如何适宜，随着时间的推移，公司都必须重新审视其定位是否准确，并就是否重新定位进行决策。品牌重新定位决策往往是因为以下情况发生了变化：①原品牌产品出了问题，如质量缺陷等；②原品牌的市场位置遇到强有力竞争，市场占有率下降，品牌形象受损；③消费者偏好转移；④原品牌陈旧过时，与产品的新特点或市场变化不相符等。品牌重新定位往往要求重新对市场进行细分，按照一般市场定位的要求，确定公司品牌的最佳定位。

拓展阅读9-3

第五节　包装策略

一、包装的含义

包装是指产品的容器或外部包扎物，是产品策略的重要内容，有着识别、便利、美化、增值和促销等功能。产品包装一般包括三个层次：①内包装，是产品的直接容器，如牙膏皮、酒瓶等；②中层包装，其作用是保护产品和促进销售；③贮运包装，又称外包装，其作用是便于贮存、运输和辨认产品。此外，还有标签，即附在包装上的制造者、原产国、质量、产品说明以及配料的成分等文字和图案。包装是使产品转化为商品并被销售的最后一道手续，它是对产品的容器及其包装的结构和外观进行设计，使其在运输与售卖时有一个与其内容相符的外壳，具有一个完整而动人的形象，目的是适合人的需要。平庸的设计使商品黯淡无光，而优秀的包装使商品光彩照人，能够提高产品附加值，激发消费者的购买欲望。包装是无声的广告，具有明显的促销作用，最终目标是影响消费者的观念与行为，树立品牌形象，取得营销战略的胜利。

二、包装的作用

（一）保护性功能

保护商品质量安全和数量的完好无损，是商品包装的最原始、最基本的目的。包装材料选择是直接关系到能否保护商品的重要一环，它是一件特殊的外衣，将食品、用品包裹起来，经过长途运输变成货架上的商品，并使远距离运输中商品破损率降低。包装分为运输包装和销售包装，合理的造型结构才能使包装在运输和销售上发挥各自的作用。选取合适的材料，设计合理的结构，才能赋予材料保护商品的能量，提供运输商品的便利，真正达到保护商品的目的。如拿最普通的方形纸盒底部的结构来说，锁扣式和自动式是最为常见的，锁扣式的主要优点在于结构简单，底部画面完整，但承重能力就差于自动式盒底，只能装载轻小的产品，而自动式盒底由于利用纸张穿插重叠后产生的张力将盒底锁紧，这种盒型能承受较大的重力，多用于大型包装，但制作过程相对复杂。

某公司推出一种新型透明玻璃包装纸，用于包装生鲜果品，能适应不同的包装形态，抑制它们的熟化过程，使保存期延长2倍。该玻璃纸表面涂了一层名叫桧酸的特殊化学物质，这种物质能抑制促使水果、蔬菜成熟的乙烯生成酶的活动，从而延长其保鲜期。使用这种包装纸，不仅使包装形态处于不断变化着的状态，同时可使长距离运输这类食品变得容易，减少损耗，减少防腐剂的使用量和降低成本。

(二)便利性功能

产品之所以需要包装，是因为包装可以解决产品在流通过程中的集散与展示，在使用过程中更加方便与合理等问题。结实的外包装能保证产品安全运输，而结构精巧的小包装还能给产品带来功能上的突破。外包装给商品提供了运输和展示的便利，而容器的形态则直接影响到使用者的便利性。

(三)销售性功能

产品采用包装后，首先进入消费者视角的往往不是产品本身，而是包装。产品能否引起消费者的兴趣，并激发其购买动机，在一定程度上取决于包装，因此，包装成了“无声推销员”。包装要将产品的信息和功能价值传递给消费者。不同的商品具有不同的特点，这是由商品的形象、性能、用途、销售对象等因素所决定的。当具有共性的商品被放在一起时，设计师要做的是如何凸显不同品牌的个性，也就是市场定位。个性是以共性为基础的，只有做到对企业文化的深入理解，对产品特性的严格把握，对色彩版面的不断创新，才能使产品在同类商品中脱颖而出，给人带来赏心悦目而又与众不同的美感。例如在矿泉水的营销中，由于口感很难区分，各个厂家纷纷采用包装来吸引消费者，一些外形新潮、色彩鲜亮的瓶装水受到消费者的青睐。

三、包装的策略

随着产品的同质化，什么更能吸引消费者？著名的杜邦定律指出，大约63%的消费者是根据商品的包装和装潢进行购买决策的，正因如此，现在的市场经济被称为眼球经济，只有吸引到消费者的注意，品牌才能被消费者接受，产品才能被消费者购买。那么，企业如何利用包装策略来完成自己的产品推广和品牌树立呢？

拓展阅读9-4

(一)类似包装策略

企业所生产的各种产品在包装上采用相同的图案、色彩、文字或其他共有特征，使消费者注意到这是同一家企业的产品。如三只松鼠的各种炒货包装方式。类似包装具有统一品牌策略的好处，可以节省包装设计的成本，有利于提高企业的整体形象，壮大企业声誉，特别是新产品进入市场时，相对容易。但如果企业产品品质相差太大，不宜采用这种策略。

（二）等级包装策略

等级包装策略即按照产品的价值、品质，将其分成若干等级，并实行不同的包装，使包装与产品的价值相称。如优质包装与普通包装、豪华包装与简易包装等，有利于消费者辨别产品的档次差别和品质的优劣。它适用于产品相关性不大，产品档次、品质比较悬殊的企业，其优点是能实现产品的特点，并与产品质量协调一致；缺点是增加包装设计成本。

（三）组合包装策略

组合包装策略即按人们的消费习惯将几种有关产品组合在一起，以方便消费者携带和使用。如茶与茶具的组合，服装与个性化饰品的组合，使消费者在使用中产生连锁反应、立体效应。这种策略不仅有利于充分利用包装容器的空间，而且有利于满足同一消费者的多种需要，扩大销售。

（四）复用包装策略

在设计包装时就考虑到产品用完可以使消费者移作他用，可诱发消费者再次购买的欲望，如饮料或酒所用的杯形包装，以后可作水杯、酒杯等；糖果、糕点的金属包装盒，可以改作文具盒、针线盒等。复用包装策略利用消费者一物多用心理，使他们得到额外的使用价值；同时，包装物在使用过程中，也可起到广告宣传作用，诱发消费者购买或重复购买。

（五）附送赠品包装策略

在商品包装物内，附赠小玩具或小工具实物，吸引消费者购买和重复购买。如美国麦氏咖啡在其礼盒中附赠调咖啡勺或咖啡杯，就很有促销效果。

（六）更换包装策略

更换包装策略即改变和放弃原有的产品包装，改用新的包装。由于包装技术、包装材料不断更新，消费者偏好不断变化，采用新的包装可以弥补原包装的不足，企业在改变包装的同时必须配合好宣传工作，以消除消费者以为产品质量下降或其他的误解。

孙子曰：故善战者，致人而不致于人。能使敌人自至者，利之也；能使敌人不得至者，害之也。

简单地说，善于指挥者，能够主动调动敌人而不是被敌人所调动。能够让敌人自投罗网的，是以利益引诱的结果；不能使敌人前来的，是让敌人感受到了威胁。当然，市场营销活动中，销售者和消费者不是敌我之间的关系，而是利益提供方和接收方的关系，企业应该充分考虑消费者利益和偏好，并能够在产品和服务开发与生产中，充分考虑消费者利益并进行提供，便能够以有效的产品策略来实现营销目标。

本章知识点

广义的产品是指凡能给消费者带来某种利益，可满足其某种欲望和需要的任何东西，不论是否具有物质形态，均称为产品，如实物、劳务、场所、组织和构思等。

产品的整体概念包含核心产品层、形式产品层、期望产品层、附加产品层、潜在产品层五个层次的含义。

产品组合是指一个企业生产或经营的全部产品线、产品项目的组合方式。产品组合包括四个变数:宽度、长度、深度和关联度。

产品生命周期是指产品投入市场,到最终退出市场所经历的时间。典型的产品生命周期过程,即从引入期开始,经过成长期、成熟期,最后走向衰退期。事实上,各种产品生命周期的曲线形状是有差异的。

现代市场营销观念下的新产品概念是指在产品整体概念中任何一个部分有所创新、改革和改变,能够给消费者带来新的利益和满足的产品。

按产品研究开发过程划分,新产品可以分为六种类型:全新产品、形成系列产品、改进型产品、模仿型产品、降低成本型产品和重新定位型产品。

一个完整的新产品开发过程要经历八个阶段:构思产生、构思筛选、概念发展和测试、营销规划、商业分析、新产品研制、市场试销、商品化。

品牌是产品的一个名称、符号、象征、设计或其组合,用以识别一个或一群出售者的产品或劳动,使其与同行业其他企业的同类产品相区别。

所谓品牌决策,就是如何合理使用品牌和发挥其积极作用的方法和对策,包括企业有关品牌的一切决定和策略。在这方面,企业面临着若干种不同的抉择:品牌化决策、品牌使用者决策、品牌名称决策、品牌战略决策、品牌再定位决策。

包装是指产品的容器或外部包扎物,是产品策略的重要内容,有着识别、便利、美化、增值和促销等功能。包装的作用主要体现在三方面:保护性功能、便利性功能和销售性功能。包装策略有:类似包装策略、等级包装策略、组合包装策略、复用包装策略、附送赠品包装策略、更换包装策略。

营销思考题

1.什么是产品的整体概念?

2.比较产品生命周期不同阶段的营销策略。

3.产品线决策的主要内容是什么?

4.新产品开发包括哪些步骤?

5.品牌决策的主要内容是什么?

6.包装决策的主要内容是什么?

营销计策

〔三十六计〕之二十五:偷梁换柱。

〔原文〕:频更其阵,抽其劲旅,待其自败,而后乘之,曳其轮也。

〔翻译〕:多次变动敌人的阵容,把他的精兵调开,等待他自乱阵脚,然后利用机会进攻他,拖住敌人的车轮。《易经·既济卦》说:"先拖住敌人,然后再替换他。"

〔三十六计〕之二十六：指桑骂槐。

〔原文〕大凌小者，警以诱之。刚中而应，行险而顺。

〔翻译〕强大的慑服弱小的，要用警戒的方法来诱导它。《易经·师卦》说：适当的强硬，可以得到拥护；施用险诈，可以使其顺从。

〔三十六计〕之二十七：假痴不癫。

〔原文〕宁伪作不知不为，不伪作假知妄为，静不露机，云雷屯也。

〔翻译〕宁可假装不知道，不行动，不可假装知道而轻举妄动。要沉着，不要泄露一点机密，就像迅猛激烈的雷霆掩藏在云层后面，而不显露自己。

结尾案例

飞鹤奶粉的长期品牌建设之路

1.飞鹤公司简介

飞鹤始建于1962年，从丹顶鹤故乡齐齐哈尔起步，是中国最早的奶粉企业之一。2019年11月，中国飞鹤港股上市成为港交所历史上首发市值最大的乳品企业。60年来，飞鹤一直专注于中国宝宝体质和母乳营养研究，引领行业开创多种提升奶粉对中国宝宝体质适应性的技术、配方与工艺。潜心打造“更新鲜、更适合”的高品质奶粉，是飞鹤乳业的不懈追求。

2.“三聚氰胺事件”：难获信任

2008年，“三聚氰胺事件” 对中国乳品行业产生了非常大的影响。当时，飞鹤乳业是为数不多的未被检出三聚氰胺或任何其他不良成分的婴幼儿奶粉企业。飞鹤人认为，这是一个非常好的机会，可以得到市场的认可，为消费者提供“安全”的奶粉。2009年，飞鹤将“一‘贯’好奶粉”作为广告语向顾客宣传企业自身产品在品质、安全方面的优势。为了宣传飞鹤奶粉的安全性，飞鹤乳业针对“一‘贯’好奶粉”的产品定位和价值主张设计了一段广告。广告宣传片并没有起到有效向顾客传递产品信息和获取顾客认可的作用。虽然飞鹤奶粉没有查出三聚氰胺，但是三聚氰胺事件已经使顾客的信心受损，国产奶粉全部被无差别地等同于“品质不好的低端奶粉”，顾客也没有足够的知识和精力去辨别“安全”的奶粉。消费者把孩子的奶粉都寄托在外资品牌奶粉上，外资奶粉则成为“安全”的代名词。国产奶粉被贴上了不安全、不可信任的标签。再加上外资品牌的竞争，飞鹤陷入困境。令飞鹤乳业高层不解的是“飞鹤乳业的各项指标都优于国际标准，但是为什么就得不到更多一、二线顾客的认可与信任，无法突破‘低端’认知的限制呢”？

3.寻求突破，成功出圈

(1)深入调研。2015年，飞鹤与上海君智企业管理有限公司合作进行市场调研，对购买飞鹤的消费者进行了大量的市场调研。飞鹤乳业为了更加深入了解顾客需求，走访了北方九省，走访终端，访谈客户，向顾客调研了如下一些问题，比如：你对飞鹤乳业是怎么看的？为什么买飞鹤奶粉？你对外资奶粉还有哪些担忧和不满？有一些顾客反馈，“宝宝喝了飞鹤奶粉特别适应，不哭不闹，长得也高”，“宝宝喝了国产奶粉，不容易便秘”。市场调研数据表明，中国妈妈在选择奶粉喂养方案时，除了“安全、营养”这些基础需求之外，最关心的就是“宝宝吃奶粉爱上火”的问题。对于市场调研过程中顾客的反馈，飞鹤乳业有更专业的理解，不同体质的宝宝对营养元素的需求不同，中西方家庭在饮食文化、母婴体质等方面都有较大的差异，特别是中国宝宝对牛乳成分都有一定程度的乳糖不耐受，宝宝的这些不适应就表现为“爱上火”。“你说有一款质量可靠，产业链也好的奶粉，顾客根本听不进去，都说国外的好。如果我们专门研究中国母乳，开发更适合中国宝宝的奶粉，消费者就能接受”。

(2)精准定位。深入的市场调查后，飞鹤乳业更加了解了顾客的需求，提出了一个战略构想，即让飞鹤乳业代表国产奶粉对抗整个外资奶粉，“更适合”对抗“更安全”。“‘更适合中国宝宝体质’一下子就击中价值点，一方水土养一方人，没有哪个外资品牌敢宣传比中国品牌‘更适合中国宝宝’。这个价值主张，对民族乳企、中国顾客、飞鹤乳业，都有着非常重要的意义”。飞鹤乳业也更加坚定地继续致力于中国母乳“黄金标准”的研发，飞鹤乳业不断升级配方，逐步靠近“黄金标准”。2018 年，飞鹤乳业与中国标准化研究院共同发表行业内“新鲜乳粉标准”，建立以“新鲜生牛乳一次成粉”为核心的飞鹤乳业新鲜乳粉标准体系。

(3)加强与顾客沟通。飞鹤通过多种方式与消费者进行沟通。2016 年，飞鹤乳业成立了“妈妈的爱”项目组，加强与顾客面对面沟通，采用专家讲座、母亲分享、产品介绍、亲子嘉年华等方式向现有和潜在的顾客实施基础“教育”，告诉顾客如何科学选择乳制品，“妈妈的爱”成为飞鹤乳业的金牌项目。联合哈佛大学营养研究团队和近 50 名专业育儿医生，开设 100 多门在线课程；建立 400 客服热线，官方公众号“飞鹤奶粉”“星妈会”等在线咨询平台；开展奶粉罐“新鲜转身”行动，引导消费者关注配料表，科学理性选购；定期开展调研了解消费者意见建议；联合多家单位设立“中国宝宝专属节日——5·28 中国宝宝日”，同时，发起 5·28 中国宝宝日“新鲜陪伴 1 小时”行动，促使人们关注中国家庭“隐性失陪”的问题。

(4)重视媒体宣传。2017 年起，飞鹤乳业开始与央影传媒、湖南卫视等媒体展开合作，采用冠名上海国际电影节电影频道传媒关注单元，在搜狐、爱奇艺等网站同步直播，从而大大增加了品牌曝光度。

(5)持续产品创新。产品创新方面，飞鹤持续关注和研究中国母乳。一是不断关注原料构成，从应用研究到机理研究，更具体地研究母乳包含的成分；二是不断扩大研究范围，从“中国母乳研究”逐步扩展到“中外母乳研究”；三是与专业母乳采集机构展开合作，配备专业人员，采用专业设备采集母乳，并对其进行深入具体研究，构建了中国最专业的母乳数据库；四是基于各地不同的风俗习惯和母乳采集志愿者身体状况，安排上门采集，为志愿者配备营养专家，依据母乳检测结果分析母婴健康状况，并提供专业母乳喂养建议。

资料来源于网络，作者有删改。

案例思考题

1.飞鹤奶粉是如何战胜信任危机，获得消费者认可的，查找更多信息，试用三十六计之偷梁换柱进行说明。

2.试用《孙子兵法·兵势篇》，结合本章所学知识，谈谈飞鹤乳业在品牌建设中主要抓住了哪些方面。

第十章　价格策略

凡兴兵十万，出征千里，百姓之费，公家之奉，日费千金；内外骚动，怠于道路，不得操事者，七十万家。相守数年，以争一日之胜，而爱爵禄百金，不知敌之情者，不仁之至也。

——《孙子兵法·用间篇》

教学目标

1.明确企业定价的依据；

2.掌握企业定价方法；

3.掌握企业定价策略；

4.掌握价格调整的策略。

5.能够运用《孙子兵法》解读定价策略的内在逻辑。

6.理解三十六计之"上屋抽梯""树上开花""反客为主"的核心思想，并能够在市场营销中合理运用。

导入案例

A公司的"奇葩"新品，谁会买？

2021年愚人节时，国外A企业发布了一款产品——空气净化耳机。紧接着，这款产品在官网开启预售，并首发中国市场。在被问到"为什么同样的产品A企业会贵10倍时"，品牌创始人说："你觉得一个让你欲罢不能的痛点值多少钱？"

从官方图片来看，把耳机和空气净化器两个风马牛不相及的东西凑到一起，让人难以相信。想象一下，在满大街戴着口罩的人群中，有一个脸上套着"空气净化器"的人，回头率肯定很高。

2021年A企业展示产品图时，网友普遍认为这是一款用来整蛊的愚人节产品。没想到，这款产品居然真的投入市场。据品牌介绍，A企业计划2023年1月在中国内地首发，3月后，陆续在美国、英国、新加坡、中国香港等国家和地区销售。起步价格是949美元，约合人民币6618元。A企业负责人说：该产品研发花了6年时间。

A企业扫地机器人和吹风机也都卖得比一般同类产品贵很多。价格并不友好，却吸引了不少忠诚粉丝。A企业采用高价销售产品，支持研发投入来解决产品痛点，精准把握消费升级契机，不仅俘获了中产阶级，还让产品变成跻身中产的标志。该企业负责人曾说，"我的字典里没有性价比"。为留存对价格敏感的用户，众多品牌你争我夺，A企业成功营造了"高高在上"的差异化品牌形象。

资料来源于网络，作者有删改。

孙子曰：凡兴兵十万，出征千里，百姓之费，公家之奉，日费千金；内外骚动，怠于道路，不得操事者，七十万家。相守数年，以争一日之胜，而爱爵禄百金，不知敌之情者，不仁之至也。

简单地说，国家兴兵打仗需要大量资金和成本，也影响到诸多百姓的生计，多年开战，如果因为吝惜一点钱财而不了解敌情，导致战争失利，真是太不仁了，甚至很蠢。市场营销活动中，同样如此，企业为消费者研发和生产产品，并进行相应的市场营销活动，也需要大量的人财物等诸多成本和资源，因此，在满足消费者需求的过程中，不能仅仅考虑成本，而需要根据市场状况灵活运用价格策略，让消费者认同并接受企业产品，满足消费者需求。党的二十大报告中指出："要增进民生福祉，提高人民生活品质。""必须坚持在发展中保障和改善民生，鼓励共同奋斗创造美好生活，不断实现人民对美好生活的向往。"企业的市场营销活动需要结合国家战略目标，通过为客户提供高质量的产品和友好的价格，以更好地满足人民需要和对美好生活的追求。

第一节　价格及定价依据

一、价格的含义

价格指的是商品或服务的货币表现形式。赫尔曼·西蒙认为，定价就是对于人们如何分割价值的反映。只有和卖家的交易构建了一种持续的公平感，消费者才会保持忠诚。最大化长期利润的唯一方式就是让顾客满意。价格是企业市场营销组合的一个重要策略。在社会主义市场经济条件下，市场调节经济的机制，主要是通过价格调节供求关系来实现的。而且，价格对市场营销组合中的其他三大策略也有很大影响。例如，如果企业给某种产品制定较高价格，那么，与此相适应，企业就必须设计高质量的产品和高费用的市场营销方案。因此，价格策略问题是企业市场营销管理中的一个十分重要的问题。

二、定价依据

影响产品定价的因素是多方面的，常见的定价依据包括定价目标、产品成本、市场供求、竞争者的价格策略、政府的政策法规、顾客心理等。

（一）定价目标

定价目标是指企业通过特定水平价格的制定或调整所要达到的预期目标。由于受到资源等因素的约束，以及规模和管理方法的差异，企业应该从不同的角度和需要制定自己的定价目标。

任何企业在制定价格时都必须考虑目标市场战略及市场定位。假如企业经过认真分析，决定为收入较高的消费者设计和生产高档、豪华家具，其目标市场和定位就决定了价格要高。此外，企业还要考虑一些具体的经营目标，如利润额、销售额、市场占有率等，它们都会对定价产生重要影响。企业每一个可能的定价选择，对利润、收入、市场占有率均有不同影响。

企业的定价目标主要包括以下几个方面。

1.维持生存

这通常是企业处于不利环境中实行的一种定价目标。当企业生产过剩，或面临激烈竞争时，就需要把维持生存作为主要目标。当处境困难时，为了保证工厂继续开工和使存货出手，企业必须制定较低的价格，并希望市场对价格敏感，此时，利润比起生存来说次要得多。许多企业通过大规模的价格折扣，来保持企业活力，只要价格能弥补可变成本和一些固定成本便可实行。

2.当期利润最大化

利润是企业从事经营活动所追求的主要目标，也是企业生存和发展的源泉。市场营销活动中，企业可以直接以获取最满意利润为定价目标。很多企业的最高愿望是获取最满意利润，每个企业希望制定一个能使预期利润最大化的价格，他们估计需求和成本，并据此选择一种价格，使之能产生最大的当期利润和投资报酬率。当企业或产品在市场上享有较高的声誉，在竞争中处于有利地位或供不应求时，企业可以确定以利润最大化为定价目标。

3.市场占有率最大化

有些企业通过定价取得控制市场的地位，即市场占有率最大化。因为这些企业确信，赢得最高市场占有率将享有最低成本和最高的长期利润。所以，他们在单位产品价格不低于可变成本的条件下，制定尽可能低的价格，追求市场占有率的领先地位。企业也可能追求某一特定的市场占有率。例如，计划一年内将市场占有率从10%提高到15%，为了实现这一目标，企业要制定相应的市场营销计划和价格策略。

具备下述条件之一时，企业可考虑通过低价实现高市场占有率。

(1)市场对价格高度敏感，低价能刺激需求迅速增长。

(2)生产与分销的单位成本会随生产经验的积累而下降。

(3)低价能吓跑现有的和潜在的竞争者。

4.产品质量最优化

企业也可考虑质量领先这样的目标，并在生产和市场营销过程中始终贯彻产品质量最优化的指导思想。这就要求用高价弥补高质量和研发的高成本。企业在保持产品优质优价的同时，还应辅以相应的优质服务。

5.应对或防止竞争

生产同类产品的公司更倾向于竞争导向的定价目标，关注竞争对手的定价政策和价格策略，大多数公司对其竞争对手的价格很敏感，在定价以前一般要广泛收集资料，把本企业产品的质量特点和成本与竞争对手的产品进行比较，然后再制定产品价格。相对弱势的企业为了避免市场竞争，从优势企业争夺更大的市场份额，往往选择追随市场领导者的价格，价格略低于竞争对手的方法。与此同时，具备资金雄厚、拥有专利技术、产品质量优良、服务水平高等特点的相对强势企业，为了进一步扩大市场份额，排挤弱势竞争对手，也可能会采取低价冲击策略。绝对强势的企业为了垄断市场，可能会采取低价策略来构筑更高的进入壁垒，或把其他竞争对手赶出市场。

6.预期利润目标

投资回报是公司定价时必须考虑的因素，产品定价是在成本基础上附加适当的目标利润。公司要估算产品按何种价格销售，销售多少，多长时间才能回收投资，并达到预期的利润目标。以预期利润为定价目标，应具备两个条件：①公司具有较强的实力和竞争力，在行业中处于领导者地位。②采用这种定价目标多为新产品、独家产品以及低价、高质量的标准化产品。

7.增加销售额

销售额的增长与利润的变化有一定关系，销售额的扩大不仅可以让公司形成强大的声势，还可以因为知名度而有效地降低成本。因此，许多公司采取薄利多销的策略，在盈利的情况下尽量降低价格，促进销售，但是，销售的增长并不一定导致利润的增加，当公司成本的增长速度超过销售额的增长速度时，利润会有一定的减少。因此，企业以增加销售额为定价目标时，要认真考虑销售额与利润的关系，确保企业盈利。

8.树立品牌和维护企业形象

当企业的目标是树立品牌和维护形象时，企业很可能会采用高价策略，以弥补保持高质量产品、高美誉度品牌和优秀企业形象的高成本。国内市场上一些奢侈品的价格，甚至高于国际市场上的同类商品。

(二)产品成本

任何企业都不能随心所欲地制定价格。从长远看，任何产品的销售价格都必须高于成本费用，这样才能以销售收入抵偿成本和经营费用。因此，企业在制定价格时必须估算相关成本。

产品的成本构成一般如下。

1.固定成本

固定成本是企业在一定规模内生产经营某一商品所必须支出的固定费用，如固定资产折旧、房屋租金、办公费用、管理人员工资等，在短期内它不会随着产量的变动而变动。企业固定成本与产品的销量不直接发生联系，它是通过分摊的形式计入单位产品价格中的。即使不生产产品，也需计算固定成本。

2.变动成本

变动成本是企业在同一范围内支付变动因素的费用，此类费用随着产品种类及数量的变化而相应变动。其主要包括原材料、燃料费用、生产人员工资等，这些费用会随着市场行情变化而增加产品的成本。因此，它对产品价格有着直接的影响。

3.流通成本

产品生产出来必须到达目标市场上才能开展营销活动，这需要一定的运输成本，同时，将产品发放到中间商手中，也需要资金投入。

定价与成本之间的关系如图 10-1 所示。

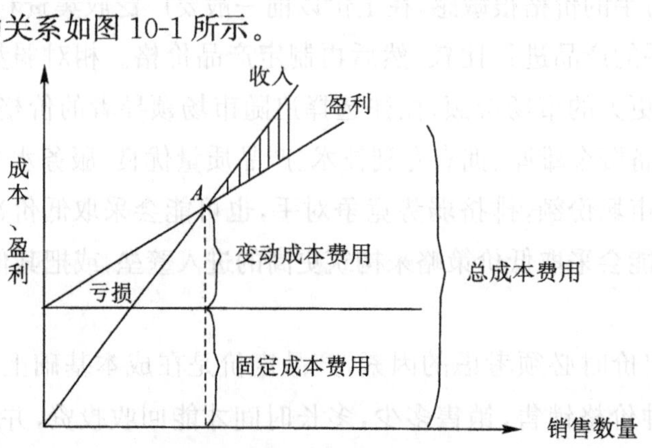

图 10-1　定价与成本之间的关系

（三）市场供求

商品的价格还受供求关系的影响。市场上某一商品出现供过于求时，其价格就会下降，当供不应求时，价格就会上涨。企业确定不同的价格，会产生不同的需求。价格与市场供求是相互影响、相互制约的。

1.市场需求

市场需求是指有支付能力的需求，因此，价格高低对市场需求有重要影响：当商品降价时，会刺激市场需求，购买量会增加；反之，当商品提价时，会使需求量减少。价格与需求量成反方向变化。

2.市场供给

价格对市场供给的影响主要表现为：当某种商品价格上升时，会刺激原商品生产者扩大生产，还会刺激其他生产者加入该产品的生产经营，从而使该产品的市场供给量增加；反之，当某产品价格下降时，该产品生产者会减少或缩小生产量，或因利润减少甚至亏本而停产，从而导致这种产品的市场供给量减少。价格与市场供给量成正方向变化，如图 10-2 所示。

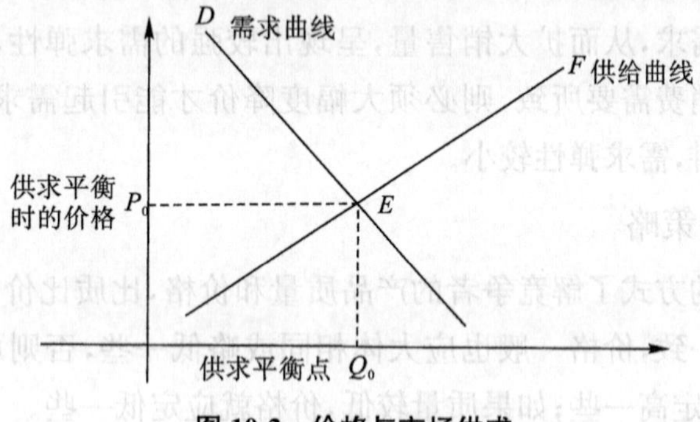

图 10-2　价格与市场供求

如图 10-2 所示，从长期看，产品的价格是由市场供求关系决定的，均衡价格（长期交换价格）即是供给与需求相等处的价格。

3.价格与需求弹性

需求弹性是需求价格弹性的简称，是指价格变动状况引起需求量的变化程度，即需求量变动对价格变动的灵敏程度，用 E_p 表示需求价格弹性系数，则

$$E_p=\frac{(\Delta Q/Q)\%}{(\Delta P/P)\%}=\frac{[(Q_1-Q_0)/Q_0]\%}{[(P_1-P_0)/P_0]\%}$$

$$E_p=\frac{\text{需求量变动的百分比}}{\text{价格变动的百分比}}$$

为比较需求价格弹性系数的大小，这里 E_p 取绝对值。

不同的产品具有不同的需求价格弹性，从其弹性大小的角度决定企业的定价策略，主要分为以下三种情况。

（1）$E_p>1$。其说明需求量的相应变化幅度大于价格变化幅度，故称为需求弹性大。对于这类商品，价格的上升或下降会引起需求量较大幅度地减少或增加。企业定价时，应通过降低价格、薄利多销达到增加盈利的目的。如需提价务求谨慎，以防需求量急剧减少，影响企业收入。

(2)$E_p=1$。其说明需求量与价格等比例变化。价格变化对企业销售收入影响不大(因为价格的上升或下降会引起需求量等比例减少或增加)。对这类商品定价时,可选择实现预期盈利率为定价依据,或选择现行的市场价格,同时配合其他市场营销措施以提高盈利率。

(3)$E_p<1$。说明需求量的相应变化幅度小于价格变化幅度,故称为需求弹性小,对于这类商品,价格的上升或下降仅会引起需求量较小幅度地减少或增加。企业采用提价策略,价格定得高一些往往增加盈利。

需求价格弹性的大小,主要取决于以下影响因素:①商品的需要程度。需求价格弹性与商品需要程度成反比,生活必需品的需要程度高于一般商品,因此,价格变化对其需求数量的影响小。反之,一般商品需求量受价格变动的影响较大。②商品的替代性。需求价格弹性与商品的替代性成正比。某种商品替代性强,提价会引起消费需求向其他可替代商品转移;反之亦然。某种商品难以替代,消费者只能提高对价格变动的承受能力,致使需求量对价格变动的反应迟钝。③商品供求状况。需求价格弹性与商品供求状况的关系比较复杂。供不应求的商品,价格在一定范围内上升时,对其需求量影响不大;但当价格上升到一定限度后,会对需求产生较强的抑制作用,这时,这种商品的需求弹性会随价格的继续上升呈现由小到大的变化。供大于求的商品,降低价格吸引较低消费层次的需求,从而扩大销售量,呈现出较强的需求弹性,但如果供大于求是产品使用价值不能达到标准消费需要所致,则必须大幅度降价才能引起需求量的增加,此时,单就降价所产生的影响程度来讲,需求弹性较小。

(四)竞争者的价格策略

企业必须采取适当的方式了解竞争者的产品质量和价格,比质比价,更准确地制定自己的产品价格。如果质量大体一致,价格一般也应大体相同或略低一些,否则可能卖不出去;如果本企业产品质量较高,价格可定高一些;如果质量较低,价格就应定低一些。

企业还应看到,竞争者可能针对本企业的价格策略调整其价格;也可能不调整价格,但通过调整市场营销组合的其他变量与本企业争夺顾客。对竞争者的价格变动,要及时掌握有关信息,并作出合适的反应。

市场价格是在市场竞争中形成的。可以这样认为,产品的最低价格取决于该产品的成本费用,最高价格取决于产品的市场需求。

(五)政府的政策法规

企业制定价格还需考虑政府有关政策、法令的规定。在我国,规范企业定价行为的法律和相关法规有《中华人民共和国价格法》《中华人民共和国反不正当竞争法》《关于商品和服务实行明码标价的规定》《制止牟取暴利的暂行规定》《价格违法行为行政处罚规定》《关于制止低价倾销行为的规定》《中华人民共和国反垄断法》等。

拓展阅读10-1

(六)顾客心理

顾客的心理行为因其随机性较大,是营销人员制定价格时最不易掌控的一个因素,但又是企业定价必须考虑的重要因素之一。

拓展阅读10-2

客户一般会将某种商品作为模板,来判断其他相近商品的价格,他们对商品一般都有自己的估计,即在客户心目中该商品值多少钱,这种估价被称为期望价格,期望值一般不是一个固定的具体金额，而是一个价格范围。如果企业定价高于客户期望价格，就很难被客户接受；反之，低于期望价格，又会使客户对商品的品质产生怀疑，甚至拒绝购买。所以，企业在制定价格时，要尽量准确地把握客户心理，制定合适的价格。

(1)“便宜没好货，好货不便宜”是消费者最常见的心理。

(2)物美价廉，顾客追求所购买的商品性价比最大化。当商品的品质难以直观判断时，消费者通常以价格高低来评判商品的品质，认为高价高质，低价低质。

(3)炫耀性消费心理也是公司定价必须考虑到的。在炫耀性消费心理驱使下，一些消费者为获得精神上的满足而不介意商品价格的高低，通过购买一些产品显示自己的身份、地位、财富等，尤其是对一些奢侈品的购买。如很多中国消费者去国外排队购买奢侈品来炫耀自己的身份和能力。

拓展阅读10-3

(七)货币价格

货币价格是影响商品价格的重要因素。货币价格指货币自身价格，即其票面代表的金额，在一国之内也就是购买力；而汇率反映的是一国货币的对外价格。

第二节 定价方法

企业产品价格的高低受市场需求、成本费用和竞争等因素的影响和制约。但是在实际工作中，企业还要采取各种定价方法来合理地确定自己的产品价格。企业定价有三种导向，即成本导向、需求导向和竞争导向，不同的产品适合于不同的定价方法。

一、成本导向定价法

成本导向定价法是一种主要以成本为依据的定价方法，包括成本加成定价法和盈亏平衡定价法两种，其特点是简便、易用。

(一)成本加成定价法

所谓成本加成定价法是指在成本的基础上，按成本利润率确定利润，然后定价。加成的含义就是一定比率的利润。

(1)在产品成本上加上标准的毛利，这是最基本的定价方法。其计算公式为

$$产品售价=单位完全成本\times(1+成本利润率)$$

(2)进价加成定价是零售企业流行的一种做法。其计算公式为

$$产品售价=进货价格/(1-加成率)$$

这里需要注意加成率的确定。一般来说，加成率与价格弹性成反比。如果某品牌的价格弹性高，最适加成就应相对低些；如果某品牌的价格弹性低，最适加成则应相对高些。

(3)产品成本是定价的基础，成本在很大程度上影响着价格水平的制定。企业在定价时要核计出产品的成本，分析价格、需求量、产量和成本之间的关系，作为定价的依据，从而确定企业可参照的最低价格。

成本加成定价法之所以受到企业界欢迎，主要是由于以下原因。

(1)成本的不确定性一般比需求小。将价格盯住单位成本，可以大大简化企业定价程序，而不必根据需求情况的变化进行调整。

(2)只要行业中所有企业都采取这种定价方法，则价格在成本与加成相似的情况下也大致相似，价格竞争也会因此减至最低限度。

(3)许多人感到成本加成法对买方和卖方都比较公平。当买家需求强烈时，卖方不利用这一有利条件谋取额外利益也能获得公平的投资报酬。

(二)盈亏平衡定价法

所谓盈亏平衡定价法是指根据成本确定价格的方法，即单价等于单位产品成本。收支平衡点也称盈亏平衡(或盈亏分界)点。其计算方法是

$$\text{盈亏平衡点价格}(P)=\text{固定总成本}(FC)\div\text{销量}(Q)+\text{单位变动成本}(VC)$$

在此价格下实现的销售量，使企业刚好保本。

【例】 某旅游饭店共有客房300间，全部客房年度固定成本总额为300万美元，每间客房每天变动成本为10美元，预计客房年平均出租率为80%，求该饭店客房保本时的价格。

根据所给数据和公式，计算如下

$$P=3000000\div(300\times365\times80\%)+10=34.2+10=44.2(\text{美元})$$

盈亏平衡定价法侧重于总成本的补偿，这一点对于经营多条产品线和多种产品项目的企业极为重要。因为一种产品盈利伴随其他产品亏损的现象时有发生，经销某种产品时获得的高额盈利并不能保证企业总利润增加。

在使用这种方法时要注意前提条件，即估计销售量假定为已确定因素，但价格和销售量之间存在相互作用，因此，利用此法制定的价格往往不能成为最后的销售价格。

二、需求导向定价法

需求导向定价法是一种以市场需求强度及消费者感受为主要依据的定价方法，包括认知价值定价法、反向定价法和需求差异定价法。其中，需求差异定价法既是一种定价方法，又涉及灵活多变的定价策略。

(一)认知价值定价法

所谓认知价值定价法，就是根据购买者对产品的认知价值制定价格。认知价值定价与现代市场定位观念相一致。企业为目标市场开发新产品时，在质量、价格、服务等各方面都需要体现特定的市场定位。因此，企业首先要决定所提供的价值及价格；其次，要估计以此价格所能销售的数量，再根据销售量决定所需产能、投资及单位成本；最后，还要计算依此价格和成本能否获得满意的利润。若能获得满意的利润则继续开发这一新产品，否则就放弃这一产品概念。

认知价值定价法的关键在于准确计算产品提供的全部市场认知价值。企业如果过高估计认知价值，便会定出偏高的价格；过低估计，则会定出偏低的价格，如果价格大大高于认知价值，消费者会感到难以接受；如果价格大大低于认知价值，也会影响产品在消费者心中的形象。

拓展阅读10-4

(二)反向定价法

反向定价法是指企业依据消费者能够接受的最终价格,在计算自己经营的成本和利润后,逆向推算产品的批发价和零售价。这种方法不是以实际成本为主要依据,而是以市场为定价出发点,力求使价格为消费者所接受。在分销渠道中,批发商和零售商多采取这种定价方法。

例如,通过市场调查,某公司了解到绝大多数消费者愿意花300元买本公司的书桌,零售商毛利要求15%,批发商批发毛利要求5%,企业可以以此推算,书桌的出厂价要定在250元左右,才能保证批发商、零售商和消费者都能接受。由于价格是既定的,所以,企业要获利,必须节约成本,提高劳动生产率。

(三)需求差异定价法

需求差异定价法是根据需求的差异,对同种产品制定不同的价格的方法。它主要包括以下几种形式:一是,对不同的顾客采取不同的价格。二是,根据产品的式样和外观的差别制定不同的价格。三是,相同的产品在不同的地区销售,其价格可以不同。四是,相同的产品在不同时间销售其价格可以不同。

三、竞争导向定价法

竞争导向定价法通常有三种方法,即随行就市定价法、密封投标定价法和招标拍卖法。

(一)随行就市定价法

随行就市定价法指企业按照行业的平均现行价格水平定价的方法。在下述情况下,企业往往采取这种定价方法。

(1)难以估计成本。

(2)企业打算与同行和平共处。

(3)如果另行定价,很难了解购买者和竞争者对企业价格的反应。

不论是在完全竞争市场还是寡头竞争市场,随行就市定价都是同质产品市场惯用的定价方法。

在完全竞争市场,销售同类产品的企业在定价时,实际上没有多少选择余地,只能按照行业现行价格定价。某企业如果价格定得高于市价,产品就卖不出去;如果价格定得低于市价,也会遭到降价竞销。

在寡头市场竞争的条件下,企业也倾向于和竞争对手要价相同。因为在这种条件下,市场上只有少数几家大公司,彼此十分了解;购买者对市场行情也熟悉,如果价格稍有差异,就会转向价格低的企业。所以按照现行价格水平,在寡头竞争的需求曲线上有一个转折点。某公司价格定得高于这个转折点,需求就会相应减少,因为其他公司不会随之提价(需求缺乏弹性);如果某公司将价格定得低于转折点,需求也不会相应增加,因为其他公司也可能降价(需求有弹性)。总之,当需求有弹性时,一个寡头企业不能通过提价而获利;当需求缺乏弹性时,一个寡头企业也不能通过降价而获利。

在异质产品市场上,企业有较大的自由度决定其价格。产品差异化使购买者对价格差异不甚敏感。企业相对于竞争者总要确定自己的适当位置,或充当高价企业角色,或充当中价企业角色，或充当低价企业角色。企业要在定价方面有别于竞争者，其产品策略及市场营销方案也应尽量与之相适应，以应对竞争者可能的价格竞争。

（二）密封投标定价法

这是企业自己不预先制定价格，而是引导顾客竞争，从中选其有利价格成交的方法。它主要适用于投标交易方式，如建筑施工、工程设计、设备制造、政府采购、科研课题等需要投标以取得承包合同的项目。这种定价方法包括以下三个主要步骤。

(1)招标。由买方发布招标公告；提出征求什么样的商品或劳务项目及其具体条件，引导卖方参加竞争。

(2)投标。卖方根据招标公告的内容和要求，结合自己的条件，主要考虑成本、盈利以及竞争者可能提出的价格，然后填好标单，向买方密封投递本企业的书面报价。

(3)开标。买方在招标规定的时间内，要积极进行选标，主要是审查卖方的投标报价、技术力量、工程质量、信誉高低、资金多少、生产经验等，从中选择承包商。到期时，买方要按规定开标，公开宣布"中标"者，然后签订合同，并应取得法律公证，接受法律监护。

企业参加投标是希望中标，而能否中标在很大程度上取决于企业与竞争者投标报价水平的比较。因此，投标报价要低于参加投标的竞争者（尽可能准确预测竞争者的价格意向），但在各方面又要合理。

（三）招标拍卖法

招标拍卖法，一般是由卖方出示商品或发布公告，引导买方公开报价，利用买方竞争求购的心理，从中选其最高价格成交。这种方法古已有之，历史悠久，现代在处置倒闭企业，出售某些文物或高级艺术品等商业活动中仍常用。

第三节　定价策略

市场营销定价策略，就是把产品与企业市场营销组合的其他因素结合起来，制定出最有利于市场营销的价格，以实现企业营销目标的一种价格措施。

依据成本、需求和竞争等因素决定的产品基础价格，是单位产品在生产地点或者经销地点的价格，并未计入折扣、运费等的影响。在实践中，企业还需考虑和利用灵活多变的定价策略，修正或调整产品价格。

一、心理定价策略

心理定价策略是指企业针对消费者心理活动和变化进行定价的方法和技巧，该策略一般在零售企业中面向最终消费者应用得比较多，正确使用心理定价策略，必须把握不同消费者的不同心理特征。

（一）不同类型消费者的心理特征

不同消费者的心理特征存在明显差异，对其接受价格的程度和购买倾向也存在较大影响，因此，营销者需要了解消费者心理特征。具体见表10-1、表10-2、表10-3。

表10-1　不同性别消费者的心理特征

女性消费者特征	男性消费者特征
1.购买往往具有冲动性和灵活性 2.挑选商品比较细致 3.购买过程容易受情绪和外界因素影响 4.注重商品外观、质量，价格其次	1.购买比较有目的性，能够较理智购买 2.重视商品质量，价格其次 3.购买动机往往具有被动性 4.自信消费 5.交易迅速，缺乏耐心

表10-2　不同年龄消费者心理特征

消费者类型	心理特征
青年消费者	1.购买具有较明显的冲动性 2.喜欢购买时尚商品 3.购买先考虑外观，其次为价格和质量 4.往往是新产品的第一批购买者 5.购买动机易受外界因素影响
中年消费者	1.通常理智购买，较为自信 2.购买商品以经济实惠为主 3.喜欢购买被别人证明经济实用的新商品
老年消费者	1.喜欢习惯性购买 2.购买习惯不易受外界因素影响 3.购买产品以方便、舒适、实用为主 4.对健康实惠的产品比较敏感

表10-3　不同身份消费者心理特征

消费者类型	心理特征
工人、农民	喜欢经济实惠、坚固耐用的商品
学生	喜欢购买新颖的、没见过的商品
军人	大多为别人购买，或按计划购买，有时会请他人帮忙选购
知识分子	大多喜欢造型雅致、美观大方的商品
文艺工作者	大多喜欢造型优美、别具一格、具有艺术美感的商品

（二）心理定价策略

心理定价策略主要有声望定价、整数定价、尾数定价、招徕定价、习惯定价、折中定价、习惯定价、小单位定价等。

1.声望定价

声望定价指企业利用消费者仰慕名牌商品或名店的声望所产生的心理，定高价。这种策略适用于知名度高，有较大影响力的产品，如香奈儿、迪奥等奢侈品。质量不易鉴别的商品定价适宜此法，因为消费者崇尚名牌，往往以价格判断质量，认为高价格代表高质量。但价格也不能离谱，使消费者不能接受。有报道称，在美国市场上手工布鞋很受欢迎，但质量好、价格低的中国货却竞争不过质量相对较差、价格却高的韩国货，其原因在于美国人眼里低价就意味着低档次。

现代社会中，存在一种消费高价位商品是财富、身份和地位象征的认识。因此，对于非生活必需品及具有民族特色的手工产品，应采取极品价格形象，强调品牌的著名、质量的上乘、包装的精美与豪华以及给消费者精神上的满足。

2.整数定价

对商品价格采取合理凑整的方法，使顾客产生“一分价钱一分货”的感觉，如将998元定价成1000元。对产品进行整数定价，可以使购买者轻松、快捷地付款，节省时间，方便双方的交易。同时，整数定价法能够让消费者在心理上将产品提升到更高档次。

3.尾数定价

尾数定价又称零头定价，是利用消费者数字认知的某种心理，尽可能在价格数字上不进位、保留零头，使消费者产生价格低廉和卖主认真核算成本的感觉，使消费者对企业产品及定价产生信任感。比如，一部手机价格999元，会让人觉得便宜而且觉得店家值得信任。一件毛衣的价格是99元而不是100元；一块肥皂的价格是4.98元而不是5元。实际上，100元和99元仅仅相差1元，但是，在消费者认知中，却迥然不同，觉得99元很便宜，没有上百。根据一家商场实践，采用一分价钱一分货的定价策略，商品毛利率为30%，而采用心理定价毛利率为50%～60%，而且消费者能得到更大的精神满足。另外，尾数的确定还要符合当地的风俗习惯，不同的尾数在不同的国家、地区和民族中效果不同。

4.招徕定价

招徕定价是零售商利用顾客求廉心理，将某些商品定低价以吸引顾客。一些商店随机推出降价商品，每天、每时都有一两种商品降价出售，吸引顾客经常光顾，同时也会吸引顾客选购其他正常价格的商品。零售商在定价时常借助于参考价格，购买者在评价某一产品时，大脑中也常有一个参考价格，所以，招徕定价在越来越频繁的促销活动中具有重要作用。如大型零售商在节日或销售旺季，经常进行“优惠酬宾”的宣传活动，招徕价格就是其中的亮点。商家会把制造商的建议零售价或以往的卖价，与现在的热卖价标在一起进行比较，并标明减价原因及减价幅度，暗示消费者关注其中的差价，引导消费者进行抢购，从而扩大宣传效果。这种策略常被商场使用，同时也适用于种类多，竞争激烈，市场趋于稳定与饱和的产品的促销活动。

5.折中定价

一般来讲，多数消费者倾向于选择中间价格商品，他们认为中间价格商品质量过得去且价格也合理。据一些饭店管理者反映，从菜单选择看，就餐者多偏好中间价格。企业可在高价与低价间取一个中间价格，以适应多数消费者的心理倾向。这是心理学上“折中效应”的应用。理发店价格等，均可考虑这种定价方法。

拓展阅读10-5

6.习惯定价

按照消费者习惯的标准来定价。日常消费品的价格，一般易于在消费者心中形成一种习惯性标准，符合其标准的价格就容易被顾客所接受，偏离其标准的价格就容易引起顾客的怀疑。高于习惯价格会被消费者认为是变相涨价；低于习惯价格，又会被消费者怀疑质量有问题。因此，这类商品的定价要力求稳定，尽量避免价格波动所带来的不必要损失。这种定价方法，常用于食盐、粮食等生活必需品。此类产品的需求弹性不大，竞争不激烈，并且该类产品的支出占消费者收入的比例很小，属于必需的正常消费品。在不得不变价时（如原材料涨价），应采取改换包装或品牌等措施，减少消费者的抵触心理，并引导消费者逐步形成新的习惯价格。

拓展阅读10-6

7.小单位定价

小单位定价策略是指企业把同种产品按照不同数量、质量、体积单位进行包装，销售时不按比例确定价格的定价策略，通常情况下，小包装商品的单位价格高于大包装商品的单位价格，该定价策略具有以消费者用量习惯为基础，满足消费者多样化需要的优点。例如，针对消费者不同场合下的饮用习惯，可口可乐推出355毫升、500毫升、1升、1.5升、2升、2.5升等系列产品，并逐一实施定价。

二、差别定价策略

所谓差别定价是指企业按照两种或两种以上不反映成本费用进行定价的策略。

(一)差别定价的主要策略

1.顾客差别定价策略

顾客差别定价策略即企业按不同的价格把同一产品或服务卖给不同顾客。例如，电价分成工业电价和民用电价，某产品价格有团购价与零售价之分，旅游景点出售老年票、儿童票、军人票和学生票等。有的时候，企业也会根据交易情况，给予新老顾客不同的价格，老顾客或长期顾客能享受相对较低的价格。

2.产品差别定价策略

产品差别定价策略即企业对不同型号或形式的产品，分别制定不同价格，但是，不同型号或形式产品的价格差额和成本费用之间的差额并不成比例。

3.空间差别定价策略

企业对处在不同位置的产品或服务，分别制定不同价格，即使这些产品或服务的成本费用没有任何差异。例如剧院，不同座位票价有所不同，因为人们对不同座位偏好不同。

4.时间差别定价策略

时间差别定价策略即企业对不同季节、不同时期甚至不同钟点的产品或服务分别制定不同价格。时间对大多数产品价格会产生重大的影响，服装、食品、收藏品、陈酿等行业的产品，由于季节流行趋势、保质期和年代等因素，在某些关键时间点会突然急剧变质或迅速升值。企业为了平衡生产或平缓消费，常常根据时间的不同，确定不同的价格。例如，商场在周末和节假日开展降价促销，航空公司根据预定时间的不同确定不同的机票折扣，深夜用电享受优惠的电力价格，旅馆在淡旺季推出不同的房价。

5.地区差别定价策略

不同地区因为经济发达水平不一样，各自消费者的购买能力也不一样，因此，同一产品在不同地区的价格也会不一样，虽然有很多产品实行统一价，但是在现实中是很难实行的。再加上从产地到销地的远近不同，运输费用不一，区域间的价格差异也是合理的。另外，不同地区的消费者对同一产品的理解也不一样，也可能导致地区价格的差异。例如，繁华地段的物价普遍高于一般地段的物价，富裕地区的物价往往高于贫困地区的物价，城市市场的产品定价往往高于农村市场，企业未进入新的市场地域，可能会实行更优惠的价格，以同竞争者展开竞争等。

6.功能差别定价策略

同样的产品在分销过程中，处于不同分销阶段其价格不同，如批发价与零售价的差别。在同一阶段因为分担的功能和责任不同,其价格也会不一样。如家电产品的批发价中包不包括推广、维修、运输、保险等各项费用,其价格也是不同的。

(二)差别定价策略的适用条件

企业采取差别定价策略必须具备以下条件。

(1)市场必须是可以细分的,而且各个市场部分表现出不同的需求。

(2)以较低价格购买某种产品的顾客,不可能以较高价格把这种产品倒卖给他人。

(3)竞争者不可能在企业以较高价格销售产品的市场上以低价竞销。

(4)细分市场和控制市场的成本费用不得超过因实行价格歧视而得到的额外收入。

(5)价格不会引起顾客反感、放弃购买,进而影响销售。

(6)采取的价格歧视形式不能违法。

三、新产品定价策略

当新产品投入市场,厂家常常采用撇脂定价和渗透定价两种不同的策略。

(一)撇脂定价策略

新产品上市之初,将价格定得很高,在短期内获取厚利,以尽快收回投资。就像从牛奶中撇取所含的奶油一样,取其精华,称之为"撇脂定价"法。这种方法特别适用于有专利保护的新产品定价。撇脂定价又有快速撇脂和缓慢撇脂两种不同的策略。

快速撇脂策略。这种策略采用高价格、高促销费用,以求迅速扩大销售量,取得较高的市场占有率。采取这种策略必须有一定的市场环境,如大多数潜在消费者还不了解某种新产品,已经了解这种新产品的人急于求购,并且愿意按价购买;企业面临潜在竞争者的威胁,应该迅速使消费者建立对自己产品的偏好。

缓慢撇脂策略。以高价格、低促销费用的形式进行经营,以求得到更多的利润。这种策略可以在市场面比较小、市场上大多数的消费者已熟悉某新产品、购买者愿意出高价、潜在竞争威胁不大等市场环境下使用。

撇脂方法适合需求弹性较小的细分市场,其优点:①新产品上市,顾客对其无理性认识,利用较高价格可以提高身价,适应顾客求新心理,有助于开拓市场;②主动性大,产品进入成熟期后,价格可分阶段逐步下降,有利于吸引新的购买者;③价格高,限制需求量过于迅速增加,使其与生产能力相适应。缺点是:获利大,不利于扩大市场,并很快招来竞争者,会迫使价格下降,好景不长。

(二)渗透定价策略

在新产品投放市场时,价格定得尽可能低一些,其目的是获得最高销售量和最大市场占有率。这种方法适用于没有显著特色的产品。渗透定价策略也有快速和缓慢之分。

快速渗透策略。这是指实行低价格、高促销费用的策略,迅速打入市场,取得尽可能高的市场占有率。在市场容量很大,消费者对某种产品不熟悉,但对价格非常敏感,潜在竞争激烈,企业随着生产规模的扩大可以降低单位生产成本的情况下,适合采用这种策略。

缓慢渗透策略。这种策略是以低价格、低促销费用来推出新产品。这种策略适用于市场容量很大、消费者熟悉某种产品但对价格反应敏感,并且有潜在竞争者的市场环境。

对于企业来说,是采取撇脂定价策略还是渗透定价策略,需要综合考虑市场需求、竞争、供给、市场潜力、价格弹性、产品特性和企业发展战略等多种因素。

四、产品组合定价策略

大部分企业生产或经营多种产品,这些产品构成企业的产品组合。企业需要了解各种产品需求和成本间的内在联系,寻求能够使产品组合整体利润最大化的价格。常见的产品组合定价策略有以下六种。

(一)产品线定价

产品线是一组相关的产品,产品线定价时,管理者必须确定产品线内各产品间的价格梯级、考虑不同产品间的成本差异,据此制定产品价格。通常企业开发出来的是产品大类或产品线,而不是单一产品,当企业生产的系列产品存在需求和成本的内在关联时,为了充分发挥这种内在关联性的积极效应,需要采用产品大类定价策略。定价时步骤如下:①确定产品大类中价格最低的某种商品,由它在产品大类中充当价格领袖,以吸引消费者购买产品大类中的其他产品;②确定产品大类中价格最高的某种产品,由它在产品大类中充当品牌质量和收回投资的角色;③产品大类中的其他产品分别依据其在产品大类中角色的不同而制定不同的价格。

(二)备选品定价

许多企业在提供主要产品时,会附带提供一些供选择的产品或特征。例如,汽车用户可以订购 GPS(全球定位系统)装置,电脑用户往往需要选择处理器、硬盘、内存、系统软件等。汽车公司必须确定需要定价的包括哪些产品,哪些产品可作为选择对象;饭店也面临同样的定价问题,其顾客除了订购饭菜,也买酒水,许多饭店的酒水价格很高,而食品的价格相对较低,食品收入可以弥补食品的成本和饭店的其他成本,而酒水类则可以带来利润,也有饭店将酒价定得较低,而对食品制定高价以吸引爱饮酒的消费者。

(三)附属产品定价

附属产品定价又称连带品定价,是必须与主要产品一起使用的产品。如刀片是剃须刀的连带品,墨盒是打印机的连带品。许多企业往往对其主要产品定价较低,但对连带品设定较高的价格,通过高价的连带品获取利润来弥补主要产品低价带来的损失。

(四)副产品定价

副产品定价是通过为副产品找到一个市场,进行出售,补偿存贮和运输成本,使得主产品价格更有竞争力。如可口可乐公司生产橙汁剩下的橙子皮,被制作成家具香精或洗涤产品,充分利用。

(五)一揽子定价

一揽子定价又称为"捆绑定价""套餐定价",指企业将几种产品组合在一起,出售价格低于各项单品价格之和。如一些化妆品、日用品套装,就采用一揽子定价,吸引消费者购买。

(六)分部定价

服务型企业经常收取一笔固定费用,再加上可变的使用费,如很多景点一般先收门票,如果游玩的景点超过规定再缴。再如，电话用户每月都要支付一笔固定的套餐使用费，如果使用超过套餐的相关规定，还要再缴费。因此，服务型公司面临与普通产品定价同样的问题，即应收取多少基本服务费和使用费。

五、折扣定价策略

企业为了鼓励顾客及时付清货款、大量购买、淡季购买，可酌情降低基本价格。这种价格调整叫作价格折扣。

（一）价格折扣的主要类型

1.现金折扣

现金折扣是企业给及时付清货款的顾客的一种减价优惠。现金折扣策略可以缩短货款回笼时间和减少坏账损失等，深受关注资金周转的企业青睐。常见的现金折扣形式有 2/10、1/20、n/30条款，它们分别表示，10 天内付款享受 20％货款折扣，20 天内付款则折扣为 1％，30 天内是全价付款。还有一种常见的现金折扣形式叫作总价折扣，就是顾客一次性支付全款时，企业给予现金优惠，例如，戴尔在网上直销电脑时，使用“本周网上购买产品的顾客可获 1200 元的现金折扣”广告宣传语来吸引顾客。

2.数量折扣

数量折扣是企业给大量购买某种产品的顾客的一种减价优惠，以鼓励大量购买。数量折扣通常有两种，一是累计数量折扣，是指企业规定在一定期限内，如果顾客购买本产品，本企业的产品达到一定数量或金额，企业将按总量大小给予不同折扣。二是非累计数量折扣，又称一次性折扣，指顾客一次购买的某种商品达到一定数量或金额时所享有的折扣优惠。就实质而言，数量折扣策略是一种具有很强诱导性和激励性的定价策略，可以有效刺激顾客，产生大批量购买的欲望或成为忠实的顾客。例如，淘宝很多商家为提高收益甚至推出满 1000 元享受九五折，购买两件以上商品享受包邮或八五折等优惠活动。同时，大量购买能使企业降低生产、销售、储运、记账等环节的成本费用。如顾客购买某商品 100 单位以下，每单位 10 元；购买 100 单位以上，每单位 9 元。

3.功能折扣

功能折扣也称交易折扣，是制造商给批发商或零售商的一种额外折扣，促使他们执行某种营销功能（如推销、储存、服务）。

4.季节折扣

季节折扣是企业给购买过季商品或服务的顾客的减价优惠。例如，滑雪橇制造商在春季给零售商以季节折扣，鼓励零售商提前订货；旅馆、航空公司等在旅游淡季给旅客以季节折扣。

5.价格折让

折让是价格折扣的一种，主要有两种形式，一是以旧换新折让，二是促销折让。例如，一台冰箱标价 4000 元，顾客旧冰箱折价 500 元，购买时只需支付 3500 元，叫以旧换新折让。又如，经销商同意参加制造商的促销活动，制造商卖给经销商的物品可以打折，叫作促销折让。超市中的买一赠一活动等也都属于价格折让。

(二)影响折扣策略的主要因素

1. 竞争对手及竞争实力

同行业竞争对手的实力强弱会影响折扣的成效。一旦竞相折价，要么两败俱伤，要么被迫退出市场。

2. 折扣的成本均衡性

销售中的折价并不是简单遵循单位价格随订购数量的上升而下降这一规律。对生产厂家来说，有两种情况是例外的：一种是订单量大，很难看出连续订购的必然性，企业扩大再生产后，一旦下季度或来年订单陡减，投资难以收回；另一种是订单达不到企业的开工指标，开工运转与分批送货的总成本有可能无法用增加的订单补偿。

3. 市场总体价格水平下降

由于折扣策略有较稳定的长期性，当消费者利用折扣超需购买以后，再转手将超需部分以低于折扣价卖给第三者，就会扰乱市场，导致总体价格下降，给采用折扣策略的企业带来损失。

实行折扣策略除了考虑以上因素，还应考虑企业流动资金的成本、金融市场汇率变化、消费者对折扣的疑虑等。

第四节　价格调整及价格应对策略

企业制定产品价格后，价格不是一成不变的，经常需要根据内外部环境进行调整。企业调整产品的价格，主要包括两种情况：①由于客观条件发生变化，企业认识到需要调高或降低自己产品的价格；②由于竞争者调整价格，自己不得不随之调整。第一种称为主动调整，第二种称为被动调整。但是，无论是主动调整还是被动调整，价格调整策略有两种形式：降价和提价。

一、价格调整

(一)企业降价

降价的主要有以下原因。

(1) 生产能力过剩，需要扩大销售，又不能通过产品改进和加强销售等扩大市场。这种情况下，企业就需要考虑降价。

(2)在强大竞争压力下，企业市场占有率下降。例如，美国的汽车、消费用电子产品、相机、钟表等，曾经由于日本竞争者的产品质量较高、价格较低，丧失了一些市场。在这种情况下，美国一些公司不得不降价销售。

(3)企业成本费用比竞争者低，企图通过降价掌握市场或提高市场占有率，从而扩大生产和销售量，进一步降低成本费用。在实践中，有实力的企业率先降价，往往能给弱小竞争者以致命打击。

降价存在以下误区。

(1)低质量误区。消费者会认为低价产品的质量低于售价高的竞争者产品的质量。

(2)脆弱的市场占有率误区。低价能提高市场占有率,但换不来市场忠诚,顾客会转向价格更低的公司。

(3)浅钱袋误区。因为售价高的竞争者具有充足的现金储备,它们也会降价并能持续更长时间,最终实力不济的带头者会被迫放弃降价策略,甚至退出市场。

(二)企业提价

提价的主要有以下原因。

(1)通货膨胀,物价上涨,成本费用提高时,企业不得不提高价格。

(2)产品供不应求,不能满足所有顾客。例如,客流高峰期,航空票价取消价格折扣等形式。

常用的几种提价方法有以下几种。

(1)延缓报价。公司在临近产品制成或者交货时才制定最终价格,通常价格高于前一时期。生产周期长的产业如房地产、工业建筑和重型设备制造业等,普遍采用延缓报价方法。

(2)使用价格自动调整条款。公司要求顾客按当前价格付款,并且支付交货前因通货膨胀而增加的全部或部分费用。通常,合同中的价格自动调整条款会事先规定,根据某个物价指数计算提高价格幅度。在施工时间较长的工业工程方面,许多合同中都有价格自动调整条款。

(3)分别处理产品价目。公司为了保持其产品价格,将先前供应的免费送货与安装的产品分解为各个零部件,并分别为单一的或多个构件定价出售。例如,许多饭店已把按餐定价转为菜单定价。

(4)减少折扣。销售人员按目录价格报价,不得随意提供现金和数量折扣。

公司还可以决定是一次性大幅度提价,还是小幅度多次提价。通常,顾客喜欢有规律地小幅度提价,而不是一次性大幅度涨价。

公司还可以采取变相提价的方法,弥补高额成本或满足大量需求。

(1)压缩产品分量,价格不变。

(2)使用便宜的材料或配方作为代用品。

(3)减少或者改变产品特点,以降低成本。

(4)改变或者减少服务项目,如取消安装和免费送货。

(5)使用价格较为低廉的包装材料,促销更大包装的产品,以降低包装的相对成本。

(6)缩小产品的尺寸、规格和型号。

(7)创造新的、经济的品牌。

二、价格调整的市场反应

(一)顾客反应

无论提价或降价,都必然影响购买者、竞争者、经销商和供应商的利益,政府对企业的价格调整也很关心。我们先分析顾客对价格调整的反应。

顾客对价格下降可能有如下理解。

(1)产品即将过时,将被新型产品所取代。

(2)产品有某些缺陷,销路不畅。

(3)企业遇到财务、资金困难,难以继续经营,急于周转资金。

(4)价格还会下跌。

(5)产品质量下降,成本随之降低,导致价格下降。

价格上涨时顾客可能会猜测。

(1)产品畅销,必须马上购买,否则有可能买不到。

(2)产品很有价值,可能在质量、服务等方面比一般产品优异。

(3)卖主想尽量取得更多利润。

(4)产品的价格已普遍提高,而且将上升,应尽早购买。

(二)竞争者反应

企业在考虑改变价格时,不仅要重视购买者的反应,还必须关注竞争对手的反应。一个行业企业很少,产品同质性强,购买者辨别力强、购买知识丰富,竞争者的价格反应就更加重要。

竞争者对价格调整的反应主要有如下类型。

(1)相向式反应。你提价,他涨价;你降价,他也降价。这样一致的行为对企业影响不太大,不会导致严重后果。只要企业坚持合理的营销策略,就不会失掉市场和减少市场份额。

(2)逆向式反应。你提价,他降价或维持原价;你降价,他提价或维持原价。这种相互冲突的行为影响很严重,竞争者的目的也十分清楚,就是乘机争夺市场。对此,企业要进行调查分析,首先要摸清对手的具体目的,其次要估计竞争者的实力,还要了解市场的竞争格局。

(3)交叉式反应。众多竞争者对企业调价反应不一。有相向的也有逆向的,还有不变的,情况错综复杂。

三、企业应对市场价格调整的策略

如何对竞争者的变价作出及时、正确的反应,是企业定价策略的一项重要内容。

由于竞争者首先调整价格,本企业必须采取适当的价格对策。被动调整价格,包含着被动削价与被动提价两种做法。但从策略上讲,两者都是为了对付竞争者的调价而及时作出的一种反应。

企业在对竞争者价格变动作出适当反应之前,必须调查研究以下问题。

(1)为什么竞争者要变价?

(2)竞争者是打算暂时变价还是打算永久变价?

(3)如果对竞争者的变价置之不理,将对企业的市场份额和利润有何影响?其他企业是否会作出反应?

(4)竞争者和其他企业对于本企业的每一个可能的反应又会有什么反应?

在对竞争者调整价格的目的及同行业的反应进行研究的基础上,根据本企业的具体情况,采取相应的对策。例如,可以不予理睬;可以随之升降;可迅速退出或转移市场;可以低价反攻;可以用新产品或增加新的服务进行反击等。

一般情况下,在同质产品市场上,如果竞争者削价,企业也必须随之削价,否则消费者就会购买竞争者的产品而不购买本企业的产品;如果某一企业提价,其他企业可能会随之提价(如果提价对整个行业有利),但是如果一个企业不随之提价,那么最先提价的企业不得不取消提价。

在异质市场上，企业对竞争者价格变动的反应则有更大的回旋余地。在这种市场上，顾客选择产品时不仅考虑产品的价格高低，而且考虑产品质量、服务、可靠性等因素，因此，在这种产品市场上，消费者对于较小的价格差异没什么反应或反应不敏感。

在变动价格时，不可能花很多时间来分析企业的选择。竞争者可能花了大量时间来准备变价，而本企业可能必须在数小时或几天内明确果断地作出适当反应。准确地预料竞争者的可能价格变动，并准备适当的对策，是企业缩短价格反应决策时间的唯一途径。

四、价格战

1.对价格战的基本认识

(1)企业发动价格战并不总能够扩大市场占有率，因为其他企业可能有更大的降价幅度。

(2)价格战不是企业的核心竞争力。一个企业的核心竞争力应该是其他企业无法或至少很难模仿的。即使对于具有明显成本优势的企业，也无法通过发动价格战彻底战胜其他竞争对手。换言之，其他企业的成本优势即使不如你大，但它们也可以降低盈利水平或以亏损为代价来打价格战。

(3)价格战能做什么。价格战能够在一定时期内提高销售量，有助于企业推广新产品，激励销售组织，赢得渠道尤其是终端的合作，打击竞争对手或至少干扰对手的计划等。

(4)价格战不能做什么。价格战不能达到以下目的：解决产品自身品质、功能、包装带来的问题；改变顾客不接受产品的基本态度，建立品牌忠诚度或顾客口碑；弥补广告投放的不足等。

(5)能否完全避免价格战。价格竞争作为一个基本的竞争手段，为企业经常采用，一旦价格竞争持续展开，就很有可能演化成价格战。因此，价格战不可能完全避免，至少在快速消费品领域不能完全避免。因为价格是消费者最能直接感知的利益，现在产品同质化越来越严重，消费者欢迎企业打价格战，而不会关心企业在价格战中是否亏损。

2.企业应尽可能避免打价格战

多数情况下，价格战通常会对行业整体利益造成严重伤害，所有销售企业都会或多或少地减少利润。因此，越来越多的企业明白打价格战得不偿失，是不可取的明显败招。与此相反，消费者通常会在价格战中获得低价购买商品的好处，所以，消费者欢迎销售企业打价格战。但这也不是绝对的，确实有很多企业通过打价格战获得了成功。但这种成功通常与当时特殊的市场环境有关，而在今天要完全复制它们的成功是困难的。对于这些特定条件下的成功者而言，当它们通过低价来获得市场时，它们进行的并不是一场负和博弈游戏。这些成功的价格竞争者都创造了一种新的商业模式，使它们的成本较大幅度地低于竞争对手，拉开了与竞争对手的成本差距。只要它们为了吸引顾客而降价的幅度小于这个差距，它们就可以在赢得顾客的同时而不降低收益率。实际上，通过更有效率地为顾客服务，它们从每一个顾客身上获得的利润反而超过它们的竞争对手。如果它们的竞争对手想通过降价进行竞争，那么，它们的竞争对手进行的无疑是负和博弈。

但是，在成本上具有竞争力并不能保证公司在价格战中获胜。具有成本优势的企业通常通过各种途径向竞争者传达信息，它们的成本优势是不可战胜的。因此，它们的竞争对手在没有找到复制其低成本战略的方法以前，会很明智地允许它们维持有吸引力的低价，而不会贸然发动价格战，自取其辱，于是价格战就打不起来。这些竞争对手可能的选择是通过各种方式增加其产品的其他附加利益，来保持其市场份额。

在经过价格战的切肤之痛后，我国企业打价格战的情况呈现减少趋势。尽管一些新兴行业的价格战方兴未艾，如汽车业、手机业、高清彩电业、家用电脑业等。这些行业的价格战有其合理的地方，因为它们有一个共同的特点，即这些行业存在着明显的规模经济和巨大的潜在市场空间，低价战略可以大大降低生产成本，有效扩大市场销售量。

3.企业发动价格战的条件

最好不要打价格战并不意味着绝对不能打价格战，打价格战必然有失无得。企业在下列条件下可以考虑采用低价战略，或发动价格战。

(1)公司具有通过低价战略降低成本的绝对优势，而其他企业没有能力抗衡其降价。沃尔玛、戴尔、美国西南航空公司等都创造了低成本商业模式，使它们靠低价不断成长，并能在这个过程中不断获利。在一些市场上，由于存在明显的“经验效应”，公司可以将价格制定在未来的低成本基础上，通过降低价格和快速累积产量，而将生产成本降低到竞争对手以下，创造出竞争优势。

(2)如果公司的产品只能吸引竞争对手的一小部分顾客，管理者就可以合理地推测：竞争对手不会对自己的低价威胁作出反应。这个战略成功的关键是“集中”。美国航空公司撤销管制后不久，一些航空企业开始用低价向那些“背包徒步旅行者”市场渗透，而这个市场一向是由汽车公司控制的。它们暂时获得了成功，但当它们变得越来越强大时，它们开始受到大型运营商的打压。这种战略的作用在于争取一段时间以便企业建立持久的成本优势。

(3)如果公司能够通过销售辅助产品来弥补市场上的销售损失，它们就可以通过低价战略确立竞争优势，并且使竞争者无法动摇这种竞争优势。如微软公司的Windows系统，相比其价值来说，定价是比较低的，其目的是建立一批忠诚的消费者，增加其他在Windows系统上运行的微软产品的销售。

(4)在某些情况下，低价尽管使边际利润率降低，但可以扩张整个市场，阻止潜在进入者的“窥视”，仍然可以保持相对较高的行业利润率。

(5)数字化时代，消费者采用微信、支付宝等电子支付方式，快捷省时，网络价格促销策略五花八门，常见的有秒杀、团购等。秒杀即限时抢购，是目前网络上流行的一种促销方式，由于成交速度快甚至得失以秒为间隔，因此被称为“秒杀”，一些淘宝、京东的商家为了在众多商家中脱颖而出，吸引买家的眼球，不惜成本将个别产品以极低的价格推出以招揽顾客。团购是一种基于网络的商业模式，通过团购网站凑够人数便可以优惠价格购买或使用第三方公司的产品或服务，卖家薄利多销，买家得到优惠，节省金钱。运行团购网站的公司，则从卖方处收取佣金，美团、糯米、大众点评等都是目前国内知名的团购网站。

孙子曰：是故屈诸侯者以害，役诸侯者以业，趋诸侯者以利。

也就是说，让诸侯或者屈服，或者被役使，或者归顺，还是要辅之以他们所关注的危害或者利益。同样，市场营销活动中，能够让消费者认同公司产品或服务，还是需要以一定的利益和性价比产品与服务为前提。因此，企业在制定价格策略时，要认真考虑产品成本，分析消费者的特征与需求，深度洞悉消费者心理，同时关注竞争对手的价格策略，制定合适的产品价格，当市场情况发生变化时，也要适时调整价格策略以应对市场竞争。

拓展阅读10-7

本章知识点

影响产品定价的因素是多方面的,包括定价目标、成本、市场需求、竞争者的产品和价格等。

企业定价有三种导向,即成本导向、需求导向和竞争导向。成本导向定价法是一种主要以成本为依据的定价方法,包括成本加成定价法和盈亏平衡定价法两种具体方法。需求导向定价法是一种以市场需求强度及消费者感受为主要依据的定价方法,包括认知价值定价法、反向定价法和需求差异定价法。竞争导向定价法通常有三种方法,即随行就市定价法、密封投标定价法和招标拍卖法。

营销实践中,企业可以采用心理定价、差别定价、新产品定价、产品组合定价、折扣定价等多种具体的定价策略。

为了生存和发展,企业有时需要主动降价或提价。价格管理过程中,除了分析降价和提价的原因外,还必须研究顾客、竞争者对自身价格调整的反应。

营销思考题

1.影响定价的主要因素有哪些?

2.什么是需求价格弹性?它对企业定价有何影响?

3.仅就商品质量与价格的关系而言,企业有几种定价策略可以选择?

4.简述企业的定价目标和定价方法。

5.举例说明常见的几种心理定价策略的应用。

6.举例说明常用的新产品定价策略的应用。

7.举例说明折扣定价策略的应用。

8.试述企业的价格调整策略。

营销计策

〔三十六计〕之二十八:上屋抽梯。

〔原文〕假之以便,唆之使前,断其援应,陷之死地。遇毒,位不当也。

〔翻译〕故意露出破绽,引诱敌人深入我方,然后选择有利时机,断绝敌人的接应和后援,使它完全处于死地。敌人贪图不应得到的利益,必遭祸患。

〔三十六计〕之二十九:树上开花。

〔原文〕借局布势,力小势大;鸿渐于陆,其羽可用为仪也。

〔翻译〕借别人的局面布成阵势,兵力弱小的看来阵容也显得强大。《易经·渐卦》说:鸿雁飞向大陆,全凭它的羽毛丰满助长气势。

〔三十六计〕之三十:反客为主。

〔原文〕乘隙插足,扼其主机,渐之进也。

〔翻译〕有空子就要插脚进去,扼住他的主脑机关。《易经·渐卦》说:循序而进以达到目的。

结尾案例

海底捞涨价话题登上热搜析

2022年9月22日，一则网友吐槽海底捞小料涨到11元的话题登上微博热搜。该话题下，有网友表示以海底捞小料的丰富程度来说，可以理解，而有的网友则表示的确贵了，不能接受。

小料价格上涨门店的工作人员告诉记者，他们门店的自选小料在上半年就已经调整至11元。此外，工作人员说，即使在同一个城市，海底捞每个门店的小料价格也并不是统一的。记者走访发现，两家相距不到1公里的海底捞，一家小料的价格为10元，而另一家则为11元。说起小料价格调整，工作人员解释是由公司营业情况决定的，同时，他表示门店没有对价格进行更改的权利，"它是公司统一发邮件，具体的话是我们公司产品管理部（来调控价格）。"工作人员说很多因素导致了不同门店价格的差异，比如门店所在的地址、房租、水电等。一家自选小料标价为10元的门店透露，在成都疫情前，周六基本上有200桌客人，而小料价格为11元的门店表示，正常时期的周末每日基本上有300桌左右的客人。

接着，记者采访了一部分海底捞的消费者，他们表示记忆中海底捞小料价格是9元，最近吃的时候也没太关注价格，"不介意这一两块吧，该吃还是吃"。

记者走访海底捞门店，通过查看海底捞火锅点餐小程序，发现成都部分海底捞自选小料的价格确实涨至11元，而部分则为10元。

其实，这不是海底捞今年第一次涨价了。2022年2月下旬，曾有网友反映海底捞又涨价了，吃一顿海底捞的成本提高了。当时，针对网友在社交平台上反映的涨价事宜，海底捞立即作了回应。海底捞客服回复称，过年期间的确对少数菜品调了价，上浮1块钱左右。

疫情后，海底捞遭遇困境。尤其是2021年，海底捞亏损41.63亿元，关店276家。如此惨烈的财报，用海底捞创始人张勇的话说，这是盲目自信、激进扩张所带来的恶果。近两年海底捞门店扩张迅猛，给人才储备、管理能力、架构体系以及品牌的消化周期等都带来了高难度的挑战。

资料来源于网络，作者有删改。

案例思考题

1.海底捞涨价的原因是什么？试用《孙子兵法·用间篇》内容进行说明。

2. 试用三十六计之反客为主，评价后疫情时代海底捞的涨价举动？

第十一章 渠道策略

国之贫于师者远输，远输则百姓贫；近于师者贵卖，贵卖则百姓财竭，财竭则急于丘役。力屈、财殚，中原内虚于家。

——《孙子兵法·作战篇》

教学目标

1.理解渠道在人们美好生活中的重要作用；

2.了解渠道与物流配送的概念、职能及其流程；

3.理解并掌握渠道的结构及其基本类型；

4.掌握中间商的类型、基本特征及其发展；

5.运用渠道知识解决渠道管理中的问题；

6.运用《孙子兵法》分析渠道管理策略；

7.理解三十六计之“美人计”“空城计”“反间计”的核心思想，并能够在渠道管理中合理运用。

导入案例

“盒马鲜生”让生活更方便

2017 年 7 月，“盒马鲜生”在低调筹备两年多后，终于登场，正式运营。

“盒马鲜生”是对线下超市完全重构的新零售业态。盒马是超市，是餐饮店，也是菜市场，但消费者既可以到店购买，也可以在盒马 APP 上下单。盒马鲜生最大的特点之一就是快速配送，门店附近 3 公里范围内，30 分钟送货上门。

盒马鲜生门店多开在居民聚集区，线上下单购物需要下载盒马 APP。阿里巴巴为盒马鲜生的消费者提供会员服务，用户可以使用淘宝或支付宝账户注册，以便消费者从最近的商店查看和购买商品。未来，盒马可以跟踪消费者购买行为，借助于大数据作出个性化的建议。

盒马鲜生的新型购买方式让消费者获得较好的体验，公司资料显示，盒马实现用户月购买次数达到 4.5 次，坪效也是传统超市的 3～5 倍。盒马用户的黏性和线上转化率相当惊人，据透露，线上订单占比超过 50%，营业半年以上的成熟店铺更是可以达到 70%，而且线上商品转化率高达 35%，远高于传统电商。

与传统零售的最大区别是，盒马运用大数据、移动互联、智能物联网、自动化等技术及先进设备，实现人、货、场三者之间的最优化匹配，从供应链、仓储到配送，盒马都有自己的完整物流体系。不过，这一模式也给盒马的前期投入带来巨大成本。

盒马店内挂着金属链条的网格麻绳是全链路数字化系统的一部分，之所以能做到 30 分钟配送速度，在于算法驱动的核心能力。盒马的供应链、销售、物流履约链路是完全数字化的，从商品的到店、上架、拣货、打包到配送任务等，作业人员都是通过智能设备去识别和作业，简易高效，而且出错率极低。整个系统分为前台和后台，用户下单 10 分钟之内分拣打包，20 分钟实现 3 公里以内的配送，实现店仓一体。

盒马在价格上也具有一定优势，这缘于没有中间环节，每天从蔬菜基地直采直供，经过全程冷链运输并精细包装后，直接进入盒马鲜生超市冷柜售卖，不收取供应商进场费，将全链条上节省下来的费用直接补贴给消费者，确保盒马在微利情况下持续运作。

盒马鲜生在经营过程中也曾出现过“标签门”和生榴梿“品种造假”事件，对盒马鲜生的稳定经营和质量提升提出考验，有待于盒马进一步更好地服务于市场和广大消费者。

盒马鲜生发展迅速，2019 互联网＋社区服务提供商 TOP50，盒马鲜生排名第 4；2020 年 6 月，盒马入选“2020 福布斯中国最具创新力企业榜”；2020 年 7 月，盒马入选在线新经济(上海)50 强榜单。

盒马鲜生运用互联网、大数据、物联网等先进技术为消费者创造新鲜产品供应，减少中间环节，低成本快捷配送，方便了人们的日常生活，为消费者追求美好生活提供服务，值得提倡，但也需要在产品质量管控、内部管理等方面进一步提质增效，更好地服务于社会和广大消费者。

资料来源于网络，作者有删改。

孙子云：善用兵者，役不再籍，粮不三载。取用于国，因粮于敌，故军食可足也。国之贫于师者远输，远输则百姓贫；近于师者贵卖，贵卖则百姓财竭，财竭则急于丘役。力屈、财殚，中原内虚于家。

这段话的意思是，善于用兵的人，兵员不再次征集，粮草不多次运输。装备由国内提供，粮食在敌国补充，如果军需物资远距离运输则会加重国家负担和百姓贫困。军队驻地物价飞涨，百姓财源枯竭，加重赋役，最终使得国力空虚，危机四伏。这段话也适用于市场营销活动，特别是产品分销和物流配送，从盒马鲜生案例中我们也可以看到，企业的物资配送选择临近店面，只有如此才能保证 30 分钟配送到，成本最低。同时，一单一次配送成功，不会二次配送增加成本，削弱价格竞争力，等等，提高企业营销和经营绩效。

2020 年 9 月，习近平总书记在中央财经委员会第八次会议上指出，流通体系在国民经济中发挥着基础性作用，构建新发展格局，必须把建设现代流通体系作为一项重要战略任务来抓。

随着消费者收入水平提高、需求升级，以及互联网、大数据等技术手段的普及应用，人们的生活方式发生巨大变化，企业如何将产品方便、快捷、保质、无损地送到消费者手中，满足人们对美好生活的追求，成为企业市场营销活动的重要职能，也是营销渠道的重要使命。营销渠道不仅能使产品实现转移，使生产者和消费者各获所需，也能使整个社会的经济进入良性循环发展状态。因此，渠道是所有生产企业和经销商应密切关注和致力发展的。在市场经济高度发达和物流水平迅速提高的今天，渠道也在进行着巨大变革，需要企业能够正确把握人、货、场和信息等渠道资源，服务于广大消费者的同时实现企业营销目标。

第一节　渠道概述

大多数生产者的产品不是直接面向消费者销售的，而是需要通过一系列活动过程将产品转移到消费者手中，这便是通常所说的渠道或者通路。渠道在产品转移过程中发挥着重要作用，是营销价值链中的一个重要环节，渠道构成牵涉众多的中间商和市场主体，即使在网络发达的现代市场中，依然需要网络渠道和物流活动来支持产品销售和转移，以实现市场营销活动和产品市场价值。

一、渠道的含义

产品从生产者转移到消费者过程中需要有一定的途径和营销管理活动，在此过程中一般需要众多市场主体的参与来共同完成，这便构成了一定的渠道。因此，渠道，也称营销渠道或者分销渠道，是指某种货物或劳务从生产者向消费者转移过程中取得其所有权或帮助转移其所有权的所有企业或个人。诸如批发商、零售商、代理商、经纪人及物流组织者等都是典型的渠道成员，在产品转移过程中，因中间商的不同其所有权是否转移存在差异。一般来说，批发商和零售商取得了产品的所有权，而代理商和经纪人则不拥有产品的所有权，只是帮助达成交易活动以实现产品的转移。

根据菲利普·科特勒的观点，企业满足顾客需求是一个价值创造、传递和实现过程，这也是一个供应链管理过程，供应链包括“上游”与“下游”两部分。企业上游是指那些供应生产产品和服务所需的原材料、零部件、信息、资金、技术的企业组合；企业下游即是面向顾客的营销渠道或渠道。渠道是供应链结构的一个组成部分，是产品分销的活动途径，两者间的关系可以用图 11-1 示意。

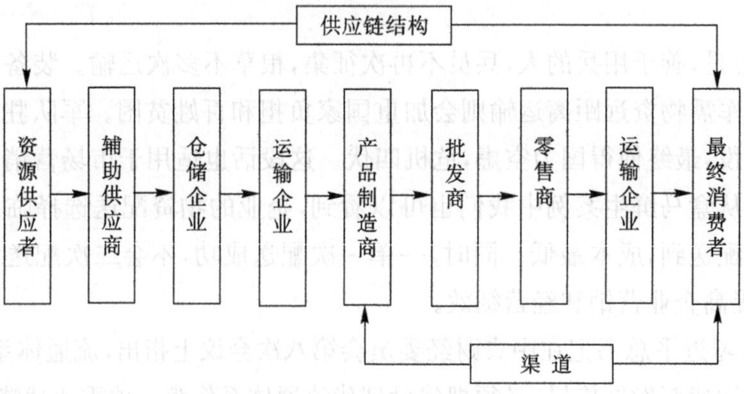

图 11-1　渠道与供应链结构的关系

二、渠道的作用与职能

在市场经济社会中，消费者通过支付一定货币的交易形式从生产者手中获得自己所需要的物品和劳务。生产者与消费者之间存在一定的时间、空间、品种和数量等方面的间隔，从而使得渠道的存在成为市场交易的必需环节。

(一)渠道的作用

市场营销活动的两个重要主体生产者和消费者通过产品或服务等的交换来满足各自需求,但是,生产者与消费者之间往往存在如下一些分离的矛盾。

(1)空间分离上的矛盾。生产者与消费者在空间上是分离的,一方面生产者在空间上相对集中,而消费者空间分布异常分散;另一方面,生产者与消费者之间的空间距离间隔差别巨大。在全球化背景下,市场中很多商品来自不同地区甚至是其他国家,这种空间距离需要通过某种活动进行弥合。

(2)时间分离上的矛盾。某些生产者的生产活动相对连续,消费者的很多需求时间却相对间断。如季节性产品(羽绒服等),消费者只有在相应季节时才进行消费,而生产者的生产一般却是相对连续的;反之,某些产品的消费是全年的,生产者生产却是季节性的,如农产品等。这种时间上的不对称性也需要企业利用一定手段进行弥合。

(3)产品数量和品种分离上的矛盾。消费者的需求是多样性的,而生产者的生产却是专业化的,即使是多元化的生产企业也只能满足消费者的很少需求,如衣食住行等包含着大量的需求产品,生产者不可能在品种和数量上全部能够满足。如何满足消费者对不同产品的不同需求也面临着相应选择。

(4)所有权与使用权分离的矛盾。生产者通过预先支付成本购买原材料、加工设备等,来进行产品生产,从而拥有产品的所有权,而消费者要实现相应需求的满足往往以获得产品的使用权为前提。这种所有权与使用权的分离,要求企业能够通过一定的手段或途径为消费者创造交易场景,让消费者支付一定货币量拥有产品的所有权而获取相应的产品使用权。

营销渠道正是要把商品从生产者仓库转移到消费者手中,弥合了产品、服务与其使用者之间的时间、空间、数量与品种以及所有权等方面的差异,最终实现市场营销活动目标和经营绩效。

(二)渠道的职能

在生产者与消费者交易的过程中,渠道除了弥合其间的矛盾和差异外,还发挥着如下一些重要职能。

(1)信息的收集和分发。生产者通过分销渠道与消费者接触,可以收集到自己所需要的消费者相关信息,并将消费者所需要的产品和劳务分发出去。

(2)促销。由于渠道能够更广泛地接近消费者,同时,渠道成员又擅长与消费者打交道,从而可以更好地促进产品的销售。

(3)谈判。渠道成员代表买方或卖方参加有关产品交易条件的谈判,以促成最终交易合同的签订,促进产品所有权的转移。

(4)订货。买方可以通过渠道很方便地订购自己所需要的产品和劳务。

(5)融资。生产者通过渠道尽快地销售产品,收回预先支付的成本和利润,也可以通过渠道成员预付货款等,获得其存续所需要的资本。

(6)风险承担。渠道成员在执行分销任务过程中能够为生产者分担相关的风险。

(7)物流。渠道还承担着诸如储存、配送、运输等实体分配的物流职能。

(8)付款。渠道可以收集和分配资金。

(9)所有权转移。在分销过程中,产品的所有权在不断地发生转移。

三、渠道的特征

渠道是连接企业与消费者交易过程中产品转移的桥梁，是企业不可不着重考虑的产品通路，因此，渠道具有如下一些特征。

(1)渠道是由参加商品转移的各类机构和辅助机构组成的，如制造商、批发商、零售商、物流公司、广告公司、银行等，其中，物流公司、广告公司和银行等属于辅助商品转移机构。在产品转移过程中，必然涉及一些执行产品所有权转移或帮助、促进产品所有权转移的交易中介主体，由于市场和产品属性有别，不同产品渠道成员的组成也存在差异。

(2)渠道的起点是生产者，终点是消费者或最终用户。渠道是由从产品生产到流转至消费者这一过程中的市场主体所构成的，因此，生产者是渠道的起点，消费者或最终用户是渠道的终点。

(3)在渠道中，产品实体转移是以其所有权转移为前提的。在分销过程中，产品的转移包括两个部分：产品所有权转移的流程，即商流；产品实体转移的流程，即物流。在渠道中，产品的转移包括商流和物流，它们既是分开的，又是统一的，是相互依赖的关系。产品实体转移以所有权转移为前提，产品所有权的转移又需要产品实体流动来予以保证。

四、渠道流程

在整个分销过程中，产品的所有权和实体需要通过渠道从制造商流转到最终顾客手中，因此，在渠道中存在如下几种物质或非物质形式的流程，渠道则表现为几种流程的载体(图 11-2)。当然，由于产品属性及其市场状况不同，以下流程也存在差异。

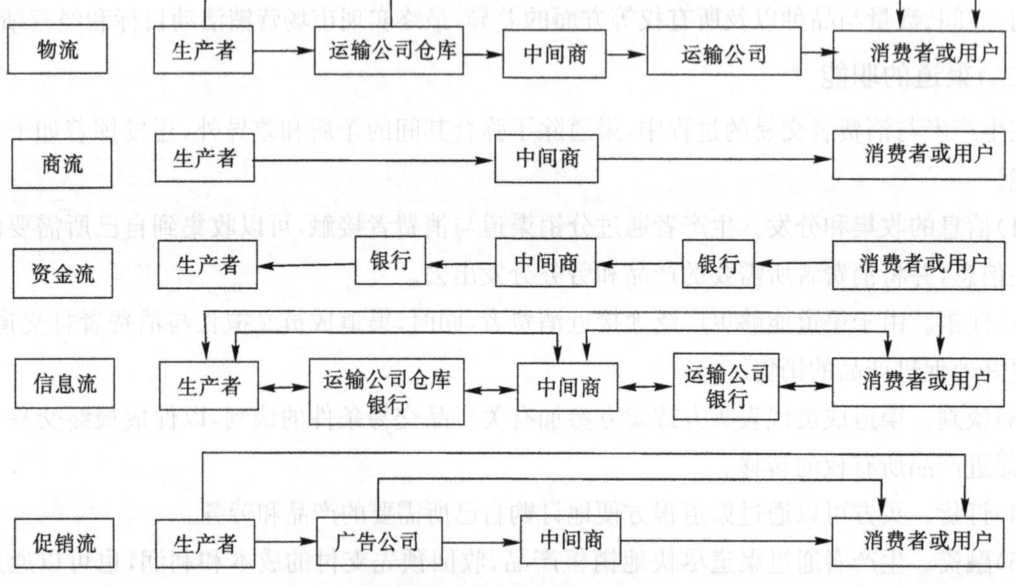

图 11-2　渠道中的几种流程

(1)物流，即产品从生产领域向消费领域转移过程中的一系列实体运动，是商流的保证。其包括仓储、运输、包装、搬运、装卸、订单处理、存货控制等活动。

(2)商流，即产品从生产领域向消费领域转移过程中的一系列买卖交易活动。

(3)资金流,即产品从生产领域向消费领域转移的交易活动中所发生的货币运动,是企业能够持续生存和满足消费者需求的资金基础。

(4)信息流,即产品从生产领域向消费领域转移过程中所发生的一切信息传递、收集和处理活动。

(5)促销流,即生产者通过广告或其他手段向中间商或最终顾客所进行的一切产品推广活动。

第二节　渠道设计决策

企业在将产品转移给消费者的过程中,需要根据产品特征、市场特征等因素对本企业产品的渠道进行设计,只有合理的渠道才能既降低成本又提高产品的分销效率。通过不同产品的多维渠道设计和线上线下结合,可以发现,企业营销渠道结构需要进行合理的规划设计和决策,才能让渠道发挥重要作用。

一、渠道结构

分销过程中,凡是在产品所有权向最终消费者转移过程中承担一定工作的中间环节,都可以构成渠道的一个层次。渠道可以根据其层次的数目来划分类型以确定其模式结构。

(一)基本渠道结构

传统渠道结构是根据渠道层次数和同一层次中相同类型中间商数目的多少来确定的。渠道中间层次的数目称为渠道长度,而用同一层次中相同类型中间商的数目来表示渠道的宽度。

1.渠道长度

渠道长度可以根据中间层次的多少分为零层渠道、一层渠道、二层渠道、三层渠道等几种常见的渠道类型(图 11-3)。

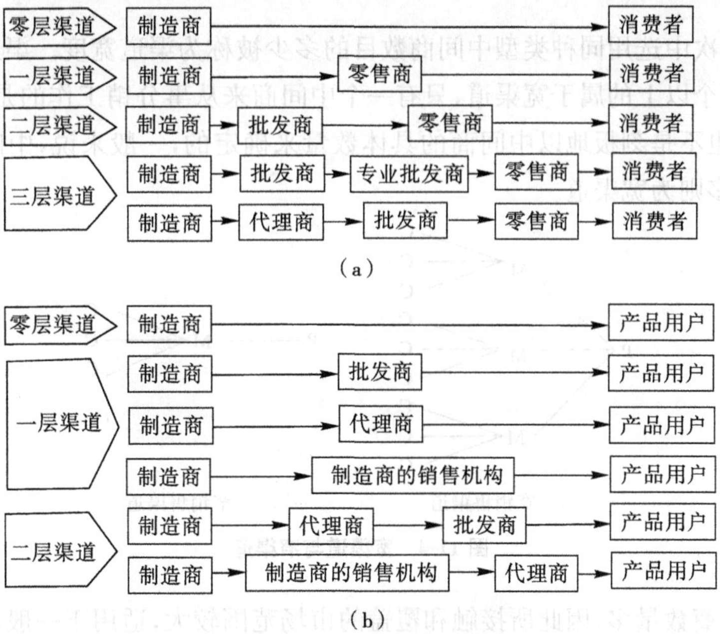

图 11-3　生产资料营销渠道

零层渠道也称直接渠道，即生产者通过人员推销、邮购、电话订购、展销会、网络销售、自设门市部等多种形式将产品直接销售给消费者或用户。如某公司通过网络订购直接向消费者销售其电脑产品、三只松鼠公司通过电商渠道直接销售其各类产品。

一层渠道中仅包含一个中间环节。一般在消费者市场中是零售商，在组织市场中是代理商或经纪人。

二层渠道中包含两个中间环节。主要成员构成是批发商和零售商或代理商和批发商，前者一般存在于消费者市场，后者一般存在于组织市场。典型的如日用消费品和耐用消费品常采用此渠道结构形式。

三层渠道中包含三个中间环节。此种渠道结构所涉及的中间企业数目很多，一般在消费者市场中有代理商、批发商和零售商，在组织市场中则比较少见。

渠道的长度一般包括以上三层，特殊情况下也可以设立更多层次，但由此带来的成本较高、信息失真、管理困难等问题使其实际运行存在诸多障碍。一般将零层渠道和一层渠道并称为短渠道，而将二层以上的渠道称为长渠道。

长渠道的优点主要表现为：①中间商数目多，所能承担的风险大；②能够更广泛地接触和覆盖市场，从而扩大产品销售；③中间商从事产品销售，生产者可以集中精力搞好生产，双方各尽所能。

长渠道也存在一些不可避免的缺点，主要表现为：①渠道长，中间环节多，延长了产品进入市场的时间，不利于产品迅速占领市场；②信息容易失真，反馈速度慢，生产者难以密切掌握市场动态；③中间费用增多，导致产品价格上升，削弱产品的市场竞争力。此外，商品转运时间和距离较长，对产品保管和质量保持也是一种挑战。

短渠道的优缺点正好与长渠道相反，它们可以互为补充，因此，生产者究竟是选择长渠道还是短渠道，要根据产品特征、市场特征等诸多因素进行，详细内容见后面所述。

2.渠道宽度

渠道的每一层次中选用同种类型中间商数目的多少被称为渠道宽度。渠道同一层次中的中间商超过两个或两个以上的属于宽渠道，只有一个中间商来从事分销工作的是窄渠道（图 11-4），当然，渠道的宽窄也不是刻板地以中间商的具体数量来确定的，一般来说，中间商数量少则为窄渠道，中间商数量多则为宽渠道。

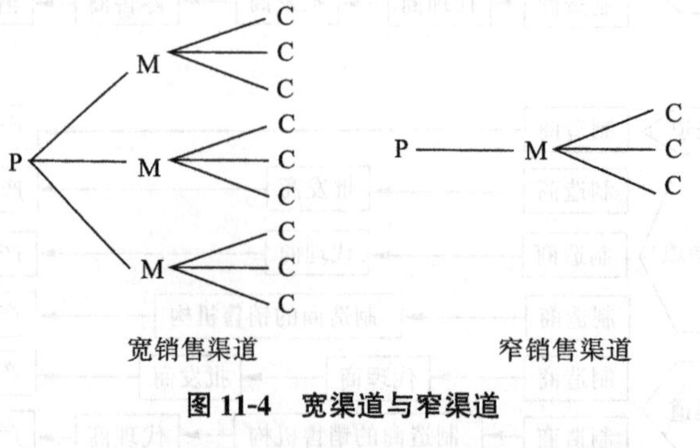

图 11-4 宽渠道与窄渠道

宽渠道的中间商数量多，因此所接触和覆盖的市场范围较大，适用于一般消费品。中间商类型较为多元化，既可以是批发商、零售商，又可以是代理商、经纪人。

窄渠道一般选择很少的中间商来销售本产品，其所接触和覆盖的市场范围小，适用于专门技术性且生产批量小的产品或特殊消费品。由于中间商的类型单一，一般选择对本市场非常了解的中间商来进行销售。

宽渠道的优点主要表现为：①覆盖的市场范围大，产品可以迅速占领市场；②中间商较多，有利于引入竞争机制；③生产者可以对中间商优胜劣汰，以选择出好的中间商从事产品分销工作等。

宽渠道的缺点主要表现为：①生产者和中间商的关系松散，造成管理上的困难，特别是市场环境发生大的变化时，关系可能面临破裂的危险；②中间商较多，其销售产品的激情可能不高，或不愿承担相应产品推广费用；③中间商较多也会导致产品价格上升，削弱产品竞争力。

窄渠道的优缺点与宽渠道的优缺点基本互为逆反，因此，对于生产商来说，如何选择渠道的宽度同样要考虑诸多因素，具体见后文详述。

（二）渠道策略

根据不同产品和市场等特点，可以采用不同的渠道，具体有如下几种渠道策略。

1.专营性渠道策略

专营性渠道策略是指生产商在一定时间、一定地区内只选择一家中间商来销售本企业产品，并通过合同来确定合作关系，规定独家经销商不得再经营竞争者同类产品的渠道策略。消费者数量很少且购买产品时特别注重其品牌和档次，则可以采用此渠道策略。如特殊性的高档商品、技术性强和售后服务要求高的产品均可以采用专营性渠道策略。这种渠道策略由于某地区只有一家中间商，容易建立长期合作关系并能很好地进行控制，但唯一中间商一旦销售不力或双方关系有变，则会导致销售不畅甚至是渠道的瓦解，从而使生产商遭受损失。同时，专营性渠道策略不利于企业开展市场竞争和扩大市场份额。

2.选择性渠道策略

选择性渠道策略是指生产者在某一地区选择少数几个中间商来销售本企业产品的渠道策略。如果消费者购买产品的次数少，且购买过程中关心产品的品牌和购物环境，则可以采用此类渠道策略。如选购品（高档家用电器等）分销就是比较典型的选择性渠道策略，消费者在选购产品的同时，关注购物环境和产品的品牌与档次。选择性分销可以通过对供应商的遴选，培养高水平和高档次的中间商来满足顾客的心理需要，同时，在价格、促销、服务和信用等方面能够对中间商进行控制，也能使生产商降低销售成本。

3.广泛性渠道策略

广泛性渠道策略是指生产者对中间商不进行严格选择，且使用尽可能多的批发商和零售商来销售本企业产品的渠道策略。如果消费者购买产品的次数多、单次购买数量少且不注重产品的品牌，则可以采用此渠道策略。由于不严格选择中间商，且使用尽可能多的批发商和零售商，渠道可以最大限度地覆盖潜在的目标市场，这样可以使消费者非常方便地购买到自己所需要的产品。如日用品销售一般采用典型的广泛性渠道策略。

总之，以上三种是常见的渠道策略，一般它们在同一时间、同一市场是不能同时使用的，但可以随着市场状况的变化，渠道策略有所改变。一般来说，随着特殊产品的逐渐大众化，生产商为了拓宽市场可以由专营性分销转变为选择性分销，直至转变为广泛性分销，这样可以扩大市场份额，获得更多的利润和市场机会。但是，对于某些特殊商品来说，渠道策略的变化一方面拓展了生产企业的市场，另一方面会损害产品的高品质和高档次形象，特别是中间商数量的大幅增加，可能导致其为了各自的利益而展开价格战，最终损害生产商的利益。因此，生产商要根据本企业和产品等方面的实际情况对渠道策略进行正确的选择。

拓展阅读11-1

（三）创新型渠道系统

随着市场环境的变化，生产商与分销商之间的关系也在不断地深化，从传统的基于交易的关系逐渐转变为现代的基于关系的关系。

所谓基于交易的关系是生产商与分销商主要从自身利益出发，考虑如何通过交易来消化自身成本，促成交易完成，使本企业的利益最大化，因此，生产商与分销商之间的关系松散。这种关系模式又可分为一次性交易模式和常规交易模式。一次性交易模式主要表现为生产商与分销商之间的交易只有一次，不太可能再有交易机会，因此，双方交易时主要考虑的问题是产品质量和价格。如房地产交易市场属于典型的一次性交易模式。而常规交易模式相对于一次性交易模式来说，双方企业考虑问题的基本出发点没有变化，只是关系略微紧密，一旦出现交易不能令一方满意则关系断裂。

所谓基于关系的关系是生产商与分销商从长期关系和共同利益出发，紧密协作和共同决策，通过满足消费者的需求来获得供销企业间的联合利益。这种关系是市场环境变化的结果，如消费者需求特征改变、市场竞争加剧等，要求供销企业能就本企业产品或所销售产品更好地为消费者所选择而共同努力。

在基于关系型的现代企业经营管理中，渠道的协作也成为一个重要方向，各企业间通过整合资源，充分发挥市场营销能力，共同为满足消费者需求而建立渠道协作系统。渠道协作系统具体可以分为垂直营销系统和水平营销系统。

1.垂直营销系统

垂直营销系统是由生产者、批发商和零售商所组成的一种统一的联合体。其中某个渠道成员企业拥有其他成员的全部或部分产权，或者是特约代营关系，或者是某个渠道成员具有强大的实力和管理能力，其他企业自愿追随并受其管理。处于管理或支配地位的企业可以是生产商或批发商，也可以是零售商。垂直营销系统能够通过专业化管理和集中执行的网络组织，达到事先规定的规模经济和更好的市场效果。垂直营销系统可以根据各企业间关系的类型分为公司式垂直渠道系统、管理式垂直渠道系统和契约式垂直渠道系统。

公司式垂直渠道系统是由同一个所有者名下的相关生产部门和销售部门组合而成的，所有者拥有名下企业的全部或部分产权。如格力公司拥有部分经销商的股份，成为公司式垂直渠道系统。

管理式垂直渠道系统是由一家规模大、实力强的企业出面组织并对其他企业进行管理的渠道系统。处于管理位置的企业不是通过所有权或者合同的方式产生的，其管理职责是由一个或几个在规模和实力上占支配地位的成员来承担的。如一些大的生产商能从销售者那里获得有关商品展示、货架空间、促销和定价政策等方面的特别合作，而大型零售企业也能对其产品供应商拥有强大的影响力。

契约式垂直渠道系统是由相互独立的公司以契约为基础来统一它们的行动的渠道系统，在生产和分配方面进行协作，以求获得比各企业独立行动时更大的经济和销售效果。其具体可以分为批发商倡办的自愿连锁组织、零售商合作组织和特约代营组织等。如某可乐公司通过合同授权，让在各个市场上购买它的可乐原浆并分瓶销售的瓶装商(批发商)向当地的零售商销售产品。

2.水平营销系统

水平营销系统是由两个或两个以上公司联合开发一个营销机会的营销系统，这些公司或者缺乏资本、技能、生产和营销资源来独自进行商业和营销活动，或者发现与其他公司联合进行商业活动可以发挥巨大的协同作用。公司间的联合行动可以是暂时的，也可以是永久性的，还可以是共同创建一个专门公司。

水平营销系统组建的目的在于利用协同效应，使资金周转加快，议价能力提高，物流综合治理能力增强，从而取得显著的规模效益。如某公司与TCL公司交换股份以利用在全中国的2000多家分销门店，产生协同效应。与此同时，各企业之间通过联合来发挥协同作用，使得企业独立性和自身特色受到不同程度的损害。

总之，现代渠道系统是相对于传统的、企业间关系松散的渠道结构而言的，在新的市场环境中，由于竞争的压力和对企业资源、能力等要求的提高，企业间能够就资源、能力、市场等多方面达成协议，共同开发市场，这样可以充分发挥企业间协同效用，从而充分挖掘和创造最大的收益。

二、渠道决策因素

如前所述，不同渠道的结构特征和营销效果不同，不同的产品需要不同的渠道，因此，企业如何选择和确定本产品的渠道结构，对于其产品的分配和销售具有重要作用。

企业在考虑本产品所应采用的渠道结构时，必须全面衡量产品特征、市场特征、渠道结构特征、宏观环境以及自身能力等诸多因素。

1.产品因素

产品因素主要涉及产品的价格、时尚程度、物理特性、化学特性、技术特性等多个方面。

(1)产品价格的高低。产品价格是制约消费者购买的重要因素，因此，也是确定渠道需要重点考虑的因素。一般来说，对于价值量大、消费者数量少的产品，其售后服务要求高，宜选择渠道环节少或直接销售的方式，如高档产品。而价值量小、消费者数量众多的产品，其售后服务要求低，消费者希望购买方便，宜选择渠道环节多的销售方式，这样产品能够接触到更多消费者，方便购买。

(2)产品时尚程度。由于时尚产品的购买者试图通过购买来获得某种社会预期，因此，时尚程度越高的产品，一般宜采用渠道环节少或直接销售的方式。反之，时尚程度低或大众化产品，可以采用多环节的宽渠道销售方式。与此同时，产品的时尚程度与其价格也密切相连，如时尚程度高且价值量大的产品，应采用短渠道和窄渠道；反之，应采用长渠道和宽渠道对产品进行销售。

(3)产品体积和质量的大小。由于产品的体积和质量直接影响其物流成本，因此，对于体积大、质量大的产品宜采用直接销售方式，生产者可以通过直接运输将产品送达消费者，这样，可以降低产品的物流成本。反之，对于体积小、质量小的产品可以采用多环节的渠道模式来销售。

(4)产品使用价值的耐久性或易毁性。对于产品使用价值的耐久性好、不宜损坏的产品，可以采用长渠道和宽渠道进行销售。反之，耐久性差、容易损毁的产品应该采用短渠道和窄渠道，这样可以减少搬运的次数，缩短到达消费者手中的时间，同时，要使用合适的运输工具和运输方式对其进行合理的运输，降低产品的毁损率。

(5)产品技术复杂性和服务要求。对于技术非常复杂且服务要求高的产品，一般采用环节少的渠道销售，如采用直接销售或短渠道，这样能够保证良好的售后服务。反之，技术简单和服务要求低的产品，则可以采取多环节的销售方式，扩大销售。

(6)产品与消费者生活的相关程度。产品与消费者生活密切相关，购买者要求购买方便、便捷，可以采取多环节和宽渠道的方式，以方便消费者购买，如日用品的销售渠道。反之，产品与消费者生活不相关或相关性差，则可以采用短渠道或直接销售，这样可以节约成本。

(7)新产品。新产品上市，消费者一般了解少且不愿购买，中间商也不愿代销，因此，生产者可以加大广告宣传，同时通过直接销售或短渠道，这样可以与消费者近距离接触，了解消费者的需求状况和对新产品的感受与反应。如通过人员推销和企业促销的方式进行新产品销售。

2.企业(生产者)因素

由于企业所拥有的资源、能力及对渠道的控制要求不同，其所选择的渠道也存在差异，因此，企业也要考虑自身以下因素来确定渠道结构。

(1)企业声誉、规模和资金条件。企业规模大、声誉好、资金雄厚，则其对渠道选择的余地就很大，可以通过建立自己的销售网点直接销售。而对于规模小、声誉低且资金薄弱的企业，其对渠道的选择将受到诸多因素的限制，一般需要依靠中间商的力量来帮助销售产品和承担相应的风险，因此，要通过间接渠道进行分销活动。

(2)企业市场营销能力的强弱。对于市场营销能力很强的企业可以通过自己的力量来从事分销活动，同时获得对自身有利的营销利润。市场营销能力弱的企业，则无法通过自身能力来完成产品的分销，不得不采用间接渠道。

(3)企业的产品组合状况。企业所生产的产品一般是多个产品的组合，因此，在选择产品渠道时，要考虑这些产品组合之间是否存在相关性，如果产品组合能共享渠道则可以采用窄渠道。如果产品组合之间不存在相关性，则需要采用多渠道或宽渠道来进行产品销售。

(4)企业要求控制渠道的程度。企业对渠道要求控制程度的强弱同样可以影响渠道的选择，如控制要求高，则一般采用直接渠道的销售方式。否则，一般采用间接渠道，让更多的中间商进入而增加产品的销售和风险的分担。

3.市场因素

(1)市场需求量及单次购买量的多少。市场需求量的大小和消费者单次购买量的多少对渠道的选择影响很大，如市场需求量很大而单次购买量小的产品，可以选择多环节的间接渠道和宽渠道，这样可以更多地接触到顾客。反之，如果市场需求量小而单次购买量很大，则可以选择中间环节少的短渠道(甚至是直接渠道)和窄渠道，这样可以节约成本。

(2)消费者的分布情况。消费者所分布的区域较小且集中,可以选择短渠道和窄渠道,这样不仅可以节约成本且能较快地满足消费者的需求。反之,消费者分布的区域很大且分散,则应该选择中间环节多的长渠道和宽渠道,这样可以更大范围地覆盖到相应的消费者。

(3)消费者的购买习惯。消费者对不同产品的购买均有自己的习惯,如日用消费品的购买,消费者追求方便,且购买的频率高,因此,可以采用长渠道和宽渠道,以方便消费者购买。对于选购品,消费者追求其价值、品牌、声誉等,此类产品要求选择短渠道和窄渠道,满足消费者对选购品的社会功能和心理功能的追求。

(4)竞争者的渠道策略。企业与企业之间的竞争表现在多方面,渠道策略的竞争是产品到达消费者手中不能不考虑的因素,竞争者的分销策略对本企业产品渠道策略有着很大的影响。如竞争者产品覆盖的市场范围很广,则本企业产品应该选择长渠道、宽渠道,以便与竞争者的渠道抗衡。

4.渠道因素

企业在选择渠道时,会根据渠道本身的特征、效用来选择相应的分销策略。一般来说,渠道中间环节的多少对于市场覆盖有较大的影响。因此,企业要根据渠道中间环节的连锁程度、配套功能完善与否、辐射能量的大小、效益的高低等多项功能来选择渠道策略。总之,不同渠道的功能和效用有很大差异,企业要综合考虑,合理选择。基本原则是所选择的渠道应该能以最低的成本、最好的服务、最快的速度把产品送到最大范围的目标顾客手中。

5.政治法律因素

政治法律因素是指由政府颁布的法律、法令和各项经济政策等,会对企业渠道有一定的要求,或者制约与限制。如我国水、电、气等商品关系到国计民生,因此,一定程度上实施控制政策,从而形成相对封闭的窄渠道。

总之,企业需要根据实际的市场特征、产品特点、自身因素、渠道特征和政治法律环境等因素进行认真仔细的衡量,从而选择合理的渠道,进行有效的市场营销活动。

拓展阅读11-2

第三节　中间商

中间商在渠道中对于产品的转移起着重要作用,随着社会变迁与市场发展,中间商也发生着巨大变化,企业需要对中间商进行分析,并根据营销模式与目标考虑是否以及如何选择中间商,并对中间商进行管理以提升营销效率与效果,为实现企业营销目标而服务。

一、中间商作用及类型

从生产者和消费者交易过程来看,由于生产者的专业化生产和消费者需求的多元化,消费者需要从不同的生产者手中购买自己所需要的产品,因此,一个消费者要同多个生产者进行数量不多的产品交易,于是,多个消费者与多个生产者进行次数繁多的交易行为,从而导致整体交易次数大幅增加,交易成本也成倍增长。如果有中间商的存在,中间商将不同生产者的专业化产品集中起来，根据不同消费者的需求对商品进行客户化，再分别销售给不同的顾客，这样可以大幅减少交易次数，降低交易成本，如图 11-5 所示。因此，中间商的存在对于市场营销活动的顺利完成意义重大。

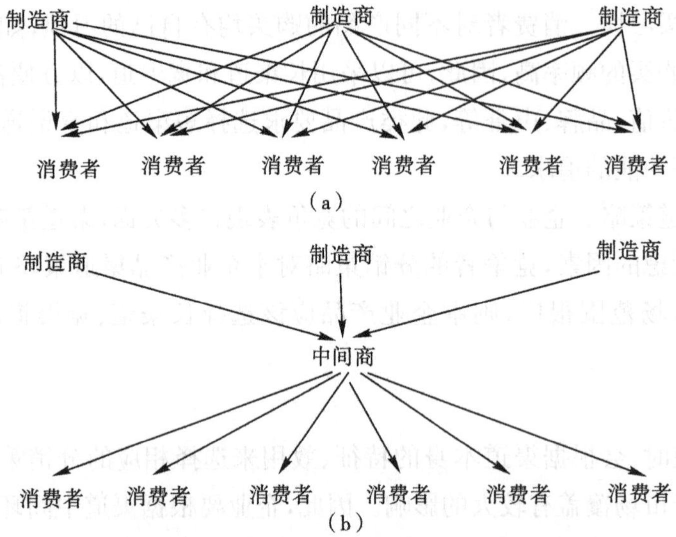

图 11-5　中间商简化交易过程

中间商除了能够减少交易次数和交易成本以外，还有以下一些功能。

(1)沟通和传递信息的功能。中间商连接着生产者和消费者，直接接触市场，对市场情况比较了解，能够在生产者和消费者之间起到沟通和传递信息的作用，从而使生产者更了解市场以生产出适合消费者的产品，同时，也能让消费者更好地了解生产者所生产的产品及相关信息。

(2)组织和销售商品的功能。中间商通过对不同生产商的产品进行集中，并根据不同消费者的需求来分割和分配商品，使商品在品种和数量上能更好地满足消费者。同时，中间商对商品做一定程度的促销活动，能够增加产品的销售量。

(3)运输和仓储功能。中间商一般都有自己的库存，能够缓解生产商的库存压力，同时，通过组织运输和储存可以使产品能尽快到达消费者手中，提高生产者的快速反应能力。

(4)融资和承担风险的功能。中间商可以通过向生产者预付定金的方式来获得产品的销售权，从而减少生产者的资金占用，为生产者起到融资作用。同时，由于其拥有产品的所有权而为生产者分担了一部分风险。

(5)营销和提供服务功能。中间商与消费者直接接触，了解消费者的需求，能够实现生产者的部分营销功能。同时，为消费者提供其所需要的服务，这样既可以降低服务成本，还能提供给消费者周到、满意的服务。

中间商的类型有很多，可以根据一定的标准对其进行分类。常见的分类方式有以下两种。

(1)根据中间商是否拥有产品的所有权，可划分为经销商和代理商，经销商一般拥有产品的所有权，而代理商只是代销产品，并不拥有产品的所有权。

(2)根据中间商在渠道中的位置和作用可以分为批发商和零售商，批发商主要从事产品的批量批发活动，零售商是直接将产品销售给最终消费者的中间商。

二、批发业态及批发商

批发是指个人或企业将商品或服务销售给最终消费者以外的任何购买者的活动过程。那些主要从事批发业务的公司或个人称为批发商。批发商在渠道系统中占据着重要位置,起着承上启下的作用,既保证了生产企业再生产的顺利进行,又保证了零售企业及其他商业组织的货源,对产品分配和转移的意义不容忽视。

批发商由于不直接与消费者接触,只是实现产品在空间、时间上的转移及品种和数量的集中,达到再销售的目的。因此,批发业相对于零售业有着自身特点,如:不注重促销的环境、氛围与店址;网点少且相对集中;享受的税务政策存在差异等。批发商存在如下几种类型。

(一)经销批发商

经销批发商是指独立投资买下所经销产品的所有权并以较小批量转售给零售商或其他商业组织的中间商。他们拥有经销产品的所有权,并独立开展买卖服务。可以根据其承担职能的多少、所经营产品品种的范围、市场覆盖的区域、提供服务全面与否来对经销批发商进行分类,其分为完全服务批发商和有限服务批发商。

完全服务批发商不仅从事商品的购销活动,还提供诸如商品的储存、运输、送货、信贷、协助管理等多项服务,能够为生产商、零售商和其他商业组织提供较为细致和周到的服务,解决他们营销中的一些难题。

有限服务批发商为了减少经营成本,降低产品价格,向供应商、零售商或其他组织提供较少的服务,从而获得竞争中的价格和成本优势。如或仅提供送货服务,或对零售商实行专柜寄售等专项业务。

(二)代理批发商

代理批发商是指受买方或卖方委托而从事商品交易业务的中间商。他们的独特之处是不拥有产品的所有权,且执行有限的几项功能,主要是为买卖双方提供方便,促进交易的完成,并由此获得一定售价比例的佣金。其可以分为以下两种类型。

1.经纪人

经纪人的主要作用是为买卖双方牵线搭桥,协助进行交易谈判。他们既无商品所有权,也无现货,只是为交易双方提供价格、产品及一般市场信息,不参与融资和承担风险,在交易完成后将向委托方收取一定比例的佣金。

2.代理商

代理商是代表卖方或买方与对方进行交易的中间商,一般来说,委托关系较为持久。根据其代理对象的不同可以分为制造代理商、销售代理商、采购代理商和进出口代理商等。

制造代理商是指受生产者委托,根据协议在一定区域内负责代销生产者产品的中间商。其一般代表两家或两家以上产品线互补的制造商,并利用广泛的关系来销售所代理的产品以获得一定的佣金。

销售代理商是指受生产者委托,负责独家代销生产者全部产品的中间商。他们对产品的销售价格、交易条件等有很大的影响力,可全权处理。销售代理商与制造代理商相比具有不受区域限制、唯一代理等特征，但销售代理商不得同时代理其他生产者的同类产品。

采购代理商是与生产者或其他买主建立进货代理合同，长期为之采购商品，并代为收货、验货、存货、发货以及提供必要服务的中间商。他们信息灵通，能够为客户提供有用的市场信息，并采购到价格适宜的优良产品。

进出口代理商是指在主要口岸设有办事处，专门替委托人从国外寻找供应源和向国外推销商品的中间商。

（三）生产商的销售机构

生产商的销售机构是由生产企业组建的具有相对独立经营权的销售组织。当生产企业不利用外部批发商来从事本企业产品营销工作时，将采用自建销售机构的方式从事批发工作。当然，生产商是否自建销售机构需要考虑企业规模、产品规格和品种以及对销售过程的控制程度等因素。

三、零售业态及零售商

零售是将商品和服务直接销售给个人或家庭以供非商业性使用的一切活动过程。零售是商品流通的终端，是社会再生产的最终实现阶段。

零售的对象是最终消费者，由于他们的购买特性零售业具有如下一些特点。首先，最终消费者的购买行为没有准确的计划，且购买的数量一般较小，因此，零售商对存货管理存在一定程度的困难。其次，零售商的产品销售数量一般少于批发商，而运营成本又较高，因此，零售商需要通过配齐产品的花色品种，对产品的存货管理、信贷管理等进行合理的控制以尽可能降低成本。最后，由于消费者的购买容易被零售现场的气氛、产品的促销和商店的整体设计等因素所影响，因此，零售商需要综合考虑店址、交通、产品的包装、现场促销的氛围等诸多因素，以最大限度地影响和方便消费者购买。

零售业态随着经济的发展和人们消费习惯的变化在不断发生改变，常见的零售商可以分为以下几种。

（一）百货商店

百货商店是一种规模大、综合性强的零售企业。其所经营的产品线广泛，产品的花色品种规格齐全，并能够为消费者提供良好的环境设施与服务，管理的模式是分级组织与管理，内部按产品线分为不同的商品部。百货商店一般位于城市的商业中心。

（二）超级市场

超级市场一般不设置直接售货人员，由顾客进行自助服务。超级市场的产品品种繁多，产品预先包装标价，营业时间长，顾客购买结束出门时一次性结算货款，附近设有停车场，方便顾客停车购物。超级市场的营业人员较少，成本较低，因此，产品售价相对低廉，适合消费量大、频繁购买的产品。

（三）专业商店

专业商店是专门经营某一条产品线或某几条相互关联产品线的零售商店。其所销售产品线上的商品品种齐全，便于充分选购，可以满足顾客的特殊需求，零售商一般具有一定的专业知识和操作技能，销售与服务能够密切配合。如鞋店、书店、文具店等。

（四）折扣商店

折扣商店是一种能够给顾客以一定数量或价格折扣的零售商店。折扣商店产品质量高，店内的陈设与管理同超级市场。折扣商店在明码标价的基础上，出售时给顾客以一定的折扣，实际售价低于出售同类产品的其他商店，因此，很受广大顾客的欢迎。折扣商店多设在租金较低的地段，提供的服务和相应设施也很少，这样能够降低成本。

（五）方便商店

方便商店多设在居民区和社区内，规模较小，所经营的产品一般是日杂用品、冷热饮食等，营业时间长，能够方便社区民众的购买。

（六）仓储商店

仓储商店是一种仓库与商店结合于一体的零售商店，多设在租金低廉的地段。仓储商店的产品品种齐全，服务有限，商品的价格较一般商店低，室内营业面积很大，装修简单。

（七）连锁商店

连锁商店是在同一所有者集中控制下的若干个商店，实行统一店名、统一管理和集中采购所形成的零售商业组织。连锁经营对组织中的各家商店在经营范围、产品定价、宣传推广、销售方式甚至店铺设计等方面都有统一规定，从而树立连锁经营的统一形象。连锁经营广泛应用于中小企业，通过连锁可以迅速扩大产品影响，提高零售商知名度，增进销售。

连锁经营又可分为自愿连锁和加盟连锁，主要区别是自愿连锁的约束条件较少，完全基于双方自愿合作进行连锁；而加盟连锁通过契约来明确双方的权利与义务，控制的力度较大，在产品、服务、技术、声誉甚至店面的设计等方面均有严格的要求。

（八）无店面零售

随着信息、网络和通信技术的发展以及人们消费习惯的改变，诞生了一些新的无店面零售商。主要有如下几种具体的零售方式。

1.直复营销

直复营销是一种互动的营销系统，指一种为了在任何地方产生可度量的反应或达到交易而使用一种或多种广告媒体互相作用的市场营销体系。直复营销的手段主要是通过产品目录、报纸、杂志、电话、电视、广播、网络等来沟通买卖双方的交易意愿，最终达成交易，公司通过邮寄、送货上门或顾客到指定地点自取等方式实现产品的转移。

2.自动售货

自动售货是企业通过利用货币控制的自动售货机向消费者出售货物和劳务。自动售货机一般设在车站、码头、机场、运动场、影剧院、工厂、学校、办公大楼以及人员流动必经的交通要道旁，方便顾客购买。

3.购物服务

购物服务是一种专门为特定客户（如学校、医院、政府机关等）服务的无店面零售商。

4.直接销售

直接销售是公司派出推销人员，上门直接向顾客或组织推销产品或服务的销售方式。

四、电商业态及电商渠道

随着网络技术的发展和网络的普及，网上销售和网上购物等电子商务活动成为一种新的常态，网络的时空无限性和消费者消费习惯的改变使得电子商务得到迅猛发展，并对传统营销产生极大的影响。

电子商务通常指在因特网开放的网络环境下，不同区域的买卖双方不谋面地进行各种商贸活动，实现消费者的网上购物、商户之间的网上交易和在线电子支付以及各种商务活动、交易活动、金融活动和相关综合服务活动的一种新型商业运营模式。电子商务活动可以根据不同交易主体分成多种，包括 B2B(企业 to 企业)、B2C(企业 to 消费者)、C2C(消费者 to 消费者)、B2G(企业 to 政府)、O2O(线上 to 线下)等电子商务模式，从而使得电子商务活动形成一种新的业态，并在消费和社会生活中发挥极其重要的作用。

电商渠道是指以互联网为基础，以电子商务平台为支撑，将产品从生产者转移给顾客的中间环节，涉及信息沟通、资金流转和产品转运等多种功能与活动。通过电商渠道能够将更广泛的商品信息进行传递，方便顾客进行针对性地选择；同时，顾客选择商品后能够通过电商渠道实现交易完成，涉及物质产品交换可以通过物流活动支持实现。

(一)电商渠道的特点与功能

电商渠道是基于互联网和电商平台实现渠道功能的，既有传统渠道的特征也有自身新的渠道优势，其特点和功能主要表现在如下几个方面。

(1)电商渠道的起点是制造商，终点是终端消费者或企业等组织客户。

(2)电商渠道的中介模式为电子交易市场，即在线交易平台，能够为买卖双方收集并提供信息。

(3)在线交易平台既可能是在线中间商，也可能是企业的直销平台。如天猫、京东等交易平台是在线中间商，而格力董明珠店、三只松鼠等公司官网交易平台则是企业直销平台。

(4)电商渠道能够实现网上谈判、订货、结算和物流配送等分销功能。电商渠道系统能够通过互联网(或移动互联网)与订货系统、结算系统、物流配送系统等进行对接，可以实现更加强大的产品分销功能。

(二)电商渠道的形态结构

电商渠道是连接制造商与终端消费者或企业等组织客户的分销媒介，它既可能是网络中间商，也可能是企业的直销平台，因此，可以将电商渠道分为网络直接营销渠道和网络间接营销渠道两种类型(图 11-6)。

网络直接营销渠道与传统直接渠道一样，是由生产厂家自建网络销售平台进行产品销售，并将产品直接转移给顾客或用户的渠道运营模式。网络直接营销渠道也有订货、支付和配送功能，企业通过网络平台发布商品等信息，顾客通过网络平台订货、下单、支付和物流预约等，最终实现商品在线交易的营销渠道功能。如华为(电子产品)、格力董明珠店(家用电器)、三只松鼠(食品)等公司官网直接将产品销售给顾客。

网络间接营销渠道是生产企业通过拥有网络销售平台的中间商将商品销售给顾客或用户的

渠道运营模式。网络间接营销渠道与传统间接营销渠道存在多个中间商环节不同，一般仅有电子商务中间商一个环节开展分销活动。随着电子商务发展及形态变化，各类电商平台、网络社群等都成为一种重要的网络间接营销渠道。如聚美优品、苏宁易购、途牛网等都是典型的网络间接营销渠道。

总之，随着市场发展和消费者需求方式的变化，零售业也在发生着巨大的变化。其发展的趋势主要是向大型化、细分化、廉价化、连锁化和网络化等方面转变，能够更好地为消费者的购买提供方便并节约成本。

拓展阅读11-3

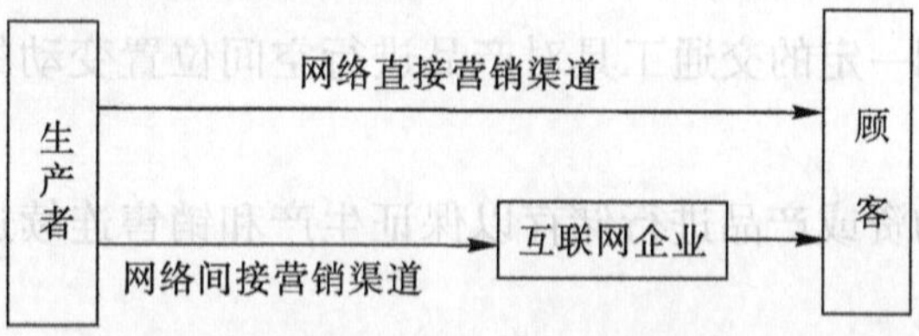

图 11-6　电子商务渠道类型

第四节　物流配送

产品或服务在销售给中间商和消费者的过程中，必然通过一定方式来对产品实体进行转运。在产品实体流动过程中会涉及诸如运输、存储、配送等物流活动。物流是保证买卖双方交易完成后的产品实体转移的重要活动，因此，物流配送对于产品价值和使用价值的真正实现具有极其重要的作用。

一、物流概述

“物流”一词最早出现于美国，来源于军事领域，其英文“logistics”最初的意思是军队的转移、住宿和供给，即相当于中国的“军事后勤”。我国古代著名的《孙子兵法》中有“军无辎则亡，无粮则亡，无委积则亡”，极为明确地说明一支军队如果没有良好的后勤保障和物资储备，战争注定失败。随着市场经济的繁荣，物流已越来越显示其强大的生命力和对国家与企业经济的重要性。

(一)物流的定义

物流没有一个标准的和绝对权威的定义，不同国家和地区有自己的定义。美国物流管理协会对物流管理进行定义：物流管理是在供应链运作中，以满足客户要求为目的，对货物、服务和相关信息在产出地和销售地之间实现高效率和低成本的正向、反向流动和储存所进行的计划、执行和控制的过程。

物流概念引入我国始自 20 世纪 70 年代，由于历史原因，物流被广泛应用是 20 世纪 90 年代的事情。2001 年，我国颁布的《国家标准物流术语》(GB/T18354—2001)对物流的定义是：物流是物品从供应地向接收地的实体流动过程，根据实际需要，将运输、储存、装卸、搬运、包装、流通加工、配送、信息处理等基本功能实现有机结合。该定义对物流的职能和效用作了明确的诠释。

美国密歇根大学斯麦基教授所倡导的物流 7R 理论认为，物流的具体内容主要是：将“恰当的质量、恰当的数量、恰当的价格、恰当的商品，在恰当的时间，送到恰当的场所和恰当的顾客手中”。

总之，物流是通过对产品实体流动的计划、组织、指挥、协调和控制的活动过程，以满足消费者或客户需要的一系列活动。物流对国家的宏观经济、企业的微观经济以及消费者或客户均有着极其重要的作用。

（二）物流的内容

物流是产品实体流动的活动过程，因此，其中包括一系列不同职能的活动。

(1)运输。运输是运用一定的交通工具对产品进行空间位置变动的活动过程，是物流的基本职能和最重要的活动。

(2)存储。存储是对物资或产品进行储存以保证生产和销售连续进行，包括存货管理与仓储管理。

(3)包装。物流包装与商业包装有着本质性的区别，物流包装的目的是保证产品和物资在运输过程中的安全和完整。

(4)物料搬运。产品和物资在运输、生产等活动过程之间的节点，都需要一定程度的物料搬运与装卸。

(5)订单处理。订单处理是物流部门接到客户订单后，对订单进行拣选、包装、发运的活动过程。

(6)预测。对市场需求和存货的预测是物流领域中的重要活动，它直接影响到企业的原材料采购和生产。

(7)生产计划。生产计划是企业根据市场需求预测和客户订单所作出的生产时间、品种和数量等方面的具体安排。

(8)采购。采购是物流企业根据生产计划来对所需要的原材料进行获取的过程。采购的原材料质量和成本将直接影响到产品质量和物流成本。

(9)客户服务。客户服务是物流的另一项重要活动，客户服务水平与物流领域的各项活动如存货、运输、仓储、订单处理等有着直接关系。

(10)选址。物流中诸如仓库、工厂的选址是一项关系到物流成本的重要内容，企业需要对所选择的位置进行综合考虑。

(11)其他活动。在物流的整个过程中，还有诸如零部件与服务支持、回收物品处理、废品处理等其他活动内容，这些活动对物流的总成本包括社会成本均有着重要影响。如回收物流处理不好，将破坏环境和影响物资的再生使用。

二、配送管理

配送是在经济合理区域范围内，根据客户的要求，对物品进行拣选、加工、包装、分割、组配等作业，并按时送达指定地点的物流活动。

（一）配送的内涵

配送是按照客户的要求对其所需要的物品进行送达的活动过程，因此，配送服务具有如下内容：①“配”与“送”均必须按用户订货的要求；②送货的前提是配货；③配送是对各种资源的有效整合；④配送是从物流据点至用户的一种特殊送货形式，表现为中转型送货。⑤配送以经济合理为原则。总之，配送不仅要满足客户需求，同时也要考虑企业自身效益，以最低的成本最好地满足客户需要，是以用户需求和企业效益双赢为准则的一项物流活动和服务。

（二）配送的活动要素

整个配送过程的主要活动包括如下一些内容。

（1）集货。集货是将分散的或小批量的物品集中起来，是配送的基础工作。

（2）分拣。分拣是将产品按照品种、出入库的先后顺序进行分门别类的堆放作业。

（3）配送加工。配送加工是按照客户的要求进行必要的物品加工。

（4）配货。配货是按照客户的订单需求将存放的物品分拣出来，配备完整齐全，送入发货地点。

（5）配装。配装是将不同客户的货物，根据运输工具的有效载荷搭配装载，以充分利用运输公司的运能。

（6）运输。运输是利用运输工具对物品进行位置的移动。一般配送运输是短距离、小规模的支线运输。

（7）送达服务。送达服务是将客户所需要的物品安全地送到客户手中，并取回相应单证的过程。

三、配送策略

（一）配送的要求

配送是物流企业按照客户的要求将其需要的物品及时、安全地送到客户手中，同时还要考虑企业的运营成本，因此，物流服务对配送的要求很高。

（1）时效性。运输企业能够按照客户的需要或准时或即时地将货物送到客户手中。

（2）安全性。安全性要求运输企业将货物安全无损毁地顺利送到客户手中。

（3）沟通性。在配送的过程中，企业与客户之间应能就所配送的产品类型、数量与品种、配送的时间与地点等问题进行很好的沟通，这样有利于企业准确地配送。

（4）方便性。在配送的过程中能够方便客户，特别是对于客户一些临时性或变化性的配送需求更是如此。

（5）经济性。在配送的过程中，不仅要安全、准确、及时地将顾客需要的物品送达其手中，同时，还要使配送的成本最低化，注重经济性，达到企业与客户共赢。

（二）配送的影响因素及管理

在配送的过程中，能否准确无误地将货物送到客户手中，受到很多因素的影响。其中有动态因素，如车流量变化、道路施工、配送客户的变动、可供调度的车辆变动等。静态因素，如配送客户的分布区域、道路交通网络、车辆运行限制等。这些因素中的部分因素，企业能够通过准确的计划予以克服，有的则需要根据配送区域交通环境的优化来逐步化解。因此，配送管理中需要企业做到：加强配送的计划性；加强订单处理的准确性；确定合理的配送路线；进行合理的车辆配载；建立计算机管理系统。总之，企业可以通过合理的硬件与软件建设，来使配送服务达到质量最优和成本最小化。

随着互联网和信息技术的发展，企业更加关注以顾客为中心的供应需求整合运营，即供应链管理。供应链管理是以核心企业为主导，管理那些供应商、生产或服务型企业、中间商和消费者之间的物流、资金流和信息流。特别在新零售背景下，企业为实现线上线下融合，包括全面数据融合、多元场景贯通及全平台的交易同步，系统整合人、货、场，从而使得供应链管理获得新的发展。

拓展阅读11-4

第五节　渠道管理

渠道中存在很多诸如批发商、零售商、代理商以及网络平台等不同类型的中间商，他们对产品的转移和分发起着重要作用，因此，企业对中间商等不同渠道成员需要有一整套的管理模式与方法，通过合理有效的管理使渠道成员能更好地为产品分销服务。

一、选择渠道成员

在渠道构成中，企业需要选择合理的渠道模式与中间商，不同中间商的能力、规模、绩效等各不相同，从而使企业产品销售量受到不同的影响。因此，生产企业需要确定合适的指标体系来选择有效的中间商。一般来说，生产企业采用如下一些指标来选择经销商。

(1)渠道成员的合作意愿。市场营销活动涉及很多不同的企业与部门，特别是企业间需要充分地整合资源，相互沟通，只有所有企业共同协作才能更好地服务市场、开辟市场，因此，渠道成员的合作意愿对企业的营销活动影响至深。

(2)渠道成员的经营范围。不同经销商的经营范围不同，对相应产品的市场状况熟悉的程度也不同，特别是经销商的经营范围与企业一致，则经销商很容易使企业产品进入该市场，能够为企业节约成本，开拓市场，提供良好的服务。

(3)渠道成员的经营能力。在产品分销过程中，需要通过分销商的经营与努力来促进产品的销售，扩大市场，提高产品的影响力，而这些需要分销商有很强的综合经营能力。因此，在选择渠道成员时需要综合考虑渠道成员的市场推广能力、管理水平等，为产品的宣传、推广奠定基础。

(4)渠道成员的诚信度。信誉度高的中间商不仅有利于吸引消费者购买和消费，同时，也有利于企业的资金回笼，有利于企业的市场开发。渠道成员的诚信度包括是否在社会上得到信任和尊重、是否愿意和生产商真诚合作等。

总之，企业在选择渠道成员时要拟定一系列指标，诸如中间商的合作意愿、经营范围、能力、发展历史、利润状况、偿付能力、协作能力和声誉等，以充分衡量并选择合理的分销商，为企业的产品开发和市场营销服务。

二、激励渠道成员

中间商是渠道中的成员，但同时也是独立的企业或个人，有着自己的经营目标与利益，因此，企业选择渠道成员后，需要充分考虑其利益，不断进行激励，使之能努力为产品的市场开拓投入足够的精力。

激励渠道成员需要掌握和运用合理的方法与尺度，既不能激励不足也不能激励过剩，不足与过剩均不利于渠道成员积极性的发挥。有效地激励渠道成员，首先需要了解中间商的需求和愿望，其次，需要掌握激励的幅度、性质与方法。只有通过激励满足中间商的需求和愿望，同时所运用的方法和幅度适合中间商，才能更好地发挥其积极性和主动性。一般可采取价格折扣、销售奖励、促销支持、返利等直接且积极的措施来对中间商实施激励，也可通过提供市场信息、签订合作协议、提供人财物和管理咨询与服务等间接激励。当然，在一些特定的情况下，需要对中间商采取诸如减少利润、推迟交货、减少服务甚至中止合作等消极激励以刺激其提高销售效率。一般来说，积极激励比消极激励的效果要好。

激励渠道成员的方法主要有以下几种。

(1)适当的让步。中间商在与生产商合作时，总有自身的一些需求与经营目标，因此，生产商的适当让步能够对渠道成员产生激励作用，特别是一些合理的要求。企业通过对渠道成员的适当让步能够驱使中间商为企业作出更多的努力。

(2)给予更多的权利。给予中间商诸如适当的盈利、独家经销权或企业一些经营方面的特许权，能够使中间商享受到一种被尊重和信任的自豪感，从而在进一步的市场开拓中卖力地工作。

(3)提供优质产品。在现代市场竞争中，优质的产品是竞争获胜的基本保证。因此，企业向渠道成员提供优质产品，为中间商提供竞争的优势是最好的激励，一方面，能够使渠道成员通过努力获得更多的盈利；另一方面，渠道成员的市场成功也能为企业赢得更多的声誉和机会。

(4)与渠道成员真诚合作。渠道成员与企业之间是一种合作的关系，这种关系的疏密程度对中间商同样具有激励作用。如果关系紧密，企业能够与中间商真诚合作，为双方利益着想，共同进行广告宣传，提高商品的知名度。需要的话，企业对中间商进行人员培训，提高中间商的营销和市场竞争能力，这样能够从根本上对渠道成员进行激励，其效果也将更为明显和持久。

三、评估渠道成员

中间商在经过一段时间的产品销售和市场推广以后，需要对中间商的工作业绩进行合理的评估，这既是对产品市场状况的调查和了解，又可以作为中间商激励的依据。因此，定期或不定期地评估渠道成员是必需的，通过评估来及时掌握产品销售情况，也是适时调整渠道的依据，根据存在的问题采取适当的措施来提高产品的销售。

中间商的评估需要依据一定客观公正的指标，诸如一定时间内销售额的完成情况、平均存货水平、向顾客交货的时间、损坏和损失的处理、在促销与训练计划上与生产者的合作情况，应该根据对顾客提供的服务水平等指标来对中间商进行评价，根据存在的问题进行适当的改进。

评估中间商的绩效方法一般有两种。一是纵横向比较评估法，即将中间商的销售绩效与其上期和同行绩效相比。在评价过程中，以整个中间商群体的平均升降百分比为衡量标准，对于绩效提高幅度高于平均水平的予以奖励；对于绩效提高幅度低于平均水平的，应找出问题并作出改进。二是销量潜量比较评估法，即在销售期过后，将各供应商的实际销量与该地区的潜在销量进行比较。通过中间商的实际销售额与其潜在销售额的比率，对各中间商按名次进行排列，并作出相应的奖惩。以上两种方法可以同时施行，对中间商进行适当的调整和激励。

四、渠道的冲突与管理

企业的分销，是通过多种渠道或一种渠道中的多个成员来实现的，因此，在各种渠道内部或渠道之间，除了合作必然存在着程度不同的冲突和竞争，这种冲突和竞争的管理对渠道正常作用的发挥起着重要作用。

（一）渠道冲突的原因

渠道内部或渠道之间产生冲突的原因有很多，大致可以归结为以下几种。

（1）目标不一致。生产商和经销商由于所处的位置不同，因此，各自的目标之间存在差异。如生产商可能希望采用低价策略来占领更多的市场份额，而经销商则可能希望通过高价策略来获得更多的利润，这样将会导致生产商与经销商之间矛盾和冲突的出现。

（2）权责不明确。生产商和经销商在合作之初便没有对各自的权责进行明确，合作过程中，可能由于双方业务的发展存在交叉甚至出现冲突和竞争，如果不能正确地解决则会导致关系进一步恶化。

（3）相互依赖的程度。生产商和销售商之间存在共同的利益，需要通过合作来实现，因此，存在相互依赖，双方冲突的出现与相互依赖的程度也密切相关。如独家经销商对生产商的依赖性高，则可能由于利益的纠葛而出现冲突。

（二）渠道冲突的类型

（1）横向冲突。横向冲突是指渠道内同一层次的经销商成员间所出现的冲突。横向冲突一般是同一层次的渠道成员间抢占市场和促销活动等所导致的。如某汽车经销商抱怨其他经销商不遵守经销规则而出现的低价竞争，某食品连锁店抱怨其他连锁店偷工减料从而损害了该食品品牌等。横向冲突的出现是可以避免的，渠道领袖应该制定明确的、可行的政策，并迅速采取行动最终控制此类冲突。

（2）纵向冲突。纵向冲突是指在渠道内的不同层次之间所出现的利益冲突。纵向冲突一般是不同层次间因利益而讨价还价所出现的利益冲突。如某可乐公司因为其装瓶商同意为其他公司装瓶而发生的冲突，某汽车公司要求其经销商提供某些额外的服务而出现的冲突。纵向冲突一般难以避免，关键要能够正确合理地处理，尽可能减小影响。

（3）多渠道冲突。多渠道冲突是指一个制造商建立了两个或两个以上的渠道，这些渠道在向同一个市场销售产品时产生的冲突。多渠道冲突较为复杂，既包括横向渠道冲突、纵向渠道冲突，也包括线上线下渠道冲突。如某制造商原来在网上进行销售，后来拓展到线下实体专卖店销售，再拓展到综合商店进行销售，在此过程中就可能出现多渠道冲突。

（三）渠道冲突的管理

渠道冲突对企业和经销商会造成利益上的损害，因此，对渠道冲突进行正确的管理，有助于渠道效率的充分发挥。冲突解决的方法一般有如下几种。

（1）渠道领袖的领导。在渠道内部或渠道间存在渠道领袖并进行正确的领导，渠道领袖能够获得更多渠道成员的信任，这样可以减小渠道冲突的可能性，出现冲突后也能够尽快解决以减少损失。

(2)目标协同。渠道成员间能够认识到共同利益并协同应对外部威胁时，便可以充分地合作，因此，对渠道成员进行目标协同，使其目标能够协调一致将大大减小冲突出现的概率。

(3)调解和仲裁。在渠道出现冲突后，行政管理机制如调解和仲裁等方式可以解决渠道争端，相对来说，这些方式会消耗企业资源和精力，因此，协商解决为首选。

(4)合作和激励。渠道成员与企业是利益共同体，共同为产品营销活动发挥作用，因此，企业应该积极争取与渠道商的通力合作，能够减小渠道冲突概率。同时，为促进渠道成员充分发挥作用，还需要采取包括提高利润、补贴、津贴，进行销售竞赛等形式的激励措施，从而缓解和消除渠道冲突。

五、调整渠道

在企业产品分销的过程中，总会适当地调整渠道，可能由于中间商的问题，也可能由于市场的变化、渠道的因素等，使得渠道的调整成为渠道管理中重要组成部分。

根据实际情况，生产企业一般对渠道的调整存在如下几种策略。

(1)个别渠道成员调整。在产品分销过程中，个别渠道成员的能力、协作的意愿、销售业绩、售后服务水平偏低等原因，可能影响产品的市场销售，因此，需要对相应的中间商进行评估并适时调整，否则，可能由于个别渠道成员而使得整个产品市场受到影响，但需要注意不至于对其他渠道成员造成消极影响。

(2)个别渠道调整。产品在经过市场的考验后，可能市场份额变得很大，或产品需要重新定位，面向新的顾客，这样渠道就需要进行调整，或废除某个渠道，或重新建立新的渠道。

(3)渠道系统调整。对于整个渠道系统的调整会牵涉企业高层的终结决策，原因可能是多方面的，如整个市场都发生了巨大的变化，或企业面临着重大调整等。总之，渠道系统的调整需要企业慎之又慎。

孙子曰：凡用兵之法，驰车千驷，革车千乘，带甲十万，千里馈粮，则内外之费，宾客之用，胶漆之材，车甲之奉，日费千金，然后十万之师举矣。

这段话的意思是，十万之师需要动用战车、粮草等大量物资，才能保证军队的日常开销和战争需要。在市场营销活动中，企业的产品销售也是一项巨大的物资转移活动过程，如何保障产品销售和转移，需要有一套系统的渠道设计及管理方法，设计合理的渠道结构，选择合适的中间商，并进行评估和激励，才能让中间商充分发挥作用。

卒未亲附而罚之，则不服，不服则难用也。卒已亲附而罚不行，则不可用也。故令之以文，齐之以武，是谓必取。

简单地说，渠道成员管理中，中间商如果还不能认同并依附于企业，则很难让其充分发挥作用，在他们真正认同企业并愿意通力合作时，也需要怀柔与制度、奖励与惩罚并用，才能发挥营销渠道的效率和效果。

拓展阅读11-5

本章知识点

• 渠道(distribution channel)是指某种货物或劳务从生产者向消费者转移时取得这种货物或劳务的所有权或帮助转移其所有权的所有企业和个人,诸如批发商、零售商、代理商和经纪人等。

• 渠道不仅弥合生产和消费间矛盾和差异,还发挥着信息的收集和分发、促销、谈判、订货、融资、风险承担、物流、付款以及所有权转移等职能。

• 渠道结构是根据其层次数和同一层次中相同类型中间商数目的多少来确定的。渠道中间层次的数目称为渠道长度,而用同一层次中相同类型中间商的数目来表示渠道的宽度。

• 在基于关系型的现代企业经营管理中,渠道的协作也成为一个重要方向,各企业间通过整合资源,充分发挥市场营销能力,共同为满足消费者需求而建立渠道协作系统。

• 中间商在整个渠道中对于产品的转移起着重要作用,随着社会变迁与市场发展,中间商也发生着很大的变化,现在已经发展出多种中间商类型。

• 在产品实体流动过程中会涉及诸如运输、存储、配送等物流活动。物流是保证买卖双方交易完成后的产品实体转移的手段。

• 物流是产品实体流动的活动过程,包括运输、存储、包装、物料搬运、订单处理、预测、生产计划、采购、客户服务、选址以及其他活动。

• 配送是在经济合理区域范围内,根据客户的要求,对物品进行拣选、加工、包装、分割、组配等作业,并按时送达指定地点的物流活动。

• 渠道中存在很多诸如批发商、零售商、代理商等中间商,他们对产品的转移和分发起着重要作用,因此,企业对中间商需要有一整套的管理模式与方法,通过合理有效的管理使中间商能更好地为产品分销服务。

营销思考题

1.什么是营销渠道?营销渠道的结构类型有哪些?

2.批发商和中间商有哪几种?其各有哪些特点?

3.结合实际谈谈如何选择和确立渠道,考虑哪些因素。

4.物流配送的要求有哪些?怎样进行合理配送?

5.营销渠道管理的要点是什么?渠道调整一般有哪些情况?如何进行渠道调整?

营销计策

〔三十六计〕之三十一:美人计。

〔原文〕兵强者,攻其将。将智者,伐其情。将弱兵颓,其势自萎。利用御寇,顺相保也。

〔翻译〕兵力强大的,就要攻打他的将帅;将帅明智的,就打击他的情绪。将帅斗志衰弱、部队士气消沉,他的气势必定自行萎缩。利用敌人内部的严重弱点来控制敌人,可以有把握地保存自己的实力。

〔三十六计〕之三十二:空城计。

〔原文〕虚者虚之,疑中生疑;刚柔之际,奇而复奇。

〔翻译〕空虚的就让它空虚，使人更加难以揣测；在进攻和防御中运用空虚的战术来隐蔽自己的空虚，越发显得用兵出奇。

〔三十六计〕之三十三：反间计。

〔原文〕疑中之疑，比之自内，不自失也。

〔翻译〕在疑阵中再布置一层疑阵。来自敌方内部的援助，自己不会受到损失。

结尾案例

1968年，美的集团(SZ.000333)成立于佛山顺德，现总部位于广东省佛山市顺德区北滘镇内，是一家覆盖智能家居、楼宇科技、工业技术、机器人与自动化和创新型业务五大业务板块为一体的全球化科技集团，迄今，美的在全球拥有约200家子公司、33个研发中心和40个主要生产基地，业务覆盖200多个国家和地区。2023年，美的营业总收入3737亿元，拥有全球员工数超过19万人，在2023年《财富》世界500强中排名278位。在世界范围内拥有191个海外分支机构，同时为德国库卡集团最主要股东(约持股95%)。

美的集团的业务包括以厨房家电、冰箱、洗衣机及各类小家电为主的消费电器业务；以家用空调、中央空调等供暖及通风系统为主的暖通空调业务；以美的机器人公司等为核心的机器人及工业自动化系统业务；以安得智联为集成解决方案服务平台的智能供应链业务；美仁半导体公司的芯片业务等。

美的以"科技尽善，生活尽美"为经营理念，为顾客创造更好产品，过去五年研发资金近600亿元，形成美的、小天鹅，华凌、COLMO，库卡，威灵、合康、科陆、高创、万东和菱王等多个品牌组合，每年为全球超过5亿的各领域重要客户与战略合作伙伴提供满意的产品和优质的服务。

美的公司渠道较为复杂，以家用电器为例，从国内销售公司到区域销售公司、产品管理中心、代理商、经销商、直营店、电商渠道等多种，同时，经销商根据市场范围进行层级划分，通过完善的渠道系统来面向更广阔的市场进行产品销售。总体来看，美的公司的渠道结构为"区域代理＋直营"的销售模式，为产品能够更好地营销和满足顾客需求提供了健全的渠道保障。为使渠道商能够更好地适应营销职能，美的公司对渠道商有着较强的管控要求。如代理商负责制定区域内对分销商的批发业务，供货单位为美的生产商的商业企业。作为美的代理商必须拥有雄厚的资金优势，具备发达的物流配送系统及储存能力，具有开发市场的能力，能够对下级市场进行规划与操作，实现有效市场通路维护的能力，能够对分销商进行管控等。

资料来源于网络，作者有删改。

案例思考题

1.根据案例及更多资料，思考美的公司所采取的渠道结构是什么。如何进行渠道管控？

2.查找相关资料，根据美的产品拓展过程，试用三十六计之美人计解释美的公司满足顾客需求和发展历程。

第十二章　促销策略

故善出奇者，无穷如天地，不竭如江海。终而复始，日月是也；死而复生，四时是也。声不过五，五声之变，不可胜听也。色不过五，五色之变，不可胜观也。味不过五，五味之变，不可胜尝也。战势不过奇正，奇正之变，不可胜穷也。

——《孙子兵法·兵势篇》

教学目标

1.理解促销及促销组合的含义与作用；

2.了解各种促销方式的主要特点；

3.掌握广告和人员推销的基本策略；

4.掌握公共关系和营业推广的基本策略；

5.能够运用《孙子兵法》解读市场营销组合策略的内在逻辑；

6.理解三十六计之"苦肉计""连环计""走为上"的核心思想，并能够在市场营销组合策略中合理运用。

导入案例

T品牌木门"开门红"，线上线下全国联动

在2022年虎年春节黄金档期间，T品牌木门开展了一场规模宏大的"开门红"活动，通过线上线下的系列营销策略，利用短视频平台的"直播"趋势，成功提升了品牌热度，实现了销售的逆势增长。

活动于1月25日启动，覆盖全国23个省份，展示了T品牌木门的热销产品和数千万元的补贴政策。通过广泛的宣传和回馈措施，T品牌取得了超出预期的优异成绩。这一成功归因于T品牌在整合营销传播方面独特的优势。

随着短视频成为重要的社交平台，许多品牌纷纷入驻其中。然而，T品牌木门专注于最新最热的营销传播渠道，并凭借卓越的内容营销能力，在短视频渠道上领先于行业，独特地诉说品牌故事。

为了备战"开门红"活动，T品牌设立了星光班，为经销商提供短视频培训和赋能，以全面的指导教学方式，在家居行业中独树一帜。

自1月25日起，T品牌有计划地推广短视频。他们的内容与人们当前的生活密切相关，涵盖了放假、回家、过年、团聚、上班等方面。在制作方面，T品牌在总部和各地进行创意拍摄，通

过系列传播深入培养粉丝,并实现品牌内容的集中展示和产品推广。

在2月12日当天,T品牌总裁以主播身份亲临直播间,吸引了大量的流量和销售转化。同时,通过百城千店的联动,实现了线上购买和线下体验的完整闭环。

为配合"开门红"活动,T品牌总部推出了多款产品以低价销售,并投入了千万元的补贴。无论是花色、材质、款式还是设计,都充分满足了消费者的需求。此外,T品牌还提供了配套的入户门和静音窗等降噪静音产品。在活动当天,消费者购买指定产品还可以以9.9元的价格获得智能锁,为消费者带来了真诚的福利。

"开门红"活动不仅仅是T品牌的一次促销活动,多年来,他们每年都举办这个活动,旨在打造一个消费者共识的概念。然而,将这个概念真正内化为大众的消费共识并非易事,T品牌通过坚定和专注的品牌发展取得了成功。

在产品方面,T品牌以室内门为核心单品,通过创新的生态系统推出了背景墙、静音窗、入户门等高附加值产品。在渠道方面,T品牌在2021年频繁启动全国范围的招商活动。而在2022年,T品牌则将传统的家居行业渠道模式进行了变革,试行合伙人制度,让店长成为老板,激发渠道的活力。

根据T品牌的巅峰战报,在全国共有37个官方账号同时直播联动,总直播时长超过2600个小时,共发布了1585条视频内容。短视频曝光量突破了2168万,互动量超过了71万次,短视频直播的用户量超过了1200万人,全网粉丝增长高达18万人。

通过线上线下全国联动的方式,T品牌木门的"开门红"活动取得了令人瞩目的成绩。T品牌凭借独特的营销策略和品牌发展战略成功吸引了消费者的关注,并取得了长足的发展。

资料来源于网络,作者有删改。

孙子曰:凡战者,以正合,以奇胜。故善出奇者,无穷如天地,不竭如江海。终而复始,日月是也;死而复生,四时是也。声不过五,五声之变,不可胜听也。色不过五,五色之变,不可胜观也。味不过五,五味之变,不可胜尝也。战势不过奇正,奇正之变,不可胜穷也。奇正相生,如循环之无端,孰能穷之哉?

孙子认为,大凡作战,以正兵交合,以奇兵取胜。善于出奇制胜的军事人员,他的妙法犹如天地万物的变化无穷,如同江河流水的奔腾不息。就像日月运行那样周而复始,就像四季更替那样去了又来。尽管音阶不过五个,但融合演奏的音乐却是赏听不尽的;原色不过五种,但调和绘成的画图之美是观赏不完的;作战的基本方式不过奇正两种,但奇正的变化运用是无穷无尽的;奇正的相互转化就像顺着圆环旋转一样没有尽头。同样地,市场营销促销活动的组合方式也是千变万化的,并会因组合不同而促销效果迥异,因此,企业需要合理运用促销组合策略。

促销组合是指企业根据促销的需要,将广告、人员推销、公关宣传、营业推广等各种促销方式组合成一个策略系统,使企业的全部促销活动互相配合、协调一致,最大限度地发挥整体效果,顺利实现企业目标。促销组合体现现代市场营销整体营销的理念,促销组合是一种系统化的整体策略,四种基本促销方式是整体策略的四个子系统,每个子系统又包括一些可变因素,即具体的促销手段或工具,某一因素的改变意味着组合关系的变化,同时意味着新促销策略的产生。

2022年10月16日,在党的二十大报告中指出,"在社会主义条件下发展市场经济,是我们党的一个伟大创举”。党的十八大以来，我们坚持社会主义市场经济改革方向，坚持完善基本经济制度，坚持用好“看不见的手”和“看得见的手”，推动有效市场和有为政府更好结合，确保中国经济始终充满生机活力。因此，企业经营者要遵守市场经济运行的客观规律，善于分析和把握市场机会，正确选择、组合和运用各种促销方式，形成一个完整的最佳促销策略，把生产、产品等信息传递给消费者和用户，以增进其了解、信赖并购买本企业产品，最终实现企业经营目标。

第一节　促销与促销组合

现代营销不仅要求企业开发设计出品质优良的产品，制定出有吸引力的价格，通过顺畅的销售渠道使产品快捷地到达终端市场，而且还要求企业运用一定的促销手段，设计并传播能够增强消费者购买欲望的信息，最终实现产品销售。

一、促销的含义与作用

(一)促销的含义

促销是指通过人员或非人员的方法传播商品信息，帮助和促进消费者熟悉某种商品或劳务，并促进消费者对商品或劳务产生好感和信任，继而使其确定购买的活动。

(二)促销的方式

促销方式包括人员促销和非人员促销两大类。人员促销，是指企业派推销人员与消费者进行面对面的口头磋商，说服顾客购买其所推销的产品。非人员促销，是指企业借助于一定的媒体，把商品和劳务信息传递给广大消费者和用户，从而促使顾客产生购买动机和购买行为的一系列活动。非人员促销包括广告、营业推广和公共关系几种形式。两者比较来看，人员促销针对性较强，但影响面较窄。非人员促销影响面较宽，但针对性较差。为了更好地发挥每一种促销工具的作用，应注意将几种促销工具组合运用。促销的活动过程是信息沟通的过程，是从生产者到中间商，再到现实的和潜在的顾客之间的信息流通，具体说来，是提供信息，刺激需求，指导消费，形成销售。

(三)促销的作用

促销作为企业整体营销组合的重要组成部分，不仅具有信息传递和沟通的作用，而且对于树立企业和产品形象，加速和扩大企业产品交换的实现，有着十分重要的作用。促销的作用概括起来有以下几个方面。

(1)传递信息，沟通渠道。在市场经济高度发达的今天，商品的花色品种日益丰富，企业要想让自己的产品被消费者知道并看得到，就必须采取有效的办法，开展综合的促销活动，适时将商品信息传递给广大消费者(用户)及各类中间商，以便帮助他们更好地认识和了解本企业产品。

(2)诱导需求，扩大销售。消费者的购买欲望源于两个方面：一是顾客自身的生理或心理需要；二是外界的刺激，尤其是来自企业的营销刺激最为直接。另外，由于消费者对所购商品了解有限，所以，他们的行为具有极强的可诱导性，企业可以通过有效的宣传促销活动，激发潜在顾客的购买欲望，并引发他们的购买行为，引导需求朝着有利于企业的方向发展。

(3)突出特点，强化优势。企业要想让自己的产品在众多的同类产品中更容易被消费者识别，必须在各种促销活动中，宣传本企业产品与其他同类产品的不同特点，突出强调本企业产品能给消费者带来的独特利益，以便促使消费者偏爱本企业产品，从而有利于加强本企业在市场竞争中的优势。

(4)树立形象，巩固市场。企业在顾客心目中的形象，将直接影响其市场地位。良好企业形象的树立，除了在生产、服务过程中做好工作外，开展多种多样的促销活动更是必不可少。只有大力宣传产品形象及其企业自身形象，同时配合一定的公关活动，才能不断提高企业声誉，从而稳定企业的市场占有率，巩固其产品的市场地位。

二、促销组合及其影响因素

促销组合策略是根据产品特点和经营目标的要求，有计划地综合运用各种有效的促销手段所形成的一种整体的促销措施。企业的促销组合，实际上是对人员推销、广告、营业推广和公共关系的具体运用。在选择采取哪一种或几种促销方式时，要确定合理的促销策略，实现促销手段的最佳结合，必须注意把握影响促销策略的各种因素。这些因素包括以下几种。

(一)产品因素

1.产品的性质

营销人员要根据产品的各种特点将产品分成不同类型，然后再根据不同的产品制定出不同的促销组合策略。不同的商品在商品促销地点、时间、频率的选择上都是不同的，它直接影响到促销策略的制定。对于一般日用消费品，可以大规模做广告，产品推广也很见效，但人员推销就可能事倍功半；对于科技含量比较高的专业设备，大规模的广告可能收效甚微，但人员推广则是有的放矢。对于耐用品，由于使用的时间比较长，价格也比较高，就不可能采用营业推广的手段，而需要较多地采用人员推销和服务的形式，售后服务要有保证，公共关系手段不可缺少；对于服务类的商品则需要更多的质量控制，提高服务的附加值。

2.产品的生命周期

产品在不同的生命周期内，需要达到的促销目标不同，面对的市场环境和竞争对手策略也不同。因此，在不同的阶段，促销所用工具也应有所区别。在产品的导入期，最能起到作用的是广告和公共关系，有助于提高产品的销售量和知名度；成长期的促销，同样是为了提高产品的知名度，建立良好的品牌形象，广告和公共关系的方式同样适用；到了成熟期，随着竞争的加剧，营业推广的作用尤为突出，甚至追上广告和公共关系，其次才是人员推广；产品的衰退期，销售促进达到最佳效果，而广告、公共关系和人员推销的效果急剧下降。

3.产品的技术含量

产品的技术含量往往决定着产品的复杂性，一般来说，技术含量越高，产品的复杂程度也就越高。要推销技术含量比较高的产品就应该由专门的业务人员甚至推销工程师来完成销售工作，这就决定了这类产品在促销中要把力量放在人员的组织与激励上。如果产品已经没有更多的技术含量，或者产品的功能与功效已经为广大消费者所知晓，企业促销的重点就要放在企业及产品的知名度上，加大广告宣传的力度。

4.产品的档次及价格高低

产品档次高，决定了产品的单价高，单价越高就越适合于人员推销和公共关系工作的开展，而不适合于作广告宣传。高档次、高质量、高价格的产品，通过耐心地说服，给消费者以兴趣和信心是促销成功的关键。如果产品的档次较低，价格比较便宜，人员推销会使单位产品的销售成本太高，也就不适合人员推销。如果改为广告宣传，虽然费用高，但影响面广，再辅以适当的营业推广，会使促销产生事半功倍之效。

（二）顾客因素

1.顾客的群体特性

如果产品的目标市场不集中，消费者比较分散，企业在制定促销策略时就应该更多地考虑人员推销，有的放矢。如果目标市场比较集中，消费者不论在地域上、职业上，还是在社会阶层上，都能形成一个比较明显的群体，则可以通过与之相适应的媒体进行广告宣传。

2.顾客的购买特点

不同国家、不同民族有不同的购买习惯；不同的职业、不同的收入水平有不同的购买习惯；不同的年龄、不同的文化程度等也都可以形成不同的购买习惯。如我国民众具有“买涨不买跌”的习惯，具有“跟风攀比”的习惯，具有“眼见为实”的习惯。因此，企业在促销时要周密策划，选择好示范群体，制造热点事件，给消费者一个宽松的、可以货比三家的购物环境。

（三）促销因素

1.促销目标

企业促销的目的是不一样的，有的是实现短期利润最大化，有的是提高市场占有率，有的是为提高企业的形象以实现可持续发展，那么促销组合就各有侧重点。实现短期利润最大化，就要重点加强营业推广和广告宣传；提高市场占有率，就需要在营业推广和广告宣传基础上加强人员推销；提升企业形象，就需要在营业推广、广告宣传、人员推销的基础上加大公关力度。

2.促销方式

企业的促销策略有推动型与拉动型两种。推动型策略是指生产厂家向中间商进行产品促销，再由中间商向最终用户促销。拉动型策略是指生产厂家直接针对最终消费者进行促销，由最终消费者向中间商提出购买意愿，再由中间商向生产厂家进货。采用推动型策略必须集中力量在人员推销等方面，采用拉动型策略必须把工作重心放在广告宣传等方面。两种类型的策略如图 12-1 所示。

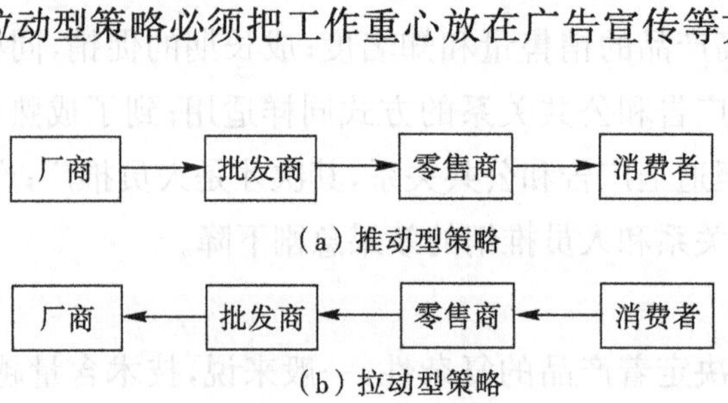

图 12-1　推动型策略和拉动型策略

3.促销预算

各种促销手段都需要一定的费用支持，但手段不同所需要的费用多少自然不等，同一家企业在不同时期可以用来促销的资金当然也不会相同。相对来说，人员推销、营业推广等所需要的资金比较容易承受，而广告宣传和公共关系活动所需要的资金就比较大。企业在预算中准备了充足的促销资金，就可以较多地在大众媒体上进行广告宣传或举办规模较大的公关活动。

第二节 人员推销

把产品成功地带入市场是企业营销的核心，因此，现代企业都十分注重推销。尤其是大型设备、专业设备以及属于大宗交易的产品，派员推销仍是主要的促销方式。但是以推销为中心的促销组合，不是仅仅凭推销员单枪匹马地去冲锋陷阵，而是集宣传、服务、调研和公关为一体的综合性经营活动。

一、人员推销的含义和特征

(一)人员推销的含义

人员推销是指企业推销人员与消费者通过面对面的接触，将产品或劳务的信息传递给消费者，运用一定的推销手段和技巧，使消费者认识产品或劳务的性能、特征，进而激发消费者的购买欲望，实现购买行为的促销活动方式。

(二)人员推销的特征

1.信息传递的双向性

作为一种促销方式，只有人员推销这种形式能够实现双向信息沟通。一方面，它可以把企业的有关信息传递给最终用户和中间商，也就是推销对象；另一方面，推销人员通过和推销对象面对面的接触，可以把推销对象有关企业、产品、品牌、竞争对手方面的信息传递或反馈回来。通过这种双向信息沟通，企业可以及时、准确地了解到市场方面的有关情况和信息，为企业营销决策的调整提供依据。这种沟通起到了重要的信息源作用。

2.推销目的的双重性

企业派推销人员向推销对象推荐各种产品与服务，主要目的是尽可能多地实现商品销售。另外，推销人员在这一过程中还可以实现市场调研。因此，推销的目的有两种，一种是推销商品，另一种是市场调研。在实践中，往往存在着不能充分、有效地发挥人员推销之优点的现象和弊端，主要是因为推销人员在市场调研方面的作用没有得到很好地发挥。也就是说，企业在分派推销人员进行推销和信息沟通时，应该要求推销人员定期或不定期地提交市场调查报告，这是企业建立市场营销信息系统、建立客户档案的一项基础性重要工作。推销人员源源不断地从推销对象那里获取大量信息，有利于建立、修改或完善市场营销信息系统。

3.推销过程的灵活性

通过人与人之间面对面的接触，推销人员可以及时地回答推销对象对企业和产品各个方面的质疑，以消除推销对象、最终用户的疑虑。同时，在面对面接触的过程中，还可以针对产品价格、付款时间、交货地点等问题进行灵活机动的洽谈，这对于交易达成是非常有利的。

4.友好协作的长期性

由于推销人员和推销对象经常接触，相互之间容易结成深厚的友谊，这种友谊的建立，可以为进一步建立贸易合作伙伴关系奠定深厚的基础，这是其他促销形式所不具备的优点。所以，人员推销这种形式要求推销人员注重关系营销，注重友好关系的建立、维系与发展。

二、人员推销的形式

（一）上门推销

上门推销是最常见的人员推销形式。它是由推销人员携带产品样品、说明书和订单等走访顾客，推销产品。这种推销形式可以针对顾客的需要提供有效的服务，方便顾客，故为顾客广泛认可和接受。

（二）柜台推销

柜台又称门市，是指企业在适当地点设置的固定门市，由营业员接待进入门市的顾客，推销产品。门市的营业员是广义的推销员。柜台推销与上门推销正好相反，它是等客上门式的推销。由于门市里的产品种类齐全，能满足顾客多方面的购买要求，为顾客提供较多的购买方便，并且可以保证产品完好无损，故顾客比较乐于接受这种方式。

（三）会议推销

会议推销是指利用各种会议向与会人员宣传和介绍产品，开展推销活动。譬如，在订货会、交易会、展览会、物资交流会等会议上推销产品。这种推销形式接触面广、推销集中，可以同时向多个推销对象推销产品，成交额较大，推销效果较好。

拓展阅读12-1

三、推销人员的管理

（一）推销人员的素质

成功的推销必须有优秀的推销人员，优秀的推销员应该具有如下几个方面的基本素质和条件。

1.具有良好的形象和口才

推销员并不是外交官，但其基本形象还是很重要的，完全可以说，推销员的形象是企业形象的重要组成部分。对得起观众的形象、体面的服装、适度的举止、清楚地表达问题的口才是优秀推销员应具有的基本条件。特别是把产品推向国际市场，业务人员要谈判、推销，若没有良好的形象、风度和口才，就很难把工作做好。

2.具有良好的道德品质

推销术是一门学问，也是一门艺术，是每位推销人员都应该认真研究的问题。推销员必须时刻牢记，推销术绝对不是骗术！隐瞒自己产品的缺陷，把自己的产品吹得天花乱坠，绝对不能成为一名优秀的推销员。推销员只有具备良好的品质，讲究诚实信用、公平交易，即以诚恳的态度、诚实的经营、诚信的服务，取得用户的信任，最终才能很好地实现公平交易，进而完成推销任务。良好的道德品质会使推销员产生一种亲和力，产生一种感化用户或消费者的力量。

3.具有掌握综合推销规律与具体技巧的能力

不论推销什么产品都是在推销，只要是推销就有其共性，作为一名推销员，首先要掌握这种共性，把握推销的基本规律。但推销工作是面对具体的用户和消费者，而用户和消费者是千差万别的。因此，推销是一门艺术，有很多技巧，缺乏个性的推销难以取得成功，推销绝不能千篇一律，对别人的经验只能学习而不能模仿，不能东施效颦。优秀的推销员能够具体情况具体分析，根据不同的背景设计相应的推销方式。

4.具有广博的知识和丰富的经验

推销是一种创造性的劳动，创造需要想象力，想象是思维的运动和构造，而知识和经验为其提供基本的素材。就这一点来看，推销能力也可以说是运用知识的能力。行万里路，破万卷书，尽管不需要很深，但需要广博。实践中，一个没有必要的知识和缺乏基本经验的推销员能很好地完成销售任务，成为一名优秀的推销员是很难想象的。唯有知识广博并且经验丰富，才能与各种不同类型的用户和消费者交流思想，融洽气氛，达到推销的目的。

5.具有很强的应变能力

推销员一般独立开展工作，总要同形形色色的人打交道，无论如何进行准备工作，无论怎样筹划推销中的各种活动，也不可能在推销之前做出应付各种意外情况的方案，这就要求推销员善于应对各种复杂的局面，根据具体情况及时作出反应，有逻辑地组织语言，提高说服力，能够与各种人打交道并结交他们，积极创造销售机会。

6.具有很强的进取心

在市场竞争日趋激烈的条件下，推销是一项非常艰难的工作，推销员应该具有不达目的誓不罢休的决心和信心；具备果断坚毅、忍辱负重、不怕困难和挫折的心理素质；具有一种强烈的内在驱动力，去完成各项推销任务。

7.具有很强的事业心

推销员的工作具有很大的流动性，许多企业的业务关系是推销员维系的，一旦推销员与企业离心离德，企业往往遭受很大损失。因此，推销员必须忠诚，具有事业心，积极负责，主动地与整个经营工作相配合，保持企业与顾客的牢固联系。推销员把推销当成一种事业来做是成功的关键。如果一个推销员纯粹为了销售提成的增加而做推销工作，也会有一定的业绩，但急功近利式的销售会形成对未来销售的透支。如果把推销工作当成事业来做，就会同顾客建立长期稳定的业务联系，做好顾客管理工作，销售工作才能取得长期的实效。

（二）推销人员的甄选与培训

由于推销人员素质高低直接关系到企业促销活动的成功与失败，所以，推销人员的甄选与培训十分重要。

1.推销人员的甄选

甄选推销人员，不仅要对未从事推销工作的人员进行甄选，使其中品德端正、作风正派、工作责任心强、胜任推销工作的人员进入推销人员的行列，还要对在岗的推销人员进行甄选，淘汰那些不适合推销工作的推销人员。

推销人员的来源，一是来自企业内部。把本企业内德才兼备、热爱并适合推销工作的人选拔到推销部门工作。二是从企业外部招聘。企业从大专院校的应届毕业生、其他企业或单位等群体中物色合格人选。无论哪种来源，都应经过严格的考核，择优录用。

甄选推销人员有多种方法，为准确地选出优秀的推销人才，应根据推销人员素质的要求，采用申报、笔试和面试相结合的方法。由报名者自己填写申请，借此掌握报名者的性别、年龄、受教育程度及工作经历等基本情况；通过笔试和面试可了解报名者的仪表风度、工作态度、知识广度和深度、语言表达能力、理解能力、分析能力、应变能力等。

2.推销人员的培训

对入选的推销人员，还需经过培训才能上岗，使他们学习和掌握有关知识与技能。同时，还要对在岗推销人员，每隔一段时间进行培训，使其了解企业的新产品、新的经营计划和新的市场营销策略，进一步提高素质。培训内容通常包括企业知识、产品知识、市场知识、心理学知识和政策法规知识等内容。

培训推销人员的常用方法主要有以下几项。一是讲授培训。这是一种课堂教学培训方法。一般是通过举办短期培训班或进修等形式，由专家、教授和有丰富推销经验的优秀推销员来讲授基础理论和专业知识，介绍推销方法和技巧。二是模拟培训。它是受训人员亲自参与的、有一定真实感的培训方法。具体做法是，由受训人员扮演推销人员向由专家教授或有经验的优秀推销员扮演的顾客进行推销，或由受训人员分析推销实例等。三是实践培训。实际上，这是一种岗位练兵。入选的推销人员直接上岗，与有经验的推销人员建立师徒关系，通过传、帮、带，使受训人员逐渐熟悉业务，成为合格的推销人员。

(三)推销人员的考核与评价

为了加强对推销人员的管理，企业必须对推销人员的工作业绩进行科学而合理的考核与评价。推销人员业绩考评结果，既可以作为分配报酬的依据，又可以作为企业人事决策的重要参考指标。

1.考评资料的收集

收集推销人员的资料是考评推销人员的基础性工作。全面、准确地收集考评所需资料是做好考评工作的客观要求。考评资料主要从推销人员销售工作报告、企业销售记录、顾客及社会公众的评价以及企业内部员工的意见四个来源途径获得。

(1)推销人员销售工作报告。销售工作报告一般包括销售活动计划和销售绩效报告两部分。销售活动计划作为指导推销人员推销活动的日程安排，它可展示推销人员的区域年度推销计划和日常工作计划的科学性、合理性。销售绩效报告反映了推销人员的工作实绩，据此可以了解销售情况、费用开支情况、业务流失情况、新业务拓展情况等许多推销绩效。

(2)企业销售记录。企业销售记录包括顾客记录、区域销售记录、销售费用支出的时间和数额等信息，而使其成为考评推销业绩的宝贵的基础性资料。通过对这些资料进行加工、计算和分析，可以得出适宜的评价指标，如某一推销人员所接订单的毛利、一定时期一定规模订单的毛利等。

(3)顾客及社会公众的评价。推销人员面向顾客和社会公众提供各种服务，这就决定了顾客和社会公众是鉴别推销人员服务质量最好的见证人，因此，评估推销人员理应听取顾客及社会公众的意见。通过对顾客投诉和定期顾客调查结果的分析，可以发现不同的推销人员在完成推销商品这一工作任务的同时，其言行对企业整体形象的影响。

(4)企业内部员工的意见。企业内部员工的意见主要是指销售经理或其他非销售部门有关人员的意见，此外，推销人员之间的意见也作为考评时的参考。依据这些资料可以了解有关推销人员的合作态度和领导才干等方面的信息。

2.考评标准的建立

考评推销人员的绩效，科学而合理的标准是不可缺少的。绩效考评标准的确定，既要遵循基本标准的一致性，又要坚持推销人员在工作环境、区域市场拓展潜力等方面的差异性，不能一概而论。当然，绩效考核的总体标准应与销售增长、利润增加和企业发展目标相一致。

拓展阅读12-2

公平而富有激励作用的绩效考评标准，需要企业管理人员根据过去的经验，结合推销人员的个人行为来综合制定，并需在实践中不断加以修正与完善。常用的推销人员绩效考核指标主要有销售量、访问率、访问成功率、平均订单数目、销售费用等。

第三节　营业推广

营业推广又称销售促进，是指企业运用各种短期诱因鼓励消费者和中间商购买、经销或代理企业产品或服务的促销活动，是人员推销、广告和公共关系以外能够迅速刺激需求，鼓励客户或消费者迅速购买的促销方式。

一、营业推广的特点

(一)营业推广的特点

(1)营业推广通常是作短期考虑，为了立即反应而设计，所以常常都有限定的时间和空间。

(2)营业推广注重的是行动，要求消费者或经销商亲自参与，行动导向目标是立即销售。

(3)营业推广工具的多样性，营业推广由刺激和强化市场需求的各种促销工具组成。现今的营业推广活动已比以往的折扣、商店内示范样品、赠券、产品配套竞赛、抽奖、有奖销售、以赞助为目的的专门性音乐会、交易会、购买点陈列等方式更加丰富，出现了联合促销、服务促销、网络抢购、红包大战等以顾客满意为目的和标准的满意促销等。

(4)营业推广在特定时间提供给购买者激励，以诱使其购买某些特定产品。激励通常为金钱、商品或附加服务，成为购买者做出购买行为的直接诱因。

(5)营业推广见效快，销售效果立竿见影，能够给销售增加实际价值。

总之，营业推广的最大特征在于，它是战术性营销工具，而非战略性营销工具。它提供的是短期强刺激，刺激消费者直接购买行动和购买欲望。

(二)营业推广的作用

1.缩短新产品进入市场的时间

新产品刚投入市场时，因消费者对其缺乏足够的了解，在购买过程中往往表现出观望态度。

中间商则由于最终消费者的上述态度而不敢贸然批量经营。如果进行营业推广，采用赠送样品、演示、代销、包退包换等方法，就能消除购买者的怀疑，激发其购买积极性。

2.刺激潜在需求变为现实需求，促进购买决策的形成

当消费者需求处于潜伏状态或在众多的同类商品中进行选择尚未作出购买决定时，采用奖励、现金折扣、赠送样品、赠送优惠券、抽奖销售、使用示范、咨询服务、租赁等营业推广方法，往往能使消费者认识到机会难得，进而促成其立即购买。

3.刺激顾客进行大批量购买，加速资金周转

营业推广的一项重要任务是刺激顾客进行大批量购买。而购货折扣、经销竞赛、价格保证、推销奖金等方法的应用，可从物质利益方面诱导顾客加大购买批量，从而有利于企业加速资金周转，扩大再生产。

4.提高商业信誉，扩大市场占有量

营业推广中服务周到、互惠、价格保证、商品展销、联合、红利提成、优惠券等应用，会促进买卖双方相互信任，建立长期的协作关系，有利于企业生产经营活动的进行。

二、营业推广的形式

(一)对消费者的营业推广形式

针对消费者的营业推广目的是鼓励老客户继续购买，促进潜在客户试用以使之成为实际客户，吸引习惯购买其他同类产品的顾客等。推广方式主要包括以下几种。

1.赠送样品

向消费者赠送样品或试用品，赠送样品是介绍新产品最有效的方法，缺点是费用高。样品可以选择在商店或闹市区散发，或在其他产品中附送，也可以公开广告赠送，或入户派送。

2.折价券

在购买某种商品时，持券可以免付一定金额的费用。折价券可以通过广告或直邮的方式发送。线上支付也可以通过扫红包或者秒杀等活动进行折价销售。

3.包装促销

以较优惠的价格提供组合包装和搭配包装的产品。

4.抽奖促销

顾客购买一定产品后可获得抽奖券，凭券进行抽奖，获得奖品或奖金，抽奖可以有多种形式。

5.现场演示

企业派促销员在销售现场演示本企业的产品，向消费者介绍产品的特点、用途和使用方法等。

6.联合推广

企业与零售商联合促销，将一些能显示企业优势和特征的产品在商场集中陈列，边展销边销售。

7.参与促销

消费者通过参与各种促销活动，如技能竞赛、知识比赛等活动，能获取企业的奖励。

8.会议促销

各类展销会、博览会、业务洽谈会期间的各种现场产品介绍、推广和销售活动。

9.服务促销

通过周到的服务使顾客得到实惠,在相互信任的基础上长期开展交易,有售前、售中、售后服务,培训服务,保险、咨询服务,订购、邮寄服务等。

10.消费信贷

消费者不用支付现金就可购买商品,形式有分期付款、信用卡等。

(二)对中间商的营业推广形式

针对中间商的营业推广活动目的是鼓励中间商大量进货,增加商品储存(特别是季节性产品);鼓励中间商持续地经营本企业产品,建立固定的产销关系等。

1.批发回扣

企业为争取批发商或零售商多购进自己的产品,在某一时期内给经销本企业产品的批发商或零售商加大回扣比例。

2.推广津贴

企业为促使中间商购进企业产品并帮助推销,可以支付给中间商一定的推广津贴。

3.销售竞赛

根据各个中间商销售本企业产品的实绩,分别给优胜者以不同的奖励,如现金奖、实物奖、免费旅游、度假奖等,以起到激励的作用。

4.扶持零售商

生产商对零售商专柜的装潢予以资助,提供POP(购买端)广告,以强化零售网络,促使销售额增加;可派遣厂方信息员或代培销售人员。生产商这样做的目的是提高中间商推销本企业产品的积极性和能力。

三、营业推广的控制

营业推广是一种促销效果比较显著的促销方式,但倘若使用不当,不仅达不到促销的目的,反而会影响产品销售,甚至损害企业形象。因此,企业在运用营业推广方式促销时,必须予以控制。

1.选择适当的方式

营业推广方式很多,且各种方式都有其各自的适应性。选择好营业推广方式是促销获得成功的关键。一般说来,应结合产品的性质、不同方式的特点以及消费者的接受习惯等因素选择合适的营业推广方式。

2.确定合理的期限

控制好营业推广的时间长短也是取得预期促销效果的重要一环。推广的期限,既不能过长,也不宜过短。因为时间过长会使消费者感到习以为常,降低刺激需求的作用,甚至会产生疑问或不信任感;时间过短会使部分顾客来不及接受营业推广的好处,收不到最佳的促销效果。一般应以消费者的平均购买周期或淡旺季间隔为依据来确定合理的推广期限。

3.禁忌弄虚作假

营业推广的主要对象是企业的潜在顾客，因此，企业在营业推广全过程中，一定要坚决杜绝徇私舞弊的短视行为发生。在市场竞争日益激烈的条件下，企业商业信誉是十分重要的竞争优势，没有理由自毁商誉。本来营业推广这种促销方式就有贬低商品之意，如果再不严格约束企业行为，那将会产生失去长期利益的巨大风险。因此，弄虚作假是营业推广中的最大禁忌。

4.注重中后期宣传

开展营业推广活动的企业比较注重推广前期的宣传，这非常必要。还需提及的是不应忽视中后期宣传。在营业推广活动的中后期，十分重要的宣传内容是营业推广中的企业兑现行为。这是消费者验证企业推广行为是否具有可信性的重要信息源。所以，令消费者感到可信的企业兑现行为，一方面有利于唤起消费者的购买欲望，另一个更重要的方面是可以换来社会公众对企业良好的口碑，增强企业的良好形象。

拓展阅读12-3

此外，还应注意确定合理的推广预算，科学测算营业推广活动的投入产出比。

第四节　公共关系策略

一、公共关系的概念及特征

（一）公共关系的概念

公共关系，又称公众关系，是指企业在从事市场营销活动中正确处理企业与社会公众的关系，以便树立企业的良好形象，从而促进产品销售的一种活动。“公共关系”一词来自英文 public relations，简称“公关”或 PR。

（二）公共关系的特征

公共关系是一种社会关系，但又不同于一般社会关系，也不同于人际关系，因为它有独有的特征。公共关系的基本特征表现在以下几个方面。

公共关系是一定社会组织与其相关的社会公众之间的相互关系。这里包括以下三层含义。其一，公关活动的主体是一定的组织，如企业、机关、团体等。其二，公关活动的对象，既包括企业外部的顾客、竞争者、新闻界、金融界、政府各有关部门及其他社会公众，又包括企业内部职工、股东。这些公关对象构成了企业公关活动的客体。企业与公关对象关系的好坏直接或间接地影响企业的发展。其三，公关活动的媒介是各种信息沟通工具和大众传播渠道。作为公关主体的企业，借此与客体进行联系、沟通、交往。

公共关系的目标是为企业广结良缘，在社会公众中创造良好的企业形象和社会声誉。一个企业的形象和声誉是其无形的财富。良好的形象和声誉是企业富有生命力的表现，也是公关真正目的之所在。企业以公共关系为促销手段，是利用一切可能利用的方式和途径，让社会公众熟悉企业的经营宗旨，了解企业的产品种类、规格以及服务方式和内容等有关情况，使企业在社会上享有较高的声誉和较好的形象，促进产品销售的顺利进行。

公共关系的活动以真诚合作、平等互利、共同发展为基本原则。公共关系以一定的利益关系为基础,这就决定了主客体双方必须均有诚意,平等互利,并且要协调、兼顾企业利益和公众利益。这样,才能满足双方需求,以维护和发展良好的关系。否则,只顾企业利益而忽视公众利益,在交往中损人利己,不考虑企业信誉和形象,就不能构成良好的关系,也毫无公共关系可言。

公共关系是一种信息沟通,是创造“人和”的艺术。公共关系是企业与其相关的社会公众之间的一种信息交流活动。企业从事公关活动,能沟通企业上下、内外的信息,建立相互间的理解、信任与支持,协调和改善企业的社会关系环境。公共关系追求的是企业内部和企业外部人际关系的和谐统一。

公共关系是一种长期活动。公共关系着手于平时努力,着眼于长远打算。公共关系的效果不是急功近利的短期行为所能达到的,需要连续的、有计划的努力。企业要树立良好的社会形象和信誉,不能拘泥于一时一地的得失,而要追求长期、稳定的战略性关系。

二、公共关系的基本职能

公共关系的基本职能是指公共关系对社会组织、个人及整个社会所担负的基本职责和所要发挥的功能。了解公共关系的基本职能,将有助于明确公共关系的本质,更科学有效地开展公共关系活动。

(一)收集信息,监测环境

公共关系首先要发挥收集信息、监测环境的作用,即作为组织的预警系统,通过各种调查研究的方法,收集信息、监视环境、反馈舆论、预测趋势、评估效果,以帮助组织对复杂、多变的公众环境保持高度的敏感性,维持组织与整个社会环境之间的动态平衡。

(二)咨询建议,参与决策

这是公共关系最有价值的职能,公共关系的咨询建议是指组织公关人员向决策层和各管理部门提供公共关系方面的意见和建议,使决策更加科学化、系统化,并照顾到社会公众的利益。其主要包括对本组织内部方针、政策和行动提供咨询意见,发挥公共关系对组织的导向作用,参与决策,制定出合乎组织发展的目标;对本组织公共关系战略、经营销售战略和广告宣传战略、CIS(企业形象识别系统)战略、组织文化战略等提供咨询意见,使原来分由几个部门负责的工作发展成为一个系统,并制定出科学的实施方案供决策者参考,以及对组织生存环境的有关发展变化进行预测和咨询,使组织决策者拥有一套乃至几套可以选择的方案,以适应这些变化。

(三)传播推广,塑造形象

公共关系的传播沟通职能主要体现在两个方面:一是组织运用传播沟通的手段同公众进行双向交流,与公众交心,赢得公众的信任和支持;二是顺时造势,实现舆论导向,通过策划新闻、公关广告、专题活动等手段,制造声势,提高组织的知名度与美誉度,为组织创造良好的舆论环境。从某种意义上说,丧失了传播沟通的职能,公共关系就将一事无成。

(四)协调沟通,平衡利益

公共关系中的协调是在沟通的基础上,经过调整,达到组织与公众互惠互利的和谐发展。协调的重要作用在于保持组织管理系统的整体平衡,使各个局部能步调一致,以利于发挥总体优势，确保计划的落实和目标的实现。协调关系分为广义协调和狭义协调。广义协调不仅包括组织内部的协调，而且包括组织对外的协调，如组织与政府、社区、消费者等的协调活动。狭义协调主要是指组织内部的协调，如组织内部上下级之间的协调，组织内部同一层次中各部门、各单位之间的关系协调。内求团结，外求和谐，是公关协调工作的宗旨。

（五）教育引导，培育市场

公共关系完成其社会职能、促进社会发展，就需要加强教育引导，提高美誉度更需要教育引导。组织公共关系的教育引导职能主要表现在对内、对外两个方面。对内，公共关系的主要职能是传播公关意识，传播公共关系的思想和技巧，进行知识更新，不仅要对每个员工进行教育引导，也要说服组织领导接受公共关系思想。对外，组织公共关系主要是对公众进行教育引导。人们常说“公众永远是对的”，这是从服务的角度将“正确”让给对方，但客观地讲，公众不可能永远正确，而是需要加以引导。

（六）科学预警，危机管理

组织危机是组织生存发展的大敌，处理不好往往给组织造成重大损失，甚至断送组织的“生命”，因而组织公共关系将危机处理作为公共关系的主要职能和工作重点之一。随着公关理论和实践的发展，事前预测管理危机已成为公共关系对待危机的主流方法，这是组织公共关系的新发展。

三、公共关系的活动方式和工作程序

（一）公共关系的活动方式

公共关系和企业营销活动有着密切的联系。企业可以根据自身实际情况，有选择地运用以下公共关系活动方式。

1.交际型公关

这种以人际交往为主的实用型公关具有直接性、灵活性和浓厚的人情味，具有十分明显的作用和效果，成为不少企业营销人员的成功之道。

2.赞助型公关

通过赞助文化、教育、体育、卫生等事业，支持社区福利事业，参与国家、社区重大社会活动等形式来提高企业的社会知名度和美誉度，塑造企业的良好形象。这种公关方式，公益性强，影响力大，有长期效益，企业能从中得到特殊的利益，建立一心为大众服务的形象。

3.沟通型公关

这种公关方式主要是通过开办各种咨询业务、制定调查问卷、进行民意测验、设立热线电话、聘请兼职信息人员、举办信息交流会等各种形式，连续不断地努力，逐步形成效果良好的信息网络，再将获取的信息进行分析研究，为经营管理决策提供依据，为社会公众服务。

4.宣传型公关

宣传型公关是运用报纸、杂志、广播、电视、网络、移动通信等各种传播媒介，采用撰写新闻稿、演讲稿、报告、软文等形式，向社会各界传播企业有关信息，以形成有利的社会舆论，创造良好气氛的活动。这种方式传播面广，推广企业形象效果较好。企业应当争取一切机会和新闻界建立联系，及时将具有新闻价值的信息提供给新闻媒体，以此扩大企业在消费者中的影响，引导公众意向。

5.建设型公关

建设型公关多用于企业的开创时期，或某一发展时期的起步阶段，或新产品问世，争取良好、深刻的第一印象，提高知名度。把握时机，创造条件，不断在特定公众中进行新颖、别致的“曝光”和“亮相”。

6.维持型公关

维持型公关多用在企业顺利、稳定发展时期，为保持声誉，稳定良好关系，长期不断施以不落痕迹的影响，主要在于长期稳定巩固原有的良好关系。

7.危机型公关

危机型公关是指企业的管理不善、同行竞争甚至遭遇恶意破坏或者是外界特殊事件的影响，而给企业或品牌带来危机，企业针对危机所采取的一系列自救行动，包括消除影响、恢复形象。

8.进攻型公关

当企业与外部环境发生某种冲突时，企业也可以以攻为守，采取断然措施，引起公众注意和兴趣，取得公众舆论支持，彰显企业个性和主张，改变环境，创新局面。

(二)公共关系的工作程序

公共关系活动的基本程序，包括调查、计划、实施、检测四个步骤。

1.公共关系调查

它是公共关系工作的一项重要内容，是开展公共关系工作的基础和起点。通过调查，能了解和掌握社会公众对企业决策与行为的意见。据此，可以基本确定企业的形象和地位，可以为企业监测环境提供判断条件，为企业制定合理决策提供科学依据等。公关调查内容广泛，主要包括企业基本状况、公众意见及社会环境三方面内容。

2.公共关系计划

公共关系是一项长期性工作，合理的计划是公关工作持续高效的重要保证。制定公关计划，要以公关调查为前提，依据一定的原则来确定公关工作的目标，并制定科学、合理而可行的工作方案，如具体的公关项目、公关策略等。

3.公共关系的实施

公关计划的实施是整个公关活动的“高潮”。为确保公共关系实施的效果最佳，正确地选择公共关系媒介和确定公共关系的活动方式是十分必要的。公关媒介应依据公共关系工作的目标、要求、对象和传播内容以及经济条件来选择；确定公关的活动方式，宜根据企业的自身特点、不同发展阶段、不同的公众对象和不同的公关任务来选择最合适、最有效的活动方式。

4.公共关系的检测

公关计划实施效果的检测，主要依据社会公众的评价。通过检测，能衡量和评估公关活动的效果，在肯定成绩的同时，发现新问题，为制定和不断调整企业的公关目标、公关策略提供重要依据，也为使企业的公共关系成为有计划的持续性工作提供必要的保证。

拓展阅读12-4

第五节　广告策略

一、广告的概念与种类

广告有广义和狭义之分，广义的广告包括营利性广告（商业广告）和非营利性广告（公益广告）；狭义的广告专指商业广告，是广告客户以付费的方式、有计划地通过大众传播媒体向选定的目标市场受众传递特定的商品、服务或观念的信息，以期影响大众行动的信息传播活动。

根据不同标准，商业广告可以分为以下几种类型。

（一）根据广告的内容和目的划分

产品广告。其是针对商品销售开展的大众传播活动。产品广告按其目的不同可分为三种类型：一是告知性广告，亦称报道性广告。它是以激发顾客对产品的初始需求为目标，主要介绍刚刚进入投入期的产品的用途、性能、质量、价格等有关情况，以促使新产品进入目标市场。二是劝告性广告，又叫竞争性广告。它是以激发顾客对产品产生兴趣，增进“选择性需求”为目标，对进入成长期和成熟前期的产品所做的各种传播活动。三是提醒性广告，也叫备忘性广告或提示性广告。它是指对已进入成熟后期或衰退期的产品所进行的广告宣传，目的在于提醒顾客，使其产生“惯性”需求。

企业广告。其又称商誉广告。这类广告着重于社会宣传，介绍企业名称、企业精神、企业概况（包括历史、生产能力、服务项目等情况）等有关企业信息，其目的是提升企业的声望、名誉和形象。

（二）根据广告的传播区域划分

全国性广告。其是指针对全国市场、采用信息传播能覆盖全国的媒体所做的广告，以此激发全国消费者对所做广告的产品产生需求。在全国发行的报纸、杂志、广播、电视、网络、移动通信等媒体上所做的广告，均属全国性广告。这种广告要求广告产品是适合全国通用的产品，并且，因其费用较高，也只适合生产规模较大、服务范围较广的大企业，而对实力较弱的小企业实用性较差。

地区性广告。其是指针对某一地方市场、采用信息传播只能覆盖这一区域的媒体所做的广告，借以刺激某些特定地区消费者对产品的需求。在省、县报纸、杂志、广播、电视等媒体上所做的广告，均属此类；路牌、霓虹灯上的广告也属地区性广告。此类广告传播范围小，多适合于生产规模小、产品通用性差的企业和产品进行广告宣传。

（三）根据广告的媒体划分

广告的媒体主要包括报纸广告、杂志广告、广播广告、电视广告、直邮广告、户外广告、网络广告、移动广告、社交媒体广告以及其他媒体广告。

二、广告的功能

（一）传播信息

传播信息是广告的基本功能，也是广告最为重要的功能。经济越是发达，社会越是进步，这一功能就越是清晰地显示出来。广告可以向消费者介绍产品的成分、质地、技术、性能、规格、特点、使用范围、养护知识等。这些信息若不能有效地传递给潜在的消费者，许多人就可能因为并不知晓该商品而不会购买。一件商品，尤其是价格昂贵的耐用消费品，消费者一般不会在对该产品一无所知的情况下掏钱购买。

（二）刺激需求

消费者的某些需求有时处于潜在状态，若不加以刺激，则可能被抑制；若加以有效地刺激，则可能引起实际的购买行为。刺激消费者需求的方式虽多，但最普遍、最直接、最有效的方式还是广告。形形色色的广告手段是激发人们潜在消费需求的有效工具，由广告效应所造成的购买氛围使得现代人事实上已经无法摆脱广告对其心理需求的巨大影响。消费者的潜在需求一旦被激发，扩大销售便是顺理成章的事了。可乐、雪碧、咖啡等饮料，并不是中国人的传统饮品，中国人的传统习惯是喝茶。然而，中外厂商硬是通过广告的力量，激发了中国人的潜在需求，使这类饮料销售与日俱增，牢牢地占据了中国市场。如今，中国人的宴席上可以没有茶，但不可以没有饮料；许多中国人在家接待客人，也常常拿出饮料而不是茶来表示主人对客人的热情。

（三）争夺顾客

市场经济充满竞争，市场经济越发达，企业之间的竞争也就越激烈。对于厂商来说，竞争是一种挑战，也是一种动力。哪里有销售，哪里就有竞争。如果一家企业通过广告刺激潜在消费者购买，而另一家企业不进行任何广告宣传，则顾客很可能被夺走，在竞争中的地位就可能发生某种变化。所以，许多企业都利用广告这个手段来开拓市场、促进销售，以此来提高经济效益。

（四）陶冶情操

厂家非常清楚广大观众和读者一般不愿意看广告，为了让观众和读者把广告的内容看完，除插播广告外，就一定要在广告的艺术性上做文章。事实上，好的广告是一种艺术，能陶冶人们的情操，丰富人们的生活，甚至具有某种教育作用。

（五）抑制竞争对手

知名大企业抢占各种媒体的黄金时间和黄金版面，并不是因为本企业或其产品知名度不够，主要不是为已经出名的产品做广告，最重要的是不让竞争对手抢走具有良好效果的广告播出时间段和版面。可口可乐公司面对百事可乐等各种同类产品的竞争，从不轻视广告宣传，总是在重大国际活动甚至利用战争的机会大做广告，使竞争对手没有更好的机会宣传自己。

三、广告设计的基本要求

广告设计必须以人的心理活动特征为依据，把激发人的潜在意识作为重要目标。这就要求广告内容首先能引起消费者的注意，随后使消费者对传播的信息感兴趣，继而使人跃跃欲试想购买，最后忍不住开始行动寻找想购买的产品。

（一）引起消费者的注意

注意是指人的心理活动对一定事物的指向和集中。注意使人离开其余事物，而清晰地反映作为认知对象的一定事物。使人产生对某一事物的注意，与客观因素有关，也与人的主观因素有关。促使广告从客观上引起人们注意可采取以下措施。

1.扩大规模

高大的物品容易引起人们注意。试验结果表明，广告版面与效果成正比，但并不是随着广告版面加大，效果完全成比例提高，而是版面扩大 1 倍，可提高注意率若干倍。但要注意在版面扩大时，内容要集中，如果内容零碎，就不能保证提高效果。

2.增大刺激强度

根据条件反射的强度规律，刺激物在一定限度内的强度越大，它引起的兴奋就越强，人对这种刺激物的注意就越强烈。因此，广告要适当增大自身刺激强度，使消费者在无意中受到强烈的刺激。例如，在制作广告时，可采用鲜艳的色彩、动听的音乐、醒目的标题、新颖的画面构思等刺激消费者的视觉和听觉，使消费者的心理处于积极、兴奋的状态，引起充分注意。

3.动与静的结合使用

当其他条件都相同时，处于动和静的两个物体，动者比静者惹人注意的程度要大好几倍。另外，动态和静态还存在明显的反差。因此，恰当地利用对象动态可以引起消费者的注意。

4.制造悬念

人都有好奇心，通过制造某种悬念来引发消费者的好奇心，则会使其优先加以注意。

（二）激发消费者的联想

人们对所接触的任何事物都不会停留在直观表象上，都会在表象的基础上加工改造成新的形象，注意就会产生联想。联想会向两方面发展，能产生积极和消极两种不同的结果。广告应激发人们产生美好的联想。广告越具有艺术性特征，越容易激发消费者的联想。激发消费者联想有以下手段。

1.夸张

夸张不仅能吸引消费者的注意力，而且能够牵引消费者思维走向更广阔的空间，思考更多的内容。

2.暗示

暗示用含蓄、间接的方式对人的心理和行为产生影响，启发人们按照一定方向联想。

3.幽默

幽默使人在笑声中产生影射效果，越想越有意思。

（三）联络消费者的情感

情感是一种态度倾向，广告如能诱发消费者的情感，就能促进消费者形成购买动机。以下是广告应努力赢得的消费者情感。

1.亲切感

广告所宣传的内容，应使消费者看了以后有一种亲切感，产生情感上的沟通。如威力洗衣机有一句广告语——“威力洗衣机，献给母亲的爱”。

2.信任感

通过广告宣传，使消费者对产品质量产生深刻认识，从而确立购买信心。如澳柯玛曾打出“没有最好，只有更好”的广告语。

3.安全感

宣传产品的可靠保障，解除用户的后顾之忧和最关心的问题。如食品中有无色素、药品服用后有无副作用等。

（四）增强消费者的记忆

能在消费者的记忆中产生持久的印象是广告追求的重要目标。广告增强消费者对所宣传内容记忆的手法主要有以下几种。

1.重复式

人们的记忆往往不是一次完成的，要经过多次反复才能产生深刻印象，重复能起到强化人记忆的作用，如脑白金在多个电视台每天播放“今年过节不收礼，收礼只收脑白金”这一句广告语，是采用重复式宣传的手法，效果很好。

2.比较式

人们的认知习惯是通过比较进行判断的，利用比较的手法容易增强记忆。

3.现身说法式

借鉴是人们重要的认知途径，广告如能用消费者的表扬信来反映用后感觉，人们的印象会更深刻。现身说法，可信度高。

4.文艺式

用各种形式做广告沟通信息，融娱乐性、趣味性、知识性为一体，常能使消费者加深印象和记忆。

5.身临其境式

要通过广告的形式使广大潜在的消费者看到产品的真实功能、用途、品质等，使接受广告的人有一种身临其境的感觉。

（五）刺激消费者购买

企业制作广告的最主要目的是刺激消费者购买。一个好的广告创意能够深深地影响消费者内心，从而促使消费者去购买其产品。如“怕上火，喝王老吉”。广告主题可以从以下几方面选择：①突出企业强有力的市场销售地位，强调产品品牌的荣耀感；②加强品牌宣传，促使消费者指名购买广告的产品或继续使用这种产品，从而增强本企业产品的辨认度；③打击竞争品牌或仿冒品牌，加大消费者对本企业产品的辨认度；④突出价格上的优势，争取调整经营服务，给消费者提供更多方便；⑤为消费者购买产品提供售后的某项特殊服务；⑥向消费者宣布企业的世界领先地位，塑造强有力的企业形象。

四、广告媒体决策

广告媒体，也称广告媒介，是广告主与广告接受者之间的连接物质。它是广告宣传必不可少的物质条件。广告媒体并非一成不变，而是随着科学技术的发展而发展。科技的进步，必然使得广告媒体的种类越来越多。

(一)广告媒体的种类及其特性

广告媒体的种类很多，不同类型的媒体有不同的特性。目前比较常用的广告媒体有以下几种。

1.报纸

报纸这种广告媒体，其优越性有：①影响广泛。报纸是传播新闻的重要工具，与人民群众有密切联系，发行量大。②传播迅速。可及时地传递有关经济信息。③简便灵活，制作方便，费用较低。④便于剪贴存查。⑤信赖性强。借助于报纸的威信，能提高广告的可信度。报纸媒体的不足是：报纸登载内容庞杂，易分散对广告的注意力；印刷不精美，吸引力低；广告时效短，重复性差，只能维持当期的效果。

2.杂志

杂志以登载各种专门知识为主，是各类专门产品的良好的广告媒体。它作为广告媒体，优点有：①广告宣传对象明确，针对性强，有的放矢。②广告会同杂志有较长的保存期，读者可以反复查看。③杂志发行面广，可以扩大广告的宣传区域。④杂志读者一般有较高的文化水平和生活水平，比较容易接受新事物，故利于刊登开拓性广告。⑤杂志印刷精美，能较好地反映产品的外观形象，易引起读者注意。缺点表现在：发行周期长，灵活性较差，传播不及时；读者较少，传播不广泛。

3.广播

广播媒体的优越性有：①传播迅速、及时。②制作简单，费用较低。③具有较高的灵活性。④听众广泛，不论男女老幼、是否识字，均能受其影响。使用广播做广告的局限性在于：时间短促，转瞬即逝，不便记忆；有声无形，印象不深；不便存查。

4.电视

电视作为广告媒体虽然在20世纪40年代才出现，但因其有图文并茂之优势，发展很快，并力压群芳，成为最重要的广告媒体。具体说来，电视广告媒体的优点有：①电视有形、有色，听视结合，使广告形象、生动、逼真、感染力强。②由于电视已成为人们文化生活的重要组成部分，收视率较高，使电视广告的宣传范围广，影响面大。③宣传手法灵活多样，艺术性强。电视广告媒体的缺点是：时间性强，不易存查；制作复杂，费用较高；播放节目繁多，易分散对广告的注意力。

5.网络

因特网被称为除了报纸和杂志、广播、电视三大传统媒体的“第四媒体”，网络广告主要通过网络广告投放平台(网站)上的广告横幅、文本链接、多媒体等方法，在互联网刊登或发布广告。网络媒体的优越性有：①覆盖面广，观众基数大，传播范围广阔；②不受时间限制，广告效果持久；③方式灵活，互动性强；④可以分类检索，广告针对性强；⑤制作简捷，广告费用低；⑥可以准确统计受众数量。使用网络做广告的局限性在于：访问者自身以及使用技术手段对网络广告的“过滤”更加方便；网络带宽、网络终端、安全、结算等普遍性问题影响广告投放质量；网络广告监管滞后和无序竞争，导致网络广告真实性比其他媒体低；随着移动互联网的普及，通过微信、微博、短视频平台等各类自媒体广告也越来越多，广告效果参差不齐。

6.户外广告

户外广告是在建筑物外表或街道、广场等室外公共场所设立的霓虹灯、广告牌、海报等。户外广告面向所有公众,所以,比较难以选择具体目标对象,但是户外广告可以在固定的地点长时期地展示企业的形象及品牌,因此,对于提高企业和品牌的知名度也有一定效果。

(二)广告媒体的选择

不同的广告媒体有不同的特性,这决定了企业从事广告活动必须对广告媒体进行正确的选择,否则将影响广告效果。正确地选择广告媒体,一般要考虑以下影响因素。

1.产品的性质

不同性质的产品,有不同的使用价值、使用范围和宣传要求。广告媒体只有适应产品的性质,才能取得较好的广告效果。生产资料和生活资料、高技术产品和一般生活用品、价值较低的产品和高档产品、一次性使用的产品和耐用品等都应采用不同的广告媒体。通常,对高技术产品进行广告宣传,面向专业人员,多选用专业性杂志;而对一般生活用品,则适合选用能直接传播到大众的广告媒体,如广播、电视等。

2.消费者接触媒体的习惯

选择广告媒体,还要考虑目标市场上消费者接触广告媒体的习惯。一般认为,能使广告信息传到目标市场的媒体是最有效的媒体。如,对儿童用品的广告宣传,宜选电视作其媒体;对妇女用品进行广告宣传,选用妇女喜欢阅读的妇女杂志或电视,其效果较好,也可以在妇女商店中布置橱窗或展销;针对年轻人的广告宣传,则使用网络传播效果较好。

3.媒体的传播范围

媒体传播范围的大小直接影响广告信息传播区域的宽窄。适合全国各地使用的产品,应以全国性发放的报纸、杂志、广播、电视、网络等为广告媒体;属地方性销售的产品,可通过地方性报刊、电台、电视台、霓虹灯等传播信息。

4.媒体的费用

各广告媒体的收费标准不同,即使是同一种媒体,也因传播范围和影响力的大小而有价格差别。考虑媒体费用,应该注意其相对费用,即考虑广告促销效果。如果使用电视做广告需支付20000元,预计目标市场收视者2000万人,则每千人支付广告费是1元;若选用报纸作媒体,费用10000元,预计目标市场阅读者500万人,则每千人广告费为2元。相比较结果,应选用电视作为广告媒体。

总之,要根据广告目标的要求,结合各广告媒体的优缺点,综合考虑上述各影响因素,尽可能选择使用效果好、费用低的广告媒体。

五、广告效果测定

广告效果有经济效果和社会效果之分,也有即效性效果与迟效性效果之分,还有促销效果和广告本身效果之分。在此,按最后一种分类测定其效果。

(一)广告促销效果的测定

广告促销效果,也称广告的直接经济效果,它反映广告费用与商品销售量(额)之间的比例关系。广告促销效果的测定，是以商品销售量(额)增减幅度为衡量标准。测定方法很多，主要有以下几种：

1.广告费用占销率法

通过这种方法可以测定出计划期内广告费用对产品销售量(额)的影响。广告费用占销率越小，表明广告促销效果越好；反之则越差。其公式为

广告费用占销率＝[广告费/销售量(额)]×100％

2.广告费用增销率法

此法可以测定计划期内广告费用增减对广告商品销售量(额)的影响。广告费用增销率越大，表明广告促销效果越好；反之则越差。其公式为

广告费用增销率＝[销售量(额)增长率/广告费用增长率]×100％

3.单位广告费用促销法

这种方法可以测定单位广告费用促销商品的数量或金额。单位广告费用促销额(量)越大，表明广告效果越好；反之则越差。其公式为

单位广告费用促销额(量)＝销售额(量)/广告费用

4.单位广告费用增销法

此法可以测定单位广告费用对商品销售的增益程度。单位广告费用增销量(额)越大，表明广告效果越好；反之则越差。其计算公式为

单位广告费用增销量(额)＝[报告期销售量(额)－基期销售量(额))]/广告费用

5.弹性系数测定法

通过销售量(额)变动率与广告费用投入量变动率之比值来测定广告促销效果。其公式为

$$E=(\Delta S/S)/(\Delta A/A)$$

式中：S——销售量(额)；

ΔS——加广告费用后的销售增加量(额)；

A——广告费用原有支出额；

ΔA——增加的广告费支出额；

E——弹性系数，即广告效果。

E 值越大，表明广告的促销效果越好。

影响产品销售的因素很多，广告只是其中因素之一，单纯以销售量(额)的增减来衡量广告效果是不全面的。上述测定方法只能作为衡量广告效果的参考。当广告促销效果不理想时，也不应轻易否定广告，而应从其他多方面来分析。

(二)广告本身效果的测定

广告本身效果不是以销售数量的大小为衡量标准，而主要是以广告对目标市场消费者所引起心理效应的大小为标准，包括对商品信息的注意、兴趣、情绪、记忆、理解、动机等。因此，对广告本身效果的测定，应主要测定知名度、注意度、理解度、记忆度、视听率、购买动机等项目。测定方法中，常用的有以下几种。

1.价值序列法

它是一种事前测定法。其具体做法是，邀请若干专家、消费者对事先拟定的几则同一商品的

广告进行评价，然后排序，依次排出第一位、第二位、第三位……排在首位的，表明其效果最佳，选其作为可传播的广告。

2.配对法

这也是一种事前测定法。其做法是，将针对同一商品设计的不同的两则广告配对，请专家、消费者进行评定，选出其中一例。评定内容包括广告作品的标题、正文、插图、标语、布局等全部内容。

3.评分法

此法既适合于事前测定，又适合于事后测定。其做法是，将广告各要素列成表，请专家、消费者逐项评分。得分越高，表明广告自身效果越好。

拓展阅读12-5

4.访查法

这是一种主要适合于事后测定广告效果的方法。其主要做法是通过电话、直接走访等方式征集广告接受者对广告的评价意见，借以评价广告优劣。

第六节 整合营销传播策略

整合营销传播是现代商业的一种制胜之道，常有企业家感叹为什么自己投入了大量的广告费，可品牌的形象在消费者心目中仍是模糊的。为什么中国的品牌"成名也速，败名也忽"。一个品牌往往各领风骚没几年，不能长久地维持自己的品牌优势。整合营销传播所要树立的正是品牌的"经久不衰"。

一、整合营销传播概念

整合营销传播是指企业在经营过程中，以由外而内的战略观点为基础，为了与利害关系者进行有效的沟通，以营销传播管理者为主体所展开的传播战略。

整合营销传播这一观点是在20世纪80年代中期由美国营销大师唐·舒尔茨提出和发展的。根据美国广告代理商协会定义，整合营销传播是指通过评估各种不同的传播技术广告、直复营销、销售促进以及公共关系等在特定传播计划中所扮演的角色，并进行整合，使其提供清晰一致的信息，以发挥最大的传播效果。整合营销传播从广告心理学入手，强调与顾客进行多方面的接触，并通过接触点向消费者传播一致的、清晰的企业形象。这种接触点小至产品的包装色彩，大至公司的新闻发布会，每一次与消费者的接触都会影响到消费者对公司的认知程度，如果所有接触点都能传播相同的正向信息，就能最大化公司的传播影响力。

二、整合营销传播的七个层次

整合营销传播在不同的发展阶段有不同的形式表现，主要有以下几个层次。

1.认知的整合

这是实现整合营销传播的第一个层次，这里只要求营销人员认识或明了营销传播的需要。媒体策划人员在替某企业购买媒体和投放广告的时候，他应认识到，不同媒体类别和相同媒体的不同表达方式都应有所考虑，以反映此企业的一致形象。

2.形象的整合

第二个层次牵涉确保信息与媒体一致性的决策，信息与媒体一致性是指广告的文字与其他视觉要素之间要达到的一致性；也指在不同媒体上投放广告的一致性。

3.功能的整合

第三个层次与功能整合有关。功能整合是把不同的营销传播方案编制出来，作为服务于营销目标（如销售额与市场份额）的直接功能，每个营销传播要素的优势劣势都经过详尽的分析，并与特定的营销目标紧密结合起来。

4.协调的整合

第四个层次是协调的整合，人员推销功能与其他营销传播要素（广告、公关、促销和直销）等被直接整合在一起，这意味着各种手段都用来确保人际营销传播与非人际形式的营销传播高度一致。例如，推销人员所说的内容必须与其他媒体上的广告内容协调一致。

5.基于消费者的整合

第五个层次是，营销策略必须在了解消费者需求和欲求的基础上，锁定目标消费者，在给产品以明确的定位以后才能开始营销策划。换句话说，营销策略的整合使得战略定位的信息直接到达目标消费者的心中。

6.基于风险共担者的整合

第六个层次是“基于风险共担者的整合”。这里，营销人员应认识到目标消费者不是本机构应该传播的唯一群体，其他共担风险的经营者也应该包含在总体的整合营销传播战术之内，例如，本机构的员工、供应商、配销商以及股东等都应该包括在内。

7.关系管理的整合

第七个层次是“关系管理的整合”，被认为是整合营销的最高阶段。关系管理的整合是要向不同的关系单位作出有效的传播，公司必须发展有效的战略。这些战略不只是营销战略，还有制造战略、工程战略、财务战略、人力资源战略以及会计战略等，也就是说，公司必须在每个功能环节（如制造、工程、研发、营销等环节）内发展出营销战略，以达成不同功能部门的协调，同时对社会资源也要作出战略整合。

三、整合营销的传播方法

1.建立消费者资料库

这个方法的起点是建立消费者和潜在消费者的资料库，资料库的内容至少包括人员统计资料、心理统计资料、消费者态度的信息和购买记录等。整合营销传播和传播营销沟通的最大不同在于，整合营销传播是将整个焦点置于消费者、潜在消费者身上，因为所有厂商、营销组织，无论是在销售量或利润上的成果，最终都依赖消费者的购买行为。

2.研究消费者

这是第二个重要的步骤，要尽可能使用消费者及潜在消费者行为方面的资料作为市场划分的依据，相信消费者“行为”资讯比起其他资料如“态度与意想”测量结果，更能够清楚地显现消费者在未来将会采取什么行动，因为用过去的行为推论未来的行为更为直接有效。在整合营销传播中，可以将消费者分为三类：对本品牌的忠诚消费者；他品牌的忠诚消费者和游离不定的消费者。很明显这三类消费者有着各自不同的“品牌网络”，而想要了解消费者的品牌网络就必须借助于消费者行为资讯。

3.接触管理

接触管理是企业可以在某一时间、某一地点或某一场合与消费者进行沟通，在消费者自己主动寻找产品信息的年代里，决定“说什么”要比“什么时候与消费者接触”重要。然而，现在的市场由于资讯超载、媒体繁多，干扰的“噪声”增大。目前，最重要的是决定“如何、何时与消费者接触”，以及采用什么样的方式与消费者接触。

4.发展传播沟通策略

这意味着什么样的接触管理之下，该传播什么样的信息，而后，为整合营销传播计划制定明确的营销目标，对大多数企业来说，营销目标必须非常明确，同时在本质上也必须是数字化目标。例如，对于一个擅长竞争的品牌来说，营销目标就可能是以下三个方面：激发消费者试用本品牌产品；消费者试用过后积极鼓励继续使用并增加用量；促使其他品牌的忠诚者转换品牌并建立起本品牌的忠诚度。

5.营销工具的创新

营销目标一旦确定，就要决定用什么营销工具来完成此目标，显而易见，如果将产品、价格、通路都视为与消费者沟通的要素，整合营销传播企划人员将拥有更多样、更广泛的营销工具来完成企划，其关键在于哪些工具、哪种结合最能够协助企业达成传播目标。

6.传播手段的组合

最后一步是选择有助于达成营销目标的传播手段，这里所用的传播手段可以无限宽广，除了广告、直销、公关及事件营销以外，事实上产品包装、商品展示、店面促销活动等，只要是能协助达成营销及传播目标的方法，都是整合营销传播中的有力手段。

孙子曰：声不过五，五声之变，不可胜听也。色不过五，五色之变，不可胜观也。味不过五，五味之变，不可胜尝也。战势不过奇正，奇正之变，不可胜穷也。

其就是说，事物的基本元素往往很少，但组合起来则变化无穷。市场营销中的促销策略要素包括人员推销和非人员推销两类，非人员推销包括营业推广、公共关系和广告等，但这些要素的不同组合形成了丰富多彩和效果各异的促销策略，企业应该根据市场实际需求合理规划促销组合策略，只有规划合理并执行到位，才能够产生良好的市场营销效果。

拓展阅读12-6

本章知识点

• 促销是指通过人员或非人员的方法传播商品信息，帮助和促进消费者熟悉某种商品或劳务，并促进消费者对商品或劳务产生好感和信任，继而使其确定购买的活动。

• 促销组合策略是根据产品特点和经营目标的要求，有计划地综合运用各种有效的促销手段所形成的一种整体的促销措施，企业的促销组合，实际上是对人员推销、广告、营业推广和公共关系的具体运用。

• 人员推销具有信息传递的双向性、推销目的的双重性、推销过程的灵活性和友好协作的长期性等特点。

· 营业推广是企业运用各种短期诱因鼓励消费者和中间商购买、经销或代理企业产品或服务的促销活动。

· 公共关系的基本职能有：收集信息，监测环境；咨询建议，参与决策；传播推广，塑造形象；协调沟通，平衡利益；教育引导，培育市场；科学预警，危机管理。

· 广告是广告客户以付费的方式、有计划地通过大众传播媒体向选定的目标市场受众传递特定的商品、服务或观念的信息，以期影响大众行动的信息传播活动。

· 整合营销传播的核心思想是：以整合企业内外部所有资源为手段，再造企业的生产行为与市场行为，充分调动一切积极因素以实现企业统一的传播目标。整合营销传播的七个层次是：认知的整合；形象的整合；功能的整合；协调的整合；基于消费者的整合；基于风险共担者的整合；关系管理的整合。

营销思考题

1.什么是促销？促销有哪些作用？

2.什么是促销组合？影响促销组合决策的因素有哪些？

3.人员推销与非人员推销相比，其优点表现在哪些方面？

4.简述人员推销的工作流程。

5.企业公共关系有哪些功能？

6.什么是公共关系、营业推广？它们在营销中各起什么作用？

7.广告有哪些类型？如何测定广告效果？

8.整合营销传播的内涵和意义是什么？

营销计策

〔三十六计〕之三十四：苦肉计。

〔原文〕人不自害，受害必真。假真真假，间以得行。童蒙之吉，顺以巽也。

〔翻译〕人通常不自我伤害，如果受到伤害会被认为是真的；以假为真，以真为假，就会使敌人信而不疑，计谋得以实施。就像对待孩童一样，顺其性情，就会相信你。

〔三十六计〕之三十五：连环计。

〔原文〕将多兵众，不可以敌，使其自累，以杀其势。在师中吉，承天宠也。

〔翻译〕敌方兵力强大，不能硬打，应当运用谋略，使其自相牵制，借以削弱他的力量。《易经·师卦》说：将帅指挥恰当，就像神助一般。

〔三十六计〕之三十六：走为上。

〔原文〕全师避敌，左次无咎，未失常也。

〔翻译〕面对强大的敌人，全军要有计划、有目的地退却。待机退却，没有违背正常的用兵法则。

结尾案例

×品牌的信任危机

2021年1月24日，一篇名为《我月薪5000，但不配去吃×品牌》的文章在网络上引发了广泛的争议。这篇文章的起源是×品牌的一位副总裁在微博上发表的一条帖子，前任副总裁楚总转发了该微博并附言“学习了”。微博原文如下：“×品牌涨价这个事儿吧，说句实话，为啥舆论反弹这么大。归根到底，还是得罪了一大批微博网友，毕竟95%的微博网友月收入在5000元以下。”这一事件引起了轩然大波，网友们对×品牌产生了前所未有的反感。“月薪5000元以下不配吃×品牌”迅速成为热搜话题，×品牌的古法戗面馒头成为众矢之的。消费者共同的感受是，×品牌的价格过高，与所提供的价值不匹配，这是人们抨击×品牌的根本原因。“吃×品牌是交智商税”这样的言论从微博上扩散到了D公司。

这实际上并不是×品牌第一次陷入危机了。从2020年开始，×品牌通过一系列危机逐渐将自己推向了几乎所有网友的对立面：

2020年4月，×品牌的涨价风波引起了广泛传播，情况越来越严重，消费者的抵触情绪加剧。董事长贾总承认了涨价，并表示将价格恢复到1月26日之前的水平。贾总为了表达诚意，宣布在5月31日之前，顾客可以在×品牌门店堂食时享受每100元减50元的优惠，这是×品牌在2020年的第一次危机。

2020年5月28日下午，一名微博用户在深圳的一家“×品牌”门店消费后，在结账时发现店家收取每人5元的苦荞茶位费。账单显示，共有5人被收取了25元。帖子中称：“不管喝不喝都要收费，服务员说是贾总规定的。”之后，深圳市市场监管局发布通报称，已要求×品牌对投诉进行退款处理，并要求公司明确标示商品和服务的价格等，这是×品牌在2020年的第二次危机。

2020年9月，×品牌董事长贾总发布了“715工作制(每周工作7天，每天工作15个小时)”等言论，再次引发了广泛讨论。然而，大部分评论都是质疑和批评的。贾总在谈到996工作制时表示，网上关于996的讨论吓到了很多人。“但在我们的概念中，996算什么，我们是‘715、白加黑、夜总会’，我们就是这样拼，经常每周工作7天，每天工作15小时，既白天又晚上，还经常晚上开会。”这是×品牌在2020年的第三次危机

第四次危机是前文提到的21元一个的馒头，以及月薪5000元以下不配吃×品牌的论调。让人感到奇怪的是，为什么一家餐厅能够连续四次登上热搜，并且全部都是负面的呢？这到底是怎么回事呢？

谈到×品牌，几乎所有媒体都会提到贾总从临河开始创业，南下深圳，北上北京的创业历程。×品牌是如何成为全民公敌的呢？

首先，定价决定成败。对于餐饮业来说，定价是一门大学问。与当时北京的高档餐厅相比，×品牌的价格还是相对便宜的。再加上大分量的食物，他们还是赢得了许多顾客的喜爱。然而，随着×品牌涨价和分量缩小的步伐越来越大，如今在×品牌的菜单上，一个古法戗面馒头要卖21元，一个大花卷要卖33元，一份×品牌面筋要卖49元……这样的价格确实让消费者有些难以承受。虽然×品牌的做法可能更加精致，但是对于这些传统的普通小吃来说，即使再精致，也难以给用户带来物有所值的体验。这就是×品牌定价面临的核心问题。

其次，营销的得与失。毫无疑问，×品牌的成功与营销策略密不可分。早在2001年，×品牌刚刚创立时，贾总就不惜重金做广告，聘请著名蒙古歌手当代言人，并在《北京晚报》《北京青年报》、北京交通广播等媒体上连续刊登广告。他还策划了主题为"内蒙古莜面美食节"的活动。2012年，《舌尖上的中国》红遍大江南北时，×品牌不惜代价特意前往陕北绥德县，找到了制作黄馍馍的黄老汉夫妇，并在微博上发布了他们的合照。最终，×品牌以30万元的价格签下了他们作为代言人，并引入了黄馍馍。2014年，×品牌还成功邀请到了《舌尖上的中国》第二季中张爷爷做空心挂面的代言人。通过这一系列的营销策略，×品牌声名大噪，贾总常说"一切皆营销"。营销的成功推动了×品牌的快速发展。然而，同样地，过度营销的结果是消费者走进×品牌后总有一种名不副实的感觉。毕竟，一家餐厅的主要卖点是食物，如果食物与营销不匹配，再好的营销也会成为负面因素。而×品牌给人的最大感受就是营销过分。

最后，内部公关控制过宽。事实上，×品牌的公关团队面临着巨大的压力，因为他们每年都会遇到如此之多的公关事件。对于一般企业来说，他们只需要与产品和消费者接触。然而，对于像×品牌这样的餐厅来说，每一个员工，从董事长贾总、副总裁、管理层，到每一位服务员，都是与消费者直接接触的。而且，×品牌的公关事件中很大一部分都是内部员工的不当言行引起的。比如，贾总在微博上公开表示支持715工作制，这明显引起了公众的愤怒。又如，前文提到的副总裁在微博上发表言论，更是激起了公众的愤怒。这表明×品牌对于员工言行的管控存在问题。一家企业如果连自己员工的言行都无法控制好，如何做好外部公关呢？

综上所述，×品牌之所以成为全民公敌，主要是因为定价与价值不匹配，过度营销导致名不副实，对内部公关的控制不力等。这些问题共同导致了消费者对×品牌的不满和抵制情绪的积累，最终形成了×品牌在网络上的负面声誉。对于×品牌来说，改变这一形象，需要重视消费者的需求和意见，重新审视产品定价和服务质量，并加强内部员工的培训和管理，以建立良好的品牌形象和口碑。

资料来源于网络，作者有删改。

案例思考题

1.×品牌的公共关系危机给我们带来哪些启示？查找更多信息，试用三十六计之苦肉计进行说明。

2.试用《孙子兵法·始计篇》、促销和促销组合等相关理论知识，分析讨论×品牌公共关系危机可能导致的后果，×品牌应该如何使用公共关系策略扭转公众的信任危机？

第十三章　营销执行与控制

故知胜有五：知可以战与不可以战者胜，识众寡之用者胜，上下同欲者胜，以虞待不虞者胜，将能而君不御者胜。此五者，知胜之道也。

——《孙子兵法·谋攻篇》

教学目标

1.了解营销执行力的含义和作用；

2.理解营销控制的内涵、原因和过程；

3.掌握营销控制的类型与内容；

4.掌握营销审计的作用、原则和过程；

5.能够运用《孙子兵法》解读营销执行与控制的内在逻辑。

6.理解三十六计并能够在市场营销中合理运用。

导入案例

疫情中的J公司：供应链和数字化管理推动业绩逆势增长

2022年3月起，上海市新冠病毒感染疫情防控期间，J公司通过其强大的供应链、集单和数字化管理等优势，成功实现了销售业绩的逆势增长。

1.供应链与集单

面对疫情的挑战，J公司迅速采取行动，紧急上线了保供套餐、社区集单、流动超市和社群团购等创新业务模式。在上海市封控期间，J公司向近3000个社区的居民提供了生活物资，同时为其他地区提供了应对疫情的保供经验。

首先，J公司拥有强大的供应链体系。作为一家大型零售商，J公司平时就具备强大的供应链优势，通过长期积累的优质供应链和与上海周边合作伙伴的合作，他们每天使用闭环式管理模式，派出货车运送货物。

J公司以六大生鲜仓库为核心，构建了覆盖全国200多家门店的高效物流运输体系。通过线上和线下的融合发展，J公司能够更便捷地将商品从货架送到消费者的餐桌。同时，J公司不断优化供应链路线，严格筛选地理标志产品，直接采购全球原产地的商品，以保证货物的新鲜和供应的可靠性。

其次，疫情防控期间的采购方式有其特殊性，特别是线上顾客的采购需求。为了提高顾客满意度和货物销售效率，J公司在货物包装和设计方面努力做到标准化，尽可能推出具备科学配比的果蔬与肉类组合等标准产品。

在上海封控初期，J公司门店的员工数量仅为平时的1/10，最少的门店仅有10多名员工，最多的也只有约30名员工。在这种情况下，社区集单成为一种高效的方式，既节省了人力成本，又实现了销售的快速周转。

J公司金桥店店长熊总表示，社区集单的高效履约与门店前期与社群的紧密联系密不可分。一方面，通过社群进行线上集单业务的宣传，缓解了社群团队接单的压力；另一方面，由于套餐服务的高品质和合理价格，周边居民对其服务性价比给予了极高的认可。一份套餐可以满足一家三口3～7天的物资需求，非常方便。关键是，履约非常及时，消费者不再需要定时等待，而可以享受到无接触配送服务。

J公司七宝店店长张总透露，为了方便周边居民了解线上集单操作方法，他们针对周边的5个大型社区制作了线上集单的短视频。同时，他们还对团长进行培训，以便更多人能够快速使用线上集单功能。大部分集单任务由门店员工通过私家车、电瓶车和手推车等方式履约。

集单购功能上线后，J公司位于浦西和浦东的门店（如万里店、七宝店、洪口店、真北店等）获得了周边居民的一致好评。特别是A套餐，由8种蔬菜组成，售价80元，以及由猪后腿、牛腩、鸡翅根、琵琶腿等构成的保供大礼包，售价199元，上线后迅速吸引了大量订单。

为了激励坚守在门店一线的员工，J公司采取了多种方式，例如提高员工薪水数倍的激励措施。J公司中国CEO亲自前往抗疫保供一线，搬运物资，以展现高层与员工同在一方的决心。

尽管在疫情期间，J公司的各项成本大幅上涨，但他们不仅通过充足的抗疫物资保障员工安全，还通过各类驻店补助、销售奖金、大单提升和打包提成等多种方式肯定了优秀员工的贡献。公司在防疫物资和员工激励等方面的支出近2000万元。

2.“双重融合”与“三重变革”

疫情引发了快速消费品和零售行业转型的加速。品牌企业在数字化手段的支持下，开始着力触达消费者，实现引流和转化。与此同时，科技进步使人们的生活越来越个性化和多元化。面对细分的消费需求，企业需要及时洞察和把握机会，将其转化为业绩的挑战。

J公司正在推进“双重融合”和“三重变革”。首先，“双重融合”旨在促进总部与华东区的融合，整合资源体系，提高组织效率。在业态上，J公司以用户和商品为核心，推动大卖场和会员店的商品融合和迭代。其次，“三重变革”体现在三个方面：第一，重新回归零售的本质，满足消费者不断变化的、不同层次的消费需求，重建渠道的价值；第二，快速推进J公司业态组合的供应链品质迭代工作，重构高性价比的供应链，提升J公司的商品力；第三，重塑经营模式，建立以“单品管理”为核心的经营模式，加快实施以单品管理为突破口的新模式。

从供应链到员工管理，J公司的这些策略使得他们在疫情防控期间实现了逆势增长，尤其是在封控期间，J公司门店线上订单量增长了至少2倍。

资料来源于网络，作者有删改。

孙子曰，故知胜有五：知可以战与不可以战者胜，识众寡之用者胜，上下同欲者胜，以虞待不虞者胜，将能而君不御者胜。此五者，知胜之道也。

简单地说，预见胜利有五个方面：能准确判断仗能打或不能打的，胜；知道根据敌我双方兵力的多少采取对策者，胜；全国上下，全军上下，意愿一致、同心协力的，胜；以有充分准备来对付毫无准备的，胜；主将精通军事、精于权变，君主又不加干预的，胜。同样，市场营销活动成功与否，也需要有一定的对策和执行。营销战略和营销计划是解决企业营销活动“应该做什么”和“为什么要这样做”的问题，营销执行是企业为实现战略目标，将营销战略和营销计划变为可执行的具体营销方案的过程，解决“由谁来做”“在什么地方做”“在什么时间做”以及“用什么方式做”的问题。同时，企业需要实施一套完整的工作程序，进行营销控制，跟踪营销活动过程的每一个环节，确保能够按照计划目标运行。

2022 年 10 月 16 日，党的二十大报告提出，没有坚实的物质技术基础，就不可能全面建成社会主义现代化强国。必须完整、准确、全面贯彻新发展理念，坚持社会主义市场经济改革方向，坚持高水平对外开放，加快构建以国内大循环为主体、国内国际双循环相互促进的新发展格局。因此，我国企业决策者除了掌握丰富的营销知识，具备扎实的营销能力，深入分析市场机会，制定明确的营销战略，还需要设计可执行的具体营销方案，实施一套完整的工作程序跟踪营销活动进展，确保营销目标按计划执行，促进企业生产和经营的顺利开展，繁荣社会主义市场经济，为全面建成社会主义现代化强国提供坚实的物质基础。

第一节　营销执行

营销执行是指将营销计划转化为行动和任务的部署过程，并对计划实施的全过程进行实时的评估、调整和控制，以实现营销计划所制定的目标。分析市场营销环境、制定市场营销战略和市场营销计划是解决企业市场营销活动应该“做什么”“在哪里做”和“为什么要这样做”的问题；而市场营销执行则是要解决“由谁去做”“什么时候做”和“怎样做”的问题。营销执行和营销计划的关系如图 13-1 所示。营销执行是一个艰巨而复杂的过程。

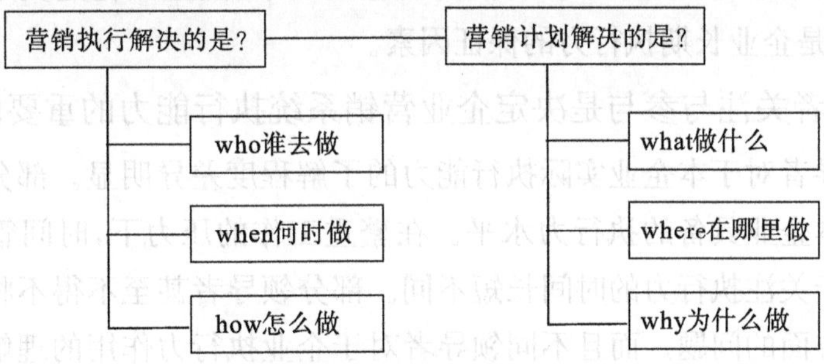

图 13-1　营销执行和营销计划的关系

一、营销执行力的含义和作用

(一)营销执行力的含义

营销执行力是指营销人员执行企业营销目标，完成营销流程的速度和完美程度，或者叫营销计划的落实程度。营销执行力主要表现为营销人员在营销流程中如何将企业营销计划具体化、方案化，最终表现为营销结果符合企业发展目标。简而言之，营销执行力是将营销战略和计划转化为实际行动的能力。

（二）营销执行力的作用

1.营销战略成功的关键在于执行

营销战略的制定与执行互相影响，战略制定的好坏会影响执行的效果。但随着时间推移，战略的执行也反过来影响战略。其二者的关系可以作如下表述：营销战略制定正确并且执行到位，企业获得成功；当战略的制定和执行都不好时，结果是“失败”；当战略制定正确但执行不到位时，诊断问题的来源非常困难，管理者可能质疑理想的战略而进行不必要的战略变革，进而导致“失败”；战略不理想但市场营销执行得很好，可能会“成功”，也可能会“失败”，成败取决于执行者的执行力。如果执行者能在执行过程中认识到战略的不足，并在其执行中加以调整，这是对不理想战略的“挽救”，企业仍可能成功；反之，如果执行者不加思考盲目地去执行战略，结局是“毁灭”。所以，好的执行可以挽救不理想的战略，而不好的执行则会扼杀理想的战略，营销战略成功的关键在于其执行。

2.有效执行是高绩效的必要条件

许多企业在运营中忽视了营销执行这重要的一环，以至于它们在市场上厮杀拼打、东征西讨多年，却总是在盲点上低效或无效运行。或许它们有很好的计划和构想，但对执行的理解出现偏差，或对执行的重视程度不够，或员工的执行意愿较低，执行能力欠佳，导致企业的整体执行水平低下，最终使企业由利润和价值的创造者，变为资产的损耗者。绩效＝决策力×执行力，因此，执行力的强弱，直接影响到企业的绩效，成为一个公司市场营销、经营成功与否的关键因素。而且在大多数情况下，一家公司和它的竞争对手之间的差别往往在于它的执行力高下。

二、营销执行力的影响因素

企业营销执行能力的主要影响因素有三个：领导者、企业文化和营销制度。其中，领导者特别是高层领导者是决定企业营销系统执行能力的重要因素，企业文化是决定企业长期执行力的基础因素，营销制度是企业长期执行力的保证因素。

（一）企业领导者关注与参与是决定企业营销系统执行能力的重要因素

不同企业的领导者对于本企业实际执行能力的了解程度差异明显。部分领导者甚至仅仅凭借自己的想象推断本企业具备的执行力水平。在繁重工作的压力下，时间管理能力的差异使得不同领导者能够用于关注执行力的时间长短不同。部分领导者甚至不得不将全部精力集中于思考战略或者规划等方面的问题。而且不同领导者对于企业执行力作用的理解程度不同。部分领导者，特别是部分没有基层工作经历的领导者，甚至会将执行力与策略混为一谈，或者错误地认为只要规划完善，执行力是“自然而然”的事情。这些都阻碍了领导者的关注和参与。

（二）企业文化是决定企业长期执行力的基础因素

就人的角度而言，企业长期执行力实质上是企业中每个员工实际执行能力的综合，因此，只有尽可能地提高每个员工的执行能力，同时努力统一全体员工的执行方向，才能实现企业长期执行能力的真正提高。我国部分企业执行力差的大部分原因在于每个员工的执行意识差，对于营销策略不能或者说不愿意执行，甚至产生抵触的心理，长此以往，在企业内部形成了一种文化，并逐渐固化在员工的意识和理念里，企业的执行能力可想而知。

(三)营销制度完善程度是企业长期执行力的保证因素

在实际工作中，企业的营销执行是一个纷繁复杂的管理过程，并且这种过程会随着企业的发展而变得更加复杂。要保持和提高营销执行力，企业就必须借助于制度的作用，必须建立科学、完善的营销管理制度。在制度因素中，激励机制显得尤为重要，薪酬体系、考核机制、奖惩制度等等，直接影响到员工的工作状态，从而在一定程度上直接影响企业当期的营销执行水平，对于企业员工当前工作状态的调动程度是衡量企业激励机制的主要指标。

三、营销执行力的提高

(一)有效控制执行过程

1.制定行动方案

为了有效地实施市场营销战略，必须制定详细的行动方案。这个方案应该明确市场营销战略实施的关键性决策和任务，并将执行这些决策和任务的责任，明确落实到个人或小组。另外，其应包含具体的时间表，定出行动的确切时间。

2.建立组织结构

企业的正式组织在市场营销执行过程中起着决定性的作用，组织将战略实施的任务分配给具体的部门和人员，规定明确的职权界限和信息沟通渠道，协调企业内部的各项决策和行动。企业的战略不同，相应建立的组织结构也应有所不同。也就是说，组织结构必须同企业战略相一致，必须同企业本身的特点和环境相适应。组织结构具有两大职能，首先是提供明确的分工，将全部工作分解成管理的几个部分，再将它们分配给各有关部门和人员；其次是发挥协调作用，通过正式的组织联系沟通网络，协调各部门和人员间的行动。

3.设计决策和报酬制度

为实施市场营销战略，还必须设计相应的决策和报酬制度，这些制度直接关系到战略实施的成败。就企业对管理人员工作的评估和报酬制度而言，如果以短期的经营利润为标准，则管理人员的行为必定趋于短期化，就不会有为实现长期战略目标而努力的积极性。

4.开发人力资源

市场营销战略最终是由企业内部的工作人员来执行的，所以人力资源开发至关重要。这涉及人员的考核、选拔、安置、培训和激励等问题。在考核、选拔管理人员时，要注意将适当的工作分配给适当的人，做到人尽其才；为了激励员工的积极性，必须建立完善的工资、福利和奖惩制度。此外，企业还必须决定行政管理人员、业务管理人员和一线工人之间的比例。许多美国企业已经消减了公司一级的行政管理人员，目的是减少管理费用和提高工作效率。

应当指出的是，不同的战略要求具有不同性格和能力的管理者。“拓展型”战略要求具有创业和冒险精神、有魄力的管理人员去完成；“维持型”战略要求管理人员具备组织和管理方面的才能；而“紧缩型”战略则要寻找精打细算的管理者来执行。

5.建设营销文化

企业营销文化是指贯穿于企业整个营销活动过程中的一系列指导思想、文化理念以及与营销理念相适应的规范、制度等的总称。营销文化的精髓是营销理念与其价值观。

营销文化对企业营销管理者的思想和领导风格、对营销人员乃至所有员工的工作态度和作风均起着重要作用。企业营销文化的形成需要一个正确的理念与精神支撑，这种理念与精神要在长期的工作中被大家接受，成为行动指南。有了营销文化，不仅对人有鼓舞作用，而且能提升企业形象，增强企业凝聚力，打造企业核心竞争力，企业的营销工作才会跃上更高的境界。由于营销文化体现了集体责任感和集体荣誉感，它甚至关系到职工的人生观和他们所追求的最高目标，它能够起到把全体员工团结在一起的“黏合剂”作用，因此，塑造和强化营销文化是执行企业战略不容忽视的一环。

6.市场营销战略实施系统各要素间的关系

企业的行动方案是营销活动开始的前提，它决定着企业组织结构的设置和人力资源的调配；同时，人力资源的合理安排和报酬制度的确定是行动方案得以有效实施的保障；而营销文化是核心、是灵魂，它以无形的方式影响着营销战略实施的方方面面。因此，为了有效地实施市场营销战略，企业的行动方案、组织结构、决策和报酬制度、人力资源和营销文化这五大要素必须协调一致，相互配合。

(二)善于运用四种能力

1.配置能力

配置能力是指创新中各种资源(资金、知识、人力资源)在不同使用方向之间的分配。营销大师唐·舒尔茨认为，配置能力是“处理不均衡状态的能力”，要求管理者发现并抓住机会，使资源得到优化配置。在资源稀缺的今天，为了使得营销工作顺利完成，各职能岗位中的营销人员必须能够合理地配置企业各项资源，使得资源能够最大化地发挥作用，对于营销计划的执行起到保障作用。

2.调控能力

建立和管理一个对市场营销活动效果进行追踪的控制系统。确保营销计划不偏离方向，当市场环境发生改变或有突发事件出现时，营销管理者能够随时对计划的执行进行恰当的调整。

3.组织能力

只有良好的团队才可能形成优秀的组织结构和能力，组织结构和能力同团队之间其实是一种互为作用的关系，彼此不可或缺，互为依存，是一种健康的链接关系。在企业的运行中，不同的运行阶段需要不同的团队来起作用，只有绝对优秀的团队，才可能在企业的运营中通过自身的不断调整，胜任不同阶段的使命。

作为一个现代型的企业，其成员一般来自四面八方，一些跨国企业更是会存在多种族、多文化背景的高度差异化的团队，组织结构也日益复杂。面对这样的环境，如何使一群人快速组织起来，集中力量于共同的目标，和谐地相互信赖、相互支持地工作，且能够确保一致的工作方法或维持相同的工作标准，企业管理人员的组织技能就成为决定性的因素。

4.沟通能力

人际沟通的能力指一个人与他人有效地进行信息沟通的能力，包括外在技巧和内在动因。表面上来看，沟通能力似乎是一种能说会道的能力，实际上它包罗了从穿衣打扮到言谈举止等一切行为的能力，一个具有良好沟通能力的人，他可以将自己所拥有的专业知识及专业能力进行充分的发挥，并能给对方留下“我最棒”“我能行”的深刻印象。作为一名营销人员几乎每时每刻面临沟通的问题，与客户、上司、同事、下属等，口头或书面交流占据了他们大部分的工作时间。沟通技巧的高低往往直接影响营销人员的工作业绩和成果。企业对经济环境和竞争对手的了解、战略决策的制定执行、顾客满意度的提高都直接取决于沟通的质量，商业社会的运转离不开有针对性和高效率的沟通。

(三)科学的绩效考核体系

管理者往往希望通过培训来提高营销人员的执行力，殊不知在一个缺乏公平体现贡献价值的环境中，营销人员对于公司要求他们不断上进的做法是无法有效接受的。事实上，这些管理者忽略了营销体系执行的真正动力来源——绩效考核。这套体系如果没有建立起来，执行力不会自动产生。

拓展阅读13-1

第二节　营销控制的过程

一、营销控制的含义和作用

市场营销控制是指市场营销管理者用来跟踪企业营销活动各个环节的一整套工作程序，其目的是确保营销活动按期望目标进行。市场营销控制主要作用体现在以下三点。

(一)调整差距保证营销计划的顺利实施

这是营销控制的基本作用，也是实行营销控制最基本的原因。控制总是针对动态过程而言的。从营销管理者制定目标到目标的实现通常需要一段时间，在这段时间里，企业内外部的情况可能会发生变化，尤其是面对复杂而动荡的市场环境，每个企业都面临着严峻的挑战，各种变化都可能会影响到企业已确定的目标，甚至有可能需要重新修改或变动以符合新情况。高效的营销控制系统，能帮助营销管理者根据环境变化情况，及时对自己的目标和计划作出必要的修正。一般来说，目标的时间跨度越大，控制越重要。

(二)发现问题，避免事故

在计划执行过程中，难免出现一些小偏差，而且随着时间的推移，小错误如果没有得到及时纠正，就可能逐渐积累成严重的问题。

营销控制不仅是对企业营销过程的结果进行控制，还必须对企业营销过程本身进行控制，而对过程本身的控制更是对结果控制的重要保证。因此，营销管理者必须依靠控制系统及时发现并纠正小的偏差，以免给企业造成不可挽回的损失。

(三)监督激励，提高效率

通过营销控制可以发现哪些营销部门工作完成得好，哪些营销人员的工作效率比较高。如果企业能够建立相应的奖惩制度，就能够极大地调动员工的积极性，激励他们更加努力地工作，以实现企业的营销目标。

二、营销过程控制的原因

(一)计划脱离实际

企业的市场营销战略和市场营销计划通常是由上层专业人员制定的,而执行要依靠市场营销管理人员,这两类人员之间往往缺少必要的沟通和协调,导致下列问题的出现。

(1)企业的专业计划人员只考虑总体战略而忽视执行中的细节,使计划过于笼统和流于形式,给执行带来困难。

(2)专业计划人员往往不了解计划执行过程中的具体问题,所定的计划脱离实际。

(3)专业计划人员和市场营销管理人员之间缺少充分的交流与沟通,致使市场营销管理人员在执行过程中经常遇到困难,因为他们并不完全理解要执行的战略。

(4)脱离实际的战略导致计划人员和市场营销管理人员相互对立和不信任。现在,许多西方企业已经认识到,不能仅靠专业计划人员为市场营销人员制定计划,正确的做法应该是让计划人员协助市场营销人员制定计划。因为市场营销人员比计划人员更了解实际,让他们参与企业的计划管理过程,会更有利于市场营销执行。

(5)缺乏具体明确的执行方案。有些战略计划之所以失败,是因为计划人员没有制定明确而具体的执行方案。

(二)长期目标和短期目标相矛盾

市场营销战略通常着眼于企业的长期目标,涉及今后三至五年的经营活动。由于它具有特殊的权威性、全面性和指导性特点,实施以后对市场发展、产品销售会产生很大的影响。

但具体执行这些战略的市场营销人员通常是根据他们的短期工作绩效,如销售量、市场占有率或利润率等指标来评估和奖励的。因此,市场营销人员常选择短期行为,并没有考虑到一个企业的长期良性发展。许多公司正在采取适当的措施,克服这种长期目标和短期目标之间的矛盾,设法求得两者的协调。

(三)因循守旧的惰性

企业当前的经营活动往往是为了实现既定的战略目标,新的战略如果不符合企业的传统习惯就会遭到抵制。新旧战略的差异越大,执行新战略可能遇到的阻力就越大。要想执行与旧战略截然不同的新战略,常常需要改变企业传统的组织结构和供销关系。譬如,为了执行给老产品开辟新销路的市场战略,就必须创建一个新的推销机构。

(四)缺乏系统、完善、规范的监控机制

监控是一种前馈控制与事中控制相结合的控制方式,它的最大好处是监督的时效性和即时性,可以把很多问题解决在萌芽之中,在很大程度上杜绝了时间的拖延和资源的无端浪费。1997年,美国A公司为了保证员工不断进步,采用了一套绩效评估程序:对同层次的员工进行横向比较,按绩效将员工分为5个等级,这些级别将决定员工的奖金和命运。但是,事与愿违,这套系统实际上形成了个体重于团队的企业文化。有位老员工说:原因很简单,如果我和某人是竞争对手的话,我为什么要去帮他呢?到后来,这种压力拉动型的绩效评估机制也就逐步转化为一种拉帮结派的官僚系统。有些经理开始捏造问题,篡改记录,赶走那些自己看不顺眼的员工,公司的衰

败也就不可避免,最终该公司于2001年底提交破产保护。

(五)缺乏形成凝聚力的企业文化

很多企业经营者对企业文化建设仅停留在制度层面,对精神层面和行为层面的关注少,企业存在着文化与管理"两张皮"的问题。没有凝聚力的企业文化,员工没有形成统一的、共有的价值观,在执行上只是简单地完成工作和任务,不能够自动自发地解决问题,往往对企业发展形成障碍。

三、营销控制的过程

(一)确定控制对象

确定控制对象,即确定对哪些营销活动进行控制。在决定控制对象时应权衡利弊,使控制成本小于控制活动所带来的效益。

最常见的控制对象包括销售收入、销售成本和销售利润三个方面。

在确定控制对象的同时还应确定控制的量,即控制频率。一般来说,对于影响重大、容易脱离控制、容易出现问题的对象应加大控制频率,如图13-2所示。

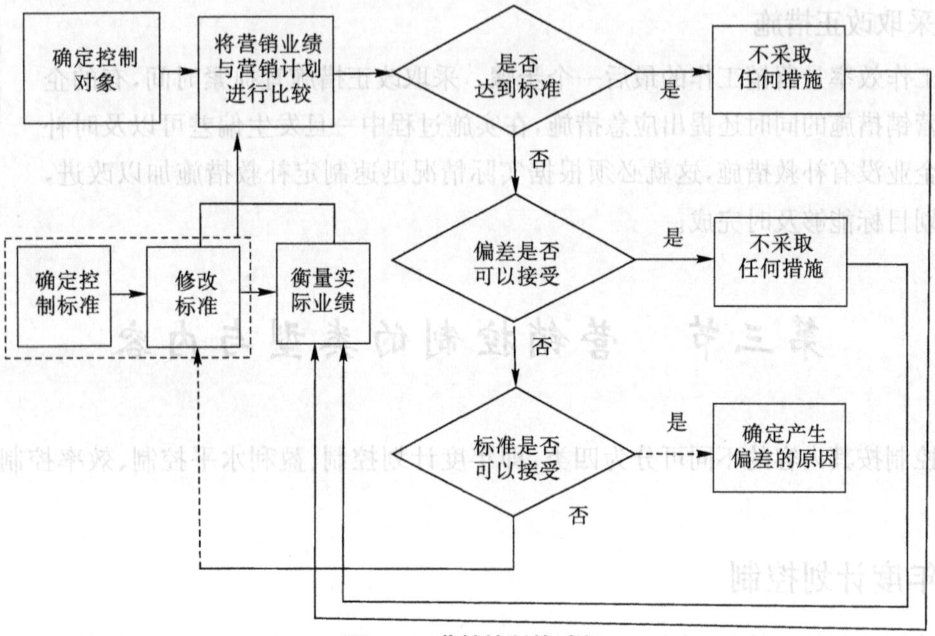

图13-2 营销控制的过程

(二)确定是否产生偏差

明确控制对象以后,在实际执行营销计划时,根据计划执行情况与目标之间是否产生偏差,从而决定是否进行调整。

(三)确定控制标准

控制标准是对衡量标准定量化,即以某种衡量尺度表示控制对象的预期活动范围,或可接受的活动范围。

为了激励员工的工作热情可确定两个衡量标准:一个是基本标准,必须完成的;另一个是奖励标准,达到这个标准必须付出巨大的努力,因此可以得到相应的奖励。

应该指出的是，任何标准都不是一成不变的，随着营销环境及企业内部环境的变化，各类标准也应不断修正，以适应新的情况。

(四)确定检查方法

检查的方法有很多种，如直接观察法、统计法、访问法、问卷调查法等，可根据实际情况作出选择。

任何检查都是在一定频率和范围前提下进行的。频率是指检查的时间间隔有多长，这主要取决于控制对象是否经常变动。范围取决于将实际情况同计划进行对照比较，还是进行局部的、单项的检查，这要根据需要进行抉择。

(五)分析偏差原因

原因通常有两种：一是实施过程中的问题，这种问题比较容易分析；二是计划本身的问题。往往两种原因是交织在一起的，这就增加了问题的复杂性，致使分析偏差原因成为营销控制的一个难点。

确定偏差的原因，就要深入了解情况，占有尽可能多的相关资料，找出症结所在。

(六)采取改正措施

提高工作效率是营销工作的最后一个步骤。采取改正措施宜抓紧时间，有的企业在提出营销措施的同时还提出应急措施，在实施过程中一旦发生偏差可以及时补救。很多企业没有补救措施，这就必须根据实际情况迅速制定补救措施加以改进，以保证计划目标能够及时完成。

拓展阅读13-2

第三节　营销控制的类型与内容

营销控制按其内容的不同可分为四类，即年度计划控制、盈利水平控制、效率控制和营销战略控制。

一、年度计划控制

年度计划控制的目的是，确保企业年度营销计划规定的销售额、利润及其他指标的实现，其中心是目标管理。主要任务是分解年度计划指标，跟踪实施情况，对出现的偏差进行分析，提出改进措施。其包括四个步骤。

(1)管理者必须把年度计划分解为月或季度的目标。

(2)管理者要随时监测在市场上的执行情况。

(3)当行为出现偏离时，及时对产生的原因作出判断。

(4)采取措施，或调整行为，或修订计划，弥合目标与实绩之间的缺口。

这一控制模式适用于企业内部各个层次，区别仅仅在于最高层管理者控制的是整个企业的年度执行结果，而各部门或地区经理只控制各个局部计划的执行结果。检查年度营销计划执行情况的工具主要有：销售额分析、市场占有率分析、销售费用率分析、顾客态度跟踪分析等四种。

(一)销售额分析

销售额分析主要用于衡量和评价计划销售目标与实际销售之间的关系。有以下两种方法。

1.销售差异分析

该方法主要对形成销售量(额)缺口相关因素的影响程度进行分析。例如,比较一个季度的计划销售额和实际销售额,进而了解两者差异缺口中,由销售量下降引起的有多少,由于降价销售的又有多少,进而确定下一步改正措施,确保年度计划的完成。

2.微观销售分析

微观销售分析是从产品、销售地区以及其他相关方面来考察未能完成销售额的原因。例如,比较一个季度中公司经营的不同产品中的计划销售额和实际销售额,比较不同产品完成季度计划销售额的微观绩效,进而确定不同产品对销售额差异造成的影响,为以后有重点地采取调控措施提供可靠依据。

(二)市场占有率分析

销售额分析不能反映出企业在市场竞争中的地位。一个公司销售额的增加,可能是由于公司业绩较竞争者有所提高,也可能是由于整体经济环境的改善,而公司自身并不一定比竞争对手做得更好。为此,营销管理部门应该密切注视市场占有率的动态。如果公司的市场占有率增加,表明公司在竞争中获胜或领先;如果公司的市场占有率下降,则表明公司在竞争中失败或滞后。

1.全部市场占有率

全部市场占有率即公司的销售额在行业总销售额中所占的比例。使用这一指标要明确两点:第一,市场占有率是用销售额还是用销售量来计算的。如果采用的是销售量,则市场占有率的任何变化都反映了企业之间在商品销售数量方面的变化,以销售额表示的市场占有率则反映了销售量和价格的综合变化。第二,关于行业范围的界定。例如:假设CH股份有限公司确定它的电视机占有率,如果电视机包括黑白电视机和彩色电视机,其市场占有率就偏小,如果只包括彩色电视机,其市场占有率就偏大。

2.可达市场占有率

可达市场占有率即以企业的销售额占所服务市场的比例所表示的市场占有率。可达市场是指对公司产品发生兴趣并为公司市场营销努力所触及的市场。它包含两个条件:①主观上企业通过营销努力能到达的市场;②客观上这一市场对企业的产品有兴趣(需求)。可达市场占有率对中小企业尤其有意义,因为中小企业受规模和能力限制,其所能触及的市场是有限的,这就意味着企业有近100%的可达市场占有率,而其全部市场占有率却可能很低。一个企业首先应追求在局部市场占据优势地位,然后逐步扩大市场,即先追求可达市场占有率的提高,把全部市场占有率作为长远目标。

3.相对市场占有率

有些公司将其销量和最大竞争者的销量进行比较,即相对市场占有率。这一指标可能大于1,等于1,也可能小于1。大于1表示公司是市场的领先者,等于1则说明与最大竞争对手不相上下。相对市场占有率的增加意味着该公司的市场成长速度快于最大竞争对手的速度。

企业采用哪一种市场占有率进行分析,取决于三点:①资料收集的约束,如全部市场占有率的数据就比较容易获得；②企业关心的重点在哪里，即关心的是全部市场占有率还是局部市场占有率；③企业所处的地位，如企业是市场追随者或补缺者，全部市场占有率对其没有太大意义；如果是挑战者，相对市场占有率就有特别重要的战略意义。当然，为了全面衡量，运用上述指标综合分析也是可行的。

（三）销售费用率分析

年度计划控制要求实现销售目标而营销费用不能超支，这就要对销售费用率进行分析。例如，某公司营销费用占销售额的比率为30%，它由五项费用组成，销售人员费用占销售额的15%，广告费用占5%，促销费用占6%，营销调研费用占1%，营销行政管理费用占3%。营销部门应根据营销费用比率的动态进行监控。由于一些随机因素的影响，费用比率可能会出现一些小波动，但超过正常幅度就要注意了，可以用费用率控制图进行跟踪，如图13-3所示。

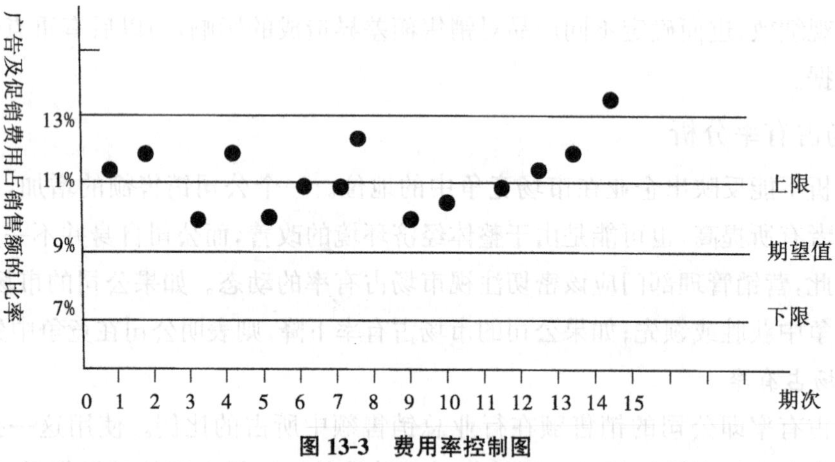

图13-3　费用率控制图

图13-3表明，广告及促销费用与销售额的比率一般在9%～13%波动，但第15期却超过了上限，并且自第9期开始费用比率连续6次上升。其中必有原因，必须仔细查明，并立即采取措施。还有一种费用-销售额偏差图，可对于不同地区或不同产品的费用开支与销售完成情况进行比较，如图13-4所示。

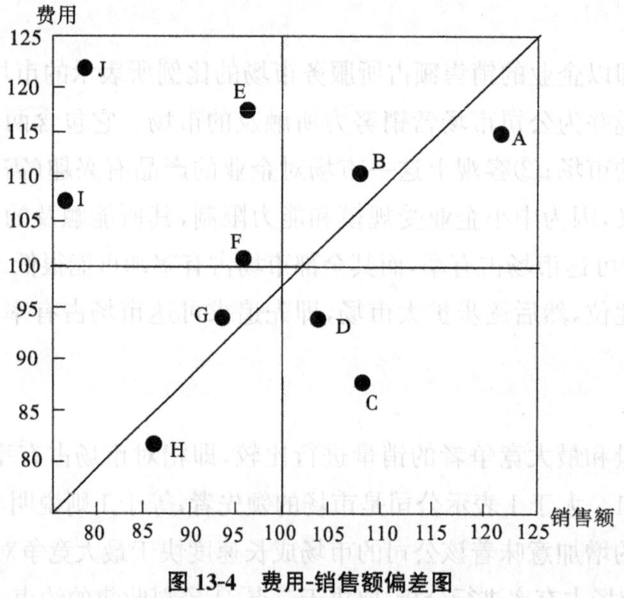

图13-4　费用-销售额偏差图

从图13-4中可以看出，D地区完成销售定额接近期望的费用水平，B地区超额完成了销售定额，费用开支也等比例增加。问题较大的是E地区和J地区，特别是J地区，完成销售定额不足80%，而费用开支却超过120%。对于有偏差的地区或产品应进一步调查，找出原因。

（四）顾客态度跟踪分析

上述控制方法主要以量化分析为主，为了及早发现市场销售可能发生的变化，还要进行非量化分析，即建立顾客态度跟踪制度，借以察觉顾客、中间商及其他有关人员对本公司产品和服务的态度。建立服务态度跟踪制度，主要包括以下几点。

1.建立投诉和建议制度

一个以顾客为中心的企业应为其顾客投诉和建议提供方便。尽管许多企业都在以意见簿、投诉箱、顾客热线等形式为顾客提供发表意见的渠道，但相当一部分流于形式。企业应配备专门的人员，建立专门的机构，用专门的渠道和有关制度来与顾客沟通。

2.顾客满意度调查

仅靠一个投诉和建议制度，公司无法完全了解顾客的满意或不满意。在我国，有相当多的顾客可能觉得他们的抱怨无关紧要，或者觉得这样做有点傻，或者认为说了也没有人理解，大多数顾客会少买或转向其他供应商，而不是抱怨（顾客通常认为这样效率最高），结果公司就失去了顾客。对此敏感的公司可以通过定期调查，直接测定顾客满意状况。他们在现有的顾客中随机抽取样本，向其发送问卷或打电话咨询，以了解顾客对公司的满意程度。

3.固定顾客样本

有些企业建立了具有代表性的顾客组成的固定顾客样本，定期了解其态度，这种做法有时比投诉和建议系统更能代表顾客态度的变化及其分布范围。

4.分析流失的顾客

对于那些已经停止购买并转向其他供应商的顾客，公司应该与他们接触一下，以了解发生这种情况的原因。公司不仅要和那些流失的顾客谈话，还必须控制顾客流失率。如果流失率不断增加，无疑表明该公司在其顾客满意方面不如人意。

二、盈利水平控制

拓展阅读13-3

除了年度计划控制外，公司还需要测量各种产品、地区、市场、分销渠道和订货规模等方面的盈利水平，以帮助主管人员决策哪些产品、市场应该扩大、减小、取消或改进。其包括三个必要步骤：确定各个职能的费用；将费用分配给各个营销实体；为不同的渠道编制损益表。而后，决定最佳改进方案。其中，应当引起注意的是利用分析工具中的成本分析时，应明确不同成本概念的内涵。营销获利性分析能够提供给企业在不同产品、地区、分销渠道、顾客群获利方面的资料，但它不能说明放弃那些不盈利的产品、地区和渠道是最佳方案，也不能证明放弃的结果会使企业的利润状况有所改善。

（一）盈利水平分析

盈利水平分析是指通过对财务报表和数据的一系列处理，把所获利润分摊到诸如不同产品、不同地区、不同渠道或不同市场上，从而衡量每一种产品、地区、渠道或市场的盈亏情况。

分析步骤是：

第一步：将总费用开支分摊于主要的费用发生部门，如推销、广告、包装运输。

第二步：将支出的各项职能性费用，按 A、B、C 三个地区市场的实际支出进行分类。

第三步，根据每个地区的销售额和费用额，分别计算出损益情况登入表内，如表 13-1 所示。

表 13-1　我国一家空气净化器公司的渠道损益表(元)

费用 \ 渠道		家电商场	网络商城	建材市场	公司总额
销售收入		30000	20000	10000	60000
销售成本		19500	13000	6500	39000
毛利		10500	7000	3500	21000
费用	包装	4000	200	1300	5500
	广告	1550	930	620	3100
	包装送货	3000	570	1260	4800
	提货结账	1500	240	630	2400
费用合计		10050	1940	3810	15800
净利		450	5060	−310	5200

由表 13-1 可以看出，尽管家电商场的销售收入大大高于网络商城，但其净利润却远远不如网络商城，而建材市场则亏损 310 元。通过上述分析，可以看出不同渠道的盈利水平。

(二)确立最佳改造措施

企业在作出改进决策之前，应全面考虑，努力作出最佳选择。如根据上例的分析，决定把网络商城和建材市场从销售渠道中剔除而集中于一条家电商场渠道，那就未免过于简单化，营销人员应进一步研究具体情况并作出决定。可供选择的措施很多，如：对小额订单收取特种费，用以鼓励大额订单；减少对网络商城和建材市场的广告和访问次数；任其发展，以观后效；只放弃每条渠道中最差的销售单位等。

三、效率控制

如果通过盈利水平分析，发现公司在某些市场、产品、地区等方面盈利不佳，那么，公司就要采取更有效的方法来管理这些营销实体的推销人员、广告、销售促进和配销的活动。

(一)推销效率控制

推销效率，主要分析每个销售人员每天的平均访问次数、平均每次访问时间、每次访问的平均成本和收益、每 100 次访问的订货占比、每期的新顾客数、每期失去的顾客数、销售人员费用占总销售额的比例。每次分析都会发现一些需要改进的地方，如发现访问次数过于频繁，就可以在不减少销售量的情况下，减少推销人员数量；如发现推销人员在兼做推销和服务两项工作时，就可以将服务工作交给工资低的办事员做。

(二)广告效率控制

广告效率，主要分析广告媒体所触及每千位目标顾客的广告成本，顾客对广告内容与效果的意见,对广告前后顾客态度的测量,受广告刺激询问的次数,广告刺激带来的产品销售额增长率等。管理部门可采取一些措施来提高广告效率。如做好产品定位,确定广告目标,选择合适的广告媒体,设计广告词,进行广告试验等。

(三)销售促进效率控制

销售促进效率,主要分析为刺激买主购买和使用产品采取种种方式的费用与销售效果,包括优惠出售的销售额百分比、展览会的陈列成本及陈列效果、赠券收回的百分比、某种营业推广而引起的询问次数等。通过比较,应该选择行之有效的销售促进方式。

(四)分销效率控制

分销效率主要是对企业存货水准、仓库位置及运输方式进行分析和改进,以达到最佳配置并寻求最佳运输方式和途径。

效率控制的目的在于提高人员推销、广告、销售促进和分销等市场营销活动的效率,企业必须重视其中的若干关键比率。因为这些比率表明上述促销策略在实际执行过程中的实际效果。

四、营销战略控制

市场营销战略控制是指监督企业市场营销战略执行进程,及时纠正偏差,确保其战略有效实施,同时根据市场营销环境变化,对战略进行相应修正与完善。其中,会运用到营销审计这一控制工具。

企业营销战略控制的任务是保证公司市场营销目标、策略和制度最佳地适应现行的市场营销环境或预期的市场营销环境。战略控制的主要负责人是高层管理梯队,主要的方法有营销有效性评价手段和营销审计。市场营销效果等级评定是从顾客宗旨、市场营销组织、市场营销信息、策略规划和工作效率等方面,刻画一个公司或一个事业部的整体市场营销效果。

(一)营销战略控制的作用

(1)营销战略实施的控制是企业战略管理的重要环节,它能保证企业战略的有效实施。战略决策仅能决定哪些事情该做,哪些事情不该做,而战略实施控制得好坏,将直接影响企业战略决策实施效果的好坏与效率高低,因此,企业战略实施的控制虽然处于战略决策的执行地位,但对战略管理是十分重要的且必不可少。

(2)营销战略实施的控制能力与效率的高低又是战略决策的一个重要制约因素,它决定了企业战略行为能力的大小。企业战略实施的控制能力强,控制效率高,则企业高层管理者可以作出较为大胆的、风险较大的战略决策,相反,则只能作出较为稳妥的战略决策。

(3)营销战略实施的控制与评价可为战略决策提供重要的反馈,帮助战略决策者明确决策中哪些内容是符合实际的、是正确的,哪些是不正确的、不符合实际的,这对于提高战略决策的适应性和水平具有重要作用。

(4)营销战略实施的控制可以促进企业文化等企业基础建设,为战略决策奠定良好基础。

(二)影响营销战略控制的因素和趋势

在制定和实施战略过程中,必须同时考虑现有的定量分析因素、信息上的缺陷因素、不确定性因素、不可知的因素以及人类心理等因素。在这些因素中,有一些是企业内部的特点,正是这些特点才使得行业中的各个公司有所差异。另一些因素由于受到行业性质和环境的制约，则使一个行业中的企业战略较为相似。无论何种行业，尽管各种因素的影响力度不同，但影响战略控制的因素可以分为三类：需求和市场、资源和能力、组织和文化。这三类因素在现代企业中呈现如下趋势。

1.更加重视质量、价值和顾客满意

不同的需求驱动因素（如便利、地位、风格、属性、服务等）在不同的时间和地点扮演了不同的角色。现代顾客在作出购买决策时更加重视质量和价值。一些卓有成效的公司致力于提高质量，同时降低成本。它们的指导思想是持续不断地用更少的成本提供更多的东西。

2.更加重视关系建设和竞争导向

现代企业关注于培养顾客的忠诚度，从交易过程转向关系建设，和企业的关联者保持和谐融洽的状态。

3.更加重视业务流程管理和整合业务功能

现代企业从管理一系列各自为政的部门转向管理一系列的基本业务流程，企业组成跨部门的工作团体管理这些基本流程。

4.更加重视全球导向和区域规划

现代企业的边界日益扩张，无国界经营成为发展潮流。当企业进入国外市场时，必须转变传统观念去适应当地的影响力量。企业必须从全球化的角度进行战略思考，但战略计划和实施却是区域化、当地化。

5.更加重视战略联盟和网络组织

一旦企业全球化，它们就会意识到无论多么大，它们已经失去了保证成功的某些资源和能力。考虑到完整的价值链，它们认识到和其他组织进行合作的必要性和重要性。高层管理者把越来越多的时间用于设计战略联盟和网络组织上，以此形成竞争优势。

6.更加重视权势架构及其影响

任何组织都存在利用权势实现个人或集团利益的现象，在许多时候，企业的战略决策是由权势决定的。现代企业面临的复杂环境决定了人们在目标、价值观念、利害关系、职责和认识上的分歧，同时彼此对对方有控制权，在某种程度上依赖对方。

拓展阅读!3-4

第四节　营销审计

营销审计是现代营销新举措。营销审计，是对一个组织的营销环境、目标、战略和活动所进行的全面的、系统的、独立的和定期的检查。其目的在于发现营销机会，找出营销问题，提出正确的短期和长期行动方案，以保证营销计划的实施或不合理的营销计划修正，提高该组织的总体营销绩效。在营销中，广泛开展营销审计，全面、有效地实施营销控制，对保证企业高效率和高效益运转有着重要的意义。营销审计是进行营销控制，实施营销管理的重要手段；开展营销审计，有利于提高营销效益，节约营销资源；开展营销审计，有利于企业有效地规避营销风险；开展营销审计,有利于企业适应环境变化,适时地调整营销计划。

一、营销审计的作用

(一)营销审计是企业可持续发展的竞争源

市场经济的逐步发展和成熟,企业竞争愈加激烈,而企业内部的生命机能和生长机制还不能完全适应企业的发展。市场营销审计能够有效帮助企业在不断激烈的竞争中与时俱进,健康发展。

(二)营销审计是企业战略控制与管理的重要工具

现代企业要取得良好的经济效益,必须重视市场营销,这已经成为人们的共识。市场营销审计是实施战略控制的重要工具。通过对企业的营销环境、目标、战略及一系列的经营活动进行全面、系统、独立和定期的审查,以确定企业的市场营销范围,捕捉市场机会,改进营销工作出现的问题,并提出正确的营销计划,提高企业的市场营销绩效。

(三)营销审计是企业防范风险的重要手段

现代企业受内外环境的影响在不断加深,企业为了规避、减小经营风险,亟须建立一套完善的风险管理机制。在营销管理方面,存在随意性、规范化不足等问题。要想从根本上解决这些问题,就要经常对企业的营销水平作全面的定期检查,从而及时发现问题,解决问题。通过营销审计对企业营销过程中的各种风险因素进行评价,帮助企业发现并评价重要的风险因素,规避营销过程中可能出现的风险损失,从而为企业增加价值。

二、营销审计的原则

企业的实践证明,市场营销审计要有效地发挥作用,必须遵循四大基本原则。

(一)全面性原则

市场营销审计不是一种功能性审计,它不是仅对市场营销组合中的某个功能因素进行审计,而是把市场营销当作一个整体来进行审核,这是由现代市场营销整体性特点决定的。因为企业的营销活动牵涉内外环境的众多组织与个人,包括职员、供应商、经销商、顾客、竞争者、传媒,这就要求市场营销审计只有体现全面性,才能有效地对营销效果进行审核与评价。

(二)系统性原则

市场营销的效果受企业的目标、战略、组织和计划等各种条件和客观环境的影响和制约,而且效果达到与否并非一目了然,这就要求市场营销审计必须对营销活动中存在的问题或潜在的机会进行系统性审核与诊断,以检查出影响营销效果的因素并提出正确的营销计划。

(三)独立客观性原则

市场营销审计必须保证审计结果的客观、正确才有实际意义,因此,企业在进行市场营销审计时贯彻独立客观性原则至关重要。

(四)定期、持久性原则

市场营销审计不是在企业营销出现问题时才去审计,企业应将其作为一种管理制度持之以恒地执行下去，只有这样，市场营销才有实际效果和生命力。

三、营销审计的内容

（一）营销环境审计

企业营销环境包括外部环境和目标环境。营销环境审计具体包括：市场规模和分布、潜力状况、市场占有率、增长率、盈利方面的变化；公司主要细分市场的特征及发展趋势；现有及潜在的顾客对企业的评价；竞争者的目标、战略、优势、劣势、规模、市场占有率；企业的分销渠道以及不同分销渠道的效益和潜力；供应商的推销方式，经销商的渠道等。

企业市场营销必须审时度势，在分析人口、经济、生态、技术、政治、文化等环境因素的基础上，制定企业的市场营销战略。这种分析是否正确，只有经过市场营销审计的检验，才可能更明确。由于市场营销环境的不断变化，原来制定的市场营销战略也必须相应改变，也需要经过市场营销审计来进行修订。尤其对企业外部营销环境审计应注意不同国家、地区有不同环境，一家企业在不同地点所面临的外部营销环境是不同的，企业应对每一个具体条件下的营销环境分别评价。

（二）营销战略与策略审计

营销战略审计主要审计企业的各种营销目标和战略，评价它们对当前的和预测的营销环境的适应程度。具体审查分析：企业是否能按照市场导向确定任务、目标并设计企业形象；企业竞争地位选择能否与企业任务、目标相一致；企业是否能制定与产品生命周期、竞争者战略相适应的市场营销战略与策略。在对国际市场营销策略审计与评价时，应注意国际经营的特有问题，如营销标准化、本土化、转移定价、进入市场方式等。

（三）营销组织审计

通过市场营销组织审计，能够评价企业的市场营销组织在执行市场营销战略方面的组织保证程度和对市场营销环境的应变能力。其包括对企业内部各职能部门的协调及面对市场的灵活性、适应性，对营销组织系统的有效性评价，以达到优化组织结构、提高营销效率的目的。

（四）营销系统审计

市场营销信息系统的审计，主要是审计企业是否有足够的有关市场发展变化的信息来源，是否有畅通的信息渠道，是否进行了充分的市场营销研究，是否恰当地运用市场营销信息进行科学的市场预测等。其包括市场营销计划系统的审计、市场营销控制系统的审计、新产品开发系统的审计、营销信息系统审计等。

（五）营销计划系统审计

营销计划系统审计主要包括计划范围、应具备的要素、特性、制定程序以及方案的审查。市场营销控制系统的审计主要是审计企业对年度计划目标、赢利能力、市场营销成本等是否有准确的考核和有效的控制。新产品开发系统的审计主要是审计企业开发新产品的系统是否健全，是否组织了新产品创意的收集与筛选，新产品开发的成功率如何。营销信息系统审计主要包括营销信息系统的设计、使用构成及建立营销信息系统的条件审查。

（六）营销绩效审计

营销绩效审计是在企业赢利能力分析和成本效益分析的基础上，审核企业的不同产品、不同市场、不同地区以及不同分销渠道的赢利能力，审核进入或退出、扩大或缩小某一具体业务对赢利能力的影响，审核市场营销费用支出情况及其效益等。

值得强调的是，随着全球对生态环境的重视与保护，循环经济成为可持续发展的重要实践模式，绿色营销理念深入人心，因此，企业营销绩效审计的内容也应不断拓展与深化，应重视营销活动的生态环境影响与评价，把社会效益评价纳入营销审计。另外，不同国家、不同地区，营销具体环境是不同的，企业在进行营销绩效评价时，应充分考虑不同营销环境对营销成果与效率的影响，在每一个具体营销环境下评价营销绩效。

（七）市场营销职能审计

市场营销职能审计主要审计企业的产品质量、特色、式样、品牌的顾客欢迎程度，企业定价目标和策略的有效性，市场覆盖率，企业经销商、代理商、供应商等渠道成员的效率，广告预算、媒体选择及广告效果，销售队伍的规模、素质以及能动性等。

（八）营销风险审计

现代企业受内外环境的影响在不断加深，市场经济不仅带来了机遇，同时也带来了挑战，许多企业尚未建立风险管理部门。因此，企业市场营销审计也应该关注、参与风险管理。营销风险审计包括营销风险识别、营销风险评估和营销风险控制三个方面。

（九）资源管理与控制审计

随着市场竞争的不断加剧，竞争环境的不断变化，企业要加强对各种资源的有效管理，形成企业的竞争优势，培育核心竞争力。因此，企业应加强对资源管理与控制的审计，对企业的有形资源和无形资源（如品牌、专利、知识、技术诀窍、客户关系、客户信息等）进行评价与管理。

四、营销审计的实施过程

营销审计是一项复杂而细致的评估活动。其具体实施过程如下。

（1）应由公司管理当局和营销审计人员一起拟定一份有关审计目标、涉及面、深度、资料来源、报告形式以及时间安排的协议。

（2）根据协议要求准备一份详细的计划，包括会见何人、询问何问题、接触地点和时间等。在进行营销审计时，尤其应该注意的是，审计人员不能仅仅向公司经理征询意见，还必须访问顾客、经销商以及外界其他有关人士。

（3）对收集到的资料进行分析评估，提出主要的审计结果和建议。

五、企业营销审计应注意的问题

由于市场营销受客观环境变化的影响很大，而某些决策往往又带有主观性，为了经济、有效地开展审计工作，应重视以下问题。

（一）科学确定审计内容与范围

营销审计人员要与企业高级经营人员共同研究，就企业的营销审计目标，营销审计的范围，工作的广度、深度，审计数据的来源，报告的形式和审计的时间要求等有关方面的问题，与企业的决策层和管理层认真切磋，以达成一致看法。

（二）全面搜集数据资料

根据营销审计计划收集和核实数据，确定评价标准，查阅有关资料，进行实地访问，掌握确切的资料。为了提高工作效率，节约审计时间和降低审计成本，必须制定出详细的工作计划。在搜集资料过程中要坚持原始资料与次级资料相结合的原则，不能仅仅接受营销部门所提供的现成资料。在资料的搜集过程中，应有一定比重的资料来自消费者、合作伙伴、分销商企业、供应商以及社区、公众和媒体等的评价。因为这样的资料往往是能够客观地反映出他们对该企业看法的第一手资料，从而帮助营销审计人员发现以前可能被企业忽略的问题，科学制定评价标准。企业营销审计具有较强的艺术性，要科学、客观评价企业的营销活动，必须建立相应的评价标准。

（三）恰当运用审计方法

营销审计选择的方法必须有客观真实的数据和实际情况的支持，定性方法与定量方法相结合，避免加入不成熟的主观判断。

（四）注意跟踪检查

营销审计完成后要向企业最高领导层提交书面审计报告，对报告中提出的营销审计过程中发现的主要问题，以及营销审计人员的建议等贯彻情况，要进行跟踪检查，促使其贯彻实施，并在客观条件发生变化时提出修正意见。

孙子曰：不可胜者，守也；可胜者，攻也。守则不足，攻则有余。善守者藏于九地之下，善攻者动于九天之上，故能自保而全胜也。

简单地说，不能战胜敌人时，就要防守，能够战胜敌人时，就要进攻。指挥者需要根据自身实力情况来决策是防守还是进攻，并能够做好相应的安排。市场营销活动中，同样如此，营销管理者需要根据内外部环境确定营销计划，并进行有效执行和适当控制，以达到营销目标。

本章知识点

·营销计划书面总结了营销人员对市场的理解，是一个关于公司怎样达到其营销目标的方案。它包括对于营销方案的战术指导和在计划期的财务分配计划。

·制定营销计划的步骤包括确定企业愿景、企业内外部环境分析和 SWOT 分析、确定营销目标、制定营销战略、制定营销组合策略、编制预算和编写计划、沟通控制、审视修正。

·营销计划的内容包括执行概要和目录表、当前状况分析、营销战略、财务目标和执行控制。

·营销执行是指将营销计划转化为行动和任务的部署过程，并对计划实施的全过程进行实时的评估、调整和控制，以实现营销计划所制定的目标。

·营销执行的过程包括：制定行动方案、建立组织结构、设计决策和报酬制度、开发人力资源、建设营销文化、市场营销战略实施系统各要素间的关系。

·为了有效地执行市场营销方案，企业的每一层次（即市场营销职能、市场营销方案、市场营销政策等）都必须善于运用四种能力：①配置能力；②调控能力；③组织能力；④互动能力。

• 市场营销控制是指市场营销管理者用来跟踪企业营销活动各个环节的一整套工作程序，其目的是确保营销活动按期望目标进行。

• 营销控制按其内容的不同可分为四类，即年度计划控制、盈利水平控制、效率控制和战略控制。

营销思考题

1.什么是营销计划，包括哪些内容？

2.结合本章内容分析目前我国许多企业营销执行力弱的原因有哪些。

3.市场营销控制的原因是什么，有哪些控制方法？

营销计策

〔史记：货殖列传（节选）〕

〔原文〕周书曰："农不出则乏其食，工不出则乏其事，商不出则三宝绝，虞不出则财匮少。"财匮少而山泽不辟矣。此四者，民所衣食之原也。原大则饶，原小则鲜。上则富国，下则富家。贫富之道，莫之夺予，而巧者有馀，拙者不足。故太公望封于营丘，地潟卤，人民寡，于是太公劝其女功，极技巧，通鱼盐，则人物归之，繦至而辐凑。故齐冠带衣履天下，海岱之间敛袂而往朝焉。其后齐中衰，管子修之，设轻重九府，则桓公以霸，九合诸侯，一匡天下；而管氏亦有三归，位在陪臣，富于列国之君。是以齐富强至于威、宣也。

〔翻译〕《周书》里说："农民不种田，粮食就会缺乏；工匠不做工生产，器具就会缺少；商人不做买卖，吃的、用的和钱财这三种宝物就会断绝来路；虞人不开发山泽，资源就会短缺，资源匮乏了，山泽就不能进一步开发。"农、工、商、虞这四个方面，是人民衣食的来源。来源大则富裕，来源小则贫困；来源大了，上可以富国，下可以富家。或贫或富，没有谁能剥夺或施与，但机敏的人总是财富有余，而愚笨的人却往往衣食不足。所以，姜太公被封在营丘时，那里本来多是盐碱地，人烟稀少，于是姜太公便鼓励妇女致力于纺织刺绣，极力提倡工艺技巧，又让人们把鱼类、海盐返运到其他地区去，结果别国的人和财物纷纷流归于齐国，就像钱串那样，络绎不绝，就像车辐那样，聚集于此。所以，齐国因能制造冠带衣履供应天下所用，东海、泰山之间的诸侯们便都整理衣袖去朝拜齐国。后来，齐国中途衰落，管仲重新修治姜太公的事业，设立管理财政的九个官府，使齐桓公得以称霸，多次以霸主身份会合诸侯，使天下政治得到匡正；而管仲本人也有了三归台，官位虽只是陪臣，却比各国的君主还要富有。从此，齐国富强，一直延续到威王、宣王之时。

结尾案例

M品牌：数字化创新赋能全链路管理

随着新茶饮市场迅速扩大，M品牌通过数字化手段赋能整个产业链，实现了全面供应链的畅通，从而促进全国万家门店的高质量发展。

1.数字化驱动产业链升级

在激烈竞争的新茶饮市场中,各品牌提升市场竞争力的关键是如何更直接地满足消费者的喜好和需求。M品牌通过数字化建设,不仅能够利用大数据分析消费者口味,还能通过数字化技术选择适宜的原材料,研发更受市场欢迎的产品。M品牌建立了自己的工厂,并自主生产核心原料,通过多仓布局实现全国门店的快速精准配送。

M品牌的信息化负责人介绍说:“借助于数字化技术,我们能够根据门店的经营情况准确把握消费者的喜好和需求,并及时反馈给研发部门,以便研发更符合消费者口味的饮品。在原材料采购方面,数字化技术帮助我们选择口味和口感更合适的原材料品种,并根据需求和季节采购原料。通过对行业趋势、顾客调研和大数据系统的研究,我们能够及时研发和调整产品结构。”此外,M品牌建立了MES(制造执行系统)生产管理系统,确保原材料溯源,从源头上把控食品安全管理。在全国布设的20多个物流分仓能够在4小时内将原材料送达M品牌终端门店。

通过数字化驱动前端决策,M品牌率先突破了“自建工厂、自建供应链,自产核心原材料”的生产瓶颈,建立了“加盟运营、研发生产、仓储物流”并行的完整产业链,实现了前端运营成本的极致压缩,并坚持高质量和平价并重。

2.数字化赋能标准落地

秉持“真人真心真产品,不走捷径不骗人”的企业价值观,M品牌建立了严苛的标准体系,从加盟商培训、产品制作到门店运营和监督稽核,确保标准得到有效执行。M品牌通过数字化技术建立了万店如一的SOP(标准操作规程)标准,赋能门店实施标准。

在完成为期12天的M商学培训后,所有加盟商和门店员工可通过M品牌自主研发的M学堂APP进行持续学习,学习内容包括食品安全、管理流程、门店运营、产品标准、操作方法、红色教育、参访学习等多个课程,确保加盟商和茶饮师能够更好地学习、理解和贯彻标准。此外,M品牌门店的POS(销售终端)系统、小程序点餐和BI(商业智能)系统在门店运营中起到重要作用。M品牌自主研发的POS系统能够在物料开封时直接打上相应的最佳赏味期标签,并通过系统锁定标签到期时间,以确保每一份产品都是安全的。M品牌的BI系统通过报表形式快速呈现全国所有门店的日常经营情况,让管理团队和营运督导团队能够随时通过手机快速了解所管理门店的运营情况。

目前,M品牌全国门店正在逐步升级完善“互联网+明厨亮灶”工程建设,通过智能摄像头系统实时研判和追踪食品安全风险,提高监管精准度和有效性,全面管控食品安全全过程。门店加盟商和M品牌总部监管部门可以实时查看门店的监控画面。智能摄像头系统全天候监测门店操作规范,方便加盟商进行多店管理,确保门店操作达到标准化。

根据M品牌食品安全自检自查机制,总部飞行稽核团队每月会前往全国M品牌门店的重点区域,评估食品安全标准的实际执行情况,对门店进行全面检查和评估。不符合标准的门店将被要求进行整改,并进行二次复检。相关门店检查报告将同步更新至官方微信公众号,接受消费者监督和建议。

3.数字化带动新消费

统计数据显示,M品牌60%以上的消费者年龄在18～28岁,全平台会员数量接近1亿。年轻的消费群体更愿意尝试小程序、团购、外卖和APP等新型消费方式。因此,M品牌通过数据化赋能会员综合管理，为消费者提供更多更精细化的服务。消费者可以随时通过M品牌自建的APP了解周围的M品牌门店，并选购周边产品进行快递邮寄。APP后台通过对消费者个人喜好、消费时间和频次数据的分析，确保产品能够在最合适的时间和频次下提供给广大消费者。

M品牌通过数字化赋能，致力于实现从田间地头到供应商、加盟商、门店再到消费者的整个价值链的深度打通。通过这种方式，从而实现"让品牌更强大、让伙伴更富有，让全球每个人享受高质平价的美味"。

资料来源于网络，作者有删改。

营销思考题

1.M品牌的成功给其他企业提高营销执行力带来哪些启示？查找更多信息，试用三十六计中某个计策进行说明。

2.试用《孙子兵法·谋攻篇》、营销执行和营销控制等相关理论知识，分析讨论M品牌的数字化创新全链路管理对于营销执行和营销控制有什么时代意义。

第十四章　市场营销新发展

夫兵形象水，水之形，避高而趋下，兵之形，避实而击虚。水因地而制流，兵因敌而制胜。故兵无常势，水无常形，能因敌变化而取胜者，谓之神。故五行无常胜，四时无常位，日有短长，月有死生。

——《孙子兵法·虚实篇》

教学目标

1.理解绿色营销原理及过程；
2.了解网络营销的重要内容；
3.了解市场营销关系链的内容；
4.了解体验营销概念、特点和作用；
5.比较横向营销和水平营销的关系。

导入案例

C橙——一颗互联网的橙子

C橙是一个成功的农业网络营销的案例，其创始人褚总，曾是一位企业家，在18年的时间里将一家濒临倒闭的卷烟厂转变为一个创造千亿级利税的巨型企业。然而，命运对褚总开了一个玩笑，晚年因贪污问题褚总被判处无期徒刑。在保外就医期间，褚总面临严重的糖尿病，每年需要花费二三十万元进行治疗。为了应对高昂的医疗费用，他决定利用自己的资金承包一片2400亩的荒山，种植起了橙子。

褚总在种植橙子的过程中，住在山上的露天棚里，亲自进行水管的架设、土壤改良和果树苗的选育等工作。经过几年的艰苦努力，褚总决定以“YG”品牌名称推广和销售他种植的冰糖橙。他的妻子制作了一个名为“褚总种的冰糖橙”的广告横幅，这个横幅迅速引起了广大消费者的关注，导致“YG”冰糖橙很快售罄。

2011年至2012年，几位有着多年传统媒体工作经验的媒体人转行从事电商业务。他们像媒体编辑部一样运营业务，担任原产地商品采购的区域买手，类似“记者”。这些买手收集各地的优质商品，并在公司的每周“选品会”上提交报告，类似于媒体的“选题会”。每个选品都需要讲述其卖点，每个人都希望自己的产品成为“封面”或“特写”报道。当时，本来生活网西南片区的买手将褚总的橙子报告给了北京总部，并附上了有关褚总的介绍资料。凭借媒体人的敏锐嗅觉，他们认为褚总的橙子非常有潜力。公司的市场中心在选品会之前就已制定了推广计划，并提炼出了推广口号——“人生总有起落，精神终可传橙”。

2013年11月5日上午10点，C橙在电商平台“本来生活网”开始销售。前5分钟就售出了800箱，24小时内销售了1500箱，4天内售出了3000多箱，5天内售出20吨。在不到40天的时间里，仅通过电商渠道就售出了200吨的C橙。最大的一个订单是1500箱，据说是为了让员工们品尝“人生”的味道，给客户们品味“励志”的滋味。首批20吨橙子原计划销售两周，然而第一天销售近半，销售速度过快导致5天内断货。直到“双十一”前一天，电商平台补货了20吨，结果仅一天就售出了7吨多。这样的销售业绩让众多农产品看到了互联网渠道的巨大潜力。随着互联网技术的普及，农业互联网＋时代的到来也已成为现实。

“互联网＋农业”为现代化农业发展带来了新的机遇。互联网工具在农业现代化进程中发挥着引领作用，并带来了万亿级市场空间。具备品牌和线下渠道优势的龙头企业更有优势进行互联网经营模式的转型。以B品牌枸杞为例，该品牌在2020年2月22日的某直播间仅用4分钟就销售了220万元的产品。同年7月29日，T公司直播推荐B品牌枸杞，在短短5分钟内售卖15000份枸杞，成为业内的奇迹。B品牌的崛起打破了国产枸杞在消费者心目中低档、廉价的品牌形象。通过线上线下互动提升品牌价值，B品牌也带动了整个枸杞行业的发展。

资料来源于网络，作者有删改。

孙子曰：夫兵形象水，水之形，避高而趋下，兵之形，避实而击虚。水因地而制流，兵因敌而制胜。故兵无常势，水无常形。能因敌变化而取胜者，谓之神。故五行无常胜，四时无常位，日有短长，月有死生。

简单地说，用兵的规律就像水一样，避高向低，避实就虚。用兵打仗没有固定模式，需要根据敌情变化而灵活运用。事物发展也并不固定，五行相生相克没有定数，四季交替更迭也没有一定位置，白昼有短有长，月亮有缺有圆。市场营销活动亦是如此，既无定规，同时，营销实践也是不断发展变化的。

习近平总书记多次强调：“中华民族是守正创新的民族”，“有着守正创新的传统”，“无论时代如何发展，我们都要激发守正创新、奋勇向前的民族智慧”。回望五千年中华文明史，“守正创新”一直是其中的精神内核和精华所在。在新的竞争格局下，传统的市场营销理论已不能完全适应新的形势，世界各国的市场营销学者们为应对新的时代背景，应用新的科学技术，结合新的社会需求，总结传统营销的得失，产生了绿色营销、网络营销、关系营销、体验营销、立体营销等一大批新的市场营销理论，由于篇幅所限，本章只着重介绍其中几种比较有代表意义的新营销理论。

第一节　绿色营销

绿色营销是指企业在绿色消费的驱动下，从保护环境、充分利用资源的角度出发，通过研制开发绿色产品，保护自然来满足消费者的绿色需求，从而实现营销目标的全过程。

绿色营销的兴起是因为随着工业化进程的加快，人类生存环境不断恶化，给人类的健康、生存与发展造成极大影响，迫使企业不得不审视自己的行为，在求得自身发展的同时，如何保护环境，节约资源。随着生活水平的提高，人们越来越追求生活的质量，萌生出绿色理念。绿色消费是指人们为了满足生态需要而消费符合环境保护标准的消费资料和服务方式。像绿色食品、绿色家具、绿色衣服、绿色建筑、绿色电视、绿色汽车……绿色消费观代表了当今世界公众消费观念的新潮流。为了保护其生态环境、自然资源、人和动物的健康，世界各国采取了一系列的保护措施，如国际环保公约、WTO（世界贸易组织）协议中的环境条款、国际环境管理体系系列标准（ISO 14000）、绿色标志制度、进口国国内环境与贸易法规、环境与技术标准等。对经济全球化的各国企业，这些措施的实施如同一道绿色贸易壁垒，要求企业必须树立绿色营销意识，为消费者提供绿色的产品和服务，满足消费者的绿色需要，如此才能够在日益激烈的市场竞争中立于不败之地。

绿色营销包括绿色生产—绿色流通—绿色消费的全过程。

一、绿色生产过程

绿色生产过程是整个绿色营销过程的起点和基础，绿色生产包括产品设计、原材料使用、产品生产、产品包装等各环节的绿色化。生产企业在产品设计时，就需要树立强烈的绿色营销新观念。在绿色观念的指导下，设计开发符合生态环境保护和绿色技术标准的产品。如彩电的辐射会造成人身体的伤害、色差与晃动会伤害人的眼睛、音差会损伤人的听力，以及漏电、发热等其他各种技术问题，如果在彩电的设计过程中将现有这些技术问题都解决，那么，企业就能生产出一台符合绿色环保要求的绿色彩电。原材料使用上，一方面要求企业尽可能减少对纯天然资源的消耗，多使用替代原料，减少对自然资源的开发，达到保护自然的目的。如现代家具如果都能用强化板、胶板，地球森林资源就不会遭到乱砍滥伐，水土流失现象将大大减少；另一方面要求企业尽可能节约自然资源的耗用。如产品生产过程中要尽可能采用无污染、低能耗的生产方式，持续加大环保方面的投入，实现无烟、无油、无尘、无音、无害的要求。

二、绿色流通过程

绿色流通过程是指在商品流通中采购—运输—存储—销售各环节体现的绿色意识和行为，为消费者提供绿色商品和服务的过程。

绿色采购要求在绿色理念指导下，在商品采购过程中，杜绝采购有损环保和消费者利益的产品，保证进入流通领域的生产资料和生活资料都能符合绿色要求。

绿色运输要求在运输中按绿色要求来建立运输系统，能够以最快的速度、最少的耗费、最小的成本安全地将绿色产品运送到消费者手中。

绿色存储要求在绿色产品储存过程中，要严格按照绿色要求妥善保管绿色产品的使用价值，如绿色食品在储存时应防止霉变、污染等。

绿色销售要求销售过程中加强对绿色产品的宣传，以提高消费者的绿色意识，运用绿色产品标记，建立绿色产品专卖店或专柜，引导绿色消费。

三、绿色消费过程

绿色消费是人类注重环境保护的结果，是指消费者在绿色消费观念的支配下所发生的绿色消费行为。绿色消费在现代社会中已蔚然成风。消费者在购物时，开始注重于产品的安全性，尽可能地选择无害消费品；带有绿色标记的产品在市场上深受消费者欢迎。绿色消费不仅考虑的是无害消费，还考虑无公害消费。如，洗衣服选择无公害的无磷洗衣粉，购买汽车选择尾气排放达标的，吃饭不使用一次性木筷和泡沫饭盒等。

实施绿色营销策略要求企业树立绿色营销观念，在充分考虑社会环境的要求和制约的前提下，对企业可以控制的商品、价格、渠道和促销等因素实行绿色组合，通过充分满足目标市场消费者的绿色需求来实现企业的营销目标。

（一）绿色商品

绿色商品是指向目标市场提供能够满足环境保护和人们生活绿色需要的一切有形商品和无形劳务。在产品设计和开发上，要强调对资源和能源的有效利用。首先，加强绿色技术创新，提前考虑产品生产和使用过程中对环境和社会造成的影响，给消费者带来的危害，尽可能将不良影响和危害消灭在产品设计过程中。

在产品生产中，要杜绝浪费，禁止使用有毒有害物质和排放大量污染物，实行"清洁生产"。"清洁生产"包括节约原材料和能源，淘汰有害原材料，并在全部排放物和废物离开生产过程以前减少它们的数量和毒性，其目的是减少产品在生产过程中对人类和环境的不良影响。既满足人们的需要又可合理使用自然资源和能源，还可以保护环境，变废为宝。如造纸厂属于高污染产业，其废弃物一直是环境的重点污染源，现有的造纸厂利用造纸废弃物来建电厂发电，不仅从根本上解决了造纸对环境的污染和生态的破坏问题，还为企业带来可观的经济效益。在提高社会环境效益的同时提高企业经济效益。在产品包装上，企业应尽可能采用对生态环境和人体健康无害、能循环和再生利用、可促进社会持续发展的包装。对绿色包装材料做到以下几个技术特性：①易回收，可循环利用，或资源再生；②易降解，不产生环境污染；③生产时节约能源与材料；④焚烧时不污染大气且可以再生。

（二）绿色价格

绿色价格是指产品价格中所包含的生产者用于环境保护而支出的物化劳动和活劳动的价值补偿。生产者在利用自然和生态环境过程中，必须消耗一定的物化劳动和活劳动，即绿色支出，其产品成本必定高于非绿色产品，价值规律决定了绿色产品的价格必定高于非绿色产品的价格。由于绿色产品非常受消费者喜爱，成为热销品，因而绿色价格的利润空间也要高于非绿色产品。根据"污染者付费""环境有偿使用"的原则，如果生产者在生产产品过程中污染了环境，要遭到经济上的处罚，实际上也是在为污染付费，因而其生产成本必定很高，但因生产的是非绿色产品，其产品价格不会高于价值太多，利润空间不大，有时甚至还会导致价格低于价值。

（三）绿色渠道

绿色渠道是指生产者通过一定的流通渠道将绿色产品传送到消费者手中的通道。它与非绿色渠道一样，也有长渠道和短渠道，利用或不利用中间商等策略。但与非绿色渠道的要求不一样，它不仅要求渠道中间商树立绿色营销观念，同时还要求中间商具备经营绿色产品的条件和能力，包括设备条件、技术条件、商业信誉、资金能力、经营能力等。

绿色产品应加强对流通渠道的控制和管理，可采取以下措施。

(1)非蔬菜、水果类的绿色产品最好选择利用中间商策略，利用中间商的商业信誉和经销能力来拓展绿色产品市场,提高绿色产品的市场占有率,扩大绿色产品的销售量。蔬菜、水果类绿色产品由于具有很强的鲜活性,因而要求尽可能缩短流通渠道,可采取直销方式或短渠道策略。在互联网、大数据和快捷物流的现代市场中,新零售业态的生鲜产品渠道建设有着较强的竞争优势。

(2)绿色产品所选择的中间商,一定要有很强的绿色营销意识,良好的商业形象,较强的经济实力和经营条件,突出的经营能力。在选择中间商时,要对中间商进行全方位的调查。如果中间商选择得不好,不仅影响绿色产品的销量,而且有些不法中间商乱打绿色招牌,鱼目混珠,破坏绿色产品的形象。

(3)让利中间商。绿色产品的生产者应扩大中间商经营绿色产品的利润空间,通过利益机制来充分调动中间商经营绿色产品的积极性。

(4)加强对中间商经营绿色产品的监控。首先通过合同规范和约束中间商经营绿色产品的行为;其次,在经营中要主动监督中间商绿色产品的经营行为,一旦发现中间商不能按预定目标经销绿色产品就要进行调整。

(5)加强对中间商的培训。培训的主要内容有绿色产品知识、绿色营销知识、绿色产品经营技术等。通过培训来加强中间商对绿色产品的认识,增强其绿色观念和绿色产品经营能力。

(四)绿色促销

绿色促销是指企业采取人员和非人员方式,向广大消费者传递绿色商品和劳务信息,引导、启发、刺激消费者产生购买绿色商品,接受绿色服务的兴趣,并作出购买决策、实施购买行动的系列活动。绿色促销的形式也同非绿色促销一样,有广告、公共关系、营销推广和人员推销等。

(1)绿色广告促销。广告最基本的功能是传递信息,通过信息的沟通,诱发需求,说服消费者采取购买行动。绿色广告是宣传绿色消费的最有利方式,是在维护人类生存利益的基础上推销绿色产品的广告。它的功能在于强化和提高人们的环保意识,使消费者将消费和个人生存危机及人类生存危机联系起来,使消费者选择有利于个人健康和人类生态平衡的绿色产品。运用绿色广告,可以迎合现代消费者的绿色消费心理,容易引起消费者的共鸣,从而达到促销目的。

(2)绿色公关促销。公共关系是企业通过传播信息,沟通与公众的关系,内求团结,外求发展,树立美誉的营销管理活动。绿色公共关系是通过各个传播媒介和公关活动向公众传播绿色产品的信息,进行双向沟通,树立绿色产品形象,让公众理解和支持绿色产品,从而达到促销目的的活动。绿色公关的方式多样,可通过绿色知识科普教育、新闻报告、文章介绍及有关电视、广播宣传材料等各种公关活动,来宣传绿色企业、绿色产品和绿色消费。

(3)绿色推广。营业推广是指企业采取轻度、中度和强度等刺激手段,以唤起目标市场消费者做出早期购买的促销手段。绿色推广是为了促进绿色产品的销售而对经销商、营销人员、消费者采取的各种刺激手段。

(4)绿色推销。人员推销是企业选派推销人员用面谈的方式,向现实的和潜在的消费者作口头宣传介绍产品,以达到推销产品或劳务的一种直接推广活动。绿色推销是指企业选派推销人员直接向现实的和潜在的消费者宣传介绍绿色产品,以达到推销绿色产品或劳务的推销活动。绿色推销要求推销人员了解消费者的绿色消费兴趣,掌握绿色产品知识,回答消费者所关心的绿色问题。

拓展阅读14-1

随着我国碳达峰、碳中和的“双碳”目标实施和消费者绿色环保意识增强，绿色营销越来越成为企业关注的营销热点，并积极践行，以满足消费者和社会绿色环保需求。

第二节　网络营销

网络营销作为一种全新的营销方式，之所以受到越来越多商家的青睐，是因为网络营销具有跨时空、多媒体、快捷、经济等优势整合的新方式。由于互联网不受时空限制进行信息交换，企业与顾客之间更自由地达成交易成为可能，企业可以在24小时随时随地向全球提供营销服务。互联网被设计成可以传输多媒体的文字、声音、图像等各种信息，使得达成交易的信息交换可以多种形式进行，可以充分发挥营销人员的能动性和创造性，在网络上企业可以随时更新营销服务的内容，使企业营销随时富有变化性，通过变化来吸引顾客。企业与顾客能够直接在网上交易，不存在任何中间环节，顾客能以最低价格购买到正宗商品，产品价格竞争优势明显。企业与顾客在网上直接沟通与交流，顾客可以在网上主动地、理性地选购商品，获得最大的消费满足。

网络营销指通过互联网借助于公司主页、网络广告和促销、电子邮件、网络视频和博客等方式进行的营销。社交媒体和移动营销同时基于物联网产生，并和其他形式的数字化营销协调配合。

互联网的商业开端来自电子邮件。电子邮件是有效的通信方式，它消除了电话终端，发送信息和接收信息不在同一时间。电子邮件可以是瞬时的，也可以数天或数周后接收。现代公司使用互联网，运用电子邮件技术，建立起了一种全新的、有效地与顾客联系的机制。在互联网上，公司能够以很低的花费创造通达全球的营销材料。小企业能以更加平等的地位与世界上最大的公司进行竞争。顾客只要一点鼠标就能够迅速找到产品和公司信息。公司与顾客可以在互联网上对话，进行双向沟通。

互联网循环商业系统由网络和网络内容、用户和商业访问、流行三个因素构成，每一个因素从另一个获取支持而对接第三者。该系统的核心是用户的迷恋。用户迷恋这种新技术，各种自由媒体在网上传播大量的各类信息，引起广大消费者强烈的兴趣，导致消费者的访问、使用、在线内容等迅速增加。

现代企业建立互联网络分三个主要阶段，信息发布，数据链检索和个性化互动。第一阶段，互联网络向所有人发布同样的信息，就像报纸、杂志一样，用户通过单击链接就能够获取材料。第二阶段，互联网络将第一阶段的信息发布与响应用户要求的信息检索能力结合在一起。这种响应被动态地转换成互联网网页或电子邮件，使互动和对话开始。第三阶段，互联网络为投合某一特定个人的兴趣而动态地创造出一个网页，它超越了互动过程而进入对话，并且可以预见到用户的选择以及可供选择的提议。用户输入表格发出请求或者通过单击一个图像作出选择，对此网站作出反应。当网站迎合了个体用户的需求并且能够互相交流时，客户就会增加对网站的使用。

任何产品和服务项目都可以在网络上进行在线营销。在线营销者可以利用客户接触来产生收入，降低客户服务的成本，为个性化提供必要的信息，援助新产品的开发，加强品牌建设，建立社区，提供特别的促销以及从事电子商务活动。网络营销有以下几个主题。

一、品牌网站

品牌网站是指专门吸引顾客，推动消费者直接购买或实现其他营销目的的网页站点。对大多数公司而言，开展网络营销的第一步是建立一个网站，网站依据目的和内容不同而差别很大。

网络营销面临的最大挑战之一是让访问者浏览他们的网站。互联网上的网站日益增多，但不是每一个网站都能够得到顾客的访问。如果没有客户访问，即使是最好的网站，资源也会被浪费。因此，营销者要善于在互联网上创立网站品牌形象，以吸引更多客户访问。

一个网站应该便于使用、外观设计专业且形式上具有吸引力，绝大多数消费者重视网站实际内容而非网站样式，重视网站功能而非华丽的外表，使访问者迅速有效地找到各种想要的信息与内容。因此，有效的网站往往包含深入和有用的信息，帮助购买者发现和评估心仪产品的互动工具，与其他相关网站的链接，不断更新的促销优惠和令人愉悦的娱乐特征。

创建品牌网站的第一步是确定用户能够很轻易地找到你的网站。这需要十分重视网站域名战略，同时要将网站列到主要目录和搜索引擎上，并且还要注意你的网站宣传，即门户形象设计。设计门户形象时要选用恰当的关键词、描述词和目录将网站信息进行分类。创建品牌网站的第二个重要步骤是联盟和付费广告。新用户要能被互联网上的条幅广告和被赞助网站上的按钮所吸引。联盟是与外部网站结为联盟，互为链接。

二、品牌社区

品牌社区不销售任何物品，其主要目的是展现品牌内容、吸引消费者和建设品牌社群。在线社区提供种类丰富的品牌信息、视频、博客、活动和其他一些有利于建立紧密顾客联系以及促进顾客与品牌互动的特色内容。在线社区是网民相互沟通交流的网上社交场所。在线社区里的留言板、聊天室、即时讯息、虚拟世界等网页成为密友、熟人以及陌生人之间新的沟通形式。这些新形式包括从简单的一次性密码信息张贴到深入的关于最敏感和个人化主题的实时讨论。共同的兴趣使朋友们重聚或原本陌生者之间建立起新的联系，且不受地域、时间、性别、年龄、身份的限制。因此，其每天吸引大量的网民花上几个小时的时间聚集在这里。企业营销者如果能够建立在线社区，作为产生忠诚成员、消费者关注以及恢复客户流量的一种途径，必定能够获得客户忠诚、快速发展和高收益。

在线社区的核心是沟通工具。主要工具分为两类：沟通链环和内容树。沟通链环包括电子邮件列表、在线寻呼、群体游戏和模拟等。内容树包括新闻用户组、公告栏、聊天室、虚拟世界、网站等。这两类工具在沟通结构上各不相同。沟通链环直接在个人之间发送信息，链环中每个人都能获得所有的信息。内容树则是间接的，它利用一个中央聚集点，如一个公告栏或网站来收集和储存信息，个人间仍然可以相互回复，但信息的流动要通过这个中央点。

三、网络广告

随着互联网发展，网络消费者群体不断增加，越来越多的企业将更多的营销支出投向网络广告，以期提高品牌销售或吸引访问者访问其网络、移动和社交媒体网站。网络广告正成为一种新的主流媒体。其中,网络广告的主要形式包括展示广告和搜索内容关联广告,两者共同在企业数字营销支出中占到30%的比重,是最大的数字营销预算项目。

相比传统广告,网络展示广告可能出现在上网者屏幕的任何位置,并且与其正在浏览的网站内容相关。搜索内容关联广告同时是一种重要的网络广告形式,搜索内容关联广告与网站中的内容和图片相关的广告及链接,会伴随搜索引擎的搜索结果出现在页面的顶部或旁边。因此,搜索广告是一种可以随时待命的媒介,而且转化结果很容易测量。广告主从搜索网站购买搜索词条,仅当消费者从该网站的广告链接单击进入才需付费。

四、电子邮件营销

虽然电子邮件是相对古老的营销方法,但是,电子邮件营销依然是一种重要的和逐步发展的数字营销工具。据估计,全球每秒发送2亿多份电子邮件,72%的成年人更愿意公司通过邮件与自己联系,91%的人喜欢接收与自己有生意往来的公司发送的促销邮件;电子邮件的使用已不再局限于个人电脑,如今65%的电子邮件是在移动设备上打开和阅读的。

电子邮件营销是指企业在用户事先许可的前提下,建立同目标顾客的沟通渠道,向其直接传达相关信息,用来促进销售。电子邮件营销可以发送电子广告、产品信息、销售信息、市场调查、市场推广活动信息等。

电子邮件营销主要有以下优势:营销范围广,企业可以在很短的时间内向数千万目标用户发布营销信息,营销范围覆盖全世界;操作简单效率高,电子邮件操作不需要懂得高深的计算机知识,不需要烦琐的制作及发送过程;成本低廉,营销费用支出是上网费,成本比传统广告形式要低很多;应用范围广,营销内容限制较少,适合各行各业,具有信息量大、保存期长、方便收藏和传阅的特点;针对性强、反馈率高,可以针对某一特定人群发送特定的广告邮件,以及根据行业或地域等属性进行分类广告邮件群发,营销目标比较明确。

五、社交媒体营销

互联网、数字技术和设备的迅猛发展催生了网络社交媒体和数字社群的浪潮。无数独立的商业化社交网络应运而生,为消费者提供了一个可以彼此聚集并交换想法和信息的网络虚拟空间。

社交媒体营销是利用社会化网络、在线社区、博客、百科或者其他互联网协作平台媒体来进行营销、公共关系和客户服务维护开拓的一种方式。

使用社交媒体主要优势有,社交媒体针对性强且高度个性化,这使得市场营销者可以与个体消费者和顾客社群创作和分享定制化的品牌内容。社交媒体的互动性使之成为企业发起顾客对话和倾听顾客反馈的理想平台。

社交媒体也是即刻的和实时的。企业可以根据品牌突发事件和活动创造及时和重要的营销内容,随时随地接近和影响顾客。社交媒体的飞速发展引发了实时营销的热潮,市场营销者引发和加入消费者对话,讨论当前发生的情况和事件。市场营销者可以密切关注动态,创造相应的内容来吸引顾客参与互动。

社交媒体的成本效益很高。尽管创造和管理社交媒体内容可能代价不菲,但大多数社交媒体都是免费或低价的。因此,相对于电视和平面广告等昂贵的传统营销媒体而言,社交媒体的投资回报率很高。社交媒体的低成本使无法开展高预算营销活动的小型企业和品牌也能够方便地使用。

社交媒体最大的优势也许是顾客参与互动和社交分享的能力。社交媒体特别适用于建立顾客互动和社群,吸引顾客投入与品牌或其他顾客之间的互动。社交媒体能够比其他任何一种营销沟通渠道更有效地吸引顾客,提供和分享品牌内容、体验、信息和创意。

社交媒体营销也面临诸多挑战。首先,许多企业仍然在探索如何才能更有效地利用社交媒体,而且成果很难度量。其次,社交网络在很大程度上由用户掌控。企业使用社交媒体的目的是使品牌成为顾客谈话及生活的一部分。然而,市场营销者不能简单生硬地介入消费者的数字化互动,而是需要自然地融入,开发具有持久吸引力的内容,成为消费者网上体验中有价值的部分,切忌粗暴地侵入。

六、移动营销

移动营销指向移动中的消费者通过他们的移动设备递送营销信息、促销和其他营销内容。市场营销者运用移动营销在购买和关系建立的过程中随时随地到达顾客,并与他们互动。

随着手机、智能手机和平板电脑的使用数量激增,移动设备在家庭的渗透率非常高,许多人拥有不止一部移动设备。对于消费者来说,一部智能手机或平板电脑就相当于一位便利的购物伙伴,随时可以获得最新的产品信息、价格对比、来自其他消费者的意见和评论,以及电子优惠券。

企业用移动营销来刺激当前购买,简化购买过程,丰富品牌体验。这使得市场营销者在消费者表达购买兴趣或者制定购买决策时,为他们提供更多的信息、激励和选择。

七、大数据营销

大数据营销是基于多平台的大量数据,依托大数据技术,应用于互联网广告行业的营销方式。大数据营销的核心在于让网络广告在合适的时间,通过合适的载体,以合适的方式,投递给合适的人。

大数据营销衍生于互联网行业,又作用于互联网行业。依托多平台的大数据采集,以及大数据技术的分析与预测能力,能够使广告更加精准有效,给品牌企业带来更高的投资回报率。

大数据营销主要有以下特点。

(1)多平台化数据采集:大数据的数据来源通常是多样化的,多平台化的数据采集能使对网民行为的刻画更加全面而准确。多平台采集可包含互联网、移动互联网、广电网、智能电视,未来还有户外智能屏等数据。

(2)强调时效性:企业可通过技术手段充分了解网民的需求,并及时响应每一个网民当前的需求,让他在决定购买的“黄金时间”内及时接收到商品广告。

(3)个性化营销:大数据技术可让企业知晓目标受众身处何方,关注着什么位置的什么屏幕,让广告主完全以受众为导向进行广告营销。同时,大数据技术可以做到当不同用户关注同一媒体的相同界面时,广告内容有所不同,大数据营销实现了对网民的个性化营销。

(4)性价比高:大数据营销在最大程度上,让广告主的投放做到有的放矢,并可根据实时性的效果反馈,及时对投放策略进行调整。

(5)关联性:大数据在采集过程中可快速得知目标受众关注的内容,以及可知晓网民身在何处,有效信息可让营销信息的投放过程产生前所未有的关联性。

八、电子商务

电子商务是一种利用电子信息技术进行经济贸易活动的总称,是一种对传统商务活动进行革命性改造的活动。企业财务人员点击几下鼠标,输入密码,就能调出公司的收入、毛利、订单、消耗等财务数字,而这些财务数字的收集和核对需要几个星期才能完成。在美国的梅格玛特超市,每个顾客都可以在服务台领到一种卡。他只需在机器上刷一下卡,柜员机就会专门为他打印出 24 种特价商品信息。美国的消费者可以坐在家里购买到他所想要的沃尔玛、盖普等大型零售商店里的任何商品。生产厂家可以不出厂门就在网上接收订单销售商品。电子商务的兴起给社会经济、人们日常生活带来重大影响。

电子商务与传统销售方式相比有自己很独特的优势。电子商务利用互联网连接世界。企业产品销售不受时间、地域的限制,商务信息传播速度快、容量大、影响广。电子商务由于非人员接触,交易费用极低。电子商务的虚拟性可以让购买者在远距离实现对产品的查看,了解企业与产品的设计,甚至可以参与产品设计,实现互动性沟通。开展电子商务可以实现无货币销售,从而降低经营成本,赢得价格优势。对消费者而言,网上购物要比传统方式便宜,网上可供挑选的品种多,对商品的了解较全面,购买时不受时间、地点的限制,也节省了购物过程,可以更好地享受生活,网上虚拟系统使整个购物过程充满了乐趣。但电子商务也有其不足之处,有人利用互联网传播虚假信息,以骗钱为目的,也有人在网上从事非法交易。因此,作为购物者应具有辨别是非的能力,以防上当受骗。

开展电子商务活动的过程,要做好以下几个步骤。

(1)做好交易前的准备工作。卖方首先要建立自己的网站和网页,利用网络全面收集信息,对市场进行调查分析,制定营销策略和销售方式,发布网络信息和网络广告宣传,理顺与金融机构、保险机构、物流公司、税务系统、海关、商检等部门的关系,为电子商务做好准备。

(2)交易谈判和签订合同。买卖双方利用现代电子通信设备和网络技术,就交易对象进行认真的谈判和磋商,达成一致意见后,将双方在交易中的权利、义务、责任及交易对象的品种、数量、价格、质量、规格、交货时间、地点、交易方式、运输方式、违约和索赔等合同条款,以电子交易合同的形式作出全面详细的规定,合同双方可以 EDI(电子数据交换)形式进行签约。

(3)办理交易的相关手续。凡是在交易中涉及的金融、保险、物流、税务、海关、商检等部门,买卖双方要利用 EDI 与有关各方进行各种电子票据和电子单证的交换。

(4)交易合同的履行和索赔。这一步与传统交易一样,包括备货、组货、发货、报关、保险、商检、取证、验货、提货、付款等各项活动。如果交易过程中出现纠纷,则依法维护自己的利益。

(5)售后服务。售后服务在电子商务中同样很重要,作为卖者要利用网络经常与用户沟通、交流,了解用户在使用产品或服务中的状态,随时为用户解决使用中遇到的各种问题和相关事宜,尽可能使用户满意,以增强与顾客的感情,树立品牌形象。

第三节　关系营销

企业与客户之间的关系是决定现代企业市场营销成功与否的一个重要因素,因而近年来西方学者在传统营销的基础上,提出了关系营销的新概念。关系营销是指企业通过与消费者建立起亲密、和谐、协调的伙伴关系,形成顾客忠诚,从而实现营销目标的活动过程。关系营销的核心就在于怎样营造顾客的忠诚,着眼点在于赢得顾客和拥有顾客。这与传统营销的差别在于传统营销通常只强调如何去赢得顾客,而关系营销不仅强调怎样去赢得顾客,更注重如何通过营造顾客忠诚去拥有顾客。关系营销思想被西方学者称为市场营销观念上的一次革命。

一、市场营销关系链

在市场营销过程中客观上存在着一条关系链,如图 14-1 所示。

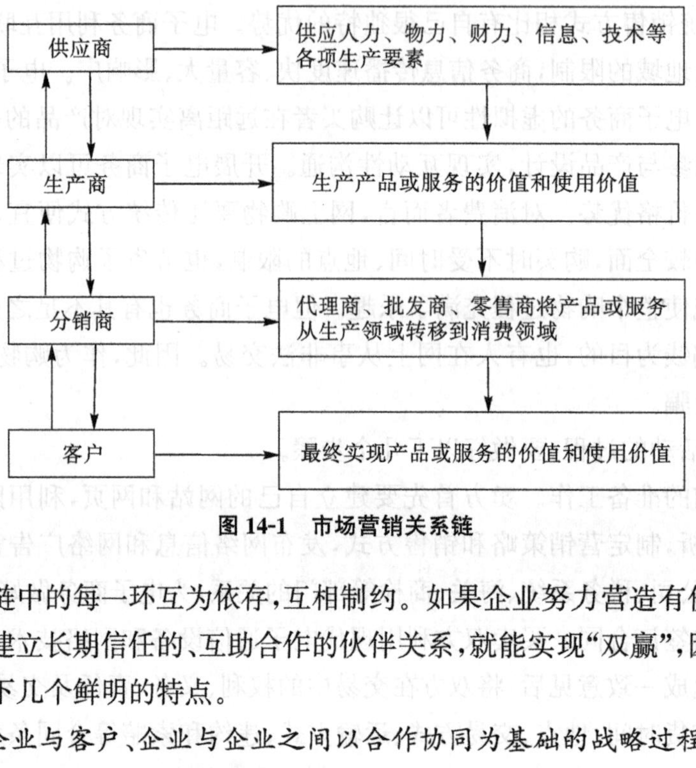

图 14-1　市场营销关系链

市场营销关系链中的每一环互为依存,互相制约。如果企业努力营造有价值的供应商、分销商、客户,并同他们建立长期信任的、互助合作的伙伴关系,就能实现"双赢",因此,关系营销与传统营销相比具有以下几个鲜明的特点。

1.关系营销是企业与客户、企业与企业之间以合作协同为基础的战略过程

关系营销强调企业与供应商、分销商、顾客甚至是竞争者之间建立长期彼此信任的互助合作关系,形成相互依存、相互支持、相互接受的营销关系链。

营销关系链的形成与大自然的生物链形成是不一样的。生物链是自然形成的,而营销关系链是在人为关系的作用下形成的。形成基础是在激烈的竞争环境里,作为营销关系链中的每一环生存和发展都面临着来自市场的各种威胁,如果不能得到外部环境的支持,仅靠自身力量难以生存和发展下去的,只有得到上下环的支持才有保障。因此,营销关系链的每一环都会自觉地维护营销关系链,主动协调与其他环的关系。

2.以互惠互利为目标的营销活动

关系营销追求的目标是营销关系链中各方利润关系最优化，而不是每一笔交易的利润最大化。如果追求每一笔交易的利润最大化，那是纯粹的买卖关系，其交易行为也是一次性的，因而不能形成长期互助合作关系。只有通过让渡顾客价值，使顾客在利益上的需求得到满足，才会赢得顾客支持，从而赢得更多更有利的交易，彼此之间才能建立起长期、良好、稳定的合作关系。

3.双向沟通是营销关系链运行的前提

营销关系链是一个双向的互助沟通过程，通过双向的互动沟通交流，企业与供应商、中间商、顾客、竞争者之间互相传递信息，交流情感，从而形成互动的营销关系运行过程。现代企业开展关系营销，必须做好观念上和技术上的准备，在观念上要树立顾客价值和满意理念，在技术上必须建立客户关系管理系统。

二、关系营销的三个层面

关系营销是一项系统工程，对企业所面对的众多因素进行有机整合，通过建立与各方面良好的关系，为企业提供健康稳定的长期发展环境。关系营销建立在顾客、关联企业、政府和公众三个层面上，要求企业经营活动过程中，处理好与顾客、政府和公众三者之间的关系。

（一）加强企业与顾客的关系

顾客是企业生存和发展的基础，市场竞争的本质是抢夺顾客。顾客满意是顾客忠诚的前提，满足顾客需求是顾客满意的关键。建立良好的顾客关系，首先，企业需要真正树立以消费者为中心的观念，并且贯彻于生产经营的全过程。其次，切实关心消费者利益，提高消费者满意程度，为顾客提供高附加值的产品和服务。最后，重视情感在顾客购买决策中的作用，技术发展尽管增加信息交流的便捷性，但是，却让人们面对面沟通减少，企业在日常经营中要重视顾客情感需求。

（二）加强企业与关联企业的合作

关系营销理论认为，除了相互竞争，企业间存在合作的可能，甚至通过企业间合作，更有利于企业实现预期目标。首先，企业合作有利于巩固市场地位。随着市场越来越细分，任何企业保持较大市场份额的难度越来越大，企业间合作可以增强企业的市场适应能力。其次，企业合作有利于企业开辟新市场。企业开拓市场制约条件较多，在新市场中寻找有力的合作伙伴，将解决很多的市场开拓难题。再次，企业合作有利于多元化经营。企业扩大经营规模，开辟新的市场领域，将面临较大的风险，企业与新领域的关联企业合作，可有效降低经营风险。最后，企业合作有利于减少恶意竞争。同行间的不良竞争和恶意竞争，对整个社会经济的发展将产生不良影响，而企业间的合作可使这种不良竞争减小到最低程度。

（三）加强与政府和公众的协调

作为社会的基础单元，企业活动必然受到法律法规和政府规定的影响和制约，企业需要积极处理与政府的关系，自觉遵守国家的法规，协助研究国家所面临的各种问题的解决方法和途径。同时，相关团体、社会公众和企业内部员工也是关系营销的重要方面，协调企业与相关团体、社会公众的关系，建立与内部员工的良好关系，可以为实现企业目标提供保证。

拓展阅读14-2

第四节 体验营销

1970年，著名未来学家阿尔文·托夫勒最早把“体验”作为经济价值来看待，他在《未来的冲击》一书中指出，体验经济将逐渐成为继农业经济、制造业经济和服务经济之后的一种经济形态，企业将靠提供体验服务取胜。他认为体验是商品和服务心理化的产物，并指出“体验产品中的一个重要品种将以模拟环境为基础，让顾客体验冒险、奇遇、性感刺激和其他乐趣”。

1998年，美国经济学家约瑟夫·派恩与詹姆斯·H.吉尔摩在《哈佛商业评论》上撰文《体验经济时代来临》。作者指出：体验经济已成为继产品经济（农业经济）、商品经济和服务经济之后的第四个经济发展阶段。愈来愈多的消费者渴望得到体验，愈来愈多的企业精心设计、促销体验提供物，各行各业的顶尖企业都将发现，未来的竞争焦点是消费者的体验。谁使消费者产生了难忘的体验，谁将赢得市场。1999年他们二人在其所著的《体验经济》一书中指出，“体验营销是指企业以商品为载体，以服务为舞台，以满足消费者的体验需求为目的而开展的一系列营销活动”。它是从消费者的感官、情感、思考、行动和关联五个方面重新设计和定义营销的。

哥伦比亚大学商学院教授伯思特·H.施密特是第一个提出体验营销概念的学者。他称其为“体验式营销”，是“一种为体验所驱动的营销和管理模式”，将完全取代把功能价值居于核心地位的传统特色与功效营销。体验营销自始至终都把为顾客营造难忘的、值得回忆的体验作为其工作重点，通过满足消费者的体验需求来实现其利润目标。

一、体验营销概念及特征

“体验”的含义通常是指人们对某些刺激所产生的内在反应。但在体验经济中“体验”被更深入地定义为“当一个人达到情绪、体力、智力，甚至是精神上的某一特定水平时，他意识中所产生的某种美好的感觉，它来自个人的心境与实践的互动，并从获得过程中呈现出来的一系列可记忆的体验感受”。根据参与的主动性和融入情境的程度，可把体验分为娱乐体验、教育体验、美学体验和逃避现实四种体验，最丰富的体验包括四种体验的各个方面。而体验营销是发掘顾客潜意识中的渴望，从消费者的角度，以人性化、个性化、差异化为宗旨去设计出售自己的产品和服务，并使他们在接触产品的同时，参与产品的情感创作，使其体验到产品的个性化魅力，并使“体验”的快感成为联系企业与消费者之间的纽带。我国学者刘宏认为，体验营销即“SHUP”模式，它主要是由看、听、用、参与这四个环节有机组合而成的，侧重于消费者的感官和行动的感受。

由以上定义可以看出，体验营销主要具有以下三大主导特征。

1.以顾客需求为导向

企业从消费者的真正需要出发，按消费者所能接受的方式、所需要的产品来进行各方面的沟通。从过去的“拉”转为“推”，增大了企业的主动性。

2.以顾客沟通为手段

企业满足顾客的需要，尤其是个性的需要，就要与顾客双向沟通，尽可能地搜集顾客信息，及时地反映在顾客所需购买的商品上，这样才能有效地推动消费者购买。

3.以顾客满足为目标

现代社会中,人们已不满足于单纯地购买产品,而更着重于购买产品过程中所产生的满足。因此,企业在提高产品本身的使用价值时,更应该开展各种沟通活动,增强顾客体验需求,从而使顾客在物质上和精神上得到双重满足。

除此以外,体验营销还具有个性化、无形性、延续性、互动性和主观性等特征。

二、体验营销产生的原因

经济的发展和理论的推动使营销不断地向前发展,新的营销理论层出不穷,营销理论日益多样化。体验营销是最近几年才发展起来的一种新的营销理论,但它却有着坚实的经济背景。

1.物质文明的进步和消费者生活水平的提高

经济的发展和消费水平的提高,必然推动社会经济由工业经济和服务经济向体验经济发展。伴随着经济的发展,营销理论也在不断地向前发展,企业的营销理论和营销模式亦与之相适应。两者之间的关系可由图 14-2 看出。

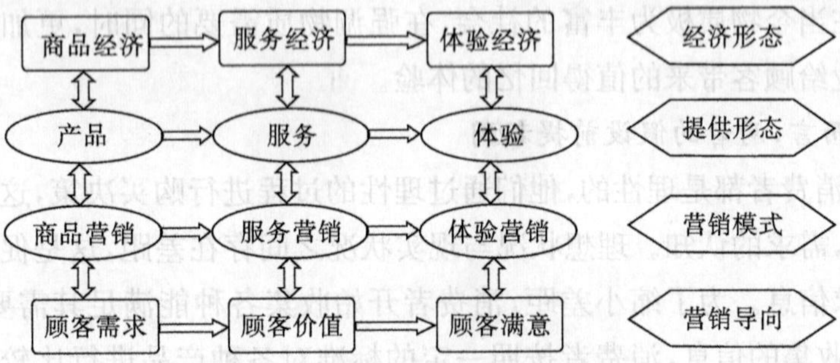

图 14-2　营销模式随经济发展而演变

2.产品和服务的同质化趋向

由于市场竞争的加剧和技术传播速度的加快。同一行业的不同企业,其提供的产品越来越趋同。一家企业的产品很容易被竞争对手所复制,不仅实体产品如此,服务性产品也面临着同样的局面,特别是在核心服务层次上。实际上,许多相互竞争的服务型企业在服务流程甚至礼仪上都显得极其相似。美国学者派恩和吉尔摩将产品或服务趋同的现象称为“商品化”。正是商品化抹杀了商品和服务给人们带来的个性化、独特性感受和体验,导致体验营销才具有生命力。

3.科学技术的迅猛发展

现代科学技术是满足人们体验需要的有力手段,现代科学技术发展,尤其是电子信息技术,为市场营销方法创新和发展提供了技术手段和基础,而且许多新的营销方法是科学技术直接创造的。可以说,如果没有电话、电视、电脑、手机及其他视听产品的普及,如果没有发达交付系统的出现,则很难有体验营销的发展。

4.激烈的市场竞争促进了体验营销的发展

企业间日益激烈的市场竞争使得常规的营销方法在很多情况下难以奏效,促使企业在营销方法和策略上另辟蹊径,努力创新。先进企业出于应对激烈的市场竞争、谋求自身生存和发展的目的,往往不仅极力满足人们当前的消费需要,而且深入发掘人们心中还未表达出或未来预期能够得到满足的潜在需要。

三、体验营销与传统营销的差异

体验营销作为一种全新的营销方式有鲜明的特征，从体验营销的定义以及特征可以看出，体验营销与传统营销之间存在巨大的差别。它们之间的主要区别表现在如下几个方面。

1.就消费者而言，两者关注的焦点不同

传统营销更加注重产品和服务本身的特色以及它们给消费者带来的功效，可以称之为特色与功效性营销。传统营销认为，一件产品对顾客而言，非常实用即可。如：食品很卫生、有营养；家电质量高、耐用；零售店商品丰富、价格公道；各种软件性能好、稳定、效率高；等等。传统的营销人员认为，顾客会购买给他带来更大效用的产品，这种效用主要是指产品功能和特色的总和，而对于产品的形象、品牌给消费者带来的无形价值和精神感受却不予考虑，或者考虑很少，他们认为这是虚无缥缈、不可测量的东西。然而到了体验经济时代，这样做就未必能赢得消费者的欢心。顾客同时具有物质性需要和精神性需要，两者不可偏废，在物质生活极大丰富的社会，人们对物质的需要会退居其次，转而更加强调精神或者说文化方面的需要。而体验营销恰好适应了经济发展的需要，在当今物质极为丰富的社会，在强调物质需要的同时，更加侧重于突出顾客的精神感受，关注企业给顾客带来的值得回忆的体验。

2.就理论基础而言，两者的假设前提不同

传统营销假设消费者都是理性的，他们通过理性的过程进行购买决策，这一过程通常包括以下几个阶段。第一，需求的认知。理想状况与现实状况之间存在差距，这是促使消费者采取行动的原因。第二，寻求信息。为了缩小差距，消费者开始收集各种能满足其需要的信息。第三，评价各种产品。根据收集的信息，消费者按照一定的标准对各种产品进行比较。第四，选择、购买与消费。根据比较的结果，消费者依据产品的功能和特色选择一种能满足其最大需求的产品，随之进行购买和消费。如果消费者的所有购买过程都依照这一程序进行，那么一个简单的购买将花费消费者大量的时间和精力，消费者的购买将烦不可言。事实上，在大多数时间内，消费者的购买没有这么复杂。体验营销者认为，消费者既是理性的，同时也是感性的，是这两者的综合体。消费者在感性和理性的综合作用下进行购买，有时更多凭借的是消费者以往的消费体验，凭借这种体验，消费者轻松地完成购物，而不是必须经历一个复杂的理性过程。

3.就营销过程而言，两者有不同的侧重点

传统的营销在营销过程中侧重于产品的分类（企业生产哪一类产品）；侧重于怎样确定产品的功能与特色；侧重于企业在竞争中的营销定位，更主要的是从企业的角度确定企业自身的特征，然后在此基础上制定企业的营销组合。可以说，传统的营销并非真正是以顾客为中心的营销，某种程度上，是以自我为中心的营销。体验营销更多地强调怎样使顾客产生难忘的积极体验，主要按照顾客体验的产生过程进行营销，侧重于为顾客确定体验主题，从顾客的角度为顾客着想，真正是以顾客为中心的营销。

四、体验营销的作用和意义

学术界存在着不同的市场营销理论学术流派，现在一般认为以美国为代表的营销学派包括六个，即宏观市场营销学派、消费者主义学派、系统方法学派、购买者行为学派、行为组织学派和战略计划学派。它们从不同角度对市场营销理论进行研究，其研究成果为市场营销方法的多元化创新和发展奠定了理论基础。而体验营销理论则是将各学派相互融合的结果，体现了各学派思想的结晶，它有如下作用。

1.体验营销能使企业的产品和服务独树一帜

产品和服务的差别化能使企业有效地避开激烈的市场竞争，使自己的经济提供物独树一帜，为企业带来更大的利益。通过体验营销，顾客参与企业所提供的一系列事件和活动，消费企业的产品和服务之后会留下深刻的印象，形成难忘的体验。体验具有个性化的特征，由于不同企业提供的线索组合不同，因而顾客在接触这些线索之后会形成不同的体验，不同的产品和服务以及其附属的活动会给顾客带来不同的体验，个性化体验的形成总是与一定的产品和服务相连，因而产品和服务也具备了个性化。这样通过体验营销，企业能很好地对其产品和服务实现差别化。

2.体验营销能使企业的产品和服务更加吸引顾客的注意力

在物质生活极其发达、人们的选择日益多样化的情况下，企业的产品和服务如何吸引顾客的注意力，乃至造成某种轰动效应，对企业是至关重要的事情。从某种意义上说，当今社会是一种“注意力经济”的社会。戈德海伯指出，在以计算机网络为基础的信息社会中，人们每天面对的信息浩如烟海，信息已经不再是一种稀缺资源，而表现为相对的过剩，稀缺的资源是人的注意力。因此，以网络为基础的新经济，其实质是“注意力经济”。在这种社会现状中，最重要的资源不是传统意义上的货币资本，也不是信息本身，而是注意力。体验营销通过关注顾客需要，以顾客体验为导向设计产品、服务和消费的环境及氛围，始终注重顾客的体验，因而能更加吸引顾客的注意力，最终留住顾客。

3.体验营销能使企业的产品和服务更好地满足顾客的需要

满足顾客需求是营销的基本目标，只有不断地满足顾客需求，顾客才能接受企业的产品和服务，企业也才能够赢得顾客的满意，最终培养顾客的忠诚。顾客的需要具有多样性，总体上来说可以分为两大类，即物质需要和精神需要。传统营销更多地注重顾客的物质需要，而忽视了顾客的精神需要。体验营销假设顾客是既有理性也有感性的动物，真正回归了顾客本性。因此，在营销过程中要始终注意既满足顾客的物质需要，同时也满足顾客的精神需要，更好地使顾客满意。

4.提高顾客对企业的忠诚度

体验营销认为，顾客既有情感需要也有理性需要，因此，营销过程中始终注意既满足其物质需要，也满足其精神需要。在此基础上，企业使顾客在与企业的接触中（或者是消费企业的产品，或者是参与企业的活动）感到兴奋，留下难忘的美好回忆。顾客与企业之间形成的这种体验，使得顾客渴望获得更多更好的体验，从而渴望与企业更进一步交往，形成对企业的忠诚。

5.体验营销能更好地指导企业品牌建设

现实中可以看到，人们愿意为品牌支付更高的价格，或购买更多具有品牌的商品，良好的品牌会给企业带来巨大的价值。知名品牌本身就有巨大的无形价值，菲利普·科特勒认为，“消费者通常以更低的价格购买只具有功能性的产品。然而，他们既想要也愿意以更高价格购买能给他们带来心理利益的产品，这种心理利益会使他们感到富裕。有吸引力或者是具有个性、有品牌的商品，也许价格更高，但品牌会给消费者带来自信”。体验营销在注重产品功能和特点的同时，更加注重产品给消费者带来的精神利益，而品牌是承载精神利益的最好载体。体验营销通过围绕一个主题，给顾客深刻的心灵震撼，满足顾客的心理需要，从而赋予产品独特的体验内涵，能更好地提高企业的品牌认知度。

正如前文所论述，与传统营销相比，体验营销在经济发展中有着巨大的作用，它能差异化企业的产品，推动企业变革，树立企业良好形象，推动企业品牌建设，诱使顾客试用企业产品和服务，并最终培养对企业忠诚的顾客，所有这些对于一个想要在市场上站稳脚跟、赢得市场竞争的企业而言显得尤为重要。另外，随着经济的发展，在科技的推动下，服务经济的比重会越来越大，整个经济将会走上一个新台阶，体验经济在国民经济中将发挥越来越重要的作用。由于竞争的推动和经济的发展，体验营销在将来必将取得迅速发展，特别是在经济发达的西方国家，体验经济已经占了很大比重。随着市场经济高度发达，体验营销必然迅猛地发展，许多国内厂商以及跨国大企业正在不遗余力地推进体验营销就是最好的证明。

随着经济和社会的不断进步，体验消费时代已悄然而来，认真研究和把握体验消费的特点和规律，通过体验营销的策略和手段来满足消费者的体验需求是企业的应有之义。体验营销是 21 世纪营销战中最有力的秘密武器，它与消费者的沟通和互动最有力，谁能牢牢地把握，谁就会讨得消费者的欢心。因为，首先，体验营销从消费者的角度体贴入微地发现他们的想法，赢得一种共鸣或者感念；其次，体验营销能带来企业的核心竞争力。它将消费者的注意力从产品转移到消费过程中，在所提供的难忘体验中确立自己的独占领域，为企业树立核心竞争力。在每种经济来临之际，营销总是走在前列，就像服务经济的前夜，企业主打服务牌来赢取顾客一样，在体验经济来临之前，明智的企业也应紧跟经济发展的步伐，运用体验的手段进行体验营销。

拓展阅读14-3

第五节　水平营销

横向思维是一种很有效的创新思维方式，由英国剑桥大学的教授爱德华·德博诺博士提出，但一直停留在思维层面，没有形成一套企业创新的实际操作方法而普及。菲利普·科特勒教授创造性地将横向思维应用于市场营销学领域，于 2003 年正式推出其新的营销理念——水平营销，为企业的产品创新指出一条新的道路。

在经济全球化的背景下，随着科技创新速度的加快，以及人们的生活方式和消费需求偏好的不断变化，许多产品的生命周期大大缩短，再加上国内外企业间激烈的市场竞争，导致了市场的极度细分和饱和。在这样的市场环境下，我们不难得出一个显而易见的结论：有效的营销创新是企业发展的关键。

但是传统的纵向营销创新模式，往往使我们看不到其他创新的可能性，从而错失很多良机，其原因在于它始于需求分析，进而确立可能成为潜在市场的群体和情境。这样界定的市场通常被认为是固定不变的。从短期效应来看，通过对市场的界定，然后运用市场细分和定位的手段，使得企业能够根据消费者不同的需求偏好选择不同的市场，并结合自身的优势生产出许多各具特色的产品。这样，一方面能使产品对消费者更具吸引力，从而增加消费频率，另一方面也促使很多潜在的顾客转化成为现实顾客。但是，从长期效应来看，这样对市场的界定，往往产生两种后果:①在已界定的市场上进行重复的市场细分,必然导致市场的过度零碎化,而饱和、过度零碎化的市场又必然降低新产品和新品牌的成功率。②对市场的界定也就意味着放弃那些产品不适合的顾客或情境,而在这样的放弃里面也许就蕴藏着许多创新的可能。

一、横向思维与水平营销的含义

横向思维是一种创造性思维,它是将已知信息进行重组,通过不具选择性但富有探索性、可能性和诱导性的思维,使得两种大体上看似没有任何明显或直接联系的事物产生联结。一般来说,横向思维遵循三个简单的思维步骤:①选择一个焦点;②进行横向置换以产生刺激;③建立一种联结。

这里的焦点是我们想关注的任何东西,它可以是一个亟待解决的问题,或者是一个要达到的目标,当然也可以是一个简单的物体。

水平营销是指这样一个工作过程,当它被应用于现有的产品或服务时,能够产生创新性的新产品或新服务。它们往往可以涵盖目前未涵盖的需求、用途、情境或目标市场。因此,它是一个为创造新的类别或市场提供很大可能性的过程。实际上,它是通过对产品作适当的改动来产生新用途、新情景、新目标市场以开创新的类别,从而重组市场的一种过程。相反,传统的纵向营销则是在对市场的界定过程中,通过采取市场细分与定位策略调整现有的产品和服务,以使市场多样化。

二、水平营销与纵向营销的关系

水平营销主要是通过对产品作适当的改动来产生新用途、新情景、新目标市场以开创新类别,从而重组市场的一种过程。而纵向营销主要是在某一特定的市场内部,通过采取市场细分和定位策略对现有的产品或服务利用基于规格的、包装的、外形设计的、“配料”等方面的创新和调整,以使市场多样化。所以,水平营销是对纵向营销的一种补充。也就是说,企业可以运用水平营销来拓展产品或服务的市场空间,而运用纵向营销来精确地满足在新的市场空间上那些有差异性的顾客需求。

三、水平营销的应用

水平营销对于企业的产品创新无疑是重要的。管理大师彼得·德鲁克说,企业的宗旨是创造顾客,所以企业具有两项职能——而且只有这两项基本职能:市场营销和创新。菲利普·科特勒教授创造性地推出水平营销把企业的两项基本职能更紧密地结合在一起。在这个产品和技术可以低成本复制的营销时代,越来越多的市场进入了同质化竞争,但企业可以利用水平营销走向一条差异化的竞争之路。就像饮料市场,许多竞争者不断进入,最终使市场陷入无限细分的需求饱和状态,而借助于水平营销,企业就可能在新的市场中拔得头筹,因为创意是无法复制的。例如,凉茶的目标市场就已经不局限于原有的饮料市场了,因为它满足的不仅仅是消费者解渴的客观需要,实质上是饮料的解渴主导功能与草本植物(中药)预防上火功能的重组,在一定程度上跨越了原有的饮料市场,形成了差异化的竞争。

水平营销是很好的企业创新思维与模式;它是对纵向营销的有益补充;对它的应用有利于企业走差异化之路,避免市场恶性竞争。首先,企业对水平营销要有一个正确的认识、理解和把握;

其次，企业一定要转变管理模式，加强文化管理，营造一种能够激发员工创造热情的氛围。

孙子曰：主不可以怒而兴师，将不可以愠而致战；合于利而动，不合于利而止。

也就是说，发动战争不能草率，要考虑国家利益，合于利益而动，不合于利益则停止。企业市场营销活动中也不能冲动的决策，而应该综合考虑市场环境和利益相关者的利益，以创新和发展的眼光看问题，以满足消费者需求为基础，最终赢得消费者认可和信任，获得市场营销成功。

拓展阅读14-4

本章知识点

·绿色营销包括绿色生产—绿色流通—绿色消费的全过程。

·网络营销主要是通过互联网借助于公司主页、网络广告和促销、电子邮件、网络视频和博客等方式进行的营销。

·关系营销是企业通过与消费者建立起亲密、和谐、协调的伙伴关系，形成顾客忠诚，从而实现营销目标的活动过程。

·体验营销是从消费者的感官、情感、思考、行动和关联五个方面重新设计、定义营销，企业以商品为载体，以服务为舞台，以满足消费者体验需求为目的而开展的一系列营销活动。

·水平营销实质上是通过对产品作适当的改动来产生新用途、新情景、新目标市场以开创新的类别，从而重组市场的一种过程。

营销思考题

1.什么是绿色营销？绿色营销的全过程包括哪些内容？

2.网络营销包括哪些重要主题？

4.相比传统营销，关系营销价值链有何特点？

6.了解体验营销的概念、特点和作用。

7.比较横向营销和水平营销的关系。

营销计策

〔史记·货殖列传(节选)〕

〔原文〕昔者越王勾践困于会稽之上，乃用范蠡、计然。计然曰："知斗则修备，时用则知物，二者形则万货之情可得而观已。故岁在金，穰；水，毁；木，饥；火，旱。旱则资舟，水则资车，物之理也。六岁穰，六岁旱，十二岁一大饥。夫粜，二十病农，九十病末。病末则财不出，农病则草不辟矣。上不过八十，下不减三十，则农末俱利，平粜齐物，关市不乏，治国之道也。积著之理，务完物，无息币。以物相贸易，腐败而食之货勿留，无敢居贵。论其有馀不足，则知贵贱。贵上极则反贱，贱下极则反贵。贵出如粪土，贱取如珠玉。财币欲其行如流水。"修之十年，国富，称号"五霸"。

〔翻译〕从前，越王勾践被围困在会稽山上，于是任用范蠡、计然。计然说："知道要打仗，就要做好战备；了解货物何时为人需求购用，才算懂得商品货物。善于将时与用二者相对照，那么各种货物的供需行情就能看得很清楚。所以，岁在金时，就丰收；岁在水时，就歉收；岁在木时，就饥馑；岁在火时，就干旱。旱时，就要备船以待涝；涝时，就要备车以待旱，这样做符合事物发展的规律。一般说来，六年一丰收，六年一干旱，十二年有一次大饥荒。出售粮食，每斗价格二十钱，农民会受损害；每斗价格九十钱，商人要受损失。商人受损失，钱财就不能流通到社会；农民受损害，田地就要荒芜。粮价每斗价格不超过八十钱，最低不少于三十钱，那么农民和商人都能得利。粮食平价出售，并平抑调整其他物价，关卡税收和市场供应都不缺乏，这是治国之道。至于积贮货物，应当务求完好牢固，没有滞留的货币资金。买卖货物，凡属容易破败和腐蚀的物品不要久藏，切忌冒险囤居以求高价。研究商品过剩或短缺的情况，就会懂得物价涨跌的道理。物价贵到极点，就会返归于贱；物价贱到极点，就要返归于贵。当货物贵到极点时，要及时卖出，视同粪土；当货物贱到极点时，要及时购进，视同珠宝。货物钱币的流通周转要如同流水那样。”勾践照计然策略治国十年，越国富有了，号称“五霸”之一。

结尾案例

Y品牌贡酒，打造立体化的全产业链生态模式

大别山下，有一条曲折蜿蜒的竹根溪水，串联起Y品牌集团的生态产业布局。Y品牌集团从白酒扩展到饮料、石斛，再到旅游产业，形成了一条完整的生态产业链。以生态酿造的美酒为起点，Y品牌贡酒秉持着天人共酿、天人合一的核心理念，为中国白酒赋予了深厚的价值表达力量。

Y品牌酒厂坐落在安徽霍山县的大别山区。这里山水相依，竹林环绕，森林覆盖率高达76%。作为国家生态功能区核心区域，它也是淮河一级支流淠河的源头，同时也是安徽省唯一的“中国好水”水源地。

随着Y品牌生态洞藏系列产品的不断崛起，Y品牌采用立体化的全产业链生态模式，将企业发展与生态保护融合在一起，受到市场的高度关注和消费者的好评。Y品牌贡酒以坚实的步伐构建了“生态产区、生态剐水、生态酿艺、生态循环、生态洞藏、生态消费”六位一体的全生态酿造体系，成为中国白酒行业中对生态酿造和生态产区理念理解最为深刻的酒厂之一。

对Y品牌来说，生态酿造是其根植于内心的特质。源自大别山主峰白马尖的竹根溪水，在丰富的酿酒微生物自然环境中酿造。通过泥池老窖、长周期天然发酵工艺，采用蒸熟的大米、糯米、玉米、小麦和高粱等五种原料，掺入纯天然的包包曲进行自然发酵，历经69道传统工序酿制而成。酒精经过蒸馏后存放在陶坛中，特优酒则储存在黄岩洞中，以加速陈酿老熟过程。Y品牌的成品酒通常需要储存5～10年。可以说，从环境到原材料，从样品到包装，从生产到销售，从企业到消费者，Y品牌贡酒在生态白酒建设上具有强大的系统性。

在酿造生态白酒方面，Y品牌集团面临了高门槛的挑战。其不仅包括原粮和水源符合生态标准，还包括生产工艺和生产环境达到生态要求。在Y品牌厂区，生态酿造的理念贯穿于每一个细节。废水经过发酵制成沼气，用于燃烧锅炉；废糟则被再利用为饲料，实现循环利用。此外，厂区屋顶安装太阳能光板，每年发电量达到2千万度；窖池上方覆盖高分子纤维布，以防霉变并保持透气性。

Y品牌集团于2017年投资近30亿元兴建了Y品牌产业园，使其进入全生态链发展的时代。该集团拥有强大的科技实力，注重推动智能化和机械化水平的提升。在Y品牌曲酒酿造车间中，10个经过机械化和智能化改造的车间，每个占地50亩，配备1400多口窖池，年产原酒达4万吨。

这些车间在保持传统工艺的基础上，大幅减少了工人的劳动强度。而总投资1.5亿元的灌装车间，配备了300余台智能化设备，拥有8条自动生产线，集自动灌装、自动包装和自动码垛于一体，日产量达80万瓶，年产1.5亿瓶。这为Y品牌的高质量、高效率和高品质发展打下了坚实基础。

除了产品品质的引领，市场引领也是Y品牌贡酒丰富生态底蕴的重要支撑。Y品牌于2015年推出了次高端的“洞藏系列”，并重点拓展了烟酒店、宴席、酒店和团购渠道，同时培育了洞藏系列品鉴顾问。Y品牌通过开展生态白酒新文化行动、融媒体平台升级行动和消费者体验行动三大系统工程，致力于提升生态品类，树立市场认知壁垒。即使在2020年受到新冠病毒感染疫情影响，洞藏系列仍保持着超越行业的增长速度，这体现了消费者在经过5年市场培育后对Y品牌中高端产品持续的认可。

生态剐水、生态洞藏、智能酿造和全生态发展等创新举措融入了每一瓶Y品牌贡酒的探索实践中。秉持天人共生的发展理念，Y品牌贡酒在保护绿水青山的同时打造了一个“产业金山”，其产业涵盖白酒、饮料、石斛和旅游四大领域，年产原酒达4万吨，白酒储存能力达30万吨，年产剐水量百万吨。

Y品牌贡酒积极致力于为消费者打造健康和高品质的生活方式，并得到了社会各界的广泛认可。多项荣誉记录了Y品牌贡酒坚持六位一体生态发展理念所取得的成就。2013年，Y品牌被上海大世界基尼斯总部认证为“生态环境最美的酒厂”；2018年，中国生态白酒研究院落户Y品牌生产基地；2020年，Y品牌贡酒在“2019胡润中国500强民营企业”中排名第443位；2021年，英国品牌评估机构“品牌金融”发布了《2021中国品牌价值500强》榜单，其中Y品牌贡酒的品牌总价值排名第232位，位居白酒品牌第6位。同年5月，Y品牌荣获“‘十三五’中国酒业科技进步特别奖——优秀企业奖”，Y品牌贡酒股份有限公司副总经理兼石斛酒事业部总监广家权荣获中国酒业科技领军人才奖。

在品牌价值时代，Y品牌贡酒通过拥抱消费潮流，用高品质的故事打动消费者，建立了市场的认知壁垒，走出了一条具有特色的发展之路。在大产业架构下，Y品牌贡酒已迈出了关键性的一步。2021年，Y品牌集团发布了“十四五”期间的“424”发展战略，即重点发展白酒、饮料、石斛和旅游四大产业。这意味着Y品牌构建了更加立体的产业架构，并朝着大平台、大产区和大产业的方向不断前进。Y品牌贡酒生态白酒的底色将愈加丰富。

资料来源于网络，作者有删改。

营销思考题

1.Y品牌贡酒发展之路是什么市场营销理论的典型实践？查找更多信息，试用三十六计之以逸待劳进行说明。

2. 试用《孙子兵法·虚实篇》、市场营销新发展等相关理论知识，分析讨论Y品牌贡酒的成功给我国市场营销者们带来怎样的启迪。

参考文献